世界史と時事ニュースが同時にわかる

新地政学

祝田秀全 監修
長谷川敦 著
かみゆ歴史編集部 編

朝日新聞出版

はじめに　『新 地政学』初めてシアターにようこそ！

近年、中国に関するニュースが絶えません。香港を蹂躙し、南シナ海に人工島を造り、海上の主権を主張する。国際仲裁裁判所の判決も「紙くず」と一蹴。そんな帝国主義的な振る舞いに、国際社会は非難の声を上げています。

こういったニュースに接すると「なぜ、そんなことするのだろう?」と思ってしまいます。それを知る手がかりは、実は世界史とつながった地政学にあるのです。

いままで「地政学」と名のついた本はたくさんありましたが、ほとんどが国際的な時事ニュースの解説書で、地政学とは言いがたいものです。地政学とは、各国それぞれの歴史的な政治経験をたたき台にして、国益に沿って行なわれる対外研究から発展したものです。その研究事情と行動は世界史とつながっています。「今日の出来事＝時事ニュース」は、世界史の延長線上にあるからです。いま起こっていることは、世界史という巨大な水脈から湧き出たものなのです。

本書は世界史の積み重ねから、現代世界の「いま」を読み解きます。そうすることで、日々送られてくる国際的な時事ニュースの真実が手に取るように分かります。この斬新さを強調する意味で、タイトルを『新 地政学』としました。

中国には「唇がないと歯は寒い」という古事があります。現在の状況でいえば、「歯」が中国で、「唇」

が北朝鮮ということ。つまり、北朝鮮は中国の緩衝地帯（＝防波堤）ということです。

中国はまた、国際社会から非難されても、南シナ海を「唇」として奪いたい。まさに地政学の荒業を見るような行動です。こうした計略の先達となったのは、地中海帝国の異名をとるローマ帝国でした。

紀元前3世紀末、ハンニバルのカルタゴ軍に苦しめられたローマは、二度と辛酸をなめないよう、侵攻ルートとなったフランス南部を防波堤として領土化しました。これを「プロウィンキア（provincia）」といいます。属州という意味です。フランス語では「プロヴァンス」といいます。プロウィンキアは、ローマ国家の本体を守るための緩衝地帯。その獲得が、地中海帝国発展への転機となったのです。

このように地政学の展開は、必ず世界史にあります。

本書は、第1章で国際情勢と地政学のコンセプト、第2章では「いま」の時代につながる世界近現代史を、地政学の観点からとらえ直します。そして第3~8章では、国際社会と向きあう地域・国別の課題などを詳しく説明しています。

また、お読みになるうえで、イメージがつかみやすいように、カラー図版をふんだんに取り入れました。それでは『新 地政学』シアターのはじまりです。最後までごゆっくりとお楽しみください。

では、読者の方々に感謝しつつ。

2021年8月吉日

祝田秀全

世界史と時事ニュースが同時にわかる　新 地政学　もくじ

本書は2021年7月時点での情報を掲載しています

MAPで見る現代世界 1

地政学で知る
東アジア・東南アジア

なぜ、北朝鮮は核兵器を手放さないのか？
☞ P126
北朝鮮
なぜ、韓国は竹島領有を主張するのか？
☞ P106
竹島
韓国
なぜ、ロシアは北方領土返還に応じないのか？
☞ P114
なぜ、アメリカ軍は日本に駐留するのか？
☞ P108
日本
なぜ、沖縄は「基地なき島」になれないのか？
☞ P112
なぜ、琉球王国は貿易で栄えたのか？
☞ P21
沖縄
尖閣諸島
なぜ、中国船は日本領海に侵入するのか？
☞ P110
台湾
なぜ、中国は台湾独立を認めないのか？
☞ P124[*1]
なぜ、中国は南シナ海の実効支配を進めるのか？
☞ P132
ASEAN[*2]
なぜ、東南アジア諸国はASEANを発足させたのか？
☞ P202

琉球王国の進貢船模型

沖縄県立博物館・美術館蔵

マレーシアの首都クアラルンプールの超高層ビル

なぜ、2000年代に中ロは急接近したのか？
☞ P134
ロシア
中国の
習近平国家主席
なぜ、中国政府はウイグル族を弾圧するのか？
☞ P138
新疆ウイグル自治区
なぜ、中国の「一帯一路」政策は警戒されるのか？
☞ P130
チベット自治区
中国
なぜ、ミャンマーの市民弾圧は終わらないのか？
☞ P140
ミャンマー
なぜ、冷戦期にベトナムで戦争が起こったのか？
☞ P23
ベトナム
南沙諸島
マラッカ
海峡
なぜ、チョークポイントを世界各国は重視するのか？
☞ P25

ミャンマー軍のクーデターに
対する抗議デモ

＊1 厳密には、台湾は中国のみならず国際的にも「国」として承認されていない「地域」である。
＊2 ASEANは、インドネシアやフィリピンなどの東南アジア10ヵ国が加盟する地域協力機構である。

MAPで見る現代世界2

地政学で知る ヨーロッパ・中東

ロシア
ロシアのプーチン大統領
なぜ、18～20世紀にかけてロシアは南下政策を行ったのか？ ☞ P19
なぜ、シリア内戦は長期化しているのか？ ☞ P194
なぜ、アメリカは中東から手を引きつつあるのか？ ☞ P158
アフガニスタン
なぜ、アフガニスタンの戦争は終わらないのか？ ☞ P192
イラン
なぜ、日本は中東諸国との関係を重視するのか？ ☞ P25
ホルムズ海峡
サウジアラビア

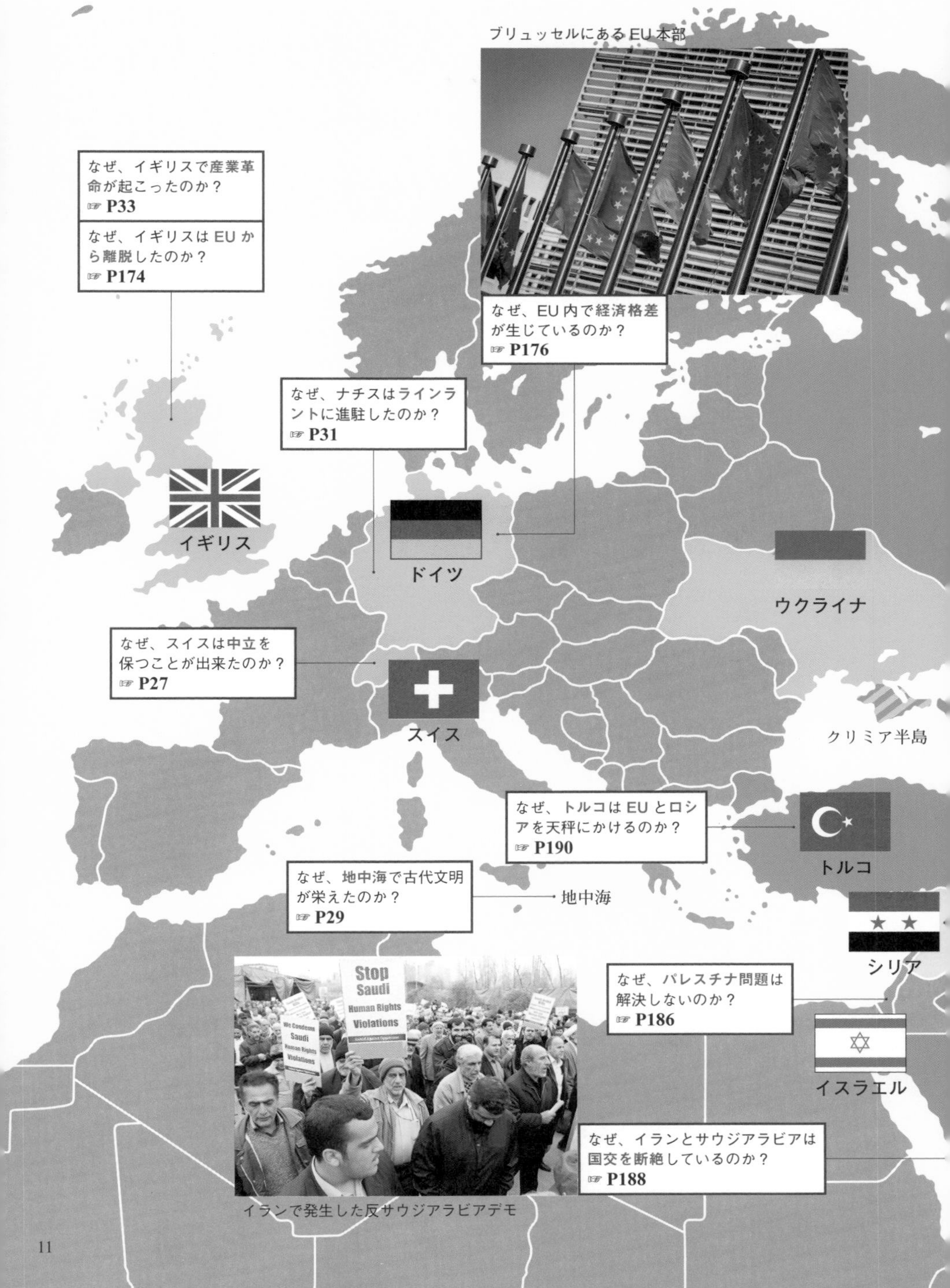
ブリュッセルにあるEU本部
なぜ、イギリスで産業革命が起こったのか？
☞ P33
なぜ、イギリスはEUから離脱したのか？
☞ P174
なぜ、EU内で経済格差が生じているのか？
☞ P176
なぜ、ナチスはラインラントに進駐したのか？
☞ P31
イギリス
ドイツ
ウクライナ
なぜ、スイスは中立を保つことが出来たのか？
☞ P27
スイス
クリミア半島
なぜ、トルコはEUとロシアを天秤にかけるのか？
☞ P190
トルコ
なぜ、地中海で古代文明が栄えたのか？
☞ P29
地中海
シリア
なぜ、パレスチナ問題は解決しないのか？
☞ P186
イスラエル
なぜ、イランとサウジアラビアは国交を断絶しているのか？
☞ P188
イランで発生した反サウジアラビアデモ

MAPで見る現代世界3

地政学で知る アメリカと各地域

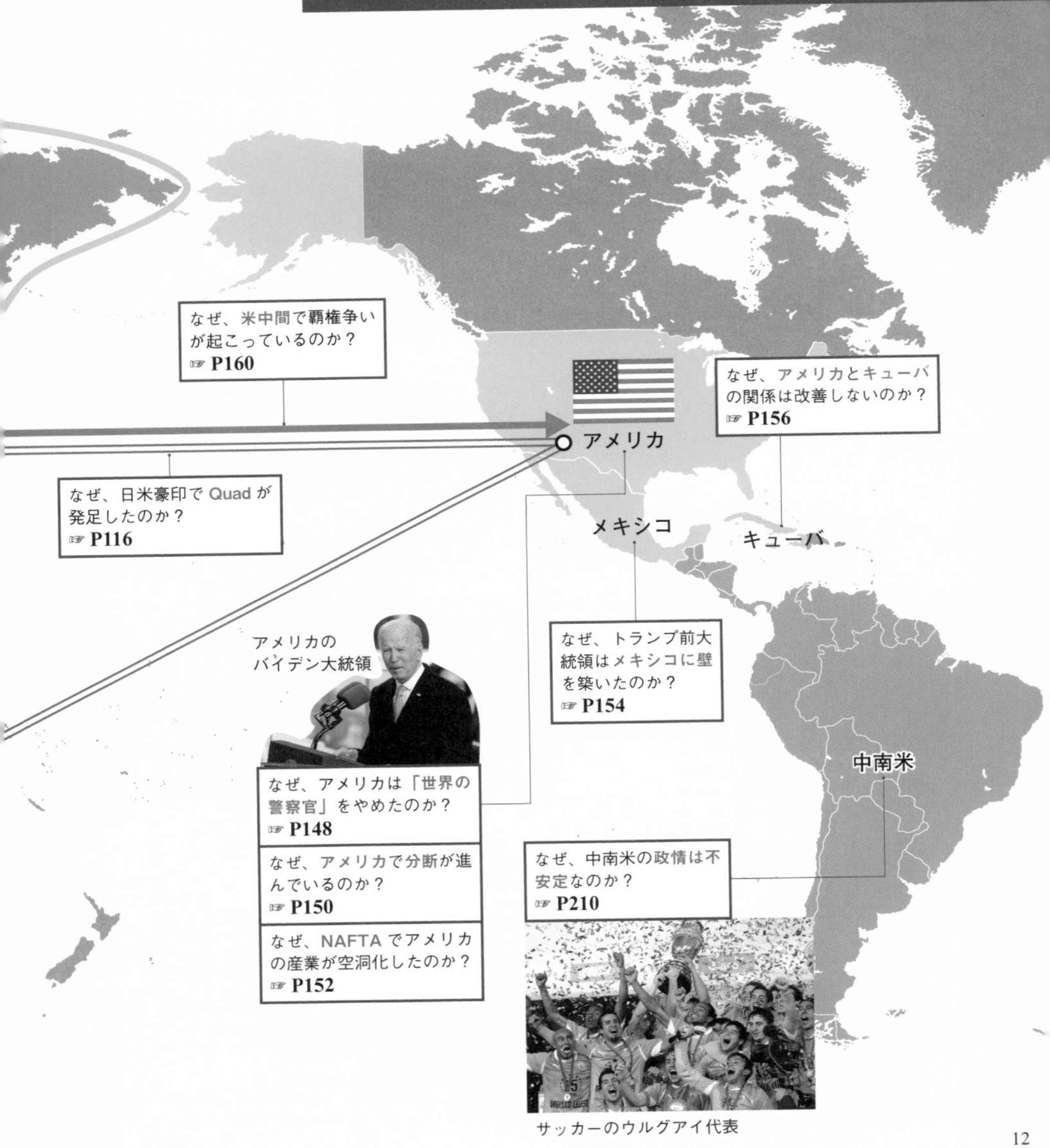
なぜ、米中間で覇権争いが起こっているのか？
☞ P160
アメリカ
なぜ、アメリカとキューバの関係は改善しないのか？
☞ P156
なぜ、日米豪印でQuadが発足したのか？
☞ P116
メキシコ
キューバ
アメリカのバイデン大統領
なぜ、トランプ前大統領はメキシコに壁を築いたのか？
☞ P154
中南米
なぜ、アメリカは「世界の警察官」をやめたのか？
☞ P148
なぜ、アメリカで分断が進んでいるのか？
☞ P150
なぜ、NAFTAでアメリカの産業が空洞化したのか？
☞ P152
なぜ、中南米の政情は不安定なのか？
☞ P210
サッカーのウルグアイ代表

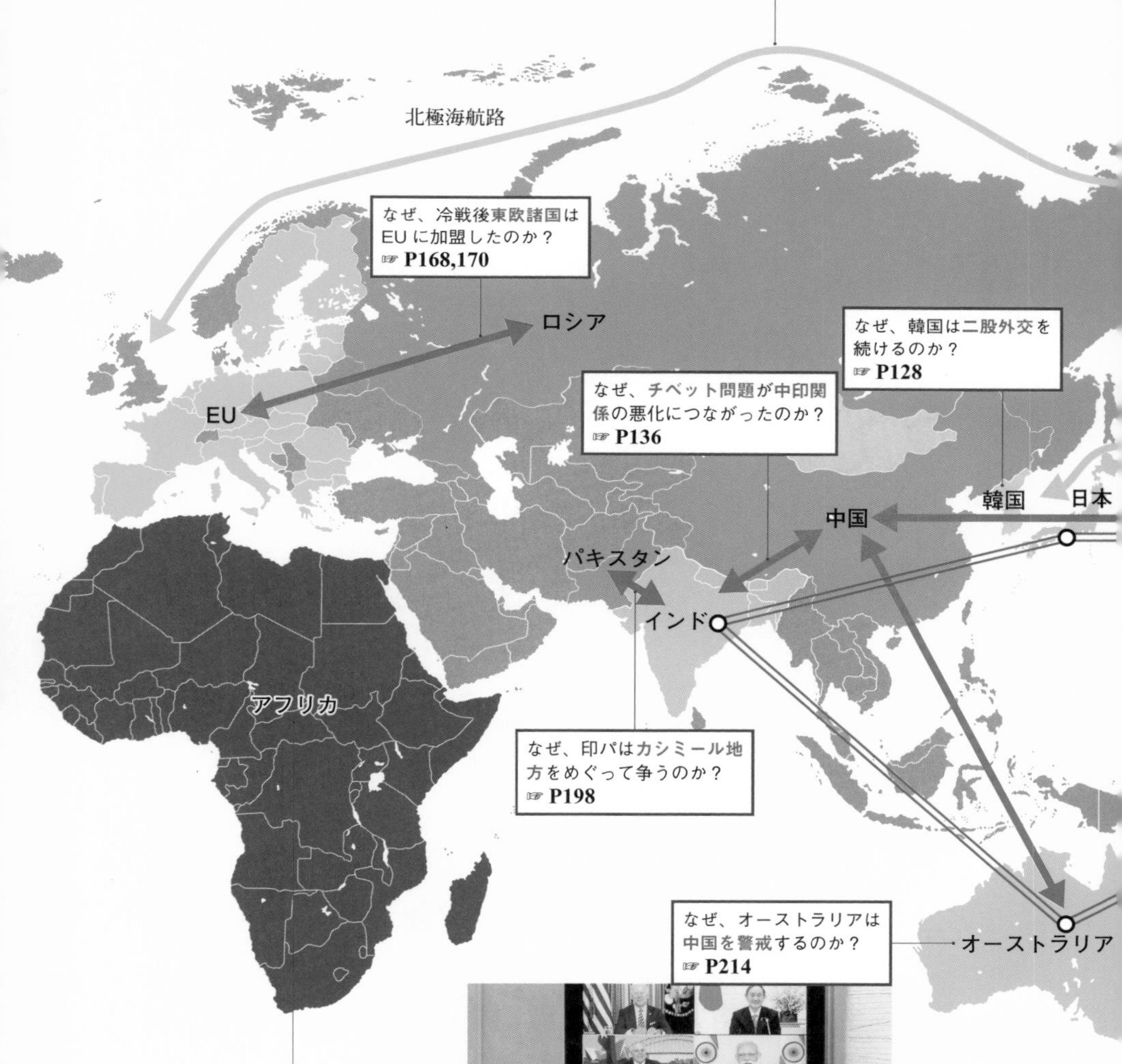
なぜ、ロシアは北極海航路を重視するのか？
☞ P178
北極海航路
なぜ、冷戦後東欧諸国はEUに加盟したのか？
☞ P168,170
ロシア
EU
なぜ、韓国は二股外交を続けるのか？
☞ P128
なぜ、チベット問題が中印関係の悪化につながったのか？
☞ P136
韓国
日本
中国
パキスタン
インド
アフリカ
なぜ、印パはカシミール地方をめぐって争うのか？
☞ P198
なぜ、オーストラリアは中国を警戒するのか？
☞ P214
オーストラリア
なぜ、アフリカは経済発展から取り残されたのか？
☞ P206

日米豪印首脳によるオンライン会談

東京と世界主要都市の距離

下に示したのは中心点からの距離と方位が正確に表現された正距方位図。

この地図で日本の首都・東京と世界主要都市の位置関係を見てみよう。

まず、東アジアの都市は1〜2000kmの近距離にある。飛行機なら数時間ほどで往復可能だ。

欧米の大都市との距離は多くが10000km圏内。直行便ならば1日強で往復できる。

最も遠いのが南米大陸。日本の裏側として知られるブラジルの都市・リオデジャネイロとの距離は約18500km。ここまで遠いと飛行機は乗り継ぎが必須となる。

フライト時間も片道だけで25〜35時間かかってしまう計算だ。

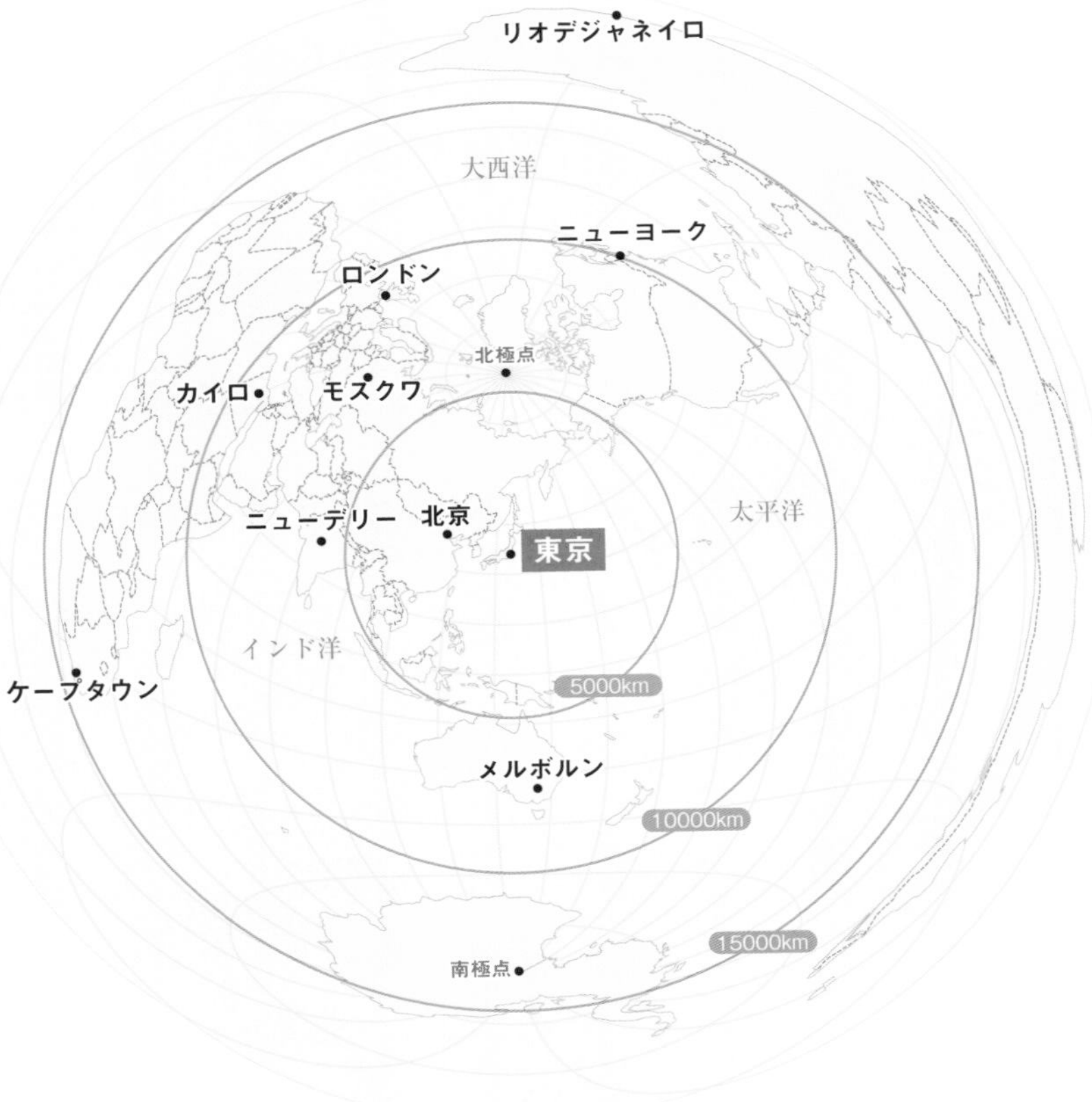

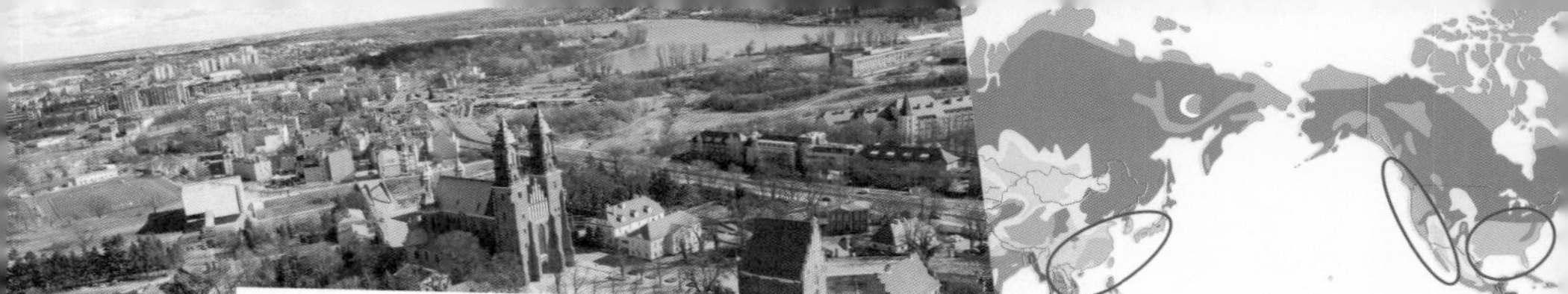

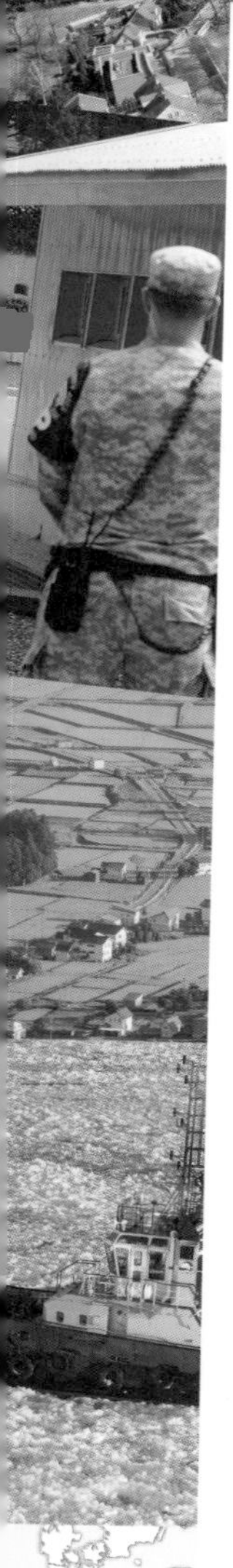

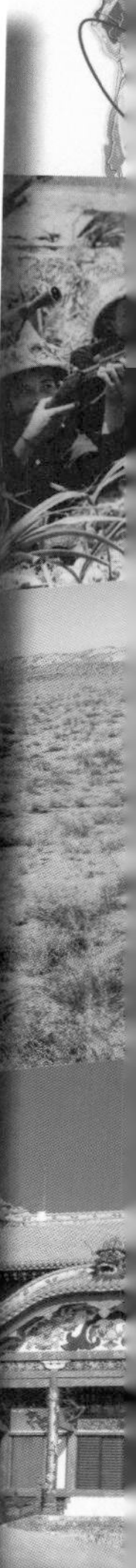

第1章

地政学を知る基礎知識

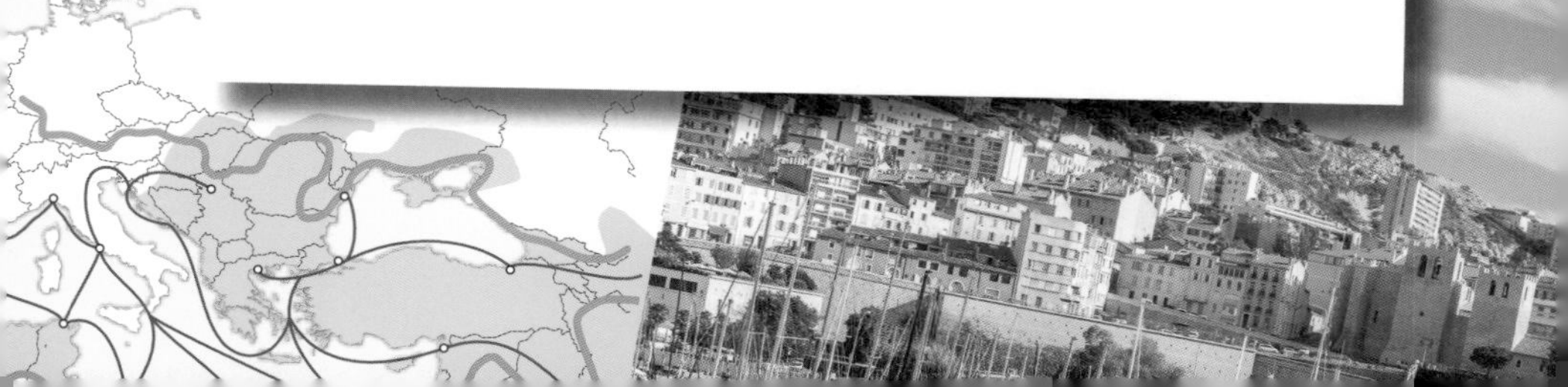

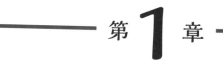

基礎知識 1

地政学はどのように生まれなぜ今、必要とされるのか

地理がわかれば世界がわかる

大陸の内陸部にあり、東西南北を他国に囲まれている国があるとする。こういう国は「いつどこから攻められるかわからない」という緊張感が常にあるため、軍備や隣国との同盟関係の強化などに力を入れざるを得なくなる。一方、大陸からやや離れた島国の場合は、海が緩衝地帯の役割を果たすため、隣国からすぐに攻め込まれる心配はない。そのぶん自国の防衛に割くコストを低く抑えることができる。

こうした**それぞれの国が置かれている地理的な環境に注目し、歴史的な出来事や国際情勢を分析しようというのが地政学**という学問だ。

その国の地理と、外交や軍事、経済、文化などとの間に関係性があることについては、古くから多くの人が気づいていた。例えば紀元前5世紀のアテネの歴史家であるトゥキディデスは『歴史』の中で、ペロポネソス戦争を海洋国家のアテナイと大陸国家のスパルタの対立として描いている。まさに地政学的な観点から歴史を分析したといえる。

ただし**地政学が、ある程度の理論的なまとまりを持った学問として成立したのは、ずっと時代が下って19世紀末から20世紀前半**にかけてのことだ。近代地政学の創始者としては、マハン、マッキンダー、スパイクマンなどが挙げられる。

混沌とした時代に必要な学問

国際情勢は各国の為政者の思惑や、国家間のパワーバランスなど、様々な変数が複雑に絡み、刻一刻と変化する。それが国際情勢を分析する難しさの要因となっている。

そんな中で地理に関しては、基本的には「短い時間では容易には変わらないもの」である。国際情勢は変数が多く、複雑だからこそ、変わらないもの（＝地理）を土台に考えることが、世界を読み解くうえで有効となる。**特に米中の対立の激化やEU（欧州連合）の行き詰まりなど、混沌としている現在の国際情勢の中で、地政学の重要性は従来以上に増してきている。**

POINT

地政学とは、各国が置かれている地理的な環境に着目し、歴史的な出来事や現在の国際情勢を分析しようとする学問。

用語解説 トゥキディデス『歴史』

紀元前5世紀頃の古代ギリシアの歴史家トゥキディデスが自身の戦争体験から著した歴史書。同時代の歴史書と比較して、客観的で中立的な立場で記されている。

Case study

「地政学」の3人の創始者

近代地政学の3人の創始者たちの問題意識や取り組みを紹介する。地政学は純粋な学問というよりも、自国や自陣営の外交をどう有利に進めていくかを分析し、戦略を立案するための手段として発展を遂げたことがよく分かるだろう。現在も地政学は、各国が外交戦略を練る際に重要な役割を担っている。

軍人として海洋戦略を研究

アルフレッド＝マハン
（1840 ～ 1914）

マハンはアメリカ海軍の軍人。マハンが生きた19世紀後半のアメリカの海軍力は、決して強大とは言い難かった。そんな中でマハンは、過去に覇権を握った国々の特徴を地政学的に分析したうえで、アメリカが大国の仲間入りをするためには、シーパワーを強化して、周辺の海を支配することがカギを握ると主張した。

「ランドパワー」の脅威を警告

ハルフォード＝マッキンダー
（1861 ～ 1947）

マッキンダーは、20世紀初頭に活躍したイギリスの地理学者。この時代、ヨーロッパでは、大陸国家（ランドパワー）であるロシアとドイツの伸長が著しかった。マッキンダーはなぜランドパワーが力を持ち始めたのかを分析し、これに海洋国家（シーパワー）であるイギリスなどの国々がどう対抗していくか、という問題に取り組んだ。

リムランドの概念を打ち出す

ニコラス＝スパイクマン
（1893 ～ 1943）

スパイクマンは20世紀前半のアメリカの国際政治学者だ。彼はランドパワーとシーパワーの境界に位置するエリアをリムランドと名付け、ランドパワーを封じるためにはリムランドを押さえることが重要であると説いた。リムランドの考え方は、アメリカがソ連に対して行った冷戦期の封じ込め政策に大きな影響を与えた。

基礎知識 2

大陸から勢力拡大を図る「ランドパワー」の国々

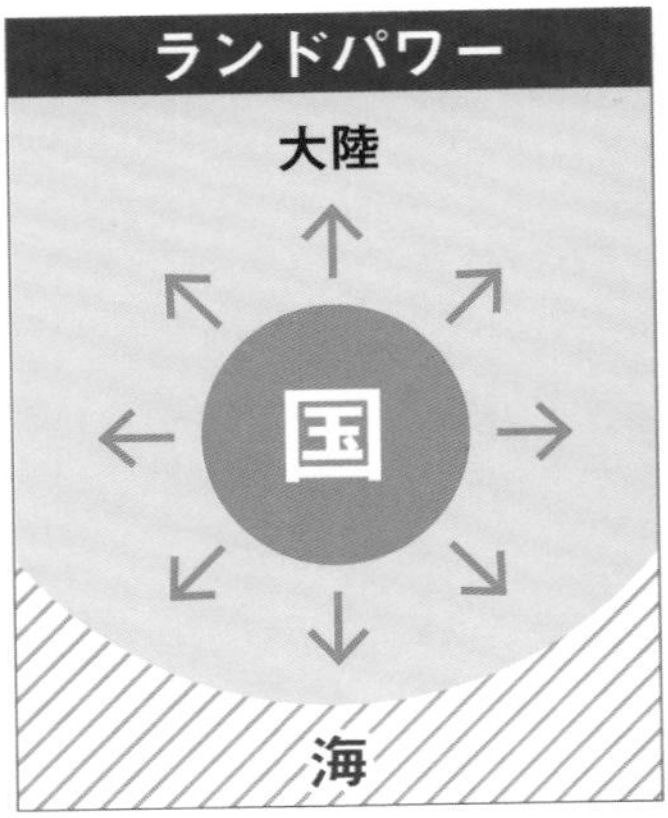

海を求めて南下したロシア

地政学では、国家をランドパワー（大陸国家）とシーパワー（海洋国家）に分けて分析を行う。

このうち**ランドパワーとは、大陸の内陸部に位置している**か、国土の一部が海洋に面していたとしても、**海を十分に活用することができず、交易や人の移動手段などを陸上交通に頼っている国家**のこと。例えばロシアの北部は北極海に面してはいるが、冬でも凍らない不凍港がないために大型船舶を航行させることができず、ランドパワーにならざるを得なかった。ロシア以外にはドイツや中国、中央アジア諸国などが、ランドパワーに分類される。

ランドパワーは、より豊かな土地や海洋を求めて、勢力圏を拡大しようとする志向が強いとされる。例えばロシアは18世紀から19世紀にかけて、オスマン帝国に何度も戦争を仕掛けた。これは**不凍港を求めて、オスマン帝国が所有する黒海から地中海沿岸の地域を手に入れることを狙いとした行動**だった。

ステップを利用して西進

ユーラシア大陸では、4世紀のフン族や13世紀のモンゴル帝国など、アジアのランドパワー勢力がヨーロッパを脅かす光景が何度も繰り返された。**ユーラシア大陸の内陸部には、ステップ（草原）が帯状に広がっている。この地形がアジアのランドパワー勢力の西進を容易にさせた。**

ただし彼らはヨーロッパでは、勢力を長く維持することはできなかった。その要因として地政学の創始者であるマッキンダーは、マンパワーの不足を挙げる。広大な陸上の領土を守るには、膨大な人的・物理的コストがかかる。そこがランドパワーが拡大を図る際の弱点とされる。

POINT

ランドパワーとは、交易の手段などを陸上交通に頼っているユーラシア大陸内陸部の国家のこと。勢力拡大の志向が強い。

用語解説「ステップ」

ロシア語で「平らで乾燥した土地」の意味。降水量が年間250〜500㎜で丈の短い草で覆われている。古くから東西交易路であり、シルクロードもステップを通った。

Case study

ロシアの領土拡大と不凍港を求めての南下政策

ロシアは不凍港を獲得するため、18世紀以降、オスマン帝国が領有する黒海沿岸に南下政策を開始。1853年にはクリミア戦争、1877年には露土戦争を起こした。当時のオスマン帝国は弱体化していたが、列強の干渉によって思うように領土を拡張できなかった。そこでロシアは中央アジアや東アジアでも南下政策を展開。東アジアでは北京条約によって日本海に面する沿海州を手に入れるなど、一定の成果を得ることができた。

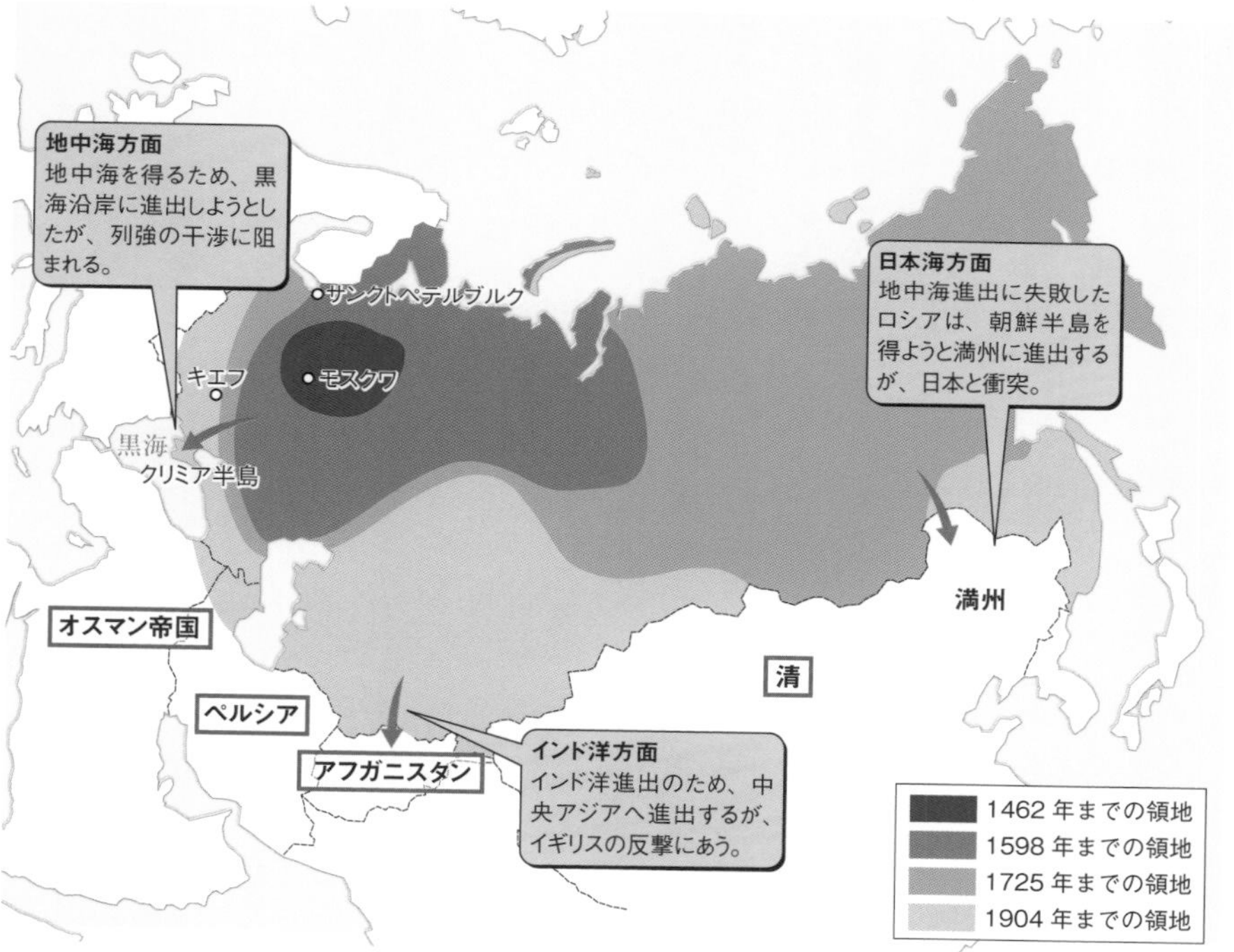
地中海方面
地中海を得るため、黒海沿岸に進出しようとしたが、列強の干渉に阻まれる。
サンクトペテルブルク
キエフ
モスクワ
黒海
クリミア半島
日本海方面
地中海進出に失敗したロシアは、朝鮮半島を得ようと満州に進出するが、日本と衝突。
満州
オスマン帝国
清
ペルシア
アフガニスタン
インド洋方面
インド洋進出のため、中央アジアへ進出するが、イギリスの反撃にあう。
1462 年までの領地
1598 年までの領地
1725 年までの領地
1904 年までの領地

サンクトペテルブルクはロシアの主要な港だが、冬は凍るため利用できない。

カザフスタン北部から、ロシア南部に広がる広大なカザフステップ。

→ ロシアの南下政策については**P72**参照
→ ロシアのクリミア併合については**P172**参照

基礎知識 3

海洋進出により覇権を握る「シーパワー」の国々

POINT

シーパワーとは、国境の多くが海に面している海洋国家のこと。ランドパワーより地政学的に優位な環境にある。

シーパワー

世界の覇権を握り続ける

シーパワーとは、国境の多くが海に面している海洋国家のこと。アメリカ、イギリス、日本などがシーパワーに分類される。

人類が大洋へと乗り出していった15世紀の大航海時代以降、世界はシーパワー優勢の時代が続いている。15世紀以降に世界の覇権を握った国々は、ポルトガル、スペイン、オランダ、イギリス、アメリカなど、いずれもシーパワーである。

ランドパワーが内陸部に閉じ込められているのに対して、**シーパワーの国々は、海を通じて世界各地に比較的容易にアクセスできるため、交易等で有利な立場にある。**また地球の地形は、海が陸地を囲い込むようにできており、海の支配権を握ることは、ランドパワーの国々を包囲することにつながる。世界史では、ランドパワー勢がシーパワー勢の包囲網の突破を試み、これをシーパワー勢が阻止しようとする「ランドパワーVS.シーパワー」の対立がしばしば見られてきた。

両立は極めて困難

地政学では、ある国が「シーパワーでありランドパワーでもある状態」を実現するのは、困難であるとされる。ランドパワーであるためには、陸で国境を接している隣国に対抗できるだけの陸軍力を備えなければならず、シーパワーであるためには、一定の海軍力を備え、また海運産業が発展していることが重要になる。その両立を図るためには、莫大なコストが発生するためだ。

その点、本来はランドパワーでありながら、近年は海洋への進出を加速している中国の挑戦が成功するかどうかは、地政学的に極めて興味深いといえる。

用語解説「大航海時代」

15〜17世紀、ヨーロッパ諸国が新たな交易路を求め、大洋に向けて積極的に航海を行った時代。アメリカ大陸到達やインド航路開拓により世界の一体化が進んだ。

Case study

貿易で栄えたシーパワー・琉球王国

シーパワーの国は、国土は小さくても、海を通じて各国と商業ネットワークを築き、発展を遂げることが可能である。15世紀半ばに成立した琉球王国も、そんな国の一つ。琉球は、東南アジアから香料などを輸入して日本や明に輸出。また明の生糸などを日本に、日本の刀剣などを明に輸出するという中継貿易で繁栄を極めた。だが16世紀、同じシーパワーのポルトガルがアジアに進出してくると、琉球の中継貿易は衰退していった。

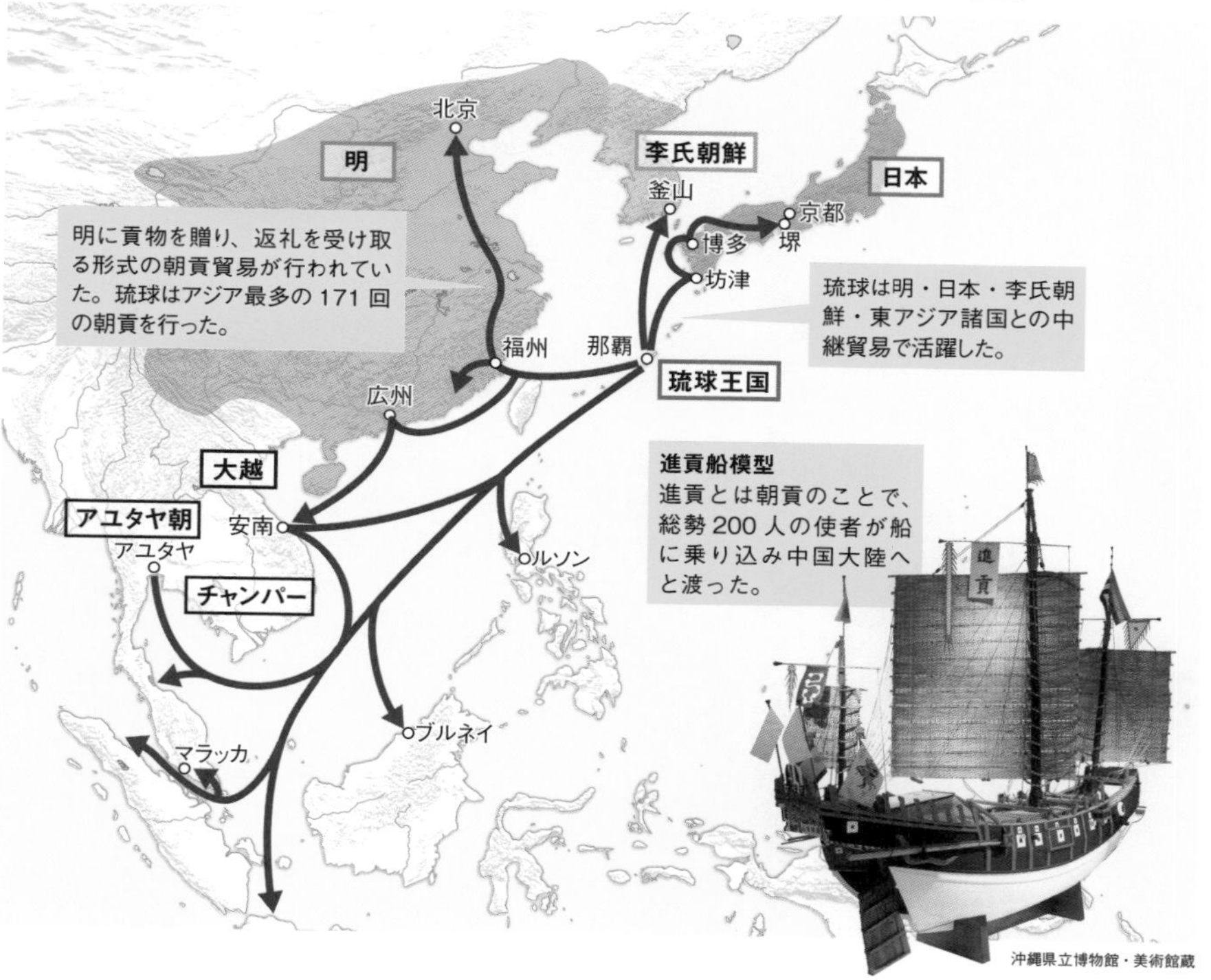

北京
明
李氏朝鮮
日本
釜山
京都
博多
堺
坊津
明に貢物を贈り、返礼を受け取る形式の朝貢貿易が行われていた。琉球はアジア最多の171回の朝貢を行った。
琉球は明・日本・李氏朝鮮・東アジア諸国との中継貿易で活躍した。
福州
那覇
琉球王国
広州
大越
アユタヤ朝
安南
アユタヤ
ルソン
チャンパー
ブルネイ
マラッカ

進貢船模型
進貢とは朝貢のことで、総勢200人の使者が船に乗り込み中国大陸へと渡った。

沖縄県立博物館・美術館蔵

琉球王国の政治・外交の中心となった首里城。写真は1992年再建のもの（2019年に焼失）。

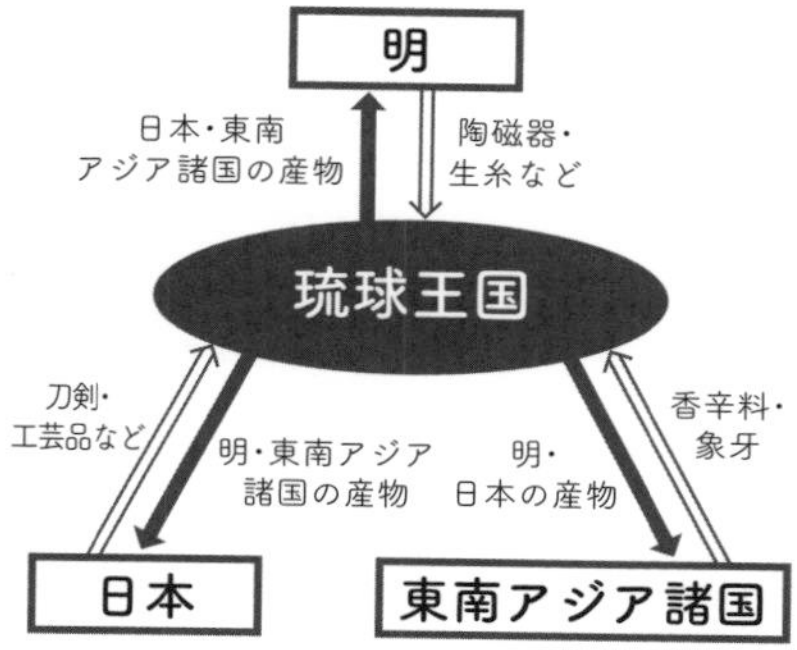

明
日本・東南アジア諸国の産物
陶磁器・生糸など
琉球王国
刀剣・工芸品など
明・東南アジア諸国の産物
明・日本の産物
香辛料・象牙
日本
東南アジア諸国

琉球王国の中継貿易の仕組み。諸外国の貿易の間に入ることで、東アジアの流通の支配に成功した。

→ 大航海時代についてはP43参照
→ 15世紀の東アジア交易についてはP45参照

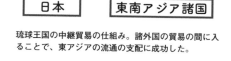

基礎知識 4

「ハートランド」と「リムランド」が国際情勢を動かす

ハートランド／リムランド

ランドパワーの巻き返し

15世紀以降、世界はシーパワー優勢の状況が続いた。だが19世紀後半、情勢に変化が生じた。ランドパワーにおいても、**鉄道の登場によって輸送力が飛躍的に向上。さらに20世紀初頭には、自動車と航空機という新たな輸送手段も現れた。**これらはランドパワーにとって、勢力の巻き返しを図る有効な武器になり得た。事実、当時ランドパワーの新興国だったドイツは、ベルリン、イスタンブル（ビザンティウム）、バグダードを鉄道で結ぶという3B政策を打ち出し、勢力を拡大していた。

この状況にイギリス人のマッキンダーは、シーパワーの立場から危機感を抱いた。彼は**ランドパワー勢力が基盤としており、シーパワーが到達できないユーラシア大陸の内陸部を「ハートランド」と名付け、**「東欧を制する者はハートランドを制する。ハートランドを制する者は世界島（ユーラシア大陸とアフリカ大陸）を制する。世界島を制する者は全世界を制する」と、警鐘を鳴らした。

両勢力の間にある緩衝地帯

一方**「リムランド」はスパイクマンが提唱した概念であり、ハートランドを弧のように取り囲むエリアのことをいう。**彼によれば、リムランドはシーパワーとランドパワーの間にある広大な緩衝地帯であり、「リムランドを制した者がユーラシアを制し、ユーラシアを支配する者が世界の運命を制す」という。

事実、冷戦期のシーパワー（アメリカ）とランドパワー（ソ連・中国）の激突を見ても、朝鮮戦争にせよベトナム戦争にせよ、リムランドを手中に収めるための戦いだったと言える。現在でもリムランドは、政治的に不安定な地域が多い。

POINT

ハートランドは、ユーラシア大陸内陸部のこと。リムランドは、ハートランドを弧のように取り囲むエリアのこと。

用語解説 「3B政策」

ドイツ・トルコ・イラクを鉄道で結び、中東に進出しようとするドイツの政策。イギリスのアフリカ・エジプト・インドを結ぶ3C政策と対立し、第一次世界大戦の要因になった。

Case study

リムランドにおける"熱戦"の勃発

スパイクマンは、リムランドの国々はシーパワーとランドパワーの両者から自分の身を守る必要があると述べた。まさにベトナムは、そうした困難に直面してきた国だった。ベトナム戦争は、ランドパワー勢力（ソ連）とシーパワー勢力（アメリカ）の代理戦争の場となり、その後に起きた中越戦争では、ランドパワー大国の中国を敵に回した。一方、同じ冷戦期に勃発した朝鮮戦争もソ連とアメリカの代理戦争となり、半島は分裂してしまった。

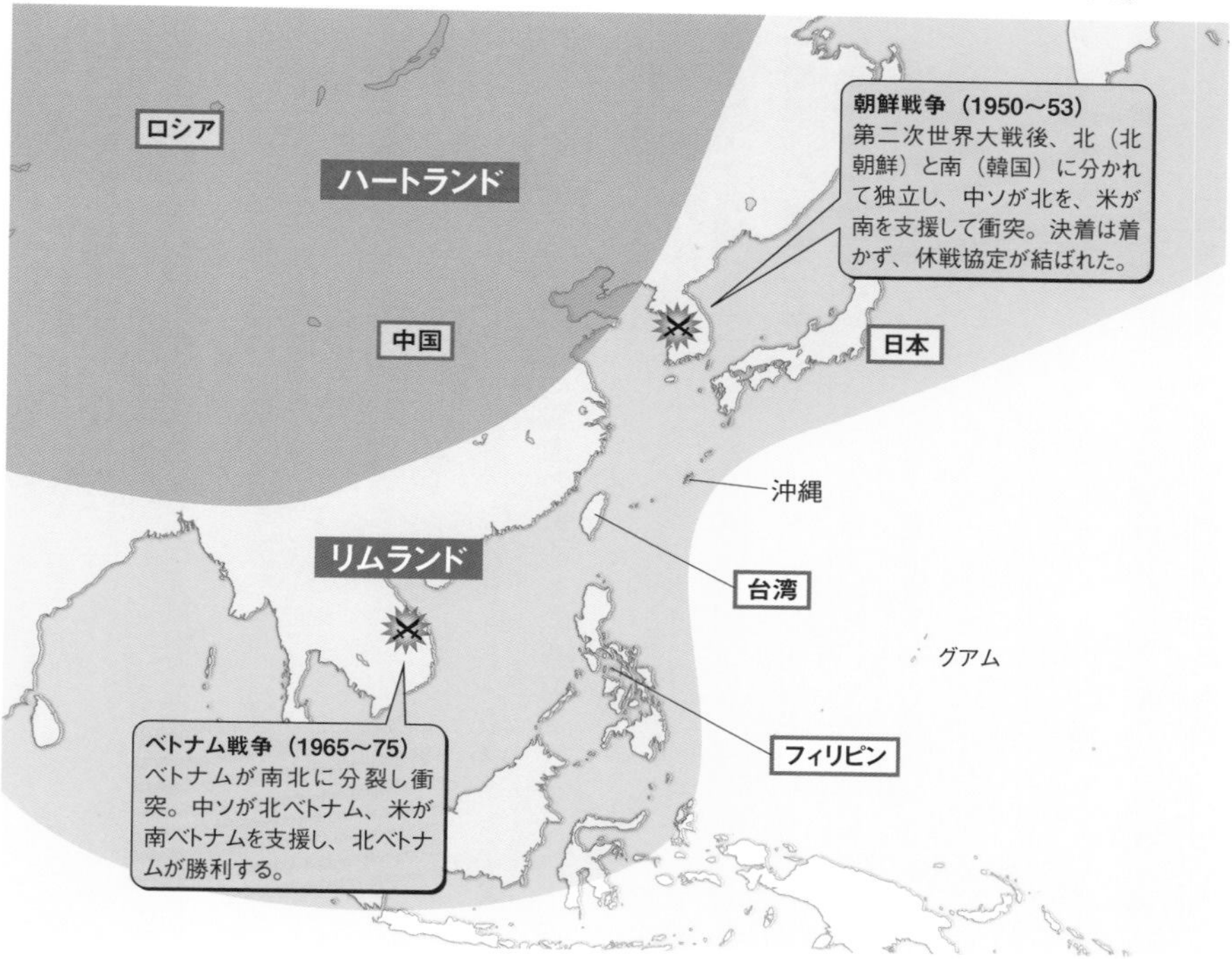
ロシア
ハートランド
朝鮮戦争（1950〜53）
第二次世界大戦後、北（北朝鮮）と南（韓国）に分かれて独立し、中ソが北を、米が南を支援して衝突。決着は着かず、休戦協定が結ばれた。
中国
日本
沖縄
リムランド
台湾
グアム
フィリピン
ベトナム戦争（1965〜75）
ベトナムが南北に分裂し衝突。中ソが北ベトナム、米が南ベトナムを支援し、北ベトナムが勝利する。

ベトナム戦争の兵士。北と南合わせて、800万人程度の人々が犠牲となった。

北朝鮮と韓国の軍事境界線上にある共同警備区域。韓国側では米軍も警備をしていたが2004年に撤退。

➡ 鉄道の発達とランドパワー国についてはP72参照
➡ 冷戦期の戦争についてはP91参照

基礎知識
5

「チョークポイント」を制する者が海を制する

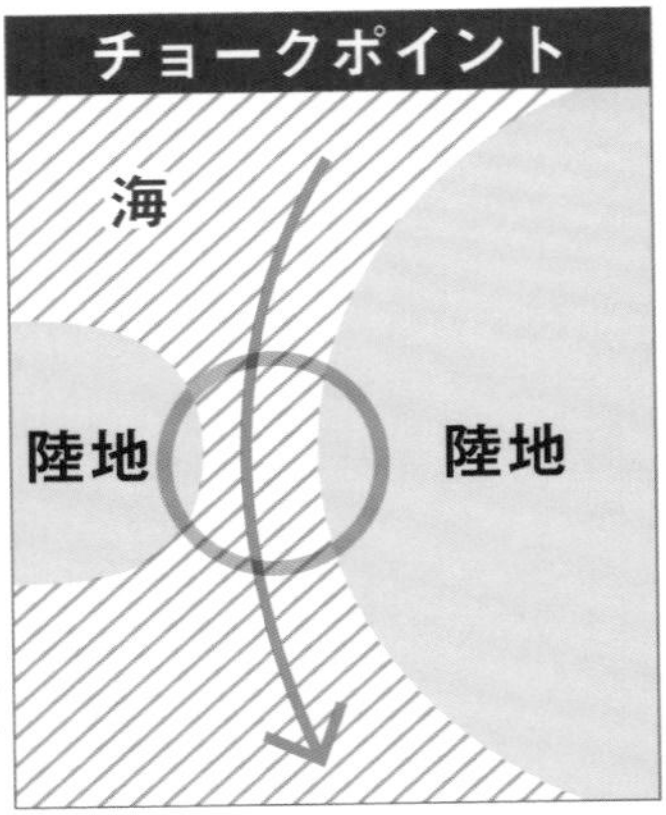

国の生命線となる海上交通路

その国の安全や経済活動などを維持するうえで、重要な海上交通路のことを「シーレーン」という。

日本にとっては、ペルシア湾からホルムズ海峡を経て、アラビア海、インド洋を通り、マラッカ海峡、バシー海峡を抜けて日本に至るルートが、シーレーンとなる。石油の購入量の約8割を中東に頼っている日本にとって、このルートを絶たれることは、経済活動の命綱を絶たれることに等しいからだ。

さらにシーレーンの中でも、海上交通の要衝となる重要なポイントのことを「チョークポイント」という。日本のシーレーンでいえば、ホルムズ海峡やマラッカ海峡などがチョークポイントにあたる。

もし日本に敵対する国にホルムズ海峡を押さえられれば、日本のタンカーはアラビア海に出入りすることができなくなる。またもしマラッカ海峡を押さえられれば、大きく迂回をせざるを得なくなり、莫大な輸送コストが生じることになる。

低コストで優位に立てる

世界には、スエズ運河やパナマ運河、バブ・エル・マンデブ海峡など、多くの国にとって、**シーレーン上の要衝となっているチョークポイントが10ヵ所程度存在する。**

チョークポイントは、海の関所のようなものである。そのためある国が、仮に他の海域を制圧できていなかったとしても、ここさえ押さえておけば、**海をめぐる勢力争いにおいて、極めて効率的かつ低コストで、優位に立つことが可能になる。**19世紀にイギリスが世界の海を制することができたのも、チョークポイントをことごとく支配下に収めたことが大きかった。

POINT

海の重要な交通路のことをシーレーンと呼び、シーレーンの中でも交通の要衝となる地点をチョークポイントと呼ぶ。

用語解説「石油」

世界のエネルギー消費の約3分1を占める。輸送燃料や発電用燃料の他、ゴム製品、プラスチック製品、化学繊維、洗剤の原料としても使用され、私たちの生活に欠かせないものとなっている。

Case study

ヨーロッパと日本をつなぐ海の道

日本は中東から石油を運ぶ際、ホルムズ海峡とマラッカ海峡というチョークポイントを通る必要がある。このうちホルムズ海峡周辺では、イランとサウジアラビアの対立が激化。またマラッカ海峡周辺は、近年中国の進出が著しい。日本が中国の海洋進出を警戒するのも、またイランとサウジアラビアのいずれの国とも良好な関係を保つように努めているのも、この二つのチョークポイントを手放すことは絶対に避けたいからだ。

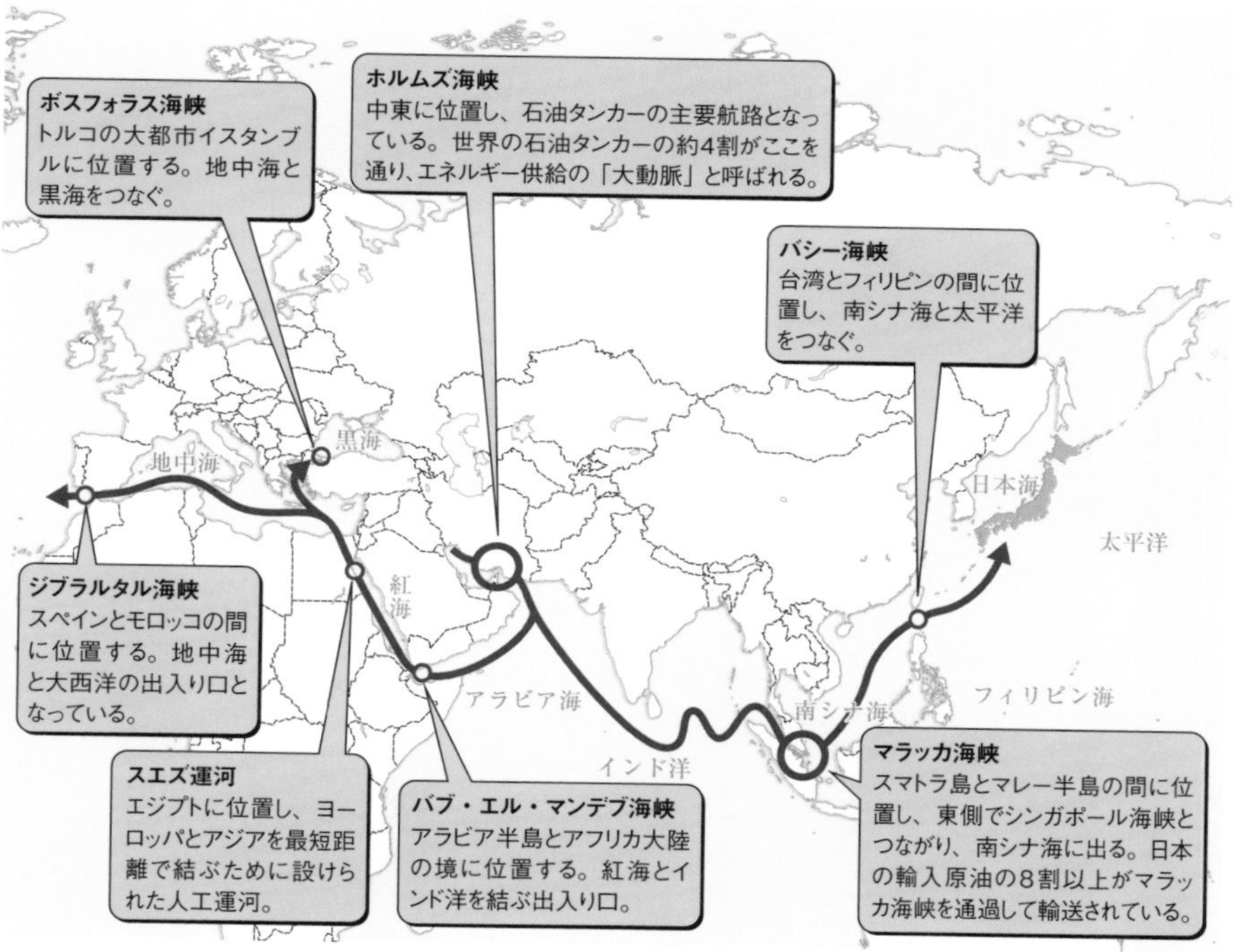

ボスフォラス海峡
トルコの大都市イスタンブルに位置する。地中海と黒海をつなぐ。
ホルムズ海峡
中東に位置し、石油タンカーの主要航路となっている。世界の石油タンカーの約4割がここを通り、エネルギー供給の「大動脈」と呼ばれる。
バシー海峡
台湾とフィリピンの間に位置し、南シナ海と太平洋をつなぐ。
黒海
地中海
日本海
太平洋
紅海
アラビア海
南シナ海
フィリピン海
インド洋
ジブラルタル海峡
スペインとモロッコの間に位置する。地中海と大西洋の出入り口となっている。
スエズ運河
エジプトに位置し、ヨーロッパとアジアを最短距離で結ぶために設けられた人工運河。
バブ・エル・マンデブ海峡
アラビア半島とアフリカ大陸の境に位置する。紅海とインド洋を結ぶ出入り口。
マラッカ海峡
スマトラ島とマレー半島の間に位置し、東側でシンガポール海峡とつながり、南シナ海に出る。日本の輸入原油の8割以上がマラッカ海峡を通過して輸送されている。

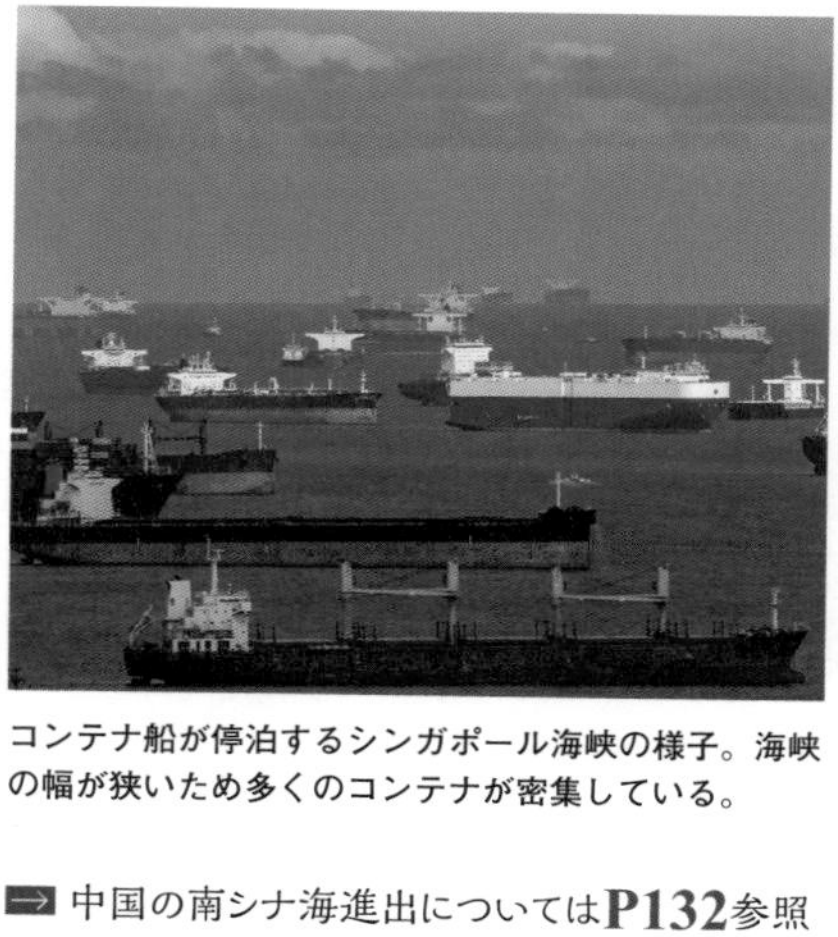

コンテナ船が停泊するシンガポール海峡の様子。海峡の幅が狭いため多くのコンテナが密集している。

イラン
ホルムズ海峡
アラビア半島

ホルムズ海峡の衛星写真。S字に曲がった部分は航行の難所とされ、高い航海技術を必要とする。

画像：© 2021 Google CNES / Data SIO, NOAA, U. S. Navy, NGA, GEBCO

⇒ 中国の南シナ海進出についてはP132参照
⇒ 中東のチョークポイントについてはP184参照

基礎知識 6

「山」か「平野」か「等高線」に目を向ける

POINT

国土を山に囲まれていることは、貿易では不利になるが、防衛では有利になる。一方、平野が多いことは、防衛上不利になる。

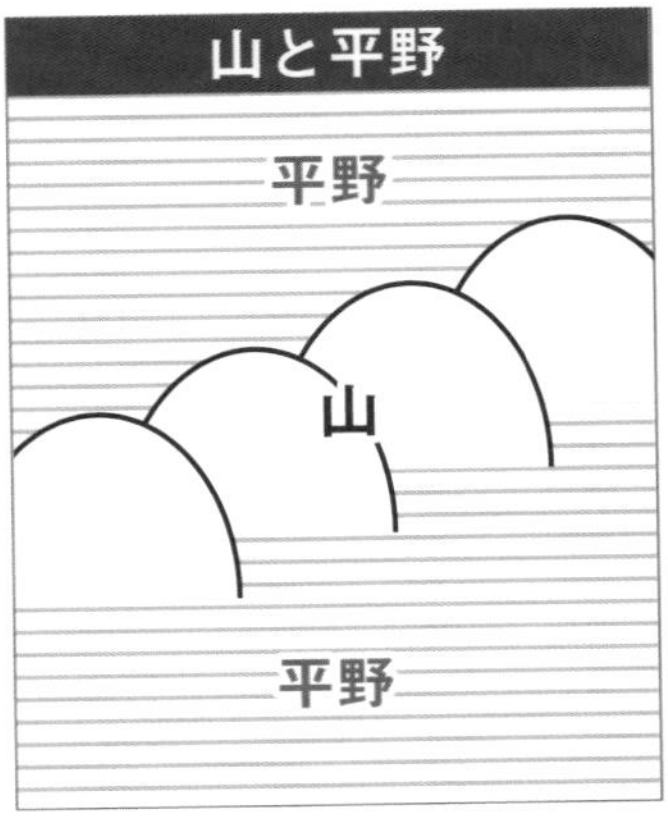

ヒマラヤ山脈という壁

中国とインドは、国境を接している隣国である。しかし両国は、民族も言語も文化も大きく異なる。もちろんインドから中国に仏教が伝えられるなど、一定の交流はあったが、他の隣国の関係と比べれば、互いの影響力は限られたものだった。

これは両国の間に、世界最大の山脈であるヒマラヤ山脈がそびえ立っているからである。**「海」が国同士が国境を越えて商業ネットワークを築いていくことを促進するのに対して、「山」は互いの交流を阻害する要因となるのだ。**

ただし「山」と「海」には共通点もある。**それは「山」も「海」も、他国からの侵入を防ぐ防波堤の役割を担うことだ。**事実、13世紀にモンゴル帝国が東欧にまで勢力を拡大させていた時期でも、インド亜大陸には進出することができなかった。

また地形が急峻である「山」は、地域が孤立しやすく、少数民族による独自の文化が育まれやすいのも特徴である。

ポーランドの地政学的悲劇

一方、「山」と比べて、防衛上脆弱なのが「平野」である。例えばポーランドは、南部にこそ2000m級のカルパティア山脈が走ってはいるが、**国土の半分以上を平原が占めている。そのため周辺国からの侵入を受けやすく、18世紀には国家が消滅したこともあった。**

また1991年の湾岸戦争において、多国籍軍が短期間でイラクに勝利することができたのも、戦場になったのが見通しの利く砂漠であったことが大きいとされる。

このように地図を見るときは、その土地が「山」か「平野」か、等高線に目を向けることが重要になる。

用語解説 「ヒマラヤ山脈」

インドと中国のチベット自治区の間に位置する世界最大の山脈。最高峰エベレストを含む標高7000m以上の山々が100座以上連なる。

Case study

アルプス山脈がナチ党から国を守った

第二次世界大戦時、ナチ党は永世中立国・スイスへの侵攻を企てたことがあった。これに対してスイス軍の最高司令官だったギザン将軍は、アルプス山脈を要塞にして徹底抗戦をする構えを見せた。アルプスの峻険な山岳地帯を侵略するとなると、多大な時間と戦費が発生するとナチ党は判断。イギリスへの攻撃を優先させることにした。スイスが永世中立国の立場を守り続けることができたのは、山脈の存在が大きかった。

イギリス
オランダ
ポーランド
ドイツ
ベルギー
ルクセンブルク
チェコ
スロバキア
フランス
スイス
1648年、国際的に独立が承認され、1815年に「永世中立国」となった。列強に囲まれているにもかかわらず、山脈を利用した攻めにくい国をつくったことで、中立を保ち続けることができた。
スイス
オーストリア
ハンガリー
スロベニア
クロアチア
ボスニア・
ヘルツェゴビナ
アルプス山脈
最大標高 4810m、全長 1200kmの巨大な山脈。スイス軍は第二次世界大戦中、アルプス山中に大量の要塞を築いた。
イタリア
スペイン
地中海

ポーランド最古の都市の一つポズナン。平野が広がり、18世紀にはポーランド分割で他国に支配された。

スイスのツェルマットの街並み。街全体がアルプスの山々に囲まれている。

➡ 湾岸戦争についてはP96参照
➡ インドの地理についてはP198参照

基礎知識 7

「閉鎖海」(内海)とは「自分だけの海」を持つこと

POINT

閉鎖海(内海)とは、ある海域が完全に一つの国の支配下にあり、その海域内に敵が存在しない状態のことをいう。

閉鎖海（内海）

地中海を閉鎖海にしたローマ

「閉鎖海」とは、地政学的にはある海域が一つの国の支配下にある状態のことをいう。「内海」という言葉が使われることもある。

閉鎖海が成立した典型例としては、古代ローマによる地中海支配が挙げられる。**前2世紀にライバルのカルタゴ、前1世紀にエジプトとの戦いに勝利したローマは、地中海を「我らの海」にすることに成功。**地中海において敵無しの状態になったために、マッキンダーによれば、「まったく海軍力を必要としなくなった」という。

19世紀末から20世紀初頭にかけては、アメリカがカリブ海を閉鎖海にすることに成功した。アメリカ＝スペイン戦争に勝利したことで、スペインが領有していたプエルトリコを併合し、またスペインから独立したキューバを保護国化。さらにはパナマ運河が開通すると、その利権を独占した。アメリカは軍事力を背景に、カリブ海諸国を政治的・経済的にも支配下に収めた。

カリブ海を固めて太平洋へ

閉鎖海を手に入れることのメリットは、ローマがそうであったように、**その海域を防衛するための軍事的リソースを最小限に抑えられることだ。**それにより余力が生まれた海軍力を、違う海域を支配するために差し向けることもできる。

例えばアメリカは、カリブ海を閉鎖海にしたあと、やはりアメリカ＝スペイン戦争の勝利によって獲得したグアムやフィリピンを足がかりにして、太平洋に目を向けた。

この時期にアメリカが太平洋での影響力を伸ばすことができたのは、アメリカの裏庭に位置するカリブ海が安泰だったことが大きかった。

用語解説　「カリブ海」

北米と南米の間に位置。18 世紀は海賊が次々と現れ「海賊の黄金時代」といわれた。長くイギリスの支配下だったが、20 世紀以降はアメリカが支配し、現在は多くの国が独立している。

Case study

世界最大の内海・地中海の繁栄

地中海は世界最大の面積を持つ内海だ。古代文明が生まれたメソポタミアやエジプトと地理的に近く、古くから文明が発展したうえ、フェニキア人やローマ人が積極的に植民活動を行い、地中海商業圏が成立した。ローマ帝国やオスマン帝国など強大な国が誕生し、大航海時代に至るまでヨーロッパ経済の中心となった。一方、地中海世界と北方ヨーロッパの間にはアルプス山脈がそびえていたため、中世まで別々の市場を形成していた。

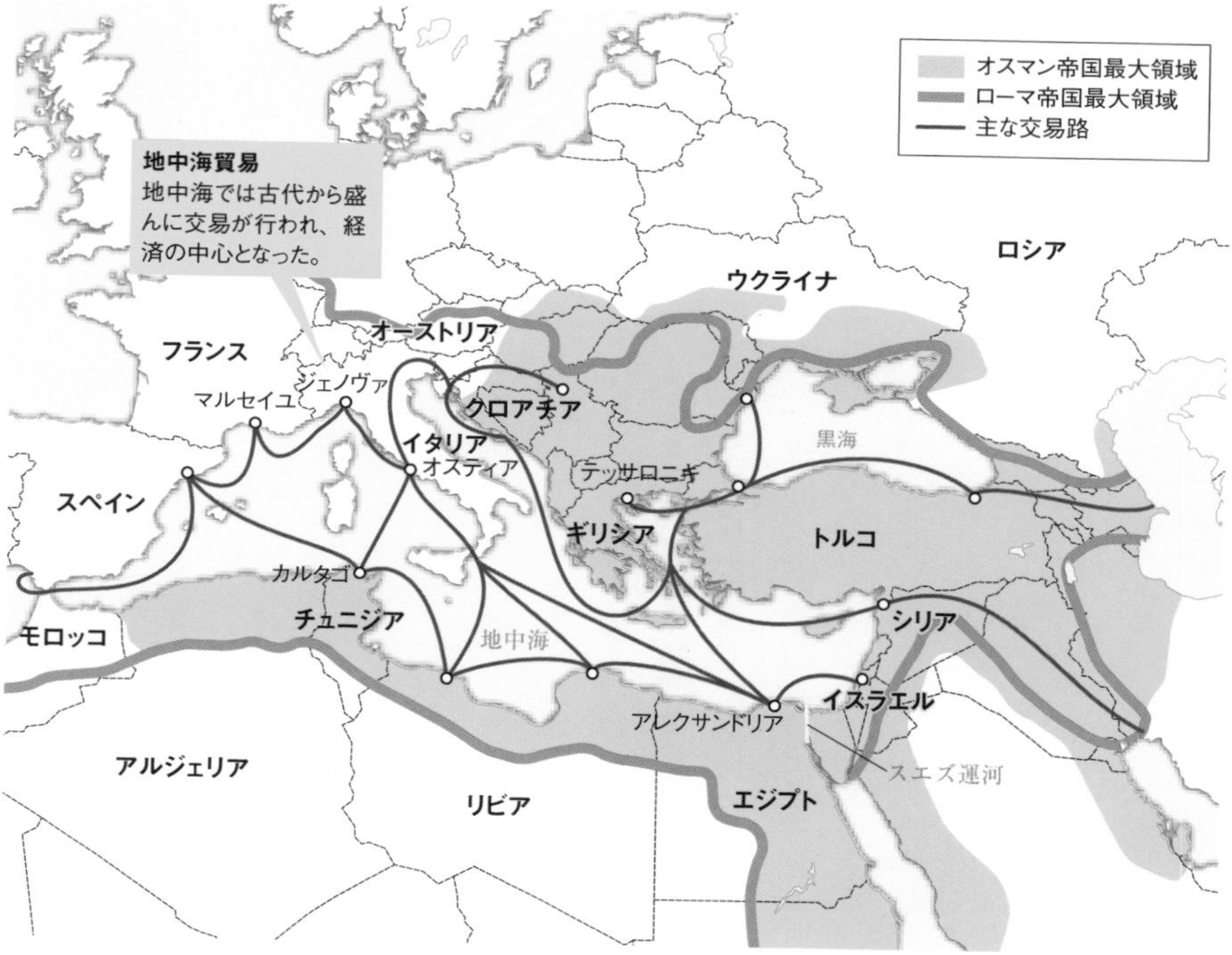
オスマン帝国最大領域
ローマ帝国最大領域
主な交易路
地中海貿易
地中海では古代から盛んに交易が行われ、経済の中心となった。
ロシア
ウクライナ
オーストリア
フランス
ジェノヴァ
マルセイユ
クロアチア
イタリア
オスティア
黒海
テッサロニキ
スペイン
ギリシア
トルコ
カルタゴ
チュニジア
モロッコ
地中海
シリア
イスラエル
アレクサンドリア
スエズ運河
アルジェリア
リビア
エジプト

ローマ帝国の主要な港町だったオスティアの遺跡。海の神ネプチューンのモザイク画が遺る。

地中海に面したフランスの港町マルセイユ。古代から栄え、現在はフランスの主要都市となっている。

→ アメリカとキューバの関係についてはP156参照
→ 地中海とヨーロッパの歴史についてはP164参照

基礎知識 8

大国の直接衝突を防ぐ「緩衝地帯」が担う役割

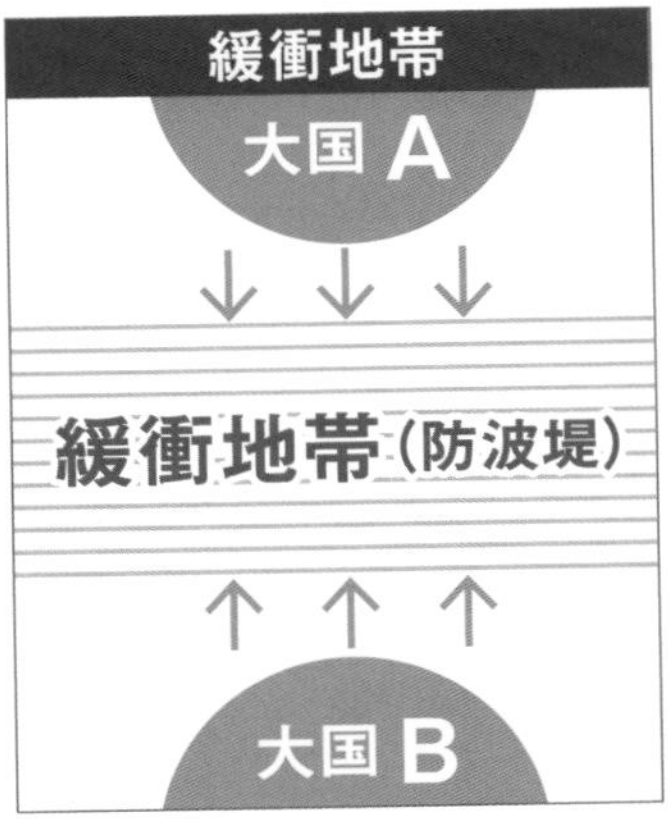

英仏の緩衝地帯となったタイ

緩衝地帯とは、大国と大国の間に位置しており、大国同士が直接衝突することを防ぐ役割を担っている小国や地域のことを言う。

例えば19世紀、東南アジアのほとんどの国々はヨーロッパ列強の植民地となったが、タイだけは植民地化を免れた。当時タイの西側の国のビルマ（現・ミャンマー）はイギリス領、東側のインドシナはフランス領となっており、英仏からいつ侵略を受けても不思議ではなかった。しかし1896年、英仏はタイを巡って両国が衝突することを避けるために、**タイには軍事進出は行わず、チャオプラヤ川流域を緩衝地帯とする宣言を行った。**かつて英仏は、北米やインドで英仏植民地戦争を繰り広げたことがあった。それと同じ事態がタイで起きるのを回避するための知恵が、緩衝地帯の設定だったのだ。

このようにタイが独立を維持できたのは、近代化をいち早く成し遂げていた等の要因もあるが、地政学的条件に恵まれた面も大きかった。

紛争が起きやすい地帯

ただし**緩衝地帯は、大国の衝突を防ぐ機能を期待されている半面、実際には紛争が起きやすい地帯でもある。**もしその緩衝地帯を自国の勢力下に置くことができれば、対立する大国に対して、地政学的に優位に立つことができるため、進出の対象とされやすいからだ。

また緩衝地帯に位置する小国は、本来であれば二つの大国のいずれにも属さないからこそ緩衝地帯といえるのだが、現実には**どちらかの大国の傘下に入ることで、独立を維持している例も見られる。**冷戦期にソ連の衛星国だった東欧諸国などは、その典型といえるだろう。

POINT

大国と大国の間に位置し、大国同士の直接衝突を防ぐ役割を期待されている小国や地域のことを、緩衝地帯と呼ぶ。

用語解説　「衛星国」

国家として独立しているものの、地理的に大国と近く、政治・経済・外交などにおいて、大国から支配されている国。

Case study

ナチ党政権の非武装地帯への進駐

第一次世界大戦後に締結されたヴェルサイユ条約により、ドイツのラインラント地方のうち、西岸は戦争に勝った連合国が15年間占領。東岸は非武装地帯とされ、ドイツ軍は自国領でありながら駐留できなくなった。1930年には西岸から連合軍が撤退、ラインラントは軍事的空白地帯となった。そんな中で36年、ヒトラーは条約を破棄してラインラントに進駐。緩衝地帯（非武装地帯）を維持することの難しさを象徴する事件となった。

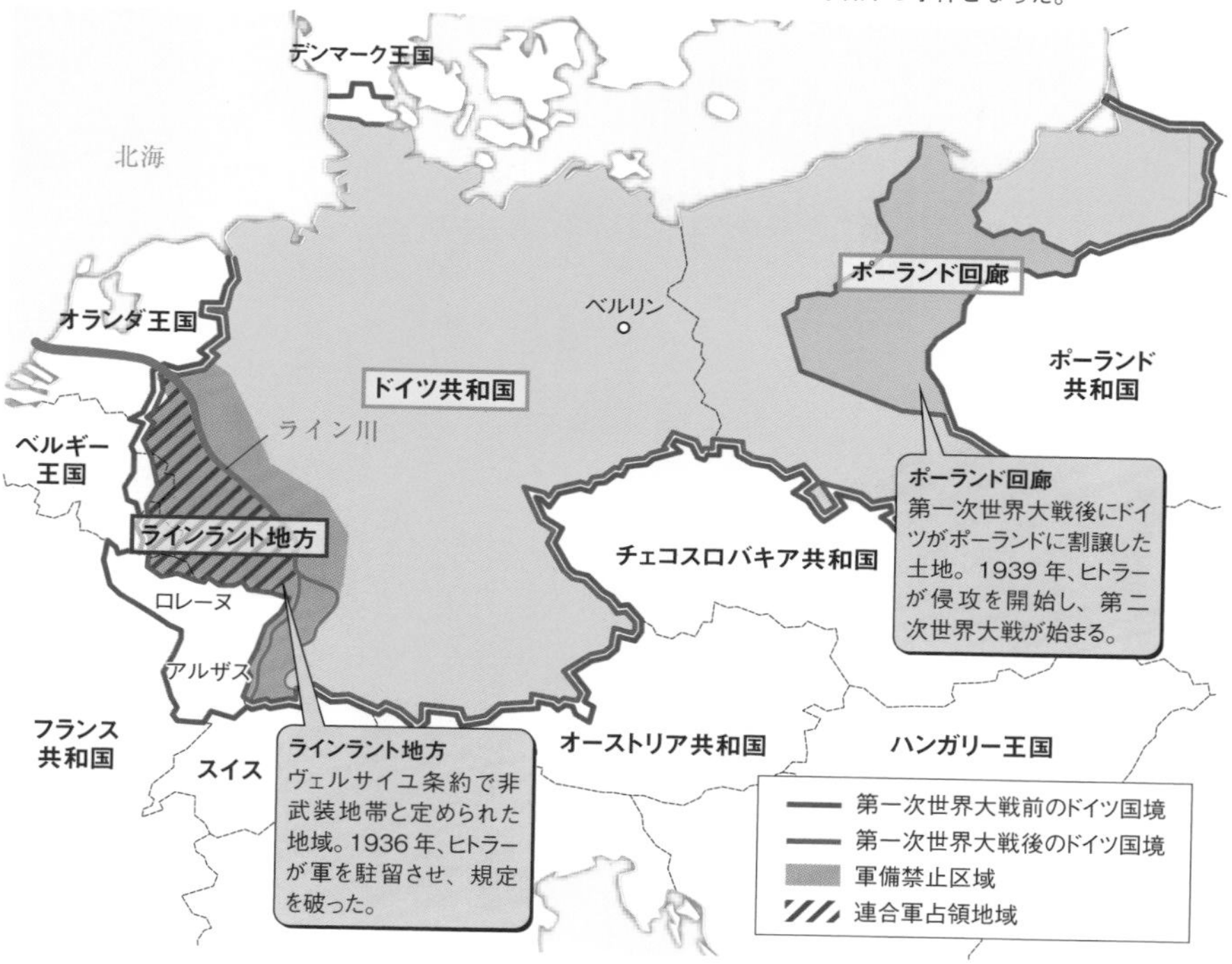
デンマーク王国
北海
オランダ王国
ベルリン
ドイツ共和国
ポーランド回廊
ポーランド
共和国
ライン川
ベルギー
王国
ラインラント地方
ロレーヌ
アルザス
フランス
共和国
スイス
チェコスロバキア共和国
オーストリア共和国
ハンガリー王国
ポーランド回廊
第一次世界大戦後にドイツがポーランドに割譲した土地。1939 年、ヒトラーが侵攻を開始し、第二次世界大戦が始まる。
ラインラント地方
ヴェルサイユ条約で非武装地帯と定められた地域。1936 年、ヒトラーが軍を駐留させ、規定を破った。
第一次世界大戦前のドイツ国境
第一次世界大戦後のドイツ国境
軍備禁止区域
連合軍占領地域

第一次世界大戦後に緩衝地帯となったドイツのライン川周辺。写真奥側の左岸は連合国の占領地域だった。

イギリスの植民地
ビルマ
（現・ミャンマー）
ラオス
タイ
フランスの植民地
カンボジア
ベトナム

19世紀の東南アジアの様子。タイはイギリスとフランスの緩衝地帯となり植民地化を免れた。

→ 英仏植民地戦争については**P72**参照
→ ドイツと第二次世界大戦については**P86**参照

基礎知識 9

「資源」の埋蔵地の偏在と持てる国と持たざる国の攻防

世界のエネルギー消費量の推移

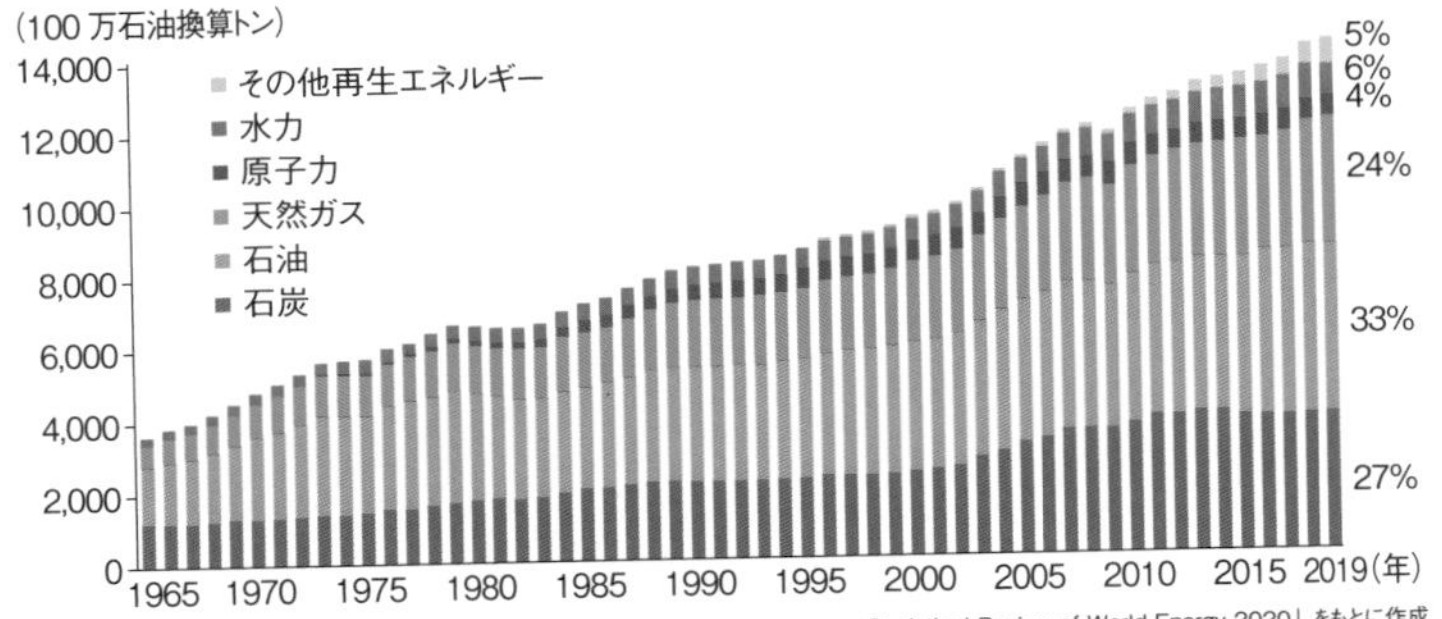

(100 万石油換算トン)
14,000
12,000
10,000
8,000
6,000
4,000
2,000
0
その他再生エネルギー
水力
原子力
天然ガス
石油
石炭
5%
6%
4%
24%
33%
27%
1965
1970
1975
1980
1985
1990
1995
2000
2005
2010
2015
2019(年)

Statistical Review of World Energy 2020」をもとに作成
※四捨五入の関係で内訳と合計が一致しない部分がある

資源は有効な外交カード

人類は古くから、鉄や銅などの鉱産資源をモノづくりの原料として使用してきた。さらに**18世紀後半の産業革命以降は、石炭や石油、天然ガス、ウランなどの資源を、輸送や発電のためのエネルギー資源としても使用するようになっていった。**

これら鉱産資源の特徴は、埋蔵されている地域が偏在していることだ。そのため豊富な資源が埋蔵されている「持てる国」は、これを主要な輸出産業にすることができる。また資源外交という言葉があるように、「持たざる国」に対して有効な外交カードとしても使用することが可能だ。

シェール革命が及ぼす影響

ただしエネルギー資源のうち石炭は、世界中にほぼ均等に埋蔵されている。そのため「持てる国」と「持たざる国」の間で、政治的な駆け引きが生じる例はさほど多くない。

一方**1960年代以降、石炭に代わってエネルギー資源の主役に躍り出た石油は、埋蔵地が西アジアや北アフリカなどに偏っていることを特徴としている。**そのため「持てる国」である産油国は、長年石油を自らの国際的な存在感を高める手段として利用してきた。70年代に起きた二つの石油危機に象徴されるように、産油国の振る舞いに、国際社会が振り回されることが幾度となく起きた。

用語解説 「石油危機」

1973 年、アラブ諸国がイスラエル寄りの政策を採る欧米諸国や日本への対抗手段として原油価格を引き上げたために第一次石油危機が発生。79 年にも第二次石油危機が起きる。

POINT

石炭が広い範囲に分布しているのに対し、石油は埋蔵地が偏っており、これが国際情勢を動かすファクターとなってきた。

Case study

イギリスの産業革命と豊富な炭鉱

18世紀後半に産業革命がイギリスから始まった理由はいくつか考えられるが、その一つに石炭の存在がある。イギリスは炭鉱に恵まれており、既に17世紀後半の時点で世界の石炭生産量の8割以上をイギリスが占めていた。そしてこの石炭を蒸気機関の燃料として用いる技術を開発したことで、イギリスは世界最強の工業国に躍進したのである。

産業革命後のイギリス

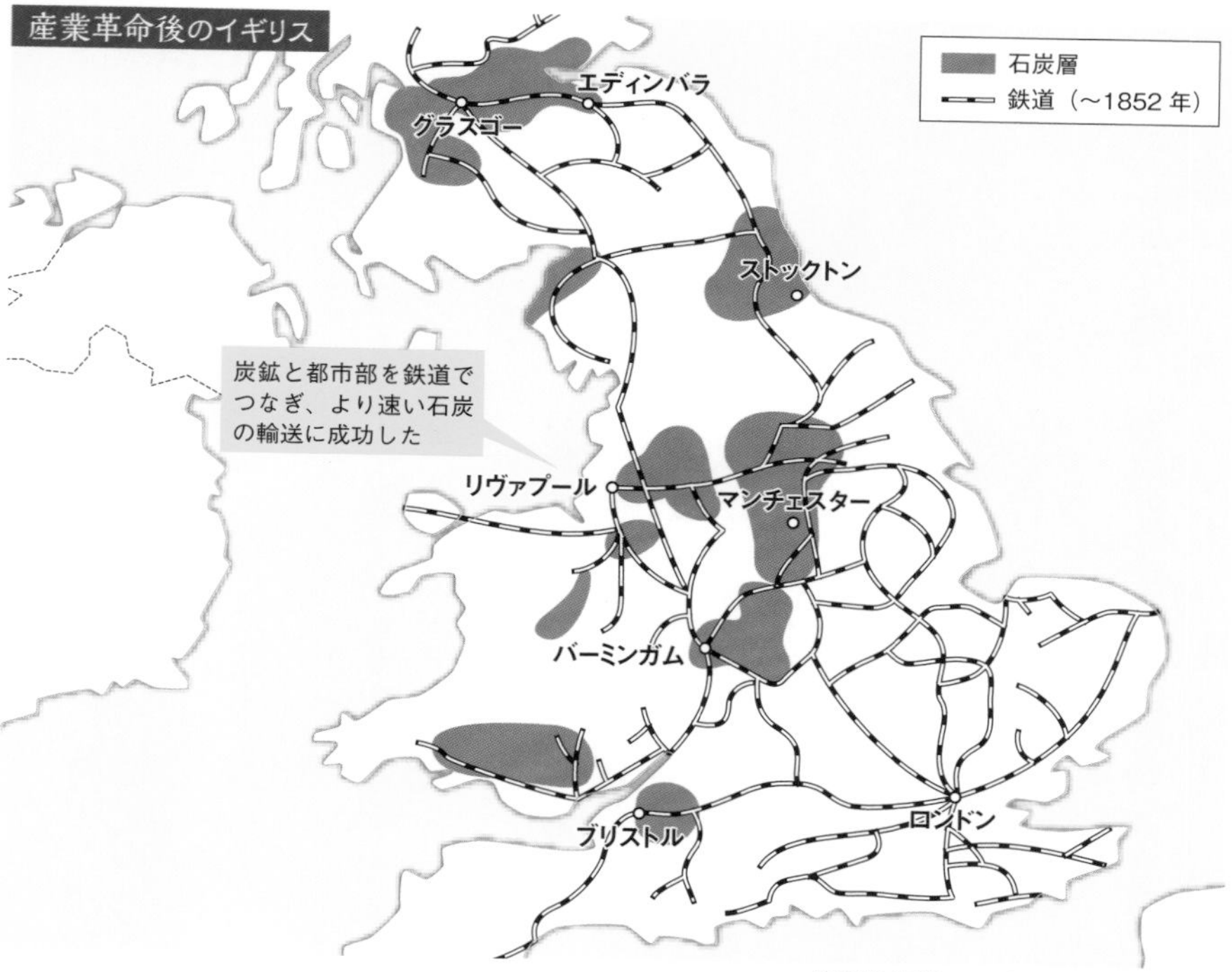
石炭層
鉄道（～1852年）
エディンバラ
グラスゴー
ストックトン
炭鉱と都市部を鉄道でつなぎ、より速い石炭の輸送に成功した
リヴァプール
マンチェスター
バーミンガム
ブリストル
ロンドン

「最新世界史図説タペストリー」（帝国書院）の図をもとに作成

海底油田のプラットフォーム。石油は世界のエネルギー消費の中心だが、環境への負担も大きい。

ただし**21世紀に入ってから、シェール革命によって、シェールオイルの産出がアメリカで急増。現在、産油国の勢力図は大きく変わりつつある。**さらに今後は脱炭素化の動きが進むことが予想される。これがエネルギー資源に関わる地政学的状況にどのような影響をもたらすことになるか、注視が必要だ。

→ アメリカのシェール革命については**P158**参照
→ 石油産出国の対立については**P188**参照

基礎知識

10

「気候」が農業や人口、国力に及ぼす影響とは!?

地政学的に有利な四つの気候

気候学者のケッペンは、降水量と気温をもとに、世界の気候を13に区分した。**このうち農業に適しているのは、地中海性気候、温暖冬季少雨気候、温暖湿潤気候、西岸海洋性気候の四つである。**

マッキンダーは「ハートランドを制する者が世界を制する」と述べたが、スパイクマンは気候の観点からこれに異を唱えた。**ハートランドの大部分は冷帯湿潤気候に属しており、耕作に適していない**からだ。またハートランドであるロシアには豊かな鉱産資源があるが、エニセイ川より東部は気候の厳しさから人口密度も低く、資源の開発は遅れ気味だ。

気候変動が世界史を動かす

人類は世界中のあらゆるところで生活を営んでいるが、強力な国家へと発展した国々の多くは、農作物の安定的な収穫が可能な4区分の気候に属している。**しかし気候の特徴は、数百年単位の比較的短期間で変動することだ。気候変動は、各国の地政学的条件や、国際情勢に大きな影響を及ぼしてきた。**

例えば前2世紀から3世紀にかけてシルクロード交易が活発だったのは、当時の地球の気候が温暖で、中央アジアでも降水量が多かったため、各地のオアシス都市が発展したことが要因の一つに挙げられる。しかしその後急速な寒冷化とともに、アジア内陸部が乾燥化。シルクロードを介した東西貿易も衰退した。

3世紀頃から始まった中央アジアの乾燥化は、シルクロードを衰退させただけではなかった。**モンゴル高原に住んでいたフン族が、豊かな土地を求めてヨーロッパ東部に移動。するとその圧迫を受けて、ゲルマン人の大移動も始まった。**

ゲルマン人はローマ帝国にも侵入し、帝国の衰退を招くことになる。そして西ローマ帝国は476年に滅亡した。これにより世界史は古代から中世へと転換したのだ。現在進行している地球温暖化は、世界の地政学的状況にどのような変化をもたらすのだろうか。

POINT

気候によって耕作に適している地域と適さない地域があり、これが人口の維持や国力にも大きな影響を及ぼしている。

人物解説 ウラジミール＝ペーター＝ケッペン（1846～1940）

ドイツの気候学者。気球を使った上空の大気の研究などを行い、気候について調査した。彼が発表した気候区分は農業をはじめ、歴史学や考古学、地政学など幅広い分野で実用された。

ケッペンの気候区分地図

ケッペンは気候を大きく、熱帯（A気候）、乾燥帯（B気候）、温帯（C気候）、冷帯（D気候）、寒帯（E気候）の五つに区分し、さらにそれらを降水量などの特徴で分け、13に区分した。またこの気候区分は後に補正され、新たに高山気候（H気候）が加えられた。

- 熱帯雨林気候区（Af）
- 弱い乾季のある熱帯雨林気候区（Am）
- サバナ気候区（Aw）
- ステップ気候区（BS）
- 砂漠気候区（BW）
- 地中海性気候区（Cs）
- 温暖冬季少雨気候区（Cw）
- 温暖湿潤気候区（Cfa）
- 西岸海洋性気候区（Cfb）
- 亜寒帯（冷帯）湿潤気候区（Df）
- 亜寒帯（冷帯）冬季少雨気候区（Dw）
- ツンドラ気候区（ET）
- 氷雪気候区（EF）
- 農業に適した地域

ツンドラ気候区に属するアメリカのアラスカ州の山間。低温のため樹木が育たないのが特徴。

日本の田園風景。農業に適した温暖湿潤気候だったため、日本は発展を遂げることができたといえる。

→ゲルマン人の大移動についてはP164参照

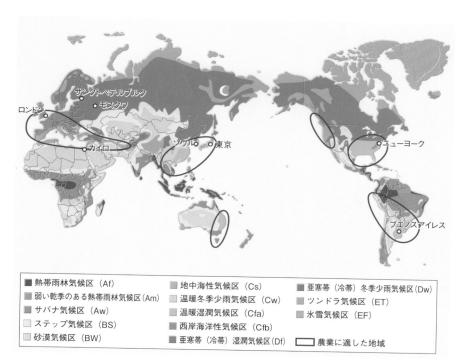

基礎知識 11

世界は昔も今も「宗教」を巡って対立している

世界の歴史は宗教戦争の歴史

世界の戦争の歴史は、宗教戦争の歴史だったと言っても過言ではない。十字軍の遠征のようにキリスト教とイスラーム教が激突した戦いもあれば、16世紀のユグノー戦争のように、キリスト教内のカトリックとプロテスタント間の戦争もある。

宗教に起因する対立は、アジア内でも起きている。第二次世界大戦後、インドがイギリスから独立する際、ヒンドゥー教徒とイスラーム教徒が対立。**ヒンドゥー教徒を中心としたインドと、イスラーム教徒のパキスタンに分離独立するかたちとなった。**その後も両国は対立を続け、三度も戦火を交えた。

グローバル化と宗教の問題

現在においても、宗教は国家間や民族間の対立を招く火種となっている。事実、今も世界の紛争の多くが、異なる宗教や宗派の勢力圏がちょうどぶつかり合う地域で起きている。そのため地政学的な視点から国際情勢を分析するときには、「宗教」の視点が絶対に欠かせない。

1949年、カトリック教徒が多くを占めるアイルランドは、プロテスタント系の国であるイギリスから独立を果たした。ただし北アイルランドには既にイギリス本土から多くのプロテスタント系の住民が移り住んでいたため、引き続きイギリス領とされた。これに不満を抱いた**北アイルランドのカトリック系の人々とプロテスタント系住民の間の対立が激化。**1998年の北アイルランド和平合意に至るまで約3500人が犠牲となった。

また近年起きた事件では、**イスラーム過激派による欧米諸国でのテロを思い浮かべる人も多いことだろう。**実行犯の多くは移民の二世、三世であり、EU各国の移民政策の行き詰まりを象徴する事件となった。

グローバル化とは、異なる宗教的価値観を持つ人たちが、同じ空間の中で暮らすようになることを意味する。宗教間の対立をどう回避し、融和を図るかが、これまで以上に重要なテーマになっているといえる。

POINT

世界は今も宗教を原因とする対立が数多く起きており、国際情勢を分析する際は「宗教」の視点が絶対に欠かせない。

用語解説「ユグノー戦争」

フランスで1562年から約36年間続いたキリスト教のカトリックとカルヴァン派（プロテスタント）の対立戦争。新教徒であるカルヴァン派をユグノーと呼んだ。

世界の宗教分布と対立

イスラーム教圏内で起こっている紛争や、そこから生まれた過激派組織イスラーム国によるテロの脅威など、宗教対立による紛争は21世紀に入りさらに深刻化している。またＥＵでは、反移民、反イスラームを主張する人が増加している。グローバル化の進展により、宗教を要因とする対立のさらなる激化が懸念される。

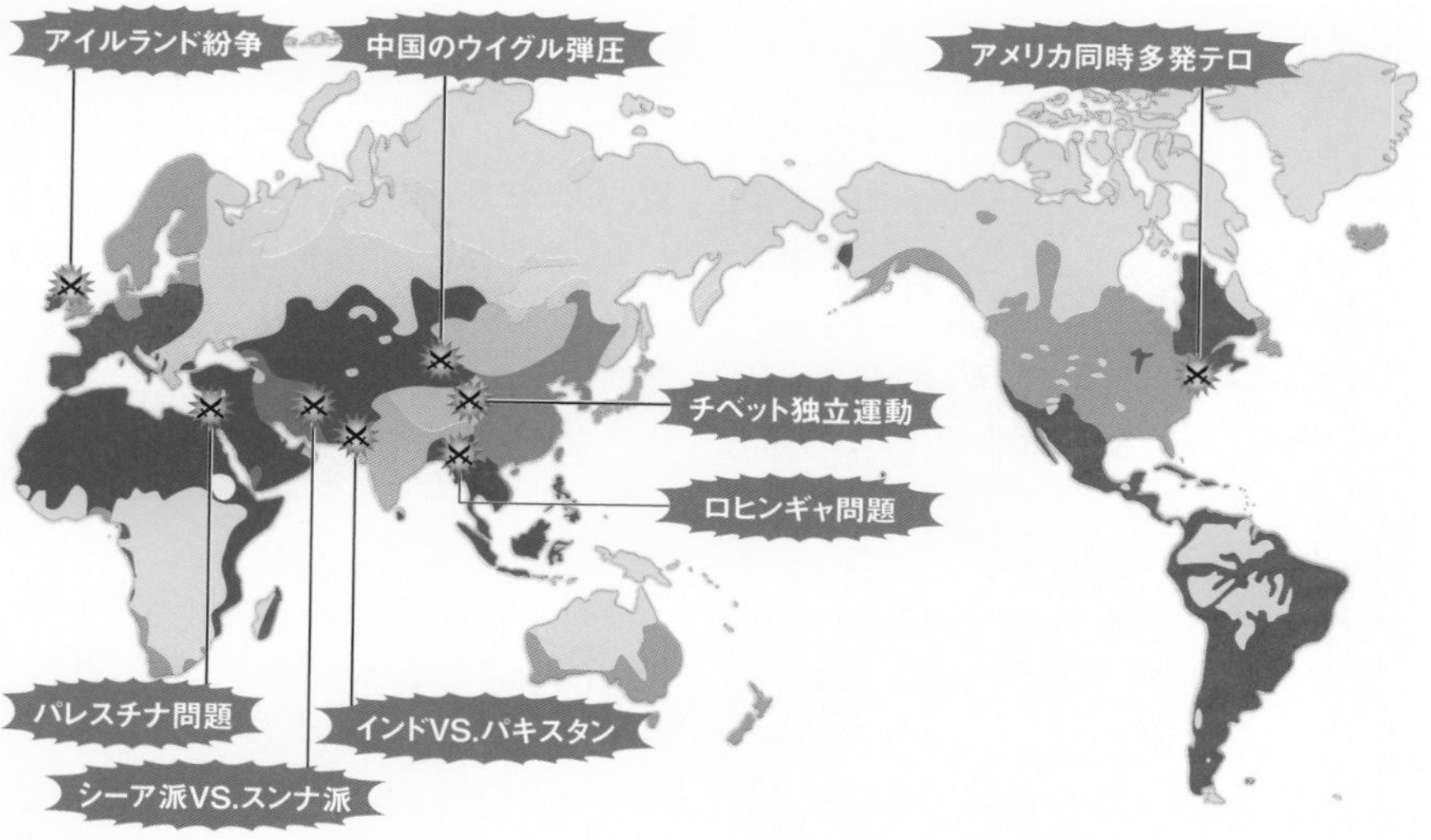

イスラーム教	キリスト教	仏教	その他
スンナ派	カトリック	上座部仏教	ヒンドゥー教
シーア派	プロテスタント	大乗仏教と道教、儒教など	ユダヤ教
イバード派	東方正教会	大乗仏教と神道	シク教
	その他	チベット仏教	土着宗教他

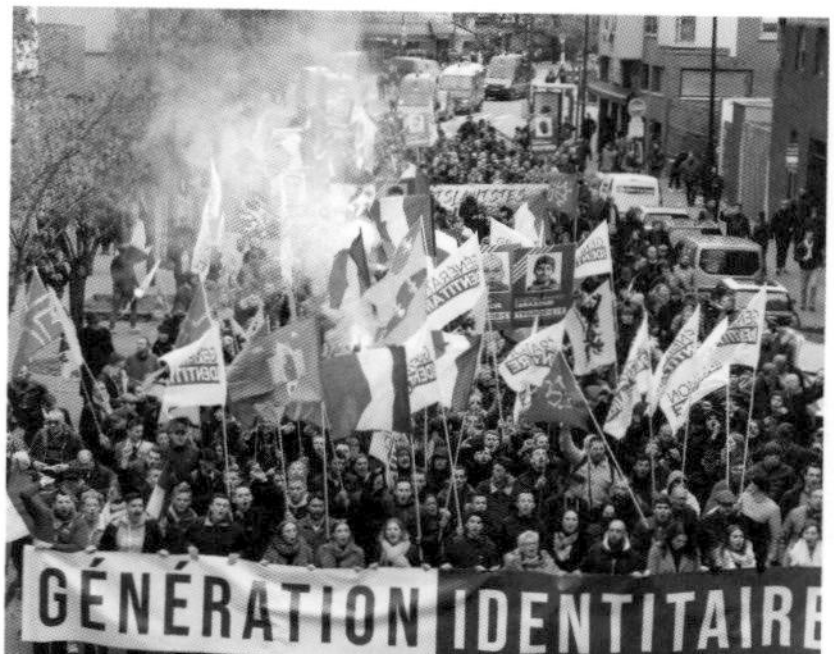

2019年にパリで起こった反イスラーム移民を訴えるデモ行進。「イスラームは欧州の外へ」などと訴えた。

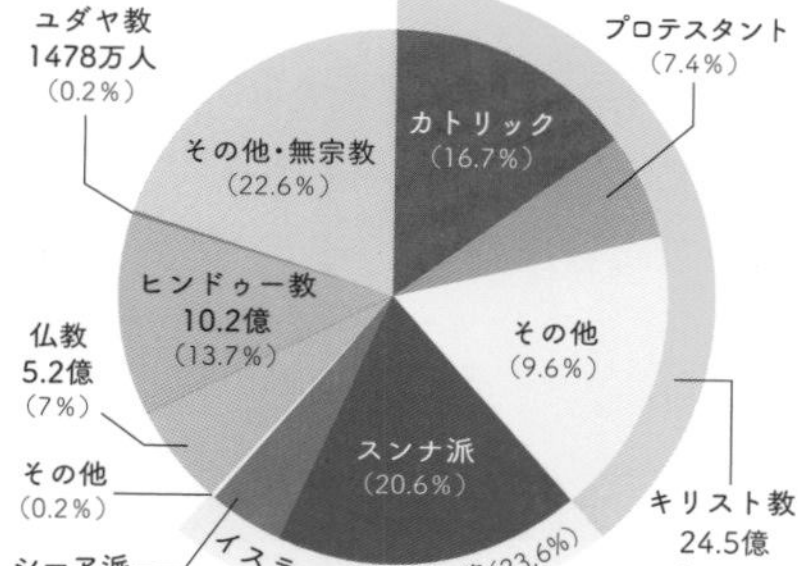

「ブリタニカ国際年鑑2020」をもとに作成

世界の宗教人口の割合。2100年にはイスラーム教徒が１位になるという予想が出ている。

※四捨五入の関係で内訳と合計が一致しない部分がある

➡ 過激派組織イスラーム国（IS）については**P184**参照

➡ 中国のウイグル弾圧については**P138**参照

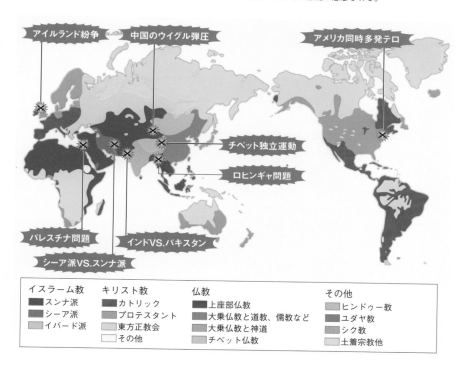

QUIET TALK

「バランス・オブ・パワー」で国際秩序は成り立っている

国際社会の中には、現状の国際秩序に対して、その**維持を望む国**もあれば、拡張主義的な政策を取り、**現状変更**を企てようとする国もある。このように外交政策における思惑は、国ごとに大きく異なるため、国際社会は常に不安定な状態に置かれがちだ。そんな中で編み出されたのが、**バランス・オブ・パワー（勢力均衡）**の考え方。これは文字通り、対立する勢力同士の力を均衡させて国際社会の平和を維持しようというもので、17世紀のウェストファリア体制によって広がった。

勢力均衡が図られた典型的な例が、18世紀から20世紀初頭にかけてのヨーロッパである。その中心的役割を担ったのはイギリス。ヨーロッパの中でどこか1国が突出した力を持つと、勢力バランスが崩れるため、イギリスは同盟関係を組み直すことで勢力均衡を保とうとした。

例えば19世紀初頭、フランスでナポレオンが登場して周辺諸国を脅かし始めると、イギリスはオーストリアやロシアなどに働きかけて、**対仏大同盟**を結成した。また20世紀に入ってドイツの膨張志向が顕著になると、イギリスはフランスやロシアと結ぶことで、ドイツに対抗しようとした。

これが可能だったのは、イギリスが他国から直接侵略を受けるリスクが低い**島国**であったことが大きい。大陸部の国の場合、自国の防衛を最優先に考えて同盟国を選ぶ必要があるが、イギリスは比較的自由に同盟相手を選択することができた。

また20世紀後半の**東西冷戦期**も、アメリカとソ連の勢力が拮抗していたという意味で、勢力均衡を実現できていた。イギリスが実現したのが多極型の勢力均衡だったのに対して、東西冷戦期は二極型の勢力均衡だった。

現在の東アジアでは、中国の台頭が著しい。もしこの地域での中国による一極支配を望まないのであれば、新たな勢力均衡のかたちを構築していく必要がある。アメリカは日本、オーストラリア、インドとともにQUAD（日米豪印戦略対話）を形成することで、中国に対抗しようとしているが、これも中国との間の勢力均衡を保つための戦略といえるだろう。

またヨーロッパでは冷戦終結後、**EU（欧州連合）**や**NATO（北大西洋条約機構）**の東方拡大が進んだことで、冷戦期の二極型の勢力均衡が崩れてしまった。これにロシアは反発を隠しておらず、ヨーロッパの不安定要因の一つとなっている。ヨーロッパの勢力均衡をどう確立していくかも大きな課題だ。

国際情勢を分析する際には、地政学的な視点に加えて、勢力均衡の視点からも見ていくことが大切だ。

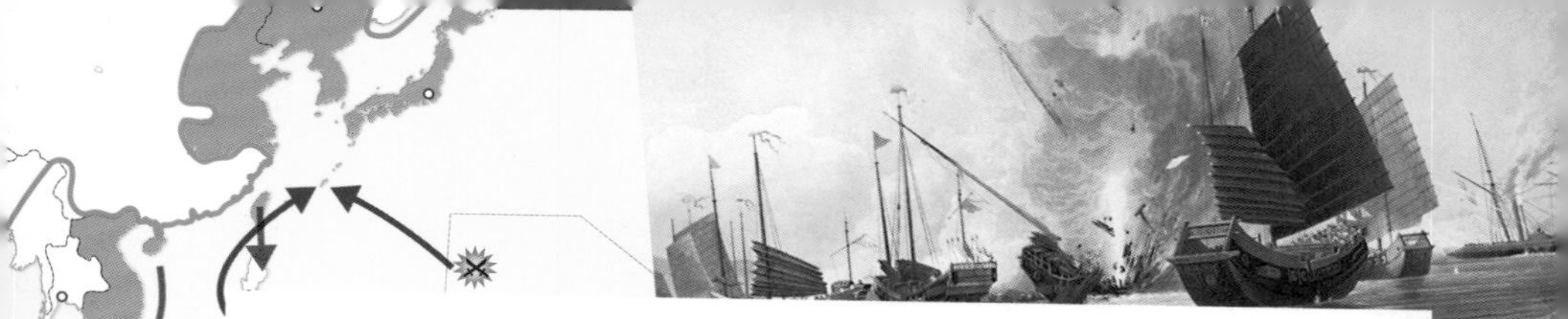
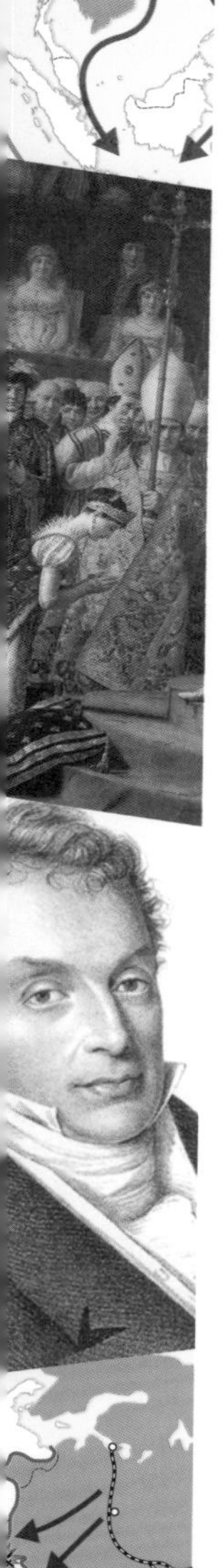
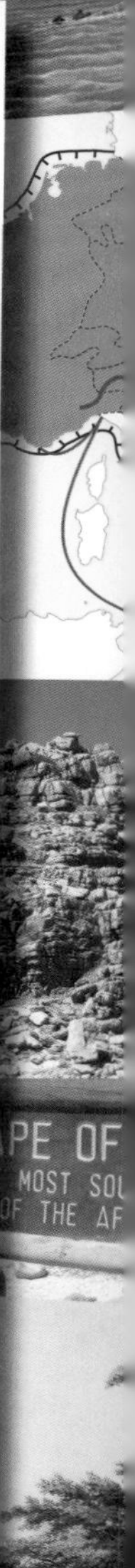

第2章

地政学から学ぶ近現代史

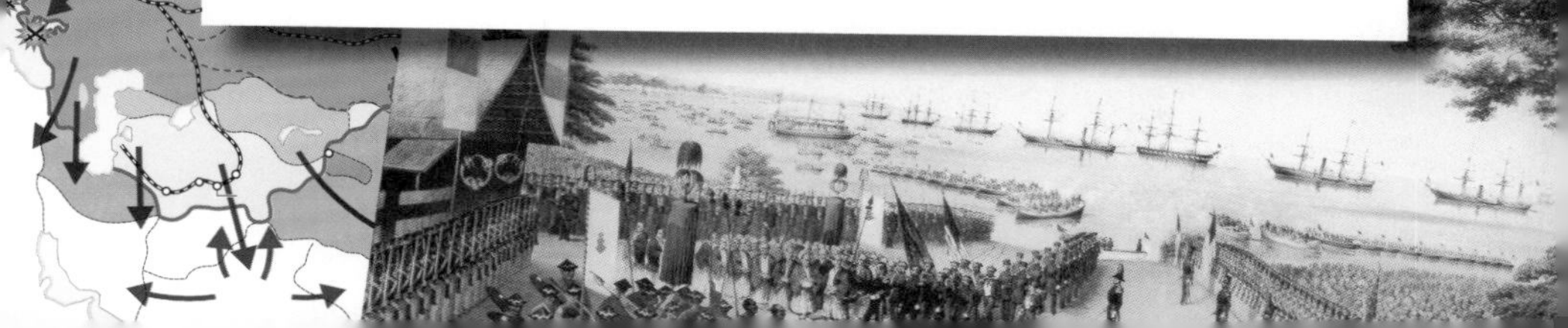

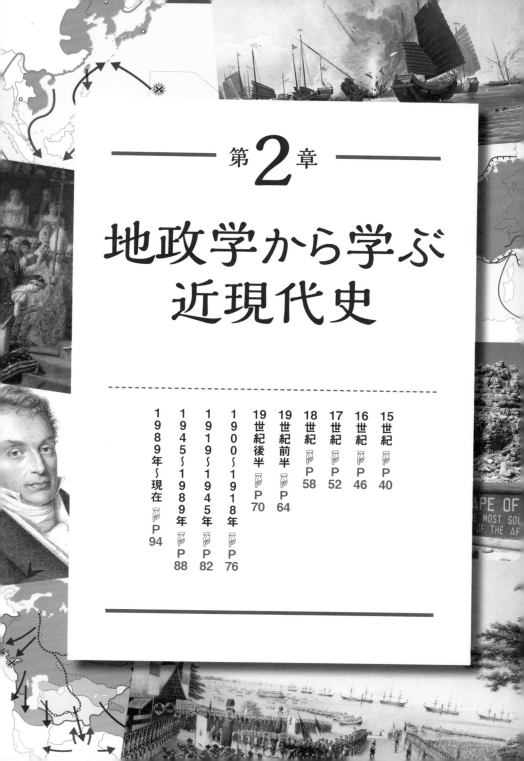

時代
1
15世紀の地政学

大航海時代の始まりと世界の一体化の加速

時代の動き

長らくヨーロッパの経済の中心は地中海だった。だが15世紀になり、ポルトガルとスペインが大洋へと乗り出し、大航海時代が始まると、その中心地は大西洋岸へと移っていった。このポルトガルとスペインを筆頭に、大航海時代以降は、海を制したシーパワーの国家が世界の覇権を握る状態が、現在に至るまで続くことになる。

ポルトガルは、アフリカ南端の喜望峰を回ってアジアへと至る航路を開拓。一方スペインは、大西洋を西へと向かいアメリカ大陸を発見した。これによりヨーロッパ主導による世界の一体化も始まった。

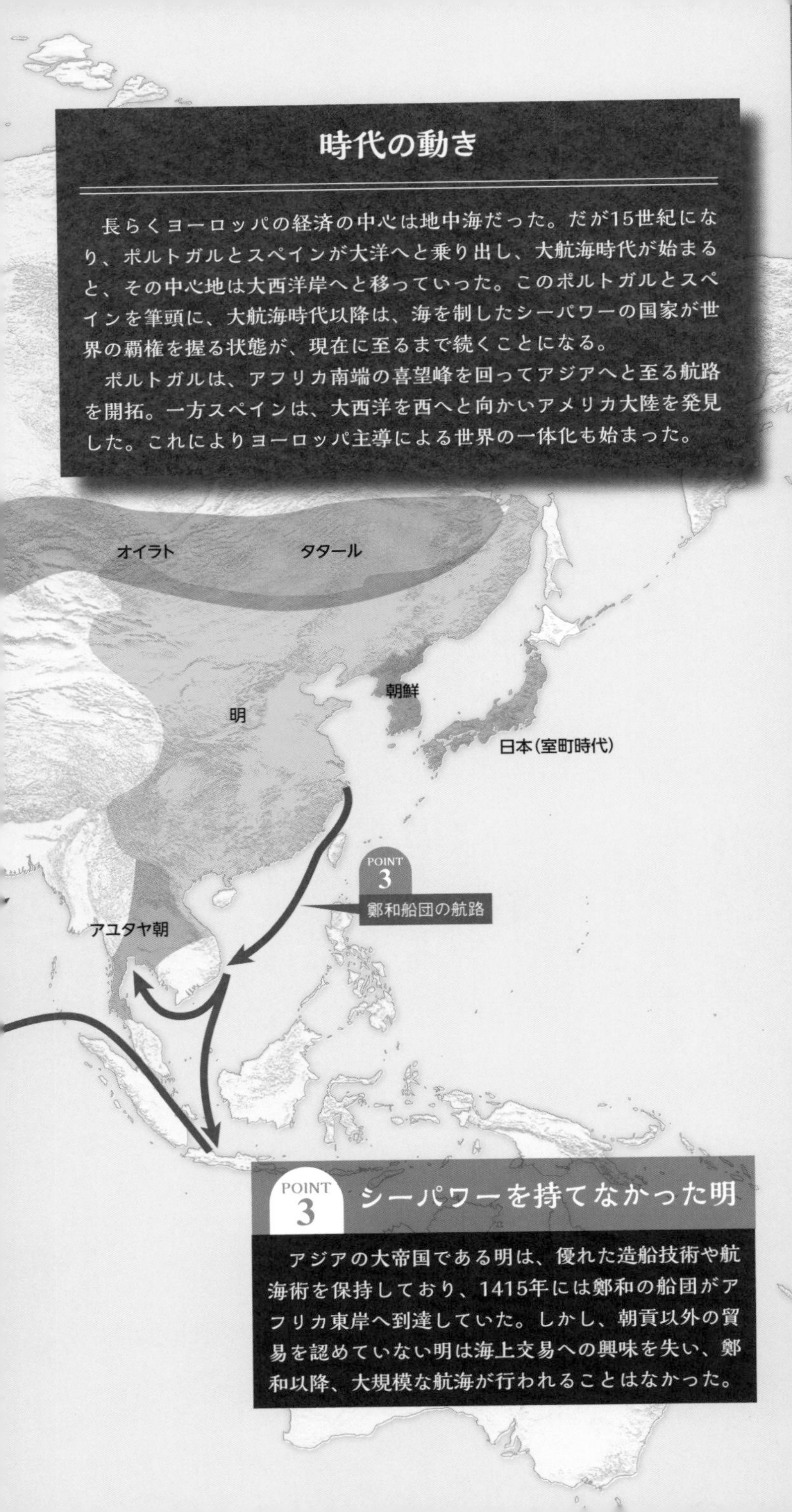

オイラト
タタール
朝鮮
明
日本(室町時代)
POINT 3
鄭和船団の航路
アユタヤ朝

POINT 3 シーパワーを持てなかった明

アジアの大帝国である明は、優れた造船技術や航海術を保持しており、1415年には鄭和の船団がアフリカ東岸へ到達していた。しかし、朝貢以外の貿易を認めていない明は海上交易への興味を失い、鄭和以降、大規模な航海が行われることはなかった。

POINT 1 オスマン帝国の領土拡大

1453年、オスマン帝国によってコンスタンティノープルが陥落し、ビザンツ帝国は滅亡する。これにより、ボスフォラス海峡とダーダネルス海峡という二つのチョークポイントがオスマンの支配下となり、地中海の交易活動に制限がかかるようになった。

POINT 2 ポルトガル・スペインの新航路開拓

地中海交易の衰退により、ヨーロッパはアジアへの新航路開拓に乗り出す。スペインが支援したコロンブスはアジアへこそたどり着けなかったが、アメリカ大陸に到達。1498年には、ポルトガルのヴァスコ＝ダ＝ガマが喜望峰を通りインドへ至る航路を開いた。

モスクワ大公国
イングランド王国
神聖ローマ帝国
フランス王国
POINT 1
コンスタンティノープル陥落
ポルトガル王国
スペイン王国
オスマン帝国
ティムール朝
マムルーク朝
ヴィジ
POINT 2
ヴァスコ＝ダ＝ガマの航路

時代 1

15世紀の地政学

地中海交易のチョークポイント
黒海
中東・アジアからの船
ボスフォラス海峡
コンスタンティノープル
マルマラ海
ダーダネルス海峡
ヨーロッパからの船

中世のヨーロッパは、地中海を通じて中東やアジアと交易を行っていたが、マルマラ海、黒海のオスマン化により、その交易路は閉ざされてしまう。

POINT 1

コンスタンティノープル陥落 地中海がオスマンの海になる

コンスタンティノープル（現・イスタンブル）は、黒海とマルマラ海を結ぶボスフォラス海峡に面し、アジアとヨーロッパの境界線に位置する都市である。そのため4世紀にローマ帝国がここに首都を移し、ローマ帝国分裂後はビザンツ帝国（東ローマ帝国）の首都になって以来、交通の要衝とされてきた。

１４５３年、イスラーム教勢力であるオスマン帝国は、このコンスタンティノープルを陥落させ、ビザンツ帝国を滅亡に追い込んだ。その後もバルカン半島や黒海沿岸、アナトリア半島の諸勢力を次々と制圧。**ボスフォラス海峡とダーダネルス海峡という二つのチョークポイントを押さえ、黒海やマルマラ海、エーゲ海、東地中海一帯を内海化した。**

それまで地中海地方では、ヴェネツィアとジェノヴァという二つのシーパワー国家が交易の主役を担ってきた。12世紀以降、ヨーロッパでは人口増とともに、食肉の防腐剤や消臭剤として香辛料の需要が急激に高まっていた。そこでこの2国は、東南アジアからインド洋を経て東地中海へと運ばれてきた香辛料をヨーロッパ諸国へとつなぐ中継貿易によって、富を築いてきたのである。

また黒海沿岸にも拠点を築き、北方の高価な毛皮や、ウクライナの豊富な穀物なども扱ってきた。

ところがオスマン帝国にこの地域の交易路を完全に掌握されたことにより、彼らの商業活動は大きな制約を受けるようになった。香辛料のヨーロッパへの安定供給も危ぶまれるようになり、価格も高騰した。

用語解説 「オスマン帝国」

13世紀末に興ったイスラーム帝国で、14世紀後半頃からヨーロッパへ進出。15〜18世紀前半にわたって東欧、西アジア、北アフリカを支配し、ヨーロッパ諸国を脅かし続けた。

大航海時代の新航路と植民地

東回り航路を開拓したポルトガルは、アフリカ・東南アジアへ進出する。一方、スペインはアメリカ大陸に到達し、中南米を侵略していく。

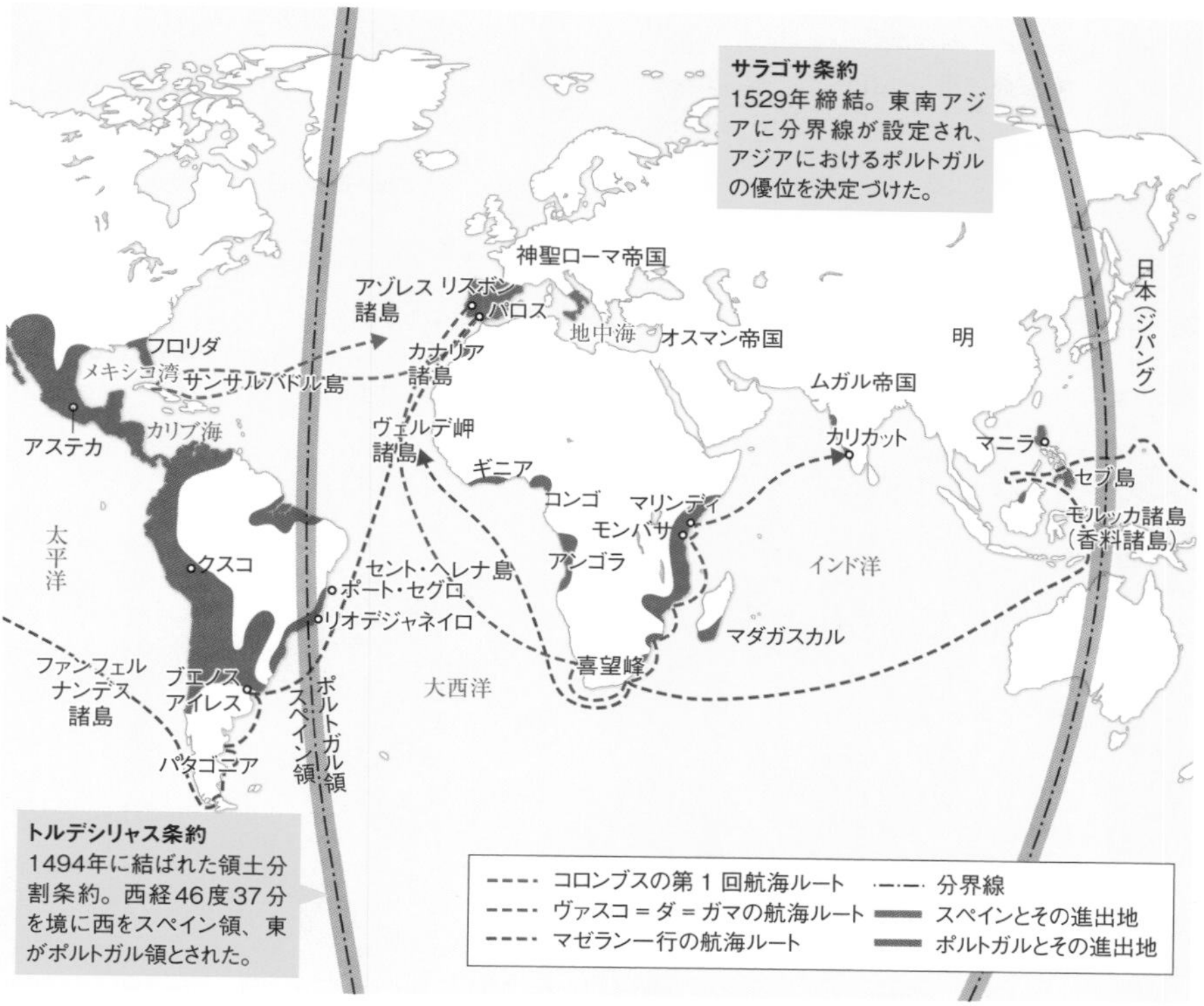

サラゴサ条約
1529年締結。東南アジアに分界線が設定され、アジアにおけるポルトガルの優位を決定づけた。
神聖ローマ帝国
アゾレス諸島
リスボン
パロス
フロリダ
メキシコ湾
サンサルバドル島
カナリア諸島
地中海
オスマン帝国
明
日本（ジパング）
ムガル帝国
アステカ
カリブ海
ヴェルデ岬諸島
カリカット
マニラ
セブ島
ギニア
コンゴ
マリンディ
モンバサ
モルッカ諸島（香料諸島）
太平洋
クスコ
セント・ヘレナ島
アンゴラ
インド洋
ポート・セグロ
リオデジャネイロ
マダガスカル
ファンフェルナンデス諸島
ブエノスアイレス
喜望峰
大西洋
ポルトガル領
スペイン領
パタゴニア
トルデシリャス条約
1494年に結ばれた領土分割条約。西経46度37分を境に西をスペイン領、東がポルトガル領とされた。
コロンブスの第1回航海ルート
ヴァスコ＝ダ＝ガマの航海ルート
マゼラン一行の航海ルート
分界線
スペインとその進出地
ポルトガルとその進出地

POINT 2

ポルトガルが喜望峰を回ってアジアに至る航路を開拓

一方、ヨーロッパではその頃、大航海時代が始まろうとしていた。先端を切ったのはポルトガルだった。

ポルトガルやスペインが位置するイベリア半島は8世紀以降、イスラーム勢力の支配下にあった。これに対してキリスト教勢力は、レコンキスタ（国土回復運動）を展開。ポルトガルはスペインに先駆け、13世紀にはムスリムの駆逐に成功した。

これにより国情を安定させたポルトガルが、次に取り組んだのが海洋進出だった。1420年頃から西アフリカ航路の開拓に着手。西アフリカ沖の大西洋諸島を次々と発見するとともに、西アフリカの諸王国との交易を開始した。この地でポルトガルが求めたのは、金や奴隷だった。

→ チョークポイントについてはP24参照
→ ヨーロッパと大航海時代についてはP164参照

1492年、コロンブスはバハマ諸島のサンサルバドル島に到達。この地をインドの一部であると信じた。

バルトメロウ＝ディアスが発見した喜望峰。英語名は「Cape of Good Hope」。

そして**１４９８年には、ヴァスコ＝ダ＝ガマが太平洋からアフリカ大陸最南端の喜望峰を回って、香辛料貿易の中心地であるインドのカリカットに到達した。**東地中海をオスマン帝国に押さえられていた中で、ついにヨーロッパはアジアへの独自の航路の開拓に成功したのである。以降、ヨーロッパの経済の中心は大西洋岸に移り、地中海の地政学的重要性は低下していくことになった。

　ポルトガルが海洋進出に注力したのは、イベリア半島の西端に位置する小国であり、勢力拡大のためには海に目を向けるしかなかったことが挙げられる。またレコンキスタの延長（＝キリスト教世界の回復と拡大）という意味合いもあった。そのため交易だけではなく、行く先々でカトリックの布教活動にも力を注いだ。これはポルトガルに遅れて海洋進出を開始したスペインも同じである。

　そのスペインは、ポルトガルが喜望峰を経由して東回りでアジアに達したのに対して、コロンブスに資金を与え、西回りでのアジアへの航路開拓に挑んだ。その結果、１４９２年に思わぬかたちでアメリカ大陸を発見することになる。この発見が世界の地政学的状況を一変させることになるのだが、それはまた次世紀以降の話である。

　ポルトガルとスペインが大洋へと乗り出すことができたのは、ジェノヴァをはじめとしたイタリア商人の存在が大きかった。商人たちは両国に資金を提供するとともに、地中海で培った造船や航海の技術を両国に授けた。オスマン帝国の圧迫により、地中海での商業活動が不自由になる中で、彼らは活路を大西洋に見出したのだった。

人物解説　**鄭和**（1371〜1434頃）

永楽帝に仕えた宦官。皇帝の命令で7度の大航海を行い、東南アジア諸国の朝貢国化に成功する。また、彼の船団は遠くアフリカまで到達し、様々な文物を明にもたらした。

15世紀の明と鄭和の大航海

明の3代皇帝・永楽帝は北方に親征を行うなど積極的な対外政策を採った。また、朝貢国を増やすため、鄭和を東南アジアやインドに派遣する。

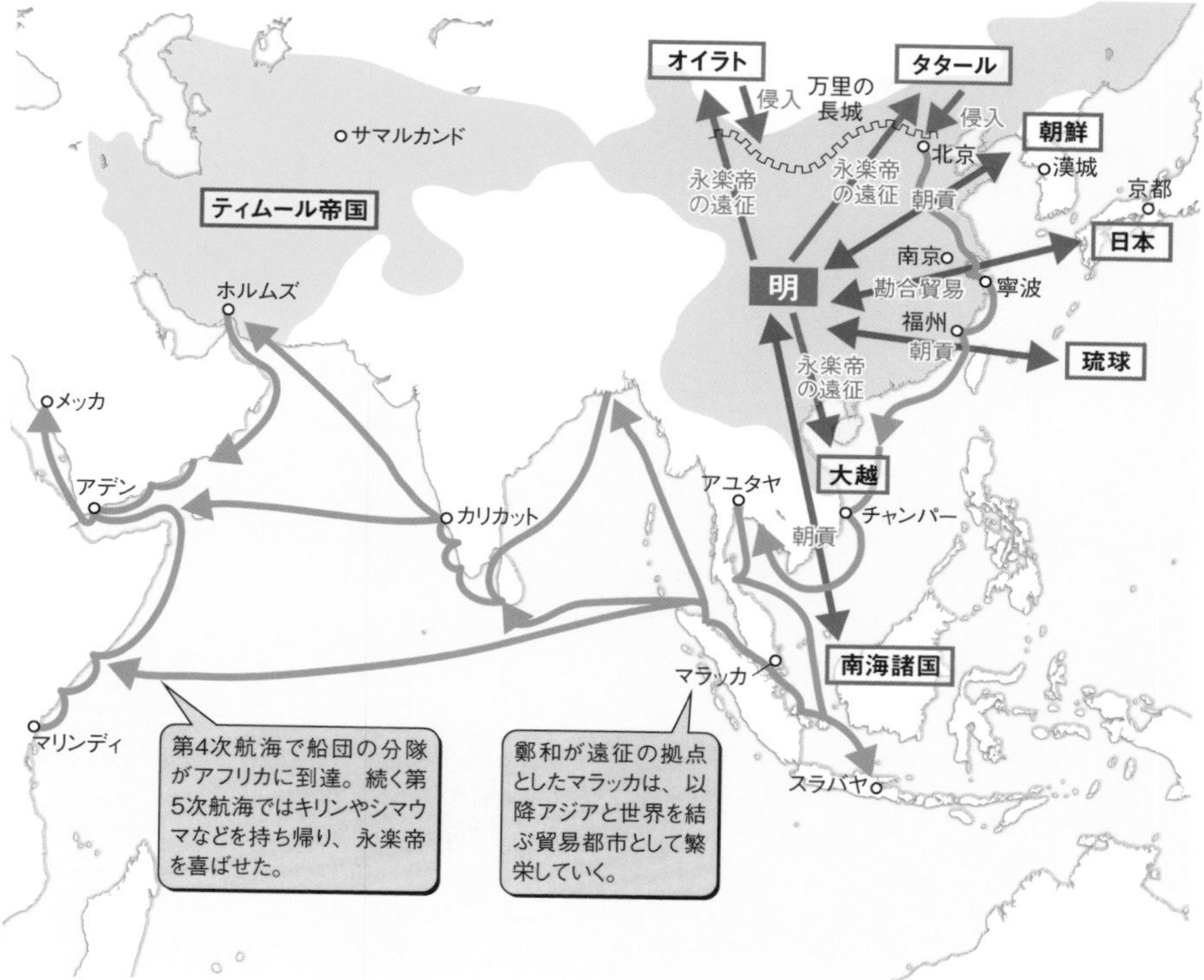
オイラト
タタール
万里の長城
侵入
侵入
朝鮮
漢城
京都
北京
永楽帝の遠征
永楽帝の遠征
朝貢
サマルカンド
ティムール帝国
日本
南京
明
勘合貿易
寧波
福州
朝貢
琉球
ホルムズ
永楽帝の遠征
メッカ
大越
アユタヤ
アデン
カリカット
チャンパー
朝貢
南海諸国
マラッカ
マリンディ
スラバヤ
第4次航海で船団の分隊がアフリカに到達。続く第5次航海ではキリンやシマウマなどを持ち帰り、永楽帝を喜ばせた。
鄭和が遠征の拠点としたマラッカは、以降アジアと世界を結ぶ貿易都市として繁栄していく。

POINT3

高い航海技術を持ちながら活かせなかった明王朝

15世紀には、アジアでも明王朝に仕える宦官の鄭和が、大船団を率いて7次にわたって遠征航海を実施していた。鄭和は遠くアラビア半島や東アフリカにまで船を進めた。

ただし当時の明は冊封体制を敷いており、朝貢という形式以外の貿易を認めていなかった。鄭和の大遠征の目的も、新たな貿易先の開拓ではなく、明の威厳を示し、朝貢国を増やすことにあった。そして明は鄭和以降は、外洋に関心を示さなくなる。

当時の明は、ポルトガルやスペインを上回る造船・航海技術を持っていたとされる。大航海時代以降、世界はシーパワー全盛の時代を迎えるが、明はその主役に躍り出る可能性を自ら手放したのである。

→ 冊封体制についてはP122参照

時代 2

16世紀の地政学

ポルトガルとスペインが全盛期を迎え二つの国で世界の領土を分割する

クワ大公国
タタール
朝鮮
スマン帝国
サファヴィー朝
明
日本(安土・桃山時代)
ムガル帝国
フィリピン(スペイン領)
ゴア(ポルトガル領)
POINT 3
スペインがフィリピンを領有
POINT 1
ポルトガルのマラッカ、ゴア占領

POINT 3 銀貿易でつながる世界

サラゴサ条約締結後、スペインはフィリピンの領有を主張して認められる。そして、メキシコとフィリピンを結ぶ太平洋横断航路を開通させた。これによりメキシコ銀のアジア流通や南蛮貿易が始まり、世界は一体化へ向かう。

POINT 1 ポルトガルが東南アジアを押さえる

海洋進出を進めるスペインとポルトガルは、トルデシリャス条約とサラゴサ条約を結び、新領土の優先権を決めた。この条約で東南アジアの権利を得たポルトガルはマラッカやゴアなどを占領し、アジア市場を独占する。

POINT 2 ヨーロッパ情勢を激変させた南米の銀

コロンブス以降、スペインは金銀を求めてアメリカ大陸を侵食し、1545年にポトシ銀山を発見する。これにより、ヨーロッパに大量の銀が流入。価格革命を引き起こし、封建領主たちに大打撃を与えた。

POINT 4 宗教改革とオランダ独立

15世紀以降、栄華を誇っていたスペインだったが、その足下では大きな変動が起こっていた。当時スペイン領であり、プロテスタントの拠点でもあったオランダが独立戦争を起こしたのだ。オランダは戦争に勝利し、独立を認められた一方で、スペインは没落が顕著になった。

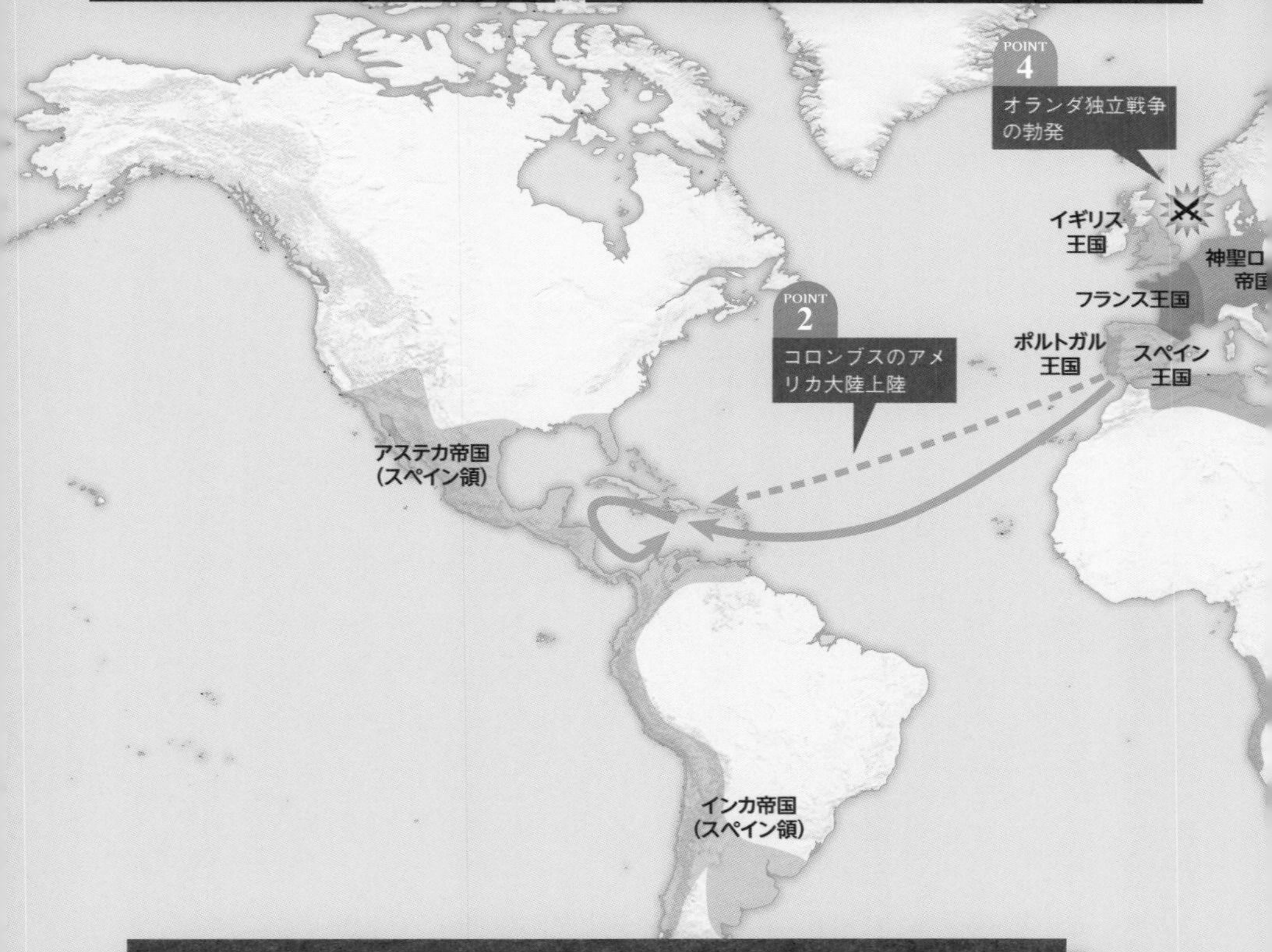

POINT 4
オランダ独立戦争の勃発
イギリス王国
神聖ロ
帝国
フランス王国
POINT 2
コロンブスのアメリカ大陸上陸
ポルトガル王国
スペイン王国
アステカ帝国（スペイン領）
インカ帝国（スペイン領）

時代の動き

前世紀に続いて16世紀も、イベリア半島のシーパワー国家であるポルトガルとスペインが、世界の覇権を握った世紀だった。特にスペインは、これまでヨーロッパとまったく接点のなかったアメリカ大陸に進出し、支配下に収めた。スペインにより採掘された南米のポトシ銀山の銀は、ヨーロッパや中国に大量に流入していった。ヨーロッパ、アジア、アメリカが一体化した瞬間だった。

しかしその頃、ヨーロッパでは宗教革命が起き、オランダがスペインに反旗を翻す。これがやがてスペインに没落をもたらすことになる。

16世紀の地政学

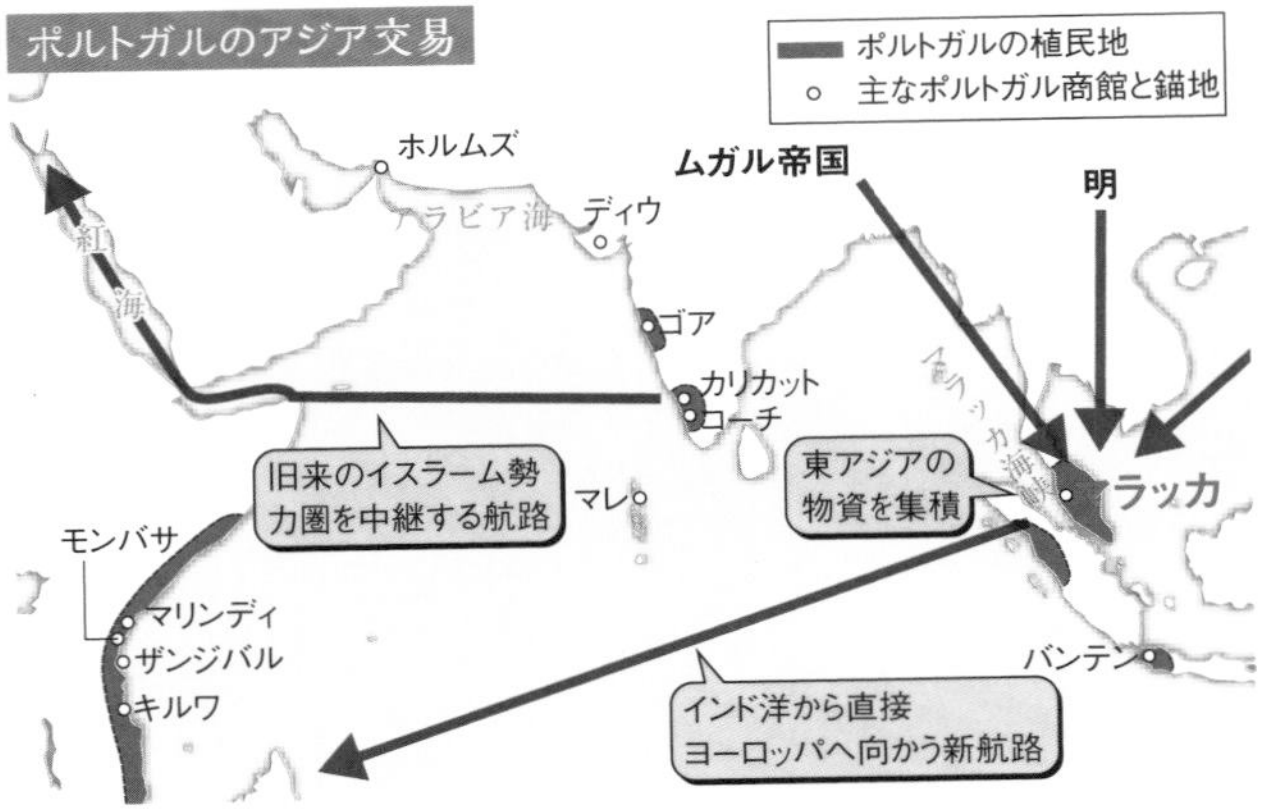
ポルトガルのアジア交易
ポルトガルの植民地
主なポルトガル商館と錨地
ホルムズ
ムガル帝国
明
アラビア海
ディウ
紅海
ゴア
カリカット
コーチ
マラッカ海峡
マラッカ
東アジアの物資を集積
旧来のイスラーム勢力圏を中継する航路
マレ
モンバサ
マリンディ
ザンジバル
キルワ
バンテン
インド洋から直接ヨーロッパへ向かう新航路

アジアの貿易拠点であるゴアとマラッカを押さえたポルトガルは、香辛料や絹などの交易によって莫大な利益をあげた。

POINT1 東南アジア貿易の要衝をポルトガルが押さえる

1494年、ポルトガルとスペインの間で、ある条約が結ばれた。両国が世界進出をするにあたって、西経46度37分より東側の新領土はポルトガル領、西側はスペイン領にすることで合意したのである（トルデシリャス条約）。これにより**16世紀、ポルトガルは主にアジア市場、スペインは主に南北アメリカ大陸の開拓に力を注ぐことになる。**

ポルトガルは1510年にはインドのゴアを占領し、翌年には東南アジアのマラッカを占領した。マラッカは、東西を行き交う船が必ず通過しなくてはいけないチョークポイントであると同時に、古くからインドや中国、琉球などから物産が集まる海上貿易の拠点でもあった。

POINT2 ヨーロッパの政治体制に南米の銀山が影響を及ぼす

ただしポルトガルによるアジア進出は、極論をいえば、従来はイスラーム商人が担ってきたこの地域の貿易の主役が、ポルトガル商人に替わったに過ぎなかった。「世界地図の中に新たな土地を書き込んだ」という点で大きな意味を持っていたのは、スペインによる南北アメリカ大陸への進出のほうだった。

北大西洋では、西から東へと北大西洋海流が流れており、さらには偏西風も吹いているため、当時の帆船でヨーロッパからアメリカ大陸に渡るのは容易なことではなかった。ただしイベリア半島沖には西南へと流れるポルトガル海流があり、スペインからのアメリカ大陸への渡航は、地理的にも有利だった。

用語解説「インカ帝国」

13世紀頃、アンデス高原に興り、1533年にスペインによって征服された。高度な文化を持っていたが、文字を持たないため、その詳細はスペイン人の記録から推測するしかない。

ポトシ銀山の銀で鋳造されたレアル銀貨。この頃の銀貨は、ほとんどがポトシ銀山か石見銀山で産出されたものだった。

世界一周を果たしたビクトリア号（復元）。マゼラン自身は半ばで死去した。この航海の生還者はわずか18人だった。

スペインは、１５２１年には北米大陸のアステカ帝国、１５３３年には南米大陸のインカ帝国を滅亡に追いやった。そしてこの地に広大な植民地を築き、１５４５年には現在のボリビアでポトシ銀山を発見した。

ポトシ銀山はヨーロッパに大きな変動をもたらすことになる。製錬技術が進んだ１５８０年頃から、大量の銀がヨーロッパになだれ込むようになったからである。当時ヨーロッパでは、人口増による食糧不足から穀物価格が上昇していたのに加えて、銀が流入したことで、全土でインフレが発生した（価格革命）。

インフレは、固定額の地代を収入源としてきた封建領主たちの権力基盤に打撃を与え、彼らの没落を招いた。ヨーロッパはこののち、国王に絶対的な権力が集中する絶対王政へと移行していくことになる。

POINT 3 南米の銀が中国にも流入 世界が一体化した瞬間

１５２０年、スペイン王の命令で航海をしていたマゼランによって、南米大陸の南端で大西洋から太平洋へと抜けられるマゼラン海峡が発見され、スペインにもアジアへと至る航路が開けた。

これは当然、先にアジアに進出していたポルトガルとの衝突を招いた。１５２９年、両国は東経１４４度30分より西側をポルトガル領、東側をスペイン領とするサラゴサ条約を結ぶ。そのうえでスペインは、フィリピンを中国貿易の拠点に定めた。フィリピンはサラゴサ条約に基づけばポルトガル領になるが、スペインが先取権を主張して、これが認められたのである。以後フィリピンは、20世紀初頭にやはり中国市場へ

→ アメリカの地理と歴史については**P144**参照
→ トルデシリャス条約については**P210**参照

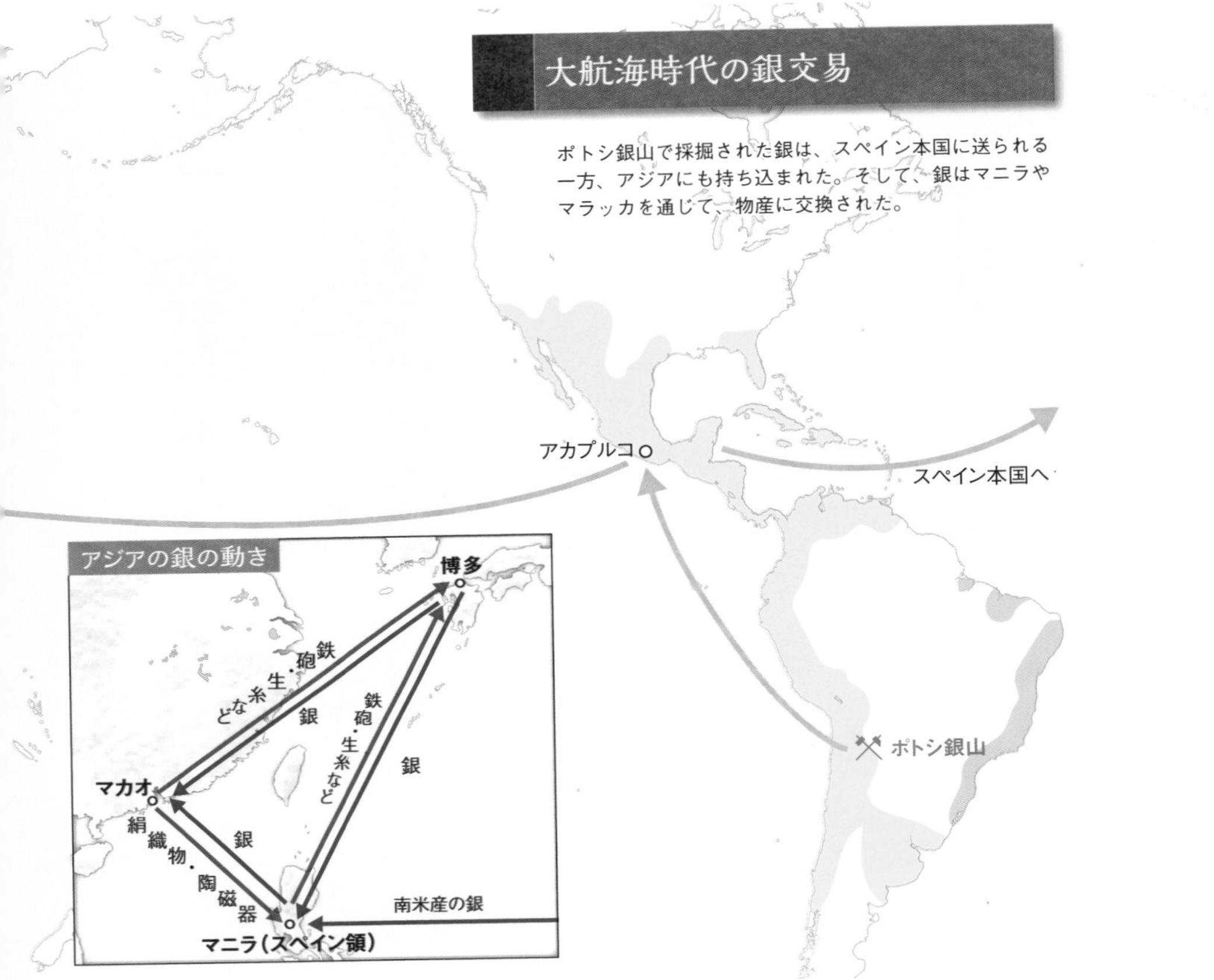
大航海時代の銀交易
ポトシ銀山で採掘された銀は、スペイン本国に送られる一方、アジアにも持ち込まれた。そして、銀はマニラやマラッカを通じて、物産に交換された。
アカプルコ
スペイン本国へ
ポトシ銀山
アジアの銀の動き
博多
鉄砲・生糸など
銀
鉄砲・生糸など
銀
マカオ
絹織物・陶磁器
銀
南米産の銀
マニラ（スペイン領）

の進出を狙っていたアメリカに奪われるまで、スペインの領土であり続けた。中国の鼻先にあるフィリピンは、欧米列強にとって地政学上重要な島であるとみなされたのだ。

　スペインは1565年には、マゼラン海峡を回らなくても、貿易風を利用してフィリピンとメキシコを往来できる太平洋横断航路を開拓。これが中国への銀の大量流入を可能にした。中国からは当時生産量が増大していた絹織物を輸入した。

　中国に対しては、ポルトガルもマカオに貿易の拠点を築いた。当時中国の明は民間人の海上貿易を禁止する海禁政策を採っていたが、この政策は事実上崩壊することになった。

　この時代、ポルトガルとスペインは貿易と布教を求めて、日本にも上陸した。日本がヨーロッパ世界と初めて直接出合った瞬間だった。

用語解説　**「石見銀山」**

島根県に存在した銀山。16世紀に灰吹法が導入されると、世界で流通する銀の10%を占めるまでに生産量が増大した。しかし、江戸時代になると、幕府の鎖国政策により流通量は激減する。

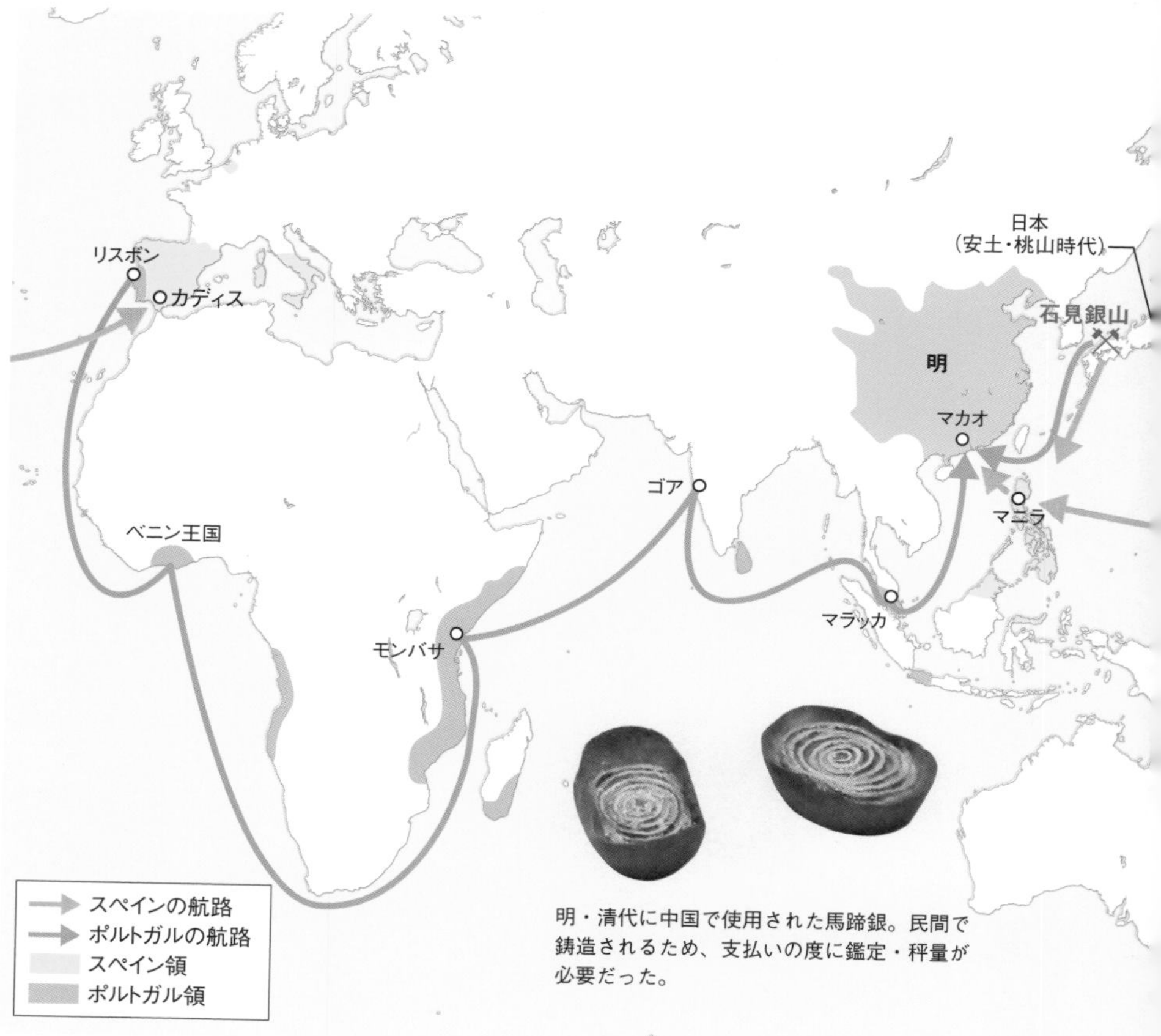
リスボン
カディス
日本
（安土・桃山時代）
石見銀山
明
マカオ
ゴア
マニラ
ベニン王国
マラッカ
モンバサ
スペインの航路
ポルトガルの航路
スペイン領
ポルトガル領

明・清代に中国で使用された馬蹄銀。民間で鋳造されるため、支払いの度に鑑定・秤量が必要だった。

POINT 4

ルターの宗教改革とオランダの独立戦争

16世紀のヨーロッパでは、宗教革命も起きた。ドイツの神学者のルターが、ローマ＝カトリック教会の腐敗を批判。ルターを支持する新教徒たちはプロテスタントと呼ばれ、各地に広がっていった。

新教徒たちの拠点の一つになったのが、当時スペイン領だったオランダだった。スペインのフェリペ２世はオランダの新教徒を弾圧したため、１５６８年、オランダはスペインに対して独立戦争を仕掛けた。この対立は１６４８年にオランダの独立が公認されるまで続いた。

そしてこの戦争の過程で、スペインの没落が顕著になり、次のシーパワーの覇権国として、オランダが頭角を現すことになるのだった。

→ 世界の宗教についてはP36参照

17世紀の地政学

シーパワーの覇権国がオランダに交代 そしてイギリスが猛追する

POINT 3 シーパワー強国日本の可能性

海上進出を進めるヨーロッパ各国は、やがて日本にも目を向ける。キリスト教を危険視した江戸幕府によってスペイン・ポルトガルは排除されたが、交易のみを求めたオランダは受け入れられた。また、幕府の許可を受けた日本の商人たちは東南アジア各地で活躍する。

ロシア帝国
清
朝鮮
日本(江戸時代)
POINT 3
朱印船貿易の航路
フィリピン
(スペイン領)
POINT 2
アンボイナ事件
東インド
(オランダ領)

POINT 2 海上覇権を握ったイギリス

毛織物産業で発展したイギリスはアジア市場への進出を目論むが、オランダとの競争に敗北。しかし、イギリスは自国に有利な航海法を制定することでオランダ船を徹底的に排除し、海上覇権を握ることに成功した。

時代の動き

かつて「太陽の沈まない国」と呼ばれたスペインは、17世紀初頭に落日の時を迎える。代わって海上覇権を握ったのが、シーパワーとして勢力を伸ばすうえで欠かせない海運業の育成に力を注いだ貿易立国オランダだった。オランダはヨーロッパの海を支配したうえで、アジアの海に進出した。しかしやがてイギリスが、オランダの海運業の弱体化に成功。海上覇権を奪取する。このように17世紀は、海上覇権国家がめまぐるしく交替した。

一方極東の日本も、シーパワー国家として海に乗り出そうとしていた。

イギリス王国
オランダ
神聖ローマ帝国
フランス王国
スペイン王国
ポルトガル王国
オスマン帝国
サファヴィー朝
ムガル帝国
POINT 1
オランダとアジアの交易路

POINT 1 シーパワーを得たオランダの躍進

ライン川の河口に位置するオランダは、独立後ヨーロッパの物資が集約する貿易の中継拠点として発展。一方、かつての覇権国家だったスペインは、戦争や侵略による借金がかさみ衰退していた。

時代

3

17世紀の地政学

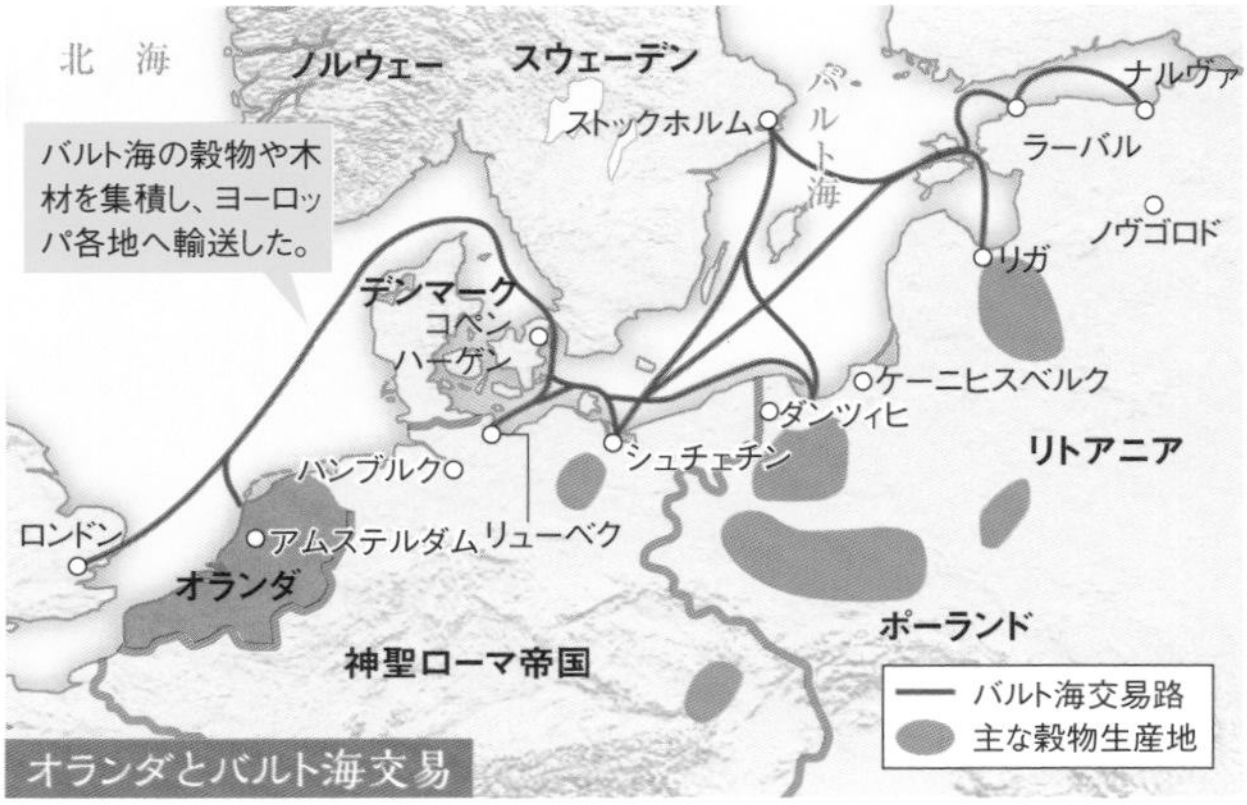

北海
ノルウェー
スウェーデン
ストックホルム
バルト海
ナルヴァ
ラーバル
ノヴゴロド
リガ
バルト海の穀物や木材を集積し、ヨーロッパ各地へ輸送した。
デンマーク
コペンハーゲン
ケーニヒスベルク
ダンツィヒ
シュチェチン
リトアニア
ハンブルク
リューベク
アムステルダム
ロンドン
オランダ
ポーランド
神聖ローマ帝国
バルト海交易路
主な穀物生産地

オランダとバルト海交易

オランダはかつてニシン輸出に使っていたフライト船で、バルト海から集まった資源を西欧や南欧へ輸送していた。

POINT 1

オランダが海運業を武器にシーパワーの覇権国に躍進

17世紀初頭、オランダはスペインに対する独立戦争のさなかにあった。ただし実質的には、既に独立を成し遂げているといっても差し支えなかった。まずイギリスが、同じプロテスタントの立場からオランダを支援。1588年にはスペインが差し向けた無敵艦隊を撃破した（アルマダ海戦）。さらにフランスも対スペイン戦線に加わり、1596年に英仏蘭間で同盟が結ばれた。この時点で勝負はついたといえた。

そしてオランダは、17世紀の幕開けとともに、一気にシーパワーの覇権国へと上り詰めていく。**1602年、東南アジアでの香辛料貿易を手中に収めるために東インド会社を設立すると、ポルトガルの貿易拠点を次々と奪っていった。**当時ポルトガルはスペインに併合されていたため、こうした活動は独立戦争の一環でもあった。オランダは、インド洋から東シナ海にかけての海の勢力図を塗り替えていった。

ヨーロッパの小国に過ぎないオランダが、これだけの力を持ち得たのは、地理的な要因が大きい。**ヨーロッパでは中世から、ライン川が交通や交易の大動脈の役割を担ってきた。オランダはライン川の河口に位置しているため、ヨーロッパ中から商品が集まり、中継貿易の地として栄えていた。**

さらにオランダの東側には、豊かな穀倉地帯と森林地帯が広がっている。16世紀、ヨーロッパでは人口増による穀物不足に直面していた。また当時は木材が現在の石油に匹敵する主要エネルギー源だったが、やは

用語解説 「オランダ東インド会社」

六つの会社が連合して設立された株式会社。本国から様々な権限を与えられており、交易以外に植民地経営なども行った。バタヴィアを拠点に香辛料貿易の独占を目指した。

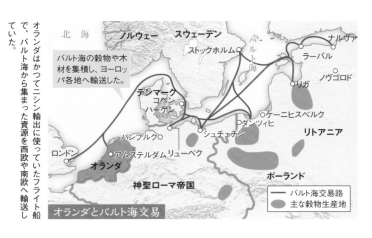

英蘭対立とアジア貿易

イギリスとアジア権益を争っていたオランダは、アンボイナ事件でイギリスを排除。東アジア、アフリカ、ヨーロッパ、南米をつなぐ一大貿易圏を築き上げた。

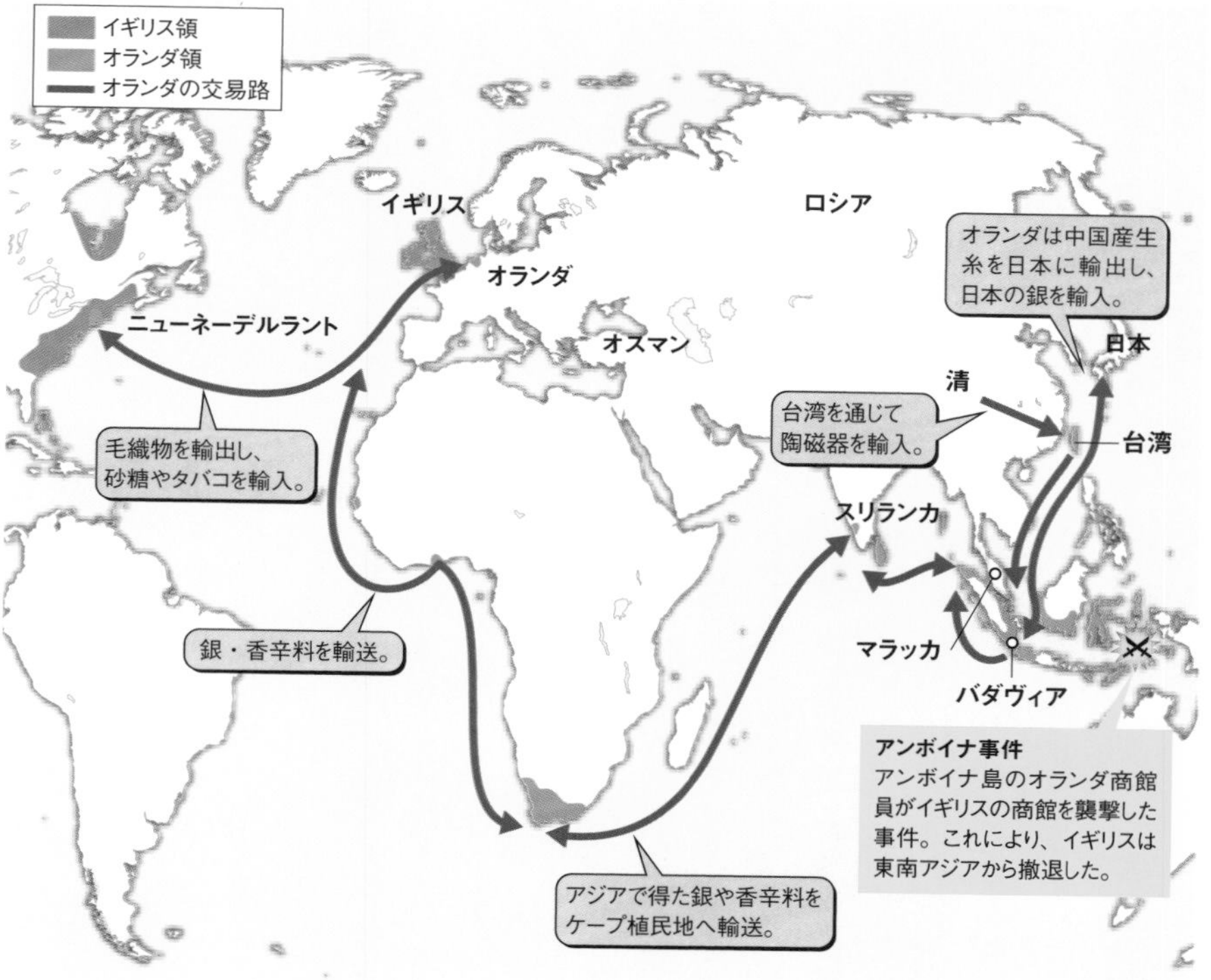
イギリス領
オランダ領
オランダの交易路
イギリス
オランダ
ロシア
オスマン
ニューネーデルラント
清
日本
台湾
スリランカ
マラッカ
バダヴィア
オランダは中国産生糸を日本に輸出し、日本の銀を輸入。
台湾を通じて陶磁器を輸入。
毛織物を輸出し、砂糖やタバコを輸入。
銀・香辛料を輸送。
アジアで得た銀や香辛料をケープ植民地へ輸送。
アンボイナ事件
アンボイナ島のオランダ商館員がイギリスの商館を襲撃した事件。これにより、イギリスは東南アジアから撤退した。

り人口増と経済活動により森林資源の枯渇に苦しんでいた。オランダは海運業を発展させることで、これらを東欧から西欧、南欧へと輸送した。当時のヨーロッパ商船全体の3分の1から2分の1をオランダ船が占めていたと言われ、オランダなくしては域内の人々の生活と経済は成り立たなくなっていった。

一方スペインはといえば、度重なる戦争で戦費がかさみ、南米から入ってくる膨大な銀を借金の返済に充てざるを得ない状態となり、産業の育成に投資する余裕がなかった。また大航海事業を維持するうえで必要となる造船用の木材などの調達を、なんと敵対するオランダに頼っていた。銀はスペインからオランダへと流れていき、オランダはますます豊かになり、スペインの凋落は誰の目にも明らかになった。

→ イギリスの覇権についてはP60参照

POINT 2 イギリスが策を巡らしオランダから覇権を奪う

17世紀は、オランダとともにイギリスが台頭してきた世紀でもある。イギリスが地理的に恵まれていたのは、北海を挟んで、毛織物産業が盛んだったフランドル地方（オランダ南部、ベルギー西部、フランス北部にかけての地域）に近接していたことだった。イギリスは当初フランドル地方への羊毛の輸出国として、やがて毛織物生産の工業国として発展していった。

当初イギリスは、オランダ独立戦争が始まるとオランダ側に味方するなど、オランダとは良好な関係にあった。だがやがて英蘭は、アジア市場の主導権を巡って対立することになる。1623年には、オランダが香辛料の産地だったモルッカ諸島から、イギリス勢力を追い出すアンボイナ事件が発生。イギリスは東南アジアから撤退し、インドの支配に専念せざるを得なくなった。

これに対してイギリスは、オランダを追い落とすための策を巡らせた。1651年、「イギリスに物産を運ぶ際には、イギリス船ないしは当事国の船を使うこと」という航海法を制定したのだ。

オランダが海上覇権を握れたのは、海運業に力を入れ、商船数において他を圧倒していたからである。そこでイギリスは航海法により、オランダ船を排除することで、その勢力を削ごうとしたのである。

当然、オランダはこれに反発。三度にわたる英蘭戦争が発生した。だがオランダは勝利を収めることはできず、海上覇権は次第にイギリスに移っていくことになった。

POINT 3 シーパワーの強国になり得た17世紀日本の可能性

大航海時代の波に乗って力をつけたポルトガル、スペイン、オランダ、イギリスというシーパワーの強国は、当然日本にも目を向けた。17世紀初頭の日本では、徳川家康が江戸幕府を築こうとしていた。江戸時代は鎖国の印象が強いが、初期はむしろ海外貿易に積極的だった。

特に家康は、スペインが開拓した太平洋横断航路を活用して、メキシコとの交易を画策したほどだった。ただしスペインおよびポルトガルとの交易については、彼らが交易と国内でのキリスト教の布教活動をセットで求めてきたことが障害となった。「布教＝侵略」の恐れがあると警戒したのだ。

一方で布教を条件としなかったプ

用語解説 「日本町」
朱印船貿易が行われていた17世紀初頭に形成された日本人移住者の居住区。交趾・ルソン・アユタヤなど、日本との交易が盛んな都市にのべ5000人以上の移住者が住んでいたという。

江戸幕府の朱印船貿易

江戸時代初期、幕府は商人に朱印状を与え、外国との交易を行わせた。輸入品は生糸や絹織物が大半を占めていた。これは、泰平の世になったことで豪奢な着物の需要が増大したためである。

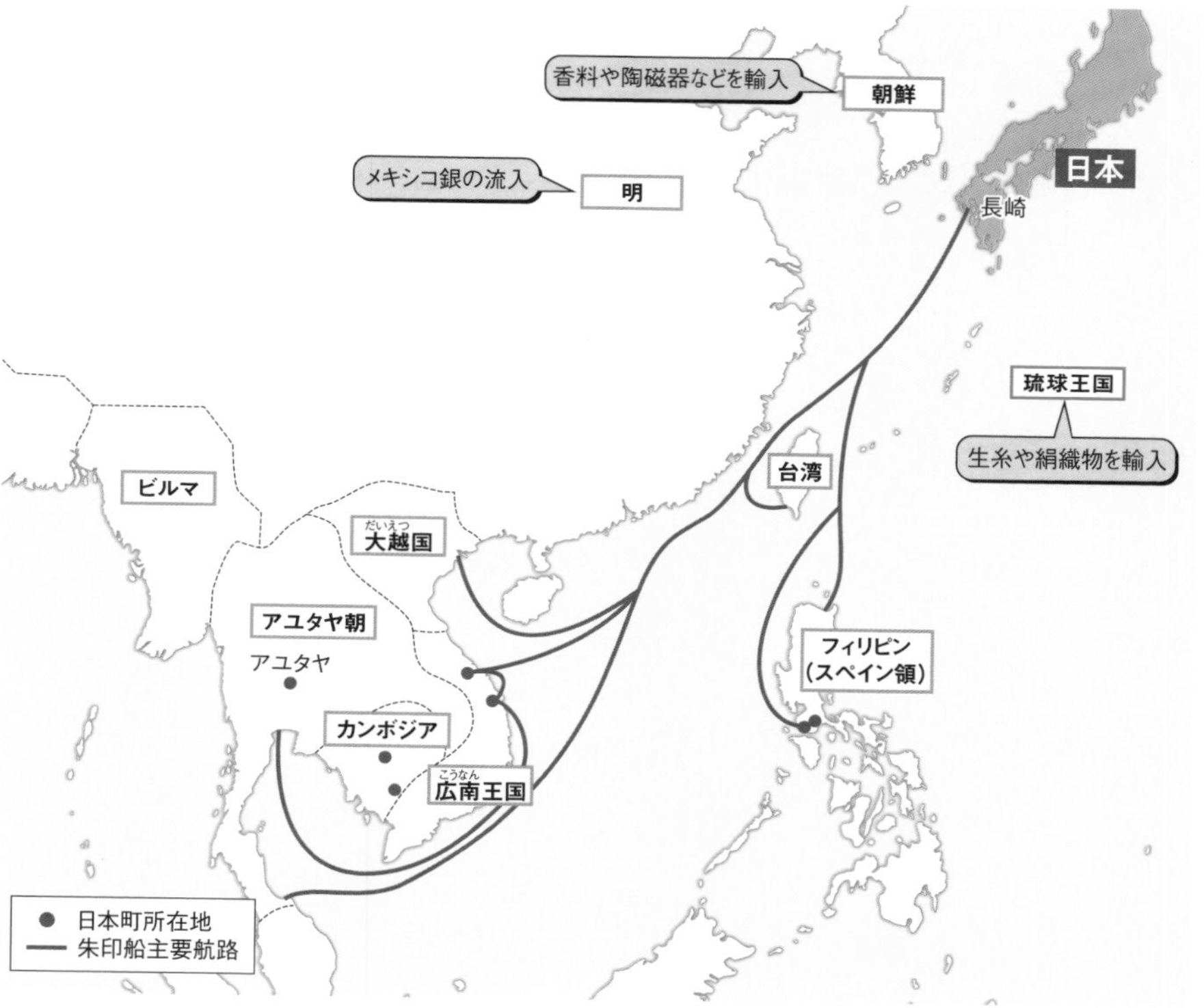
香料や陶磁器などを輸入
朝鮮
メキシコ銀の流入
明
日本
長崎
琉球王国
生糸や絹織物を輸入
台湾
ビルマ
大越国《だいえつ》
アユタヤ朝
アユタヤ
フィリピン（スペイン領）
カンボジア
広南王国《こうなん》
● 日本町所在地
― 朱印船主要航路

ロテスタントのオランダとは、積極的に交易を続けた。日本はオランダから生糸や絹織物を仕入れ、石見銀山などで採掘された銀を提供した。

また幕府は、日本の商人に対しては朱印状（渡航許可書）を与え、彼らの海外進出を支援した。東南アジアの各地に日本町が作られた。

日本が他のアジアや南米の国々と異なったのは、ヨーロッパのシーパワーの来襲をなす術もなく受け入れたのではなく、自らもシーパワーとして海外を志向していた時期があったことである。結局幕府は、貿易によって西国の大名が強力になることなどを恐れて、最終的には鎖国体制を選択した。ただし豊富な銀を有していたことや、東南アジア市場に近いという地理的優位性を考えれば、日本がシーパワーの強国になり得る可能性は十分にあったと言える。

→ 日本が植民地化を免れた理由についてはP102参照

時代 4

18世紀の地政学

ライバルのフランスを押さえながらイギリスが世界進出を加速

POINT 4 ランドパワー大国ロシアの南下

ロシアは冬季になるとほとんどの港が凍結するため、海を利用した交易が難しいランドパワーの国である。しかし18世紀、海洋進出を図るべく南下を開始。1721年に北方戦争でバルト海を制圧し、続いて黒海の獲得を狙う。これ以降、ヨーロッパ諸国はロシアの南下阻止に頭を悩ませるようになる。

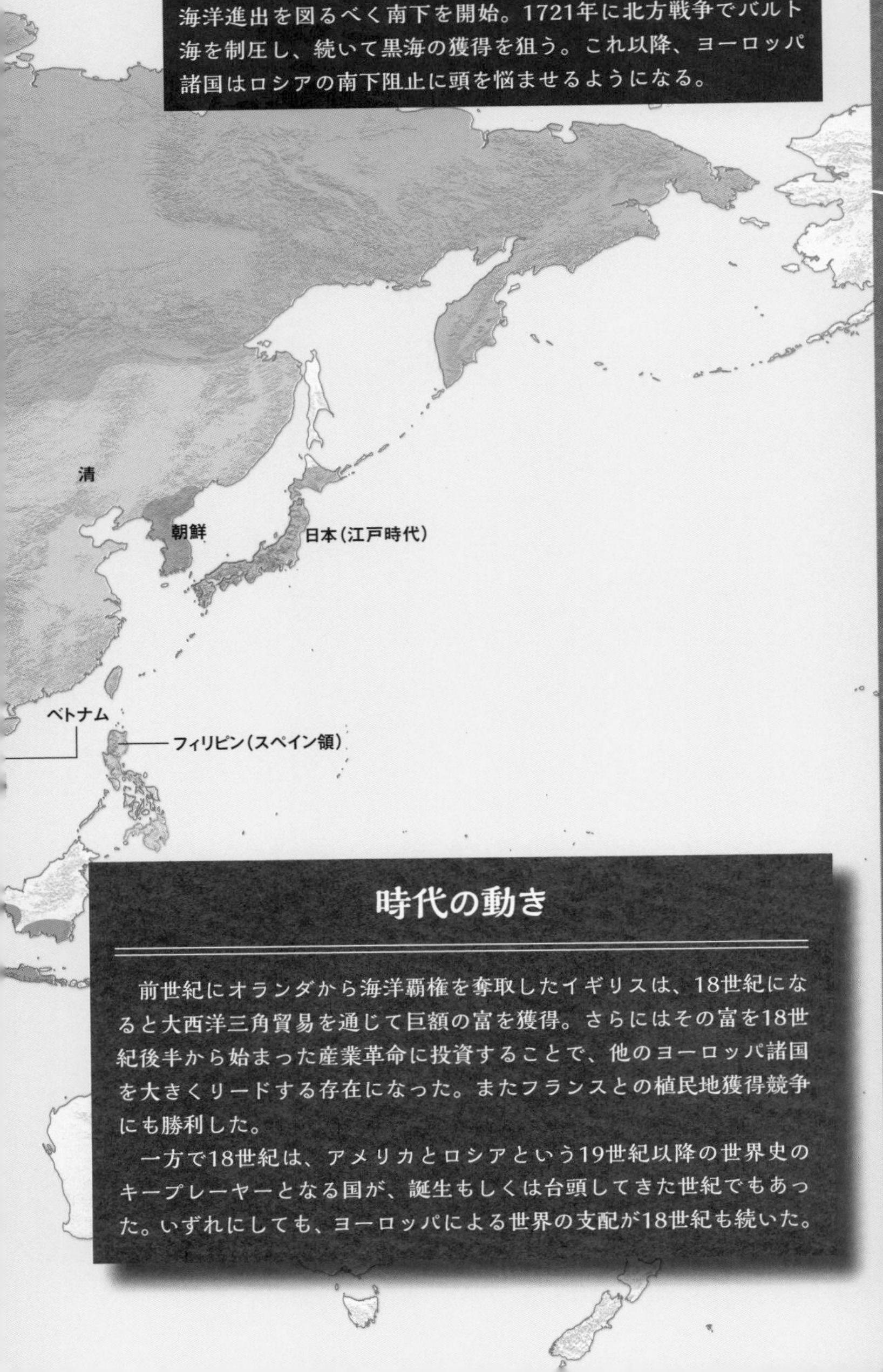

清
朝鮮
日本（江戸時代）
ベトナム
フィリピン（スペイン領）

時代の動き

前世紀にオランダから海洋覇権を奪取したイギリスは、18世紀になると大西洋三角貿易を通じて巨額の富を獲得。さらにはその富を18世紀後半から始まった産業革命に投資することで、他のヨーロッパ諸国を大きくリードする存在になった。またフランスとの植民地獲得競争にも勝利した。

一方で18世紀は、アメリカとロシアという19世紀以降の世界史のキープレーヤーとなる国が、誕生もしくは台頭してきた世紀でもあった。いずれにしても、ヨーロッパによる世界の支配が18世紀も続いた。

POINT 3 植民地戦争に敗北したフランス

軍事大国であるフランスは、18世紀に海洋進出を志向し、イギリスと衝突。しかし、本国を強国に囲まれているフランスは、七年戦争・フレンチ＝インディアン戦争の二面展開を強いられ、どちらも敗北する。その後もフランスは植民地拡大に苦戦することとなる。

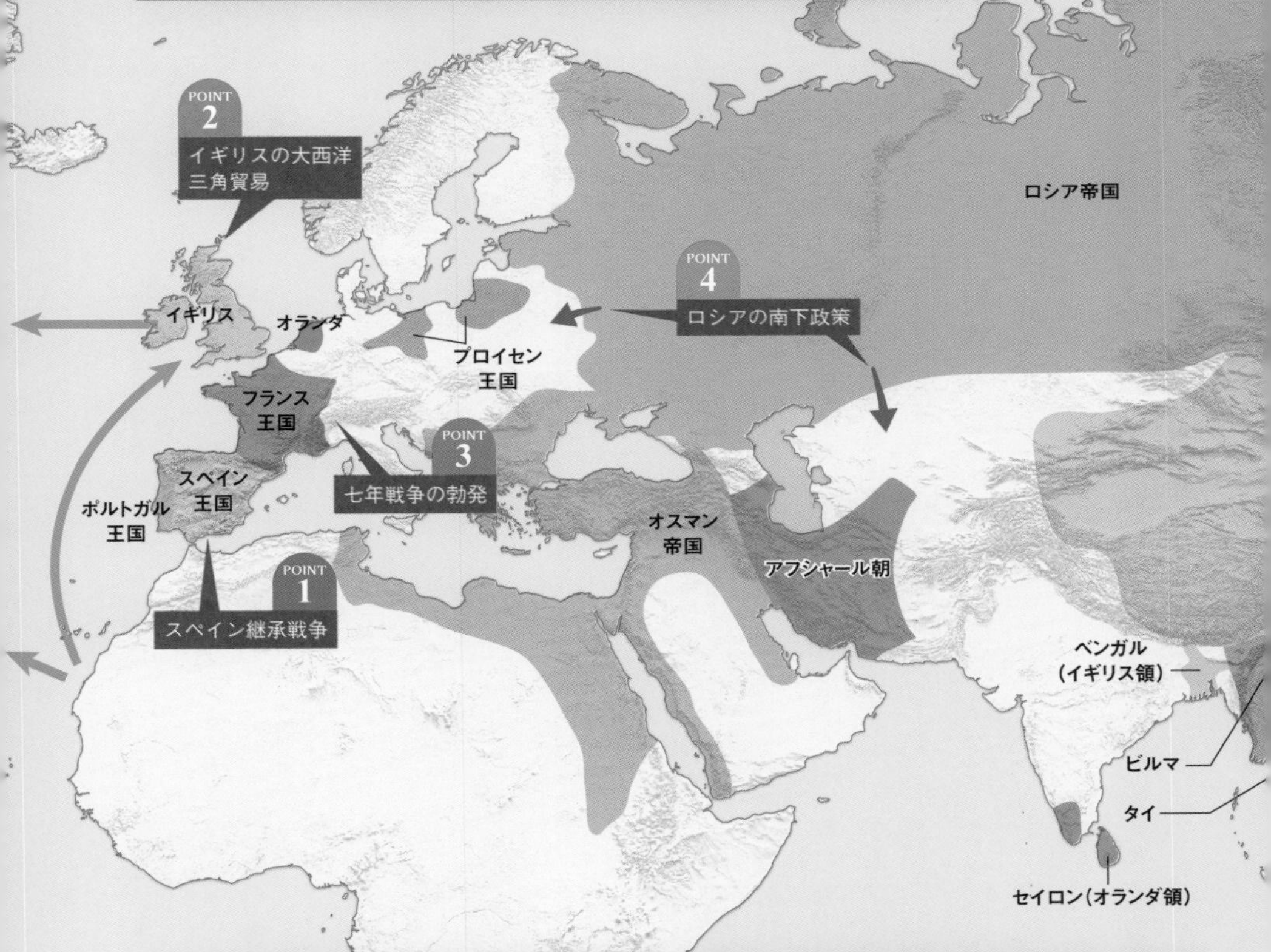
POINT 2
イギリスの大西洋三角貿易
ロシア帝国
POINT 4
ロシアの南下政策
イギリス
オランダ
プロイセン王国
フランス王国
POINT 3
七年戦争の勃発
スペイン王国
ポルトガル王国
POINT 1
スペイン継承戦争
オスマン帝国
アフシャール朝
ベンガル（イギリス領）
ビルマ
タイ
セイロン（オランダ領）

POINT 1 幻となったフランス＝スペイン帝国

1700年、スペイン王カルロス2世が死去。後継者・フィリップの祖父であるフランス王ルイ14世は、彼にフランス王も継がせ、フランス＝スペイン帝国の創出を目論む。しかし、反発した周辺国によりスペイン継承戦争が勃発。大帝国の誕生は阻止された。

POINT 2 イギリスの大西洋三角貿易

スペイン継承戦争後、黒人奴隷のアシエント（奴隷供給契約権）を得たイギリスは、奴隷を使ってアメリカ大陸で砂糖やコーヒーなどを栽培。その収穫物を本国経由でヨーロッパへ輸出する三角貿易を行う。この貿易で得た富や技術は産業革命の下地となった。

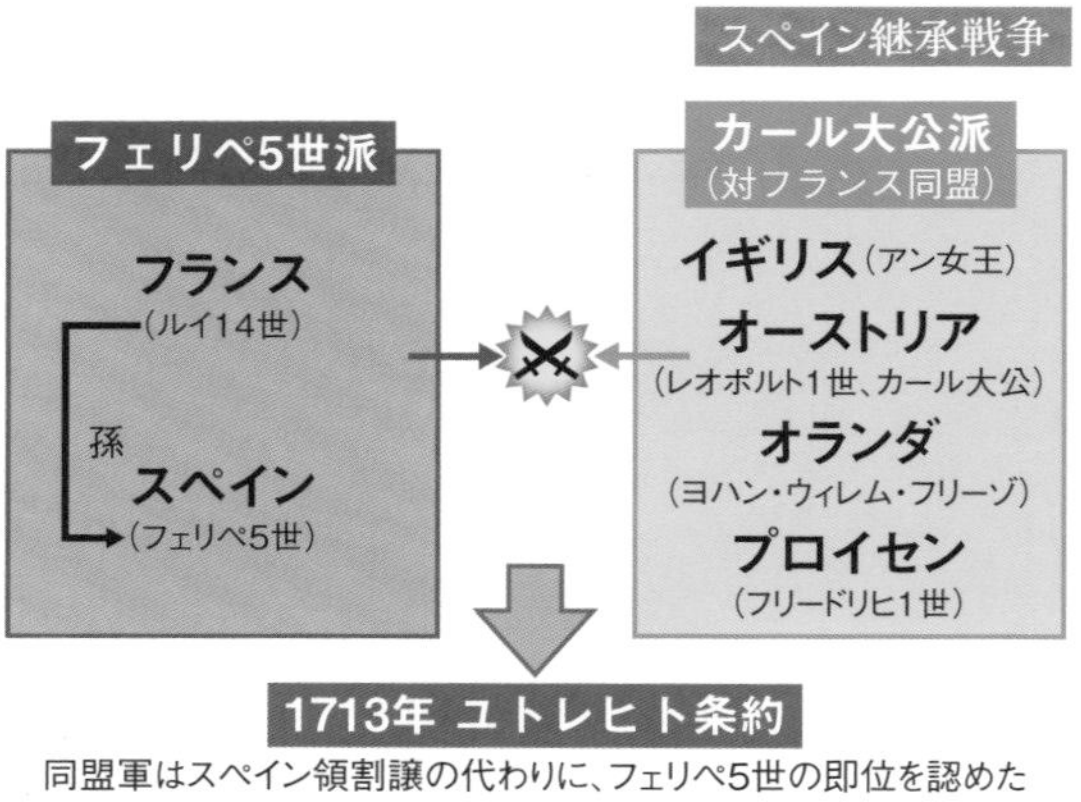
スペイン継承戦争
フェリペ5世派
フランス
（ルイ14世）
孫
スペイン
（フェリペ5世）
カール大公派
（対フランス同盟）
イギリス（アン女王）
オーストリア
（レオポルト1世、カール大公）
オランダ
（ヨハン・ウィレム・フリーゾ）
プロイセン
（フリードリヒ1世）
1713年 ユトレヒト条約
同盟軍はスペイン領割譲の代わりに、フェリペ5世の即位を認めた

スペインの併合を目論むルイ14世に対し、イギリスやオーストリアはスペイン王の継承権を持つカール大公を擁立。オランダ・プロイセンと共に反フランスの兵を挙げた。

POINT 1

強大な大陸国家の誕生をイギリスやオランダが阻止

18世紀初頭、ヨーロッパでは強大な大陸国家が生まれる可能性が浮上していた。スペイン国王カルロス2世が、継承者がいないままに死去。遺言によりフランス王ルイ14世の孫であるフィリップが、フェリペ5世として王位に就くことになった。フェリペ5世はスペイン王位を継承すると同時に、フランス王位継承権についても放棄しようとしなかった。

これにより、**もしフランス＝スペイン帝国が誕生すれば、英蘭は海上交易に専念していられなくなる。**両国はオーストリアなどと同盟を結び（対フランス同盟）、1701年、フランスとスペインにスペイン継承戦争を仕掛けた。戦況は対フランス同盟側有利に展開した。

POINT 2

大西洋三角貿易がイギリスに巨額の富をもたらす

1713年、イギリスはフランスやスペインなどとの間で講和条約（ユトレヒト条約）を結んだ。スペインからはジブラルタル、フランスからは北米のニューファンドランドやハドソン湾などを獲得。海洋帝国に躍り出る足がかりを得た。

何より大きかったのは、黒人奴隷をアフリカ大陸からアメリカ大陸へと運ぶアシエント（奴隷供給契約権）をフランスから譲渡されたことであった。

かつて西アフリカのギニア湾に面する海岸線には、胡椒海岸、象牙海岸、黄金海岸、奴隷海岸といった地名がつけられていた。地名が、そこで何が行われていたかを物語っている。アシエントを得たイギリスは、

人物解説 ルイ14世（1638〜1715）

5歳で即位したため、治世前半は宰相の補佐を受けたが、成長後は重商政策を推し進めて王権を強化した。領土拡張にも熱心であり、侵略戦争や他国の後継者争いへの介入を繰り返した。

ヨーロッパとアメリカ・アフリカとの交易

ヨーロッパ諸国はアフリカ植民地から奴隷をアメリカ大陸に送り、穀物や砂糖の生産に従事させ、莫大な富を得た。

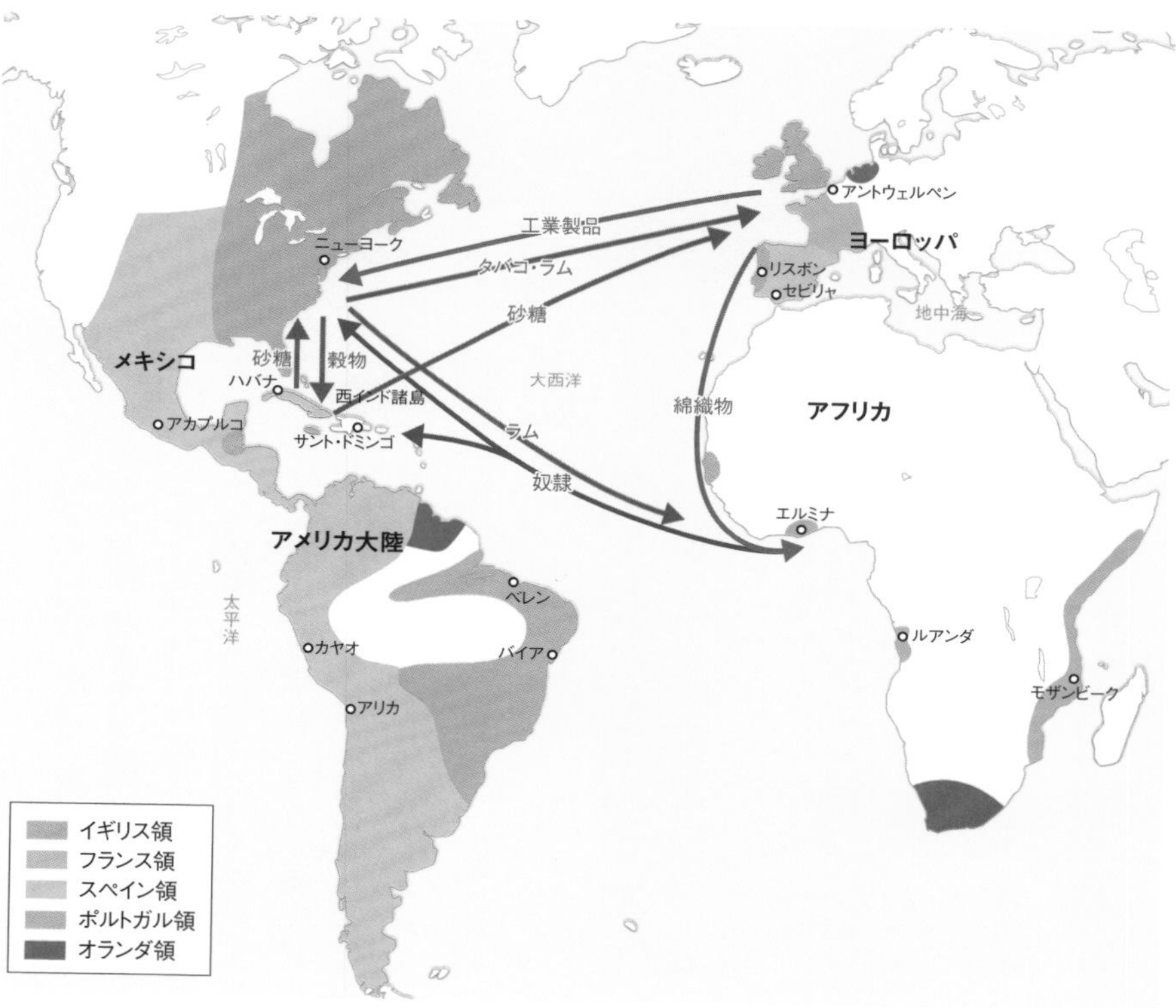
工業製品
タバコ・ラム
砂糖
砂糖
穀物
ラム
奴隷
綿織物
ニューヨーク
ハバナ
西インド諸島
サント・ドミンゴ
アカプルコ
メキシコ
アメリカ大陸
ベレン
バイア
カヤオ
アリカ
太平洋
大西洋
アントウェルペン
ヨーロッパ
リスボン
セビリャ
地中海
アフリカ
エルミナ
ルアンダ
モザンビーク
イギリス領
フランス領
スペイン領
ポルトガル領
オランダ領

黒人奴隷を西アフリカから西インド諸島やアメリカ大陸に運び、砂糖やタバコ、綿花、コーヒーなどを栽培するプランテーション農場で働かせた。そしてその収穫物をイギリス本国に持ち帰ったうえで、外国に再輸出した。さらにはイギリス国内で製造された綿織物などをアフリカに輸出。こうして大西洋三角貿易によって膨大な利益を得たのだった。

イギリスでは18世紀後半から産業革命が始まった。大西洋三角貿易で獲得した巨額の富が、産業革命の投資資金となった。さらには産業革命が綿織物の機械の発明から始まったことにも注目したい。**アフリカにおける綿織物に対する旺盛な需要が、産業革命の進展を後押ししたのだ。そういう意味では大英帝国の繁栄は、黒人奴隷貿易から始まったとも言えるだろう。**

→ 植民地時代のアフリカについてはP207参照

POINT 3

フランスが植民地戦争で勝てなかった地政学的理由

18世紀、フランスはヨーロッパ最大の軍事大国だった。イギリスに後れを取るわけにはいかず、当然海洋進出にも力を注いだ。そのため北米やインドでイギリスと衝突した。

英仏を比較したとき、フランスには地政学的なハンデがあった。フランスは大西洋と地中海に面するシーパワーの国である半面、プロイセンやオーストリア、スペインに囲まれたランドパワーの国でもある。隣国から直接侵略を受けるリスクが低いイギリスとは違い、海洋進出だけに資源を投じることはできなかった。

そのハンデが如実に現れたのが、1756年にイギリスがプロイセン側に、フランスがオーストリア側に味方して戦った七年戦争だった。英仏は同時期、北米においてもフレンチ＝インディアン戦争を戦っていた。このときイギリスは、七年戦争についてはプロイセンに財政援助をするだけで兵を出さず、北米での戦いに注力した。一方フランスは本土を防衛する必要から、戦力を二分せざるを得なかった。結果は二つの戦争とも、イギリス側が勝利した。

英仏はこの時期、植民地を巡って何度も戦火を交えたが、終始イギリスが優位を維持し、北米とインドの支配権を確固たるものにした。

ただしイギリスは北米については、やがて手放さざるを得なくなる。北米植民地への課税を強化したことで現地住民の不満が高まり、独立戦争に発展したのだ。1783年、独立は成し遂げられ、未来の覇権国であるアメリカ合衆国が誕生した。

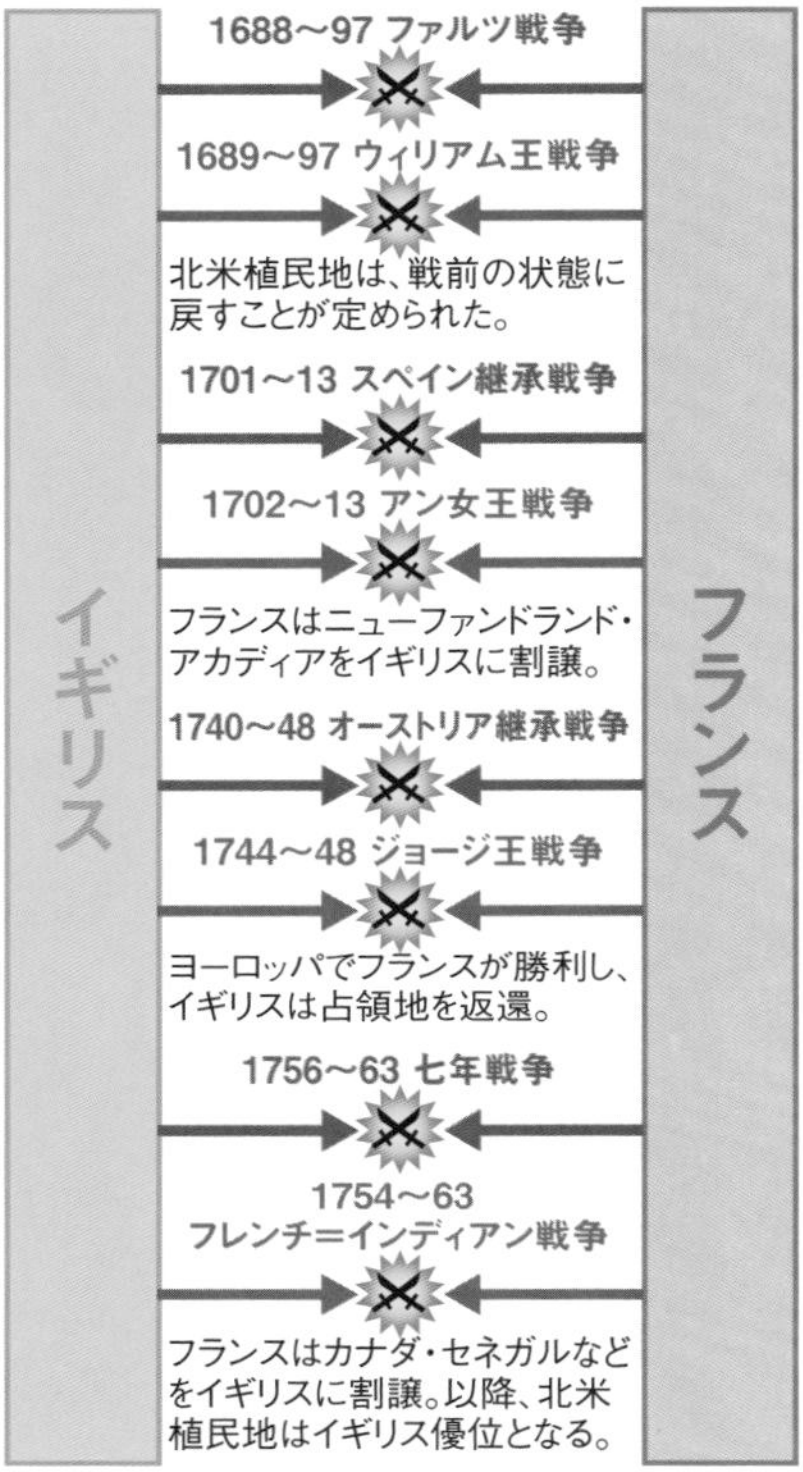

イギリス
フランス
1688～97 ファルツ戦争
1689～97 ウィリアム王戦争
北米植民地は、戦前の状態に戻すことが定められた。
1701～13 スペイン継承戦争
1702～13 アン女王戦争
フランスはニューファンドランド・アカディアをイギリスに割譲。
1740～48 オーストリア継承戦争
1744～48 ジョージ王戦争
ヨーロッパでフランスが勝利し、イギリスは占領地を返還。
1756～63 七年戦争
1754～63 フレンチ＝インディアン戦争
フランスはカナダ・セネガルなどをイギリスに割譲。以降、北米植民地はイギリス優位となる。

17世紀後半～18世紀、海洋進出においてライバル関係にあったイギリスとフランスは何度も激突した。戦いはイギリス側優位に展開し、イギリスは覇権国の座を確固たるものにした。

用語解説 「バルト海」

スカンジナビア半島とヨーロッパ大陸に囲まれた海。古代から海上交易が盛んで、中世には商業同盟「ハンザ同盟」が栄えるなど、ヨーロッパの物資が集まる貿易中心地であった。

ロシア帝国の拡大

18世紀、ロシアは領土拡大を活発化させ、バルト海や黒海進出を目指すようになる。スウェーデンとの間で戦った北方戦争に勝利してバルト海を手に入れたロシアは、次に黒海への進出を本格化させる。

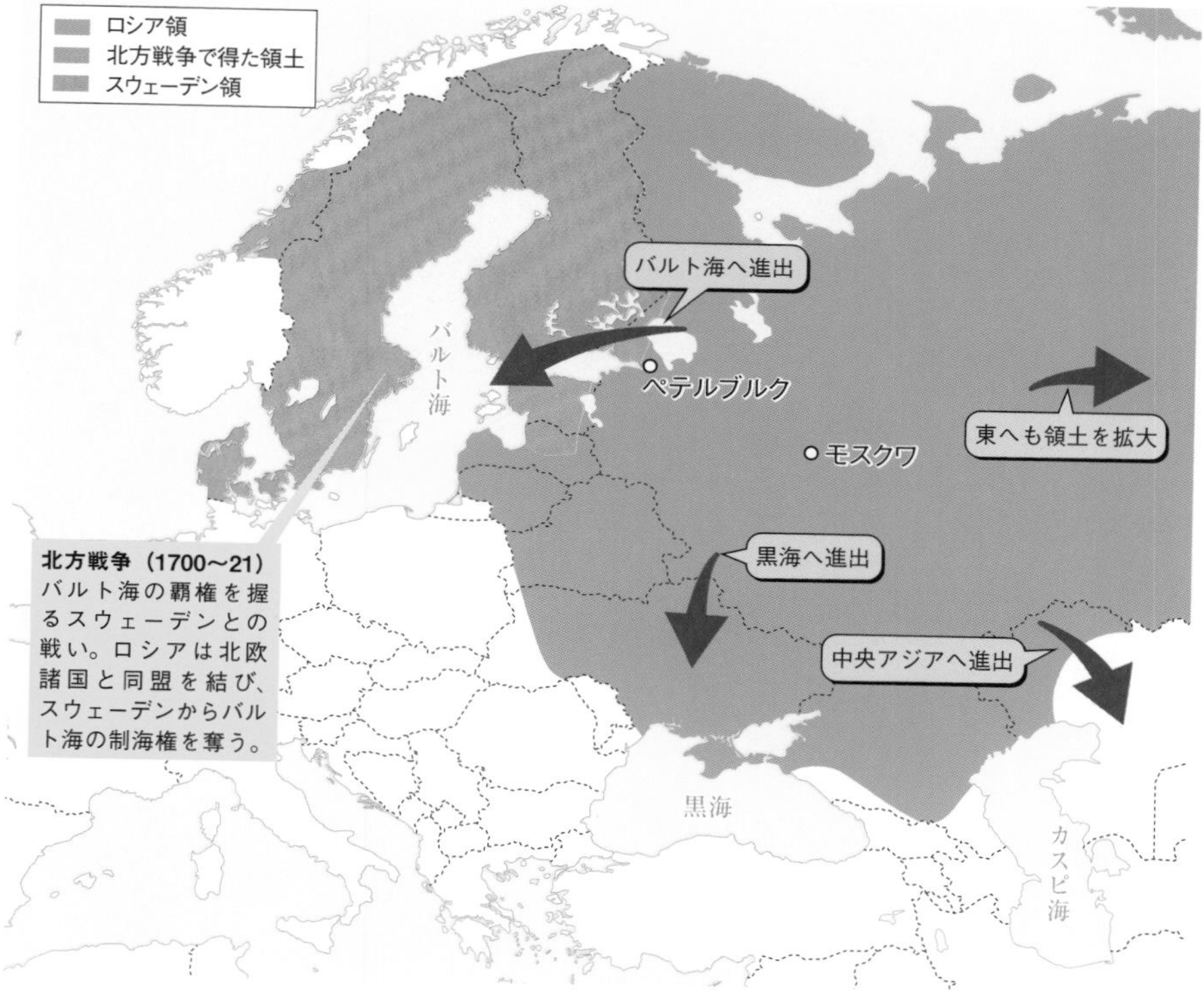
ロシア領
北方戦争で得た領土
スウェーデン領
バルト海へ進出
バルト海
ペテルブルク
モスクワ
東へも領土を拡大
黒海へ進出
中央アジアへ進出
黒海
カスピ海
北方戦争（1700～21）
バルト海の覇権を握るスウェーデンとの戦い。ロシアは北欧諸国と同盟を結び、スウェーデンからバルト海の制海権を奪う。

POINT 4

ランドパワーの大国ロシアが明確に海を志向し始める

18世紀は、ランドパワーの大国であるロシアが、海への志向を明確にし始めた世紀でもあった。

18世紀初頭、イギリスやオランダが海洋力によって発展している姿を目にしたロシアは、バルト海や黒海への進出を目指した。そして北方戦争でスウェーデンに勝利し、バルト海の制海権をまず手に入れた。

次に注力したのが、不凍港のある黒海への進出だった。当時この地域を支配していたのはオスマン帝国だった。そのため18世紀後半以降、黒海沿岸を巡る両国の戦いが何度も繰り広げられることになる。そしてこの時期から、ロシアの南への膨張志向をいかに防ぐかが、ヨーロッパ諸国の大きなテーマとなっていった。

→ランドパワーについてはP18参照
→ロシアの膨張についてはP166参照

ナポレオン戦争後の混乱に対してウィーン体制で秩序回復を図る

POINT 3 大国・清をむしばむイギリスの魔手

ウィーン体制で平和を取り戻したヨーロッパ諸国は、海外進出を再開する。特に積極的に動いたのがイギリスだ。東アジアの中心である清に目をつけたイギリスは、アヘンを密輸し莫大な利益を上げる。さらにアヘン戦争で清を屈服させ、従属国化していく。

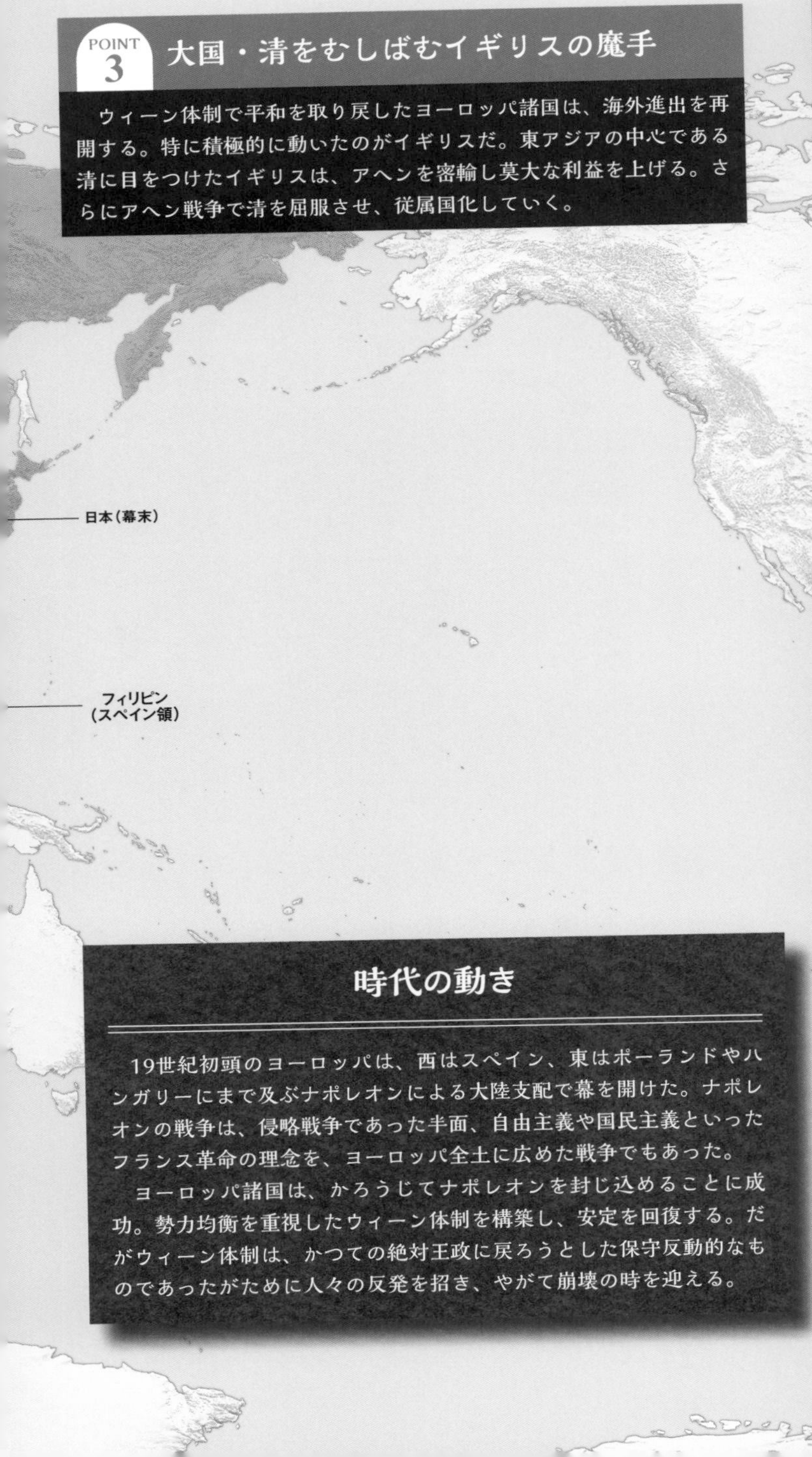

時代の動き

19世紀初頭のヨーロッパは、西はスペイン、東はポーランドやハンガリーにまで及ぶナポレオンによる大陸支配で幕を開けた。ナポレオンの戦争は、侵略戦争であった半面、自由主義や国民主義といったフランス革命の理念を、ヨーロッパ全土に広めた戦争でもあった。

ヨーロッパ諸国は、かろうじてナポレオンを封じ込めることに成功。勢力均衡を重視したウィーン体制を構築し、安定を回復する。だがウィーン体制は、かつての絶対王政に戻ろうとした保守反動的なものであったがために人々の反発を招き、やがて崩壊の時を迎える。

POINT 1 ヨーロッパを手中に収めたナポレオン

フランス革命後、フランスではナポレオンが台頭する。イギリスを除くヨーロッパのほぼ全土を手中に収めたナポレオンは、イギリスを屈服させるため大陸封鎖を行う。しかし、これは逆に彼の首を絞める結果となった。

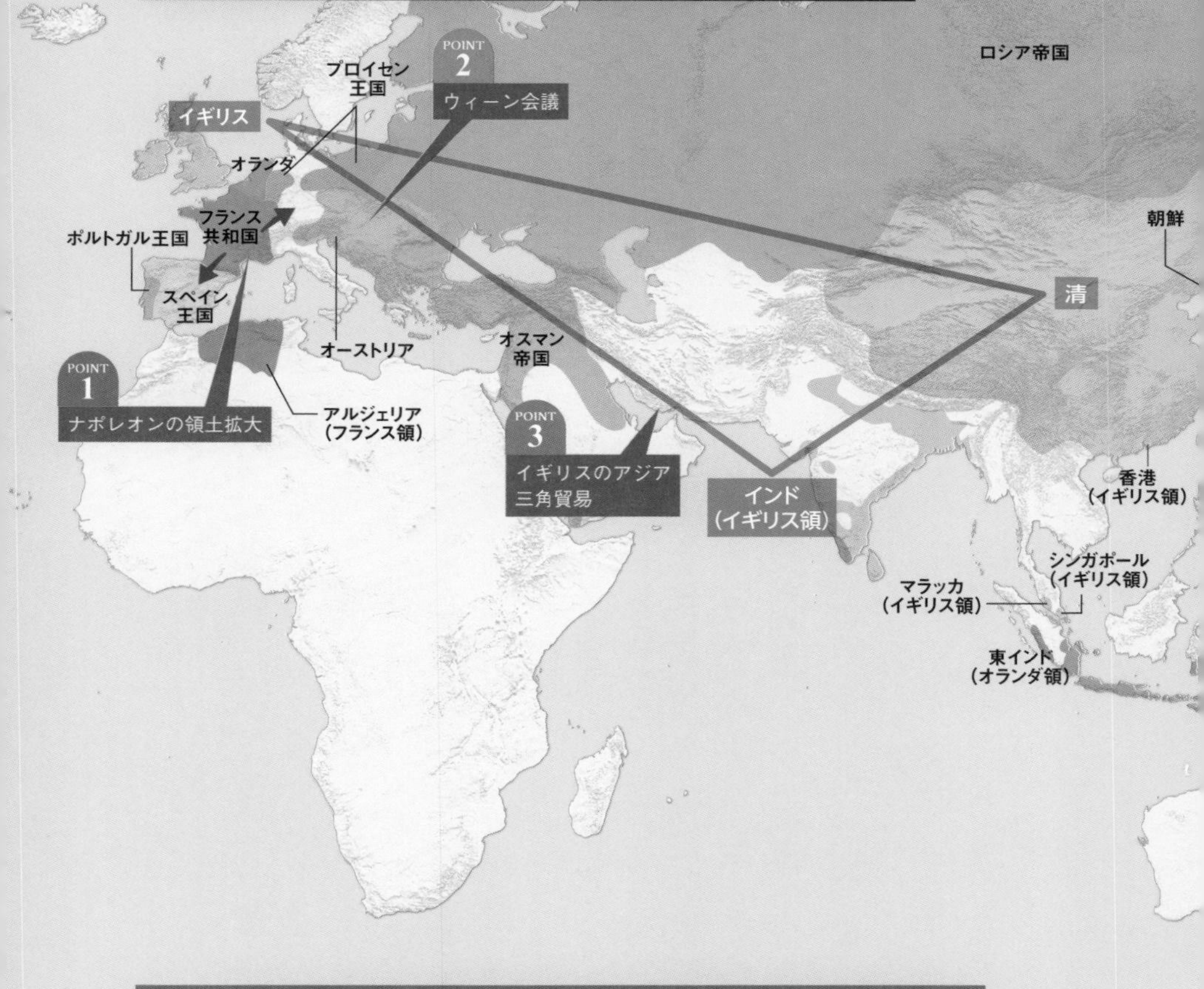

ロシア帝国
プロイセン王国
POINT 2
ウィーン会議
イギリス
オランダ
フランス共和国
ポルトガル王国
スペイン王国
オーストリア
オスマン帝国
POINT 1
ナポレオンの領土拡大
アルジェリア（フランス領）
POINT 3
イギリスのアジア三角貿易
インド（イギリス領）
清
朝鮮
香港（イギリス領）
シンガポール（イギリス領）
マラッカ（イギリス領）
東インド（オランダ領）

POINT 2 ウィーン体制によるつかの間の平和

ナポレオンの退位後、彼によって失墜したヨーロッパ秩序の回復のため、ウィーン会議が開かれた。この会議の結果、各国の勢力均衡を重視した領土分割が行われることになり、ヨーロッパ情勢は安定を取り戻す。しかし、自由主義を否定したため人々の反発を呼び、ウィーン体制は崩壊する。

時代5

19世紀前半の地政学

ダヴィド作「ナポレオンの戴冠式」。下級貴族から身を起こしたナポレオンは、自身の権威づけに美術作品を利用した。

POINT 1

ハートランドを利用してロシアがナポレオンを撃退

19世紀初頭のヨーロッパは、フランスを震源とする激動の時代となった。フランスは1789年のフランス革命後に王政から立憲民主政、さらに共和政に移行。革命後の混乱の中で、1804年にはナポレオンが皇帝に就く。**ナポレオンは、フランス革命の波及を恐れて対仏大同盟を組んだ周辺諸国を次々と打ち破り、西はスペイン、東はポーランドやハンガリーまでを支配下に収めた。**

そして宿敵イギリスを潰すために、ヨーロッパ諸国に対して、イギリスとの貿易を禁ずる大陸封鎖令を発令。しかしイギリスは欧州市場を失っても、大西洋貿易が伸びていたために、この危機を凌ぐことができた。逆に音をあげたのは、イギリスから工業製品が入ってこなくなったヨーロッパ諸国のほうだった。そんな中でロシアは、大陸封鎖令を破ってイギリスとの貿易を再開した。

するとナポレオンは1812年、大軍を率いてロシア遠征を決行。これに対するロシアの戦い方は、わざと退却を続けて、広大なハートランドにフランス軍をおびき寄せるというものだった。フランス軍は兵站が延びきり、物資の補給が困難になった。そのうえでロシア軍は冬を待って一気に反撃に出た。フランス軍は冬の寒さと飢えに直面し、兵の9割を失う大敗北を喫する。ちなみにハートランドを利用して戦うというロシアの戦術は、第二次世界大戦の独ソ戦でも繰り返された。

ナポレオンはこの敗北をきっかけに、これまでの勢いを失い、没落の道を辿ることになる。

人物解説 **ナポレオン＝ボナパルト**（1769～1821）

クーデターで革命政府を倒し、皇帝に即位する。ヨーロッパのほぼ全土を支配下に収めるが、ロシア遠征の敗北により抵抗運動が活発化。1814年に退位し配流となった。

ナポレオンのヨーロッパ支配

独裁体制を固めたナポレオンは、対外戦争に乗り出す。これに対し、オーストリアやロシアは対仏大同盟を結成して抵抗するが敗北。フランスに対抗できる国はイギリスのみとなる。

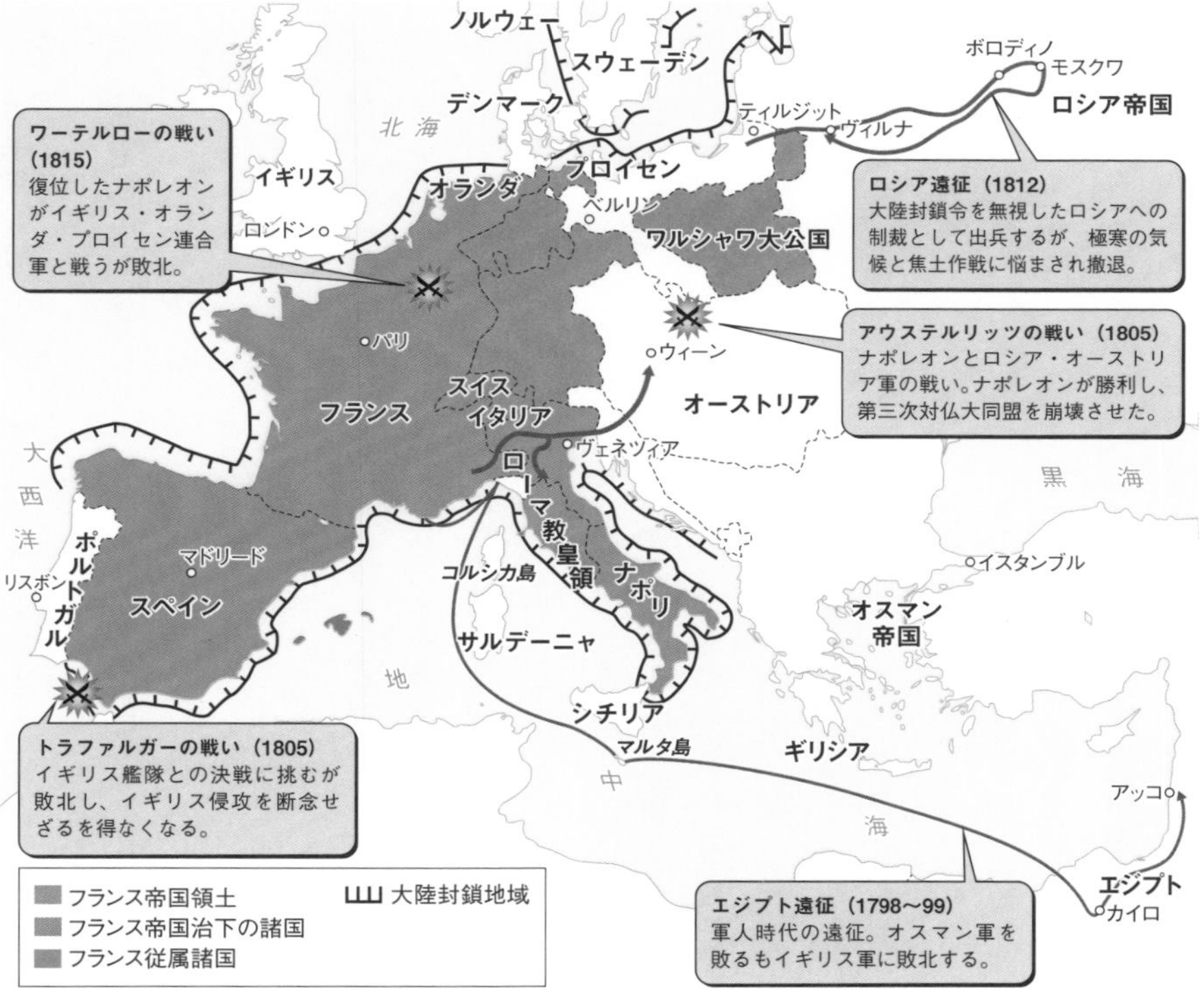
ノルウェー
スウェーデン
デンマーク
北海
イギリス
ロンドン
オランダ
プロイセン
ベルリン
ワルシャワ大公国
ティルジット
ヴィルナ
ボロディノ
モスクワ
ロシア帝国
パリ
フランス
スイス
イタリア
ヴェネツィア
ウィーン
オーストリア
ローマ教皇領
ナポリ
コルシカ島
サルデーニャ
シチリア
マルタ島
ギリシア
イスタンブル
オスマン帝国
黒海
大西洋
ポルトガル
リスボン
マドリード
スペイン
地中海
アッコ
エジプト
カイロ
ワーテルローの戦い（1815）
復位したナポレオンがイギリス・オランダ・プロイセン連合軍と戦うが敗北。
ロシア遠征（1812）
大陸封鎖令を無視したロシアへの制裁として出兵するが、極寒の気候と焦土作戦に悩まされ撤退。
アウステルリッツの戦い（1805）
ナポレオンとロシア・オーストリア軍の戦い。ナポレオンが勝利し、第三次対仏大同盟を崩壊させた。
トラファルガーの戦い（1805）
イギリス艦隊との決戦に挑むが敗北し、イギリス侵攻を断念せざるを得なくなる。
エジプト遠征（1798〜99）
軍人時代の遠征。オスマン軍を敗るもイギリス軍に敗北する。
フランス帝国領土
フランス帝国治下の諸国
フランス従属諸国
大陸封鎖地域

POINT 2
ウィーン体制により ヨーロッパの勢力均衡を実現

ロシア遠征に失敗したナポレオンは、ヨーロッパ連合軍とのライプツィヒの戦いでも敗北。皇帝退位を余儀なくされた。一度は復活を遂げ、再び皇帝の座に就くも、ワーテルローの戦いに敗北。南大西洋のセントヘレナ島に流され、生涯を終えた。**ヨーロッパ諸国は、ナポレオン戦争後の領土分配について話し合うために、ウィーン会議を開催。これに基づいて築かれた新たな国際秩序を、ウィーン体制と呼ぶ。**

ウィーン体制の特徴は、ヨーロッパの中で突出した国が現れないように、勢力均衡の考え方が打ち出されたことだった。敗戦国のフランスに対しては、最低限の賠償や領土の割譲しか課さなかった。これはフラン

→ ハートランドについてはP22参照
→ ナポレオン戦争とロシアについてはP170参照

オーストリアの宰相・メッテルニヒ。ウィーン会議の主催者。オーストリア革命で失脚した。

ウィーン会議では143ヵ国の代表が集まったが、領土問題で審議が進まず、「会議は踊る、されど進まず」と揶揄された。

スに、台頭著しいロシアの対抗勢力になってもらうことを期待してのものだった。一方ナポレオン戦争時に敗北を重ねたオーストリアにも、大国の地位が与えられた。これは仏露両国の間に位置する国として、両国が勢力拡大を志向したときの防波堤になることを求めてのものだった。

　この勢力均衡によって、ヨーロッパは一定の安定を取り戻した。しかし**ウィーン体制の弱点は、フランス革命によって広まった自由主義や国民主義の理念を否定し、ヨーロッパを以前の絶対王政の時代に戻そうとしたことだった。**フランスにも王政が復活した。そのため自由を求める人々の間で反乱が頻発。1848年にはフランスで二月革命が起き、国王が退位。革命の動きはオーストリアやプロイセンにも飛び火し、ウィーン体制は崩壊した。

POINT 3
三角貿易とアヘン戦争でイギリスが中国を侵食

　ウィーン体制が維持されている間、ヨーロッパでは大きな戦争は起きなかった。緊張緩和により、西欧列強は海外進出に注力できるようになった。中でも精力的だったのがイギリスである。アジアにおいては、インド以東の支配に着手。1826年には、チョークポイントのマラッカ海峡周辺を植民地化した。

　そのうえで目を向けたのは中国市場だった。英・印・清間での三角貿易が本格化するのはこの頃からである。イギリスは清から茶や絹を輸入し、イギリスからはインドに綿布を輸出、インドから清にはアヘンを輸出するというものだった。清の人々はアヘンの虜になり、アヘンの購入代として、大量の銀が清からインド

用語解説　「アヘン」

ケシの乳液から採取する麻薬で、常用者を廃人にしてしまう。イギリスにより中国に広がり、アヘン戦争の原因となった。アヘン戦争後は輸入量が激増し、中国全土にアヘンが蔓延する。

イギリスの植民地と三角貿易

18世紀末、イギリスは清・インドと貿易を行うが、茶の需要増大により対清交易は赤字に陥っていた。これを解消するため、イギリスはアヘンを清に密輸。清が取り締まりを行うと戦争を仕掛け、これに勝利する。

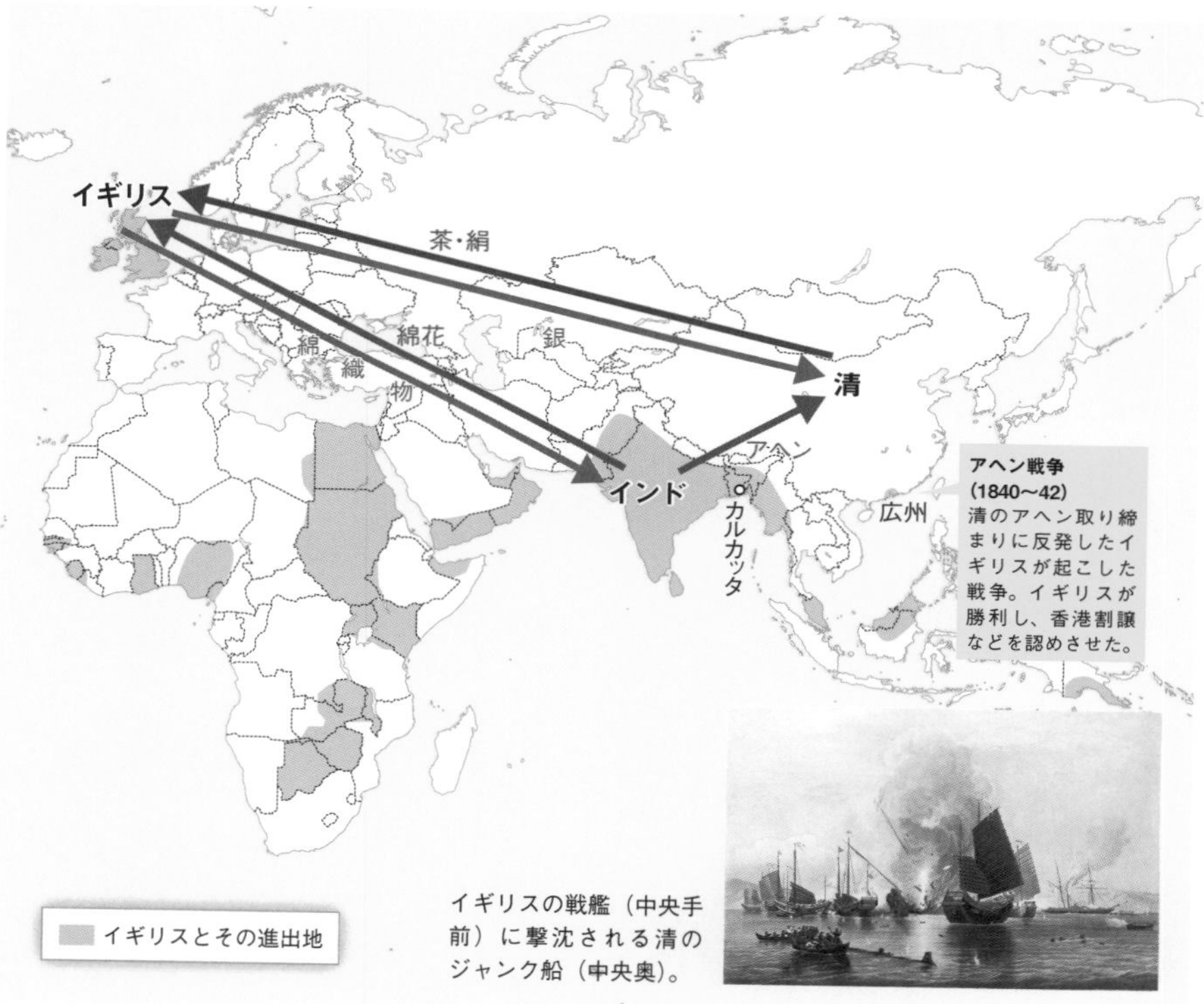
イギリス
茶・絹
綿織物
綿花
銀
清
アヘン
インド
カルカッタ
広州
アヘン戦争
(1840～42)
清のアヘン取り締まりに反発したイギリスが起こした戦争。イギリスが勝利し、香港割譲などを認めさせた。
イギリスとその進出地

イギリスの戦艦（中央手前）に撃沈される清のジャンク船（中央奥）。

を経由してイギリスに流れた。また清はアヘンの蔓延により、国力も衰退した。両国の対立は深まり、1840年にはアヘン戦争が起こるが、清の敗北に終わった。

イギリスの清支配の特徴は、直接植民地化するのではなく、「アヘンを売り込む」という自由貿易の体裁を取りながら、清を従属化させたことだった。そのほうが植民地支配に必要なコストを削減できるというメリットがあった。これが可能であったのは、自由貿易のかたちを取ったとしても、他の競合国を寄せ付けないだけの経済力をイギリスが有していたからだった。またシーパワーの覇権国として、中国からインド、イギリスへと円滑に商品を輸送するための海上交通路も押さえていた。世界はますますイギリスの独り勝ちの様相を呈していた。

→ 中国の地理と歴史はP120参照

時代 6

19世紀後半の地政学

激化する植民地獲得競争と近代日本の船出

時代の動き

19世紀後半、欧米では第二次産業革命が進展。西洋列強は製品の製造に必要な資源や、製品を販売できる市場を求めて、海外進出を加速させた。これにより世界は、列強が植民地獲得競争を繰り広げる帝国主義時代に突入した。植民地獲得競争にはイギリスやフランスのみならず、ドイツやアメリカなどの新興国も加わることになる。イギリスは依然として世界の覇権国ではあったが、ランドパワーの大国・ロシアの挑戦を受けるなど、国際情勢は混沌としてきた。そのさなかに日本は、明治維新を成し遂げ、近代国家の仲間入りを目指そうとしていた。

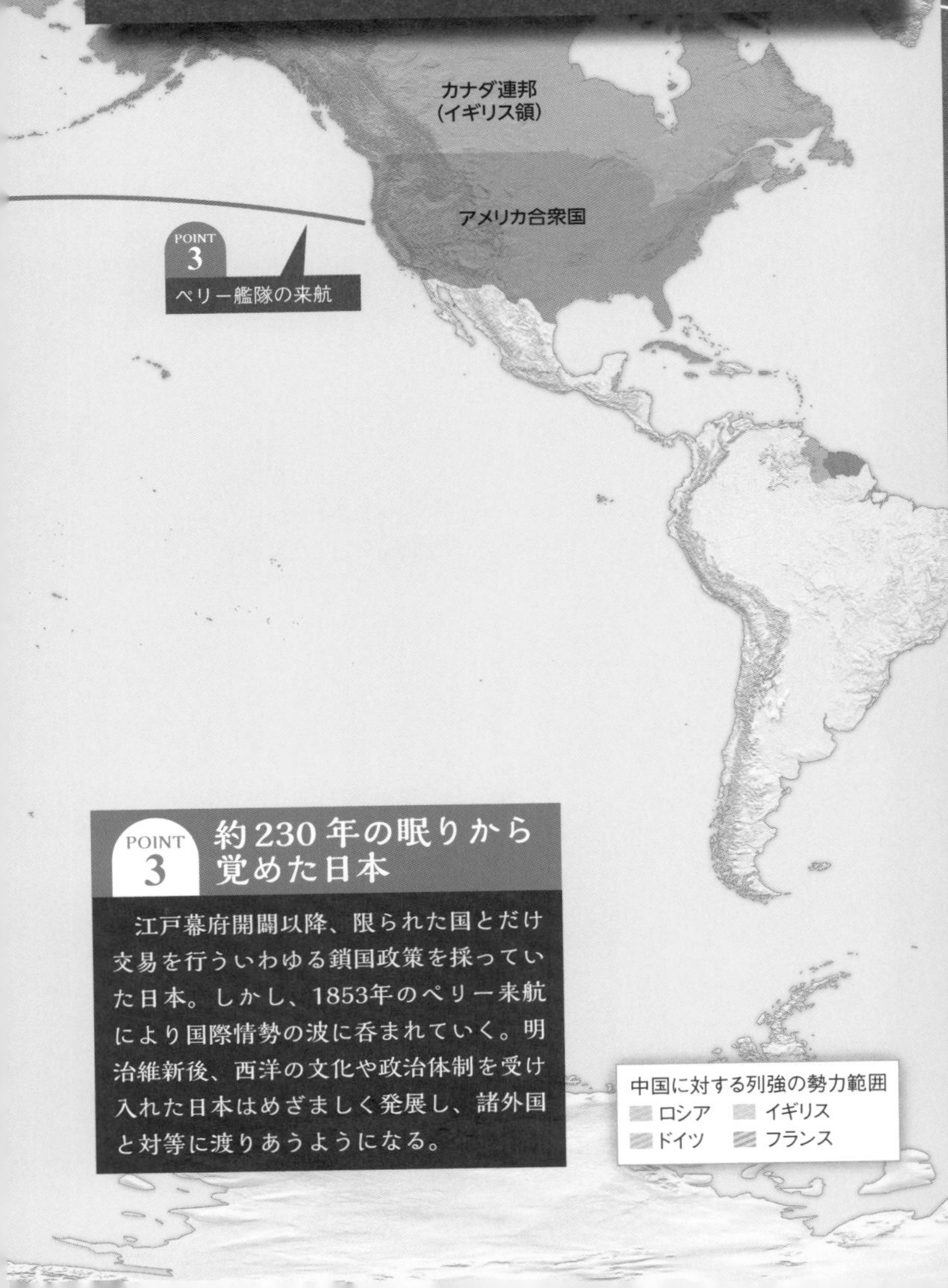

カナダ連邦
（イギリス領）
アメリカ合衆国
POINT 3
ペリー艦隊の来航
中国に対する列強の勢力範囲
ロシア
イギリス
ドイツ
フランス

POINT 3 約230年の眠りから覚めた日本

江戸幕府開闢以降、限られた国とだけ交易を行ういわゆる鎖国政策を採っていた日本。しかし、1853年のペリー来航により国際情勢の波に呑まれていく。明治維新後、西洋の文化や政治体制を受け入れた日本はめざましく発展し、諸外国と対等に渡りあうようになる。

POINT 1 ランドパワー国家の台頭

19世紀後半、鉄道の発展により陸上輸送に革新がもたらされた。これを機に、シーパワー国家に押されていたランドパワー国家の巻き返しが始まる。ロシアやドイツが海外進出を視野に入れて長距離鉄道の建設を計画。英仏が独占していた植民地獲得競争に本格参戦する。

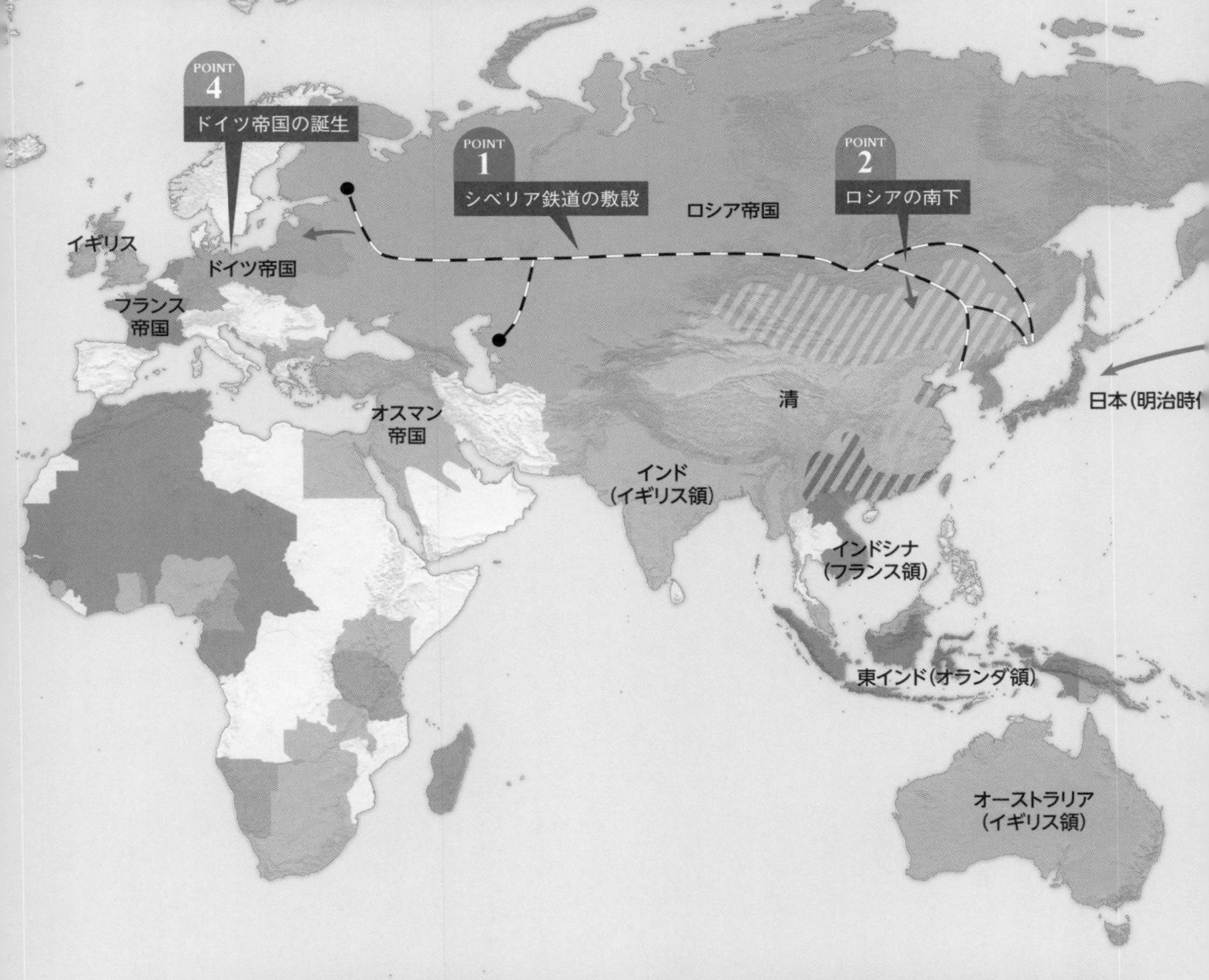
POINT 4
ドイツ帝国の誕生
POINT 1
シベリア鉄道の敷設
POINT 2
ロシアの南下
ロシア帝国
イギリス
ドイツ帝国
フランス帝国
オスマン帝国
清
日本(明治時
インド(イギリス領)
インドシナ(フランス領)
東インド(オランダ領)
オーストラリア(イギリス領)

POINT 4 プロイセン主導でドイツ帝国が誕生

1871年、普仏戦争に勝利したプロイセンはドイツ諸国の統一を宣言。ドイツ帝国が誕生した。ドイツ宰相となったビスマルクは、最大の脅威であるフランスを孤立させるためロシアやオーストリア、イギリスの取り込みを図る。

POINT 2 各地で衝突するロシアとイギリス

ランドパワーの台頭はシーパワー国家の危機感を煽った。特にロシアとイギリスはヨーロッパ、中央アジア、東アジアでことごとく対立。イギリスはオスマン帝国や日本などを支援し、不凍港を求めるロシアの南下を阻止しようとする。

時代6 19世紀後半の地政学

POINT1
ランドパワーの巻き返しが鉄道の発達によって始まる

マッキンダーは著書の中で、19世紀後半の鉄道や汽船の普及に注目し、「輸送の手段にほとんど革命に近い変化が起きた」と述べている。

19世紀前半にイギリスから始まった鉄道の敷設は、陸上輸送の輸送量や輸送時間に革新をもたらした。これは大航海時代以来、大陸内陸部に押し込められ、シーパワー国家の躍進を傍観するしかなかったランドパワー国家が、巻き返しを図る強力な武器となった。**ロシアは、東アジアへの進出を目指してシベリア鉄道の建設に着工。ドイツもベルリン―イスタンブル―バグダード間を鉄道で結ぶ政策を打ち出し、鉄道を通じて国力を強化しようとした。**

一方、海上交通においても帆船に代わって汽船が主力となり、輸送量の増大と移動時間の短縮を実現した。1869年にはスエズ運河が完成し、喜望峰を回らなくても、ヨーロッパからアジアへの航海が可能になったことも大きかった。

19世紀後半は、第二次産業革命が始まった時期でもあった。西洋列強は製品の製造に必要な資源や、製品を販売できる市場を求めて、世界進出を加速させた。イギリスやフランスに加えて、ドイツやアメリカも植民地獲得競争に参加する帝国主義時代が到来した。その帝国主義を支えていたのが、人と物資を迅速かつ大量に運ぶことを可能にした鉄道と汽船だったのだ。

POINT2
南下政策を進めたロシアとイギリスがことごとく対立

19世紀後半、ヨーロッパ諸国の中でもっとも野心的だったのは、南下政策を推し進めたロシアだった。ランドパワーのロシアには、冬でも凍らない不凍港を手に入れることで、海上貿易の利権を得たいという長年の悲願があった。

ロシアが目をつけたのは、オスマン帝国が内海としてきた黒海や地中海だった。オスマン帝国は18世紀以降、衰退が顕著になっていた。権力が弱体化した地域に、別の権力が入り込もうとするのは、国際政治のセオリーである。**ロシアはオスマン帝国に対して、クリミア戦争や露土戦争を仕掛けた。だがそこにオスマン帝国側を支援することで、立ちはだかったのがイギリスだった。イギリ**

用語解説 「シベリア鉄道」

モスクワからウラジオストクを結ぶ全長約9300㎞の鉄道。ロシアの主要都市や満州などの進出地をつなぎ、交易品や軍需物資、移民などの輸送を担った。

ロシアを警戒する日英

不凍港を求めるロシアは、地中海や中央アジア、清への進出を狙う。しかし、ロシアを警戒するイギリスや日本と対立。クリミア戦争や日露戦争に敗れ、南下政策は失敗に終わった。

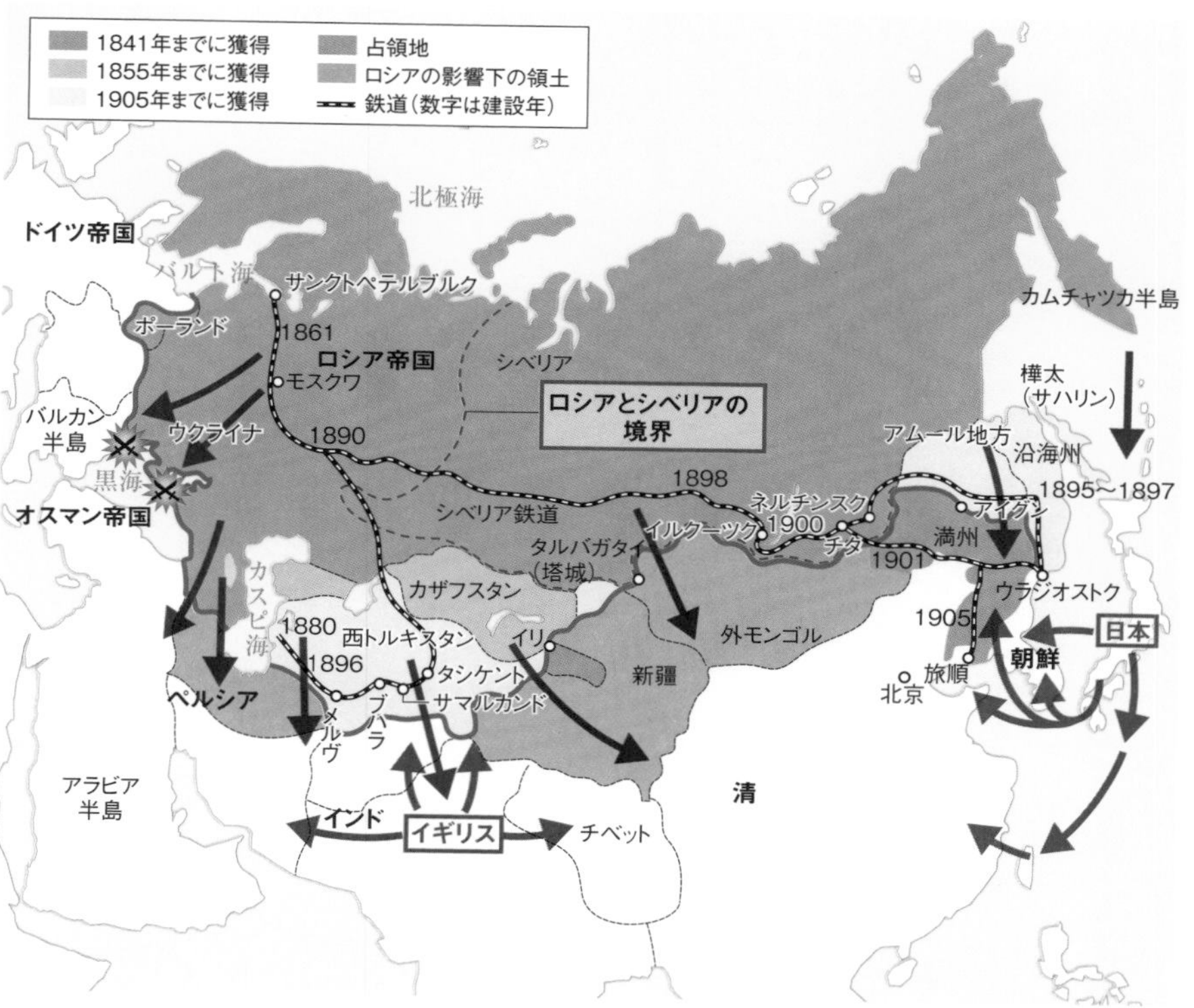

1841年までに獲得
1855年までに獲得
1905年までに獲得
占領地
ロシアの影響下の領土
鉄道(数字は建設年)
北極海
ドイツ帝国
バルト海
サンクトペテルブルク
ポーランド
1861
ロシア帝国
モスクワ
シベリア
ロシアとシベリアの境界
バルカン半島
ウクライナ
黒海
オスマン帝国
1890
1898
シベリア鉄道
ネルチンスク
1900
イルクーツク
チタ
1901
アイグン
満州
アムール地方
沿海州
1895～1897
カムチャツカ半島
樺太(サハリン)
タルバガタイ(塔城)
カザフスタン
カスピ海
1880
1896
西トルキスタン
イリ
タシケント
サマルカンド
ブハラ
メルヴ
ペルシア
新疆
外モンゴル
ウラジオストク
1905
日本
朝鮮
旅順
北京
清
アラビア半島
インド
イギリス
チベット

スはロシアの南下によって、これまで築いてきた太平洋の海上航路を脅かされることを恐れたのだ。

ロシアは南下の突破口を中央アジアにも見出そうとするが、ここでもインドへの侵入を防ぎたいイギリスと激突。こうした英露の対立は「グレートゲーム」と呼ばれた。

そのグレートゲームの最終決戦場となったのが東アジアだった。ロシアは1860年、北京条約によって清から満州東岸の沿海州を奪い、ここにウラジオストク港を建設する。ウラジオストクはロシアにとって数少ない不凍港となった。

そしてロシアは次に朝鮮半島を狙ったため、東アジア情勢はにわかに緊迫度を増すことになった。ただしこのときロシアに対峙したのはイギリスではなく、イギリスと同盟関係を結んだ新興国の日本だった。

→ ランドパワーについてはP18参照
→ 現在のクリミアとロシアの関係についてはP172参照

POINT 3

鎖国から開国に転じた日本が近代国家の仲間入りを目指す

17世紀前半以降、鎖国を続けていた日本は、1853年にアメリカのペリーが来航すると、開国を余儀なくされた。ただし日本が地理的に恵まれていたのは、アジアの中でも極東に位置していることだった。そのぶん西洋列強がどのような策略を用いてアジア進出を進めていったかについての情報を収集しながら、列強の襲来に備えることができた。

日米和親条約については、従来は弱腰で無策の幕府が、ペリーの強硬な態度に押されて結ばされたとする考えが通説となってきた。だが近年は、日本は国際世界における自国の立場を冷静に見極めたうえで交渉に臨み、清が列強と結んだ天津条約とは違って、「居留地以外の外国人の国内旅行を認めない」等の条件を引き出すなど、交渉能力は高かったとする説も有力になってきている。

明治維新後の日本はヨーロッパ型の国家モデルを受け入れ、列強から近代国家として認められるべく諸制度を整えていった。これは中国を中心とした華夷秩序の世界観に囚われ、鎖国を続けようとしたために、日本を含めた列強の餌食となった朝鮮とは対照的だった。島国の日本が中国と一定の距離を取ることができたのに対して、朝鮮は地理的にも歴史的にも中国の圧倒的な影響下にあり、中華思想から抜け出すのが困難であったと考えられる。

日本は19世紀末、朝鮮半島の主導権を巡って清と日清戦争を戦い、勝利を収めた。そしていよいよ20世紀初頭、南進してきたロシアを迎え撃つことになる。

ペリー来航の様子。1853年に浦賀に来航したペリーは江戸幕府に開国を迫り、翌年に日米和親条約を締結した。

横浜開港資料館蔵

用語解説「天津条約」

アロー戦争に敗れた清が、アメリカ・イギリス・ロシア・フランスと結んだ条約。外国公使の駐在や外国人の内地自由旅行などの項目が盛り込まれた。

ドイツ帝国の誕生

ドイツ北東部のプロイセンは17世紀以降勢力を拡大し、19世紀半ばには強国の仲間入りを果たす。ドイツ諸国で統一の気運が高まると、プロイセン主導でドイツ帝国成立が宣言された。

ドイツ帝国
ベルリン
南ドイツ諸邦(バイエルン)
オーストリア＝ハンガリー帝国
フランス帝国
イタリア王国
ウィーン会議後のプロイセン領
普墺戦争後のプロイセン領
ドイツ帝国の国境

ドイツの宰相・ビスマルク。統一以前は、プロイセン首相として普墺戦争や普仏戦争を主導。統一後は外交による国家間の勢力均衡の実現とフランスの孤立化を図る。

POINT 4

ビスマルクが巧みな外交術で ドイツの地位を高めていく

ヨーロッパではこの時期、普仏戦争を契機に、プロイセンを中心にドイツ諸国が一つにまとまり、戦勝後にドイツ帝国が誕生した。

統一後のドイツの宰相を務めたビスマルクは、ドイツの地理的環境をよく理解していた。ドイツはヨーロッパの中央に位置し、多くの国と国境を接していた。そのためヨーロッパで戦争が起きれば、自国が巻き込まれるのは必須だった。中でも脅威だったのが隣国のフランスだった。

そこでビスマルクはロシア、オーストリアと三帝同盟を結び、イギリスとも協調関係を築くことで、フランスを孤立に追い込んだ。こうした巧みな外交戦略により、ドイツの存在感を高めていった。

→ 日本を守る海洋についてはP102参照

時代

7

1900～1918年の地政学

ランドパワーの新興国ドイツの台頭と第一次世界大戦の勃発

POINT 4 世界の主役となったアメリカ

第一次世界大戦後、国土荒廃や総力戦による消耗でヨーロッパ諸国は衰退する。代わりに台頭したのがアメリカだ。パナマ運河の開通により、シーパワーを得たアメリカはヨーロッパやアジアへの介入を強めていく。

時代の動き

ランドパワーの大国ロシアの南進の野望は、イギリスの後ろ盾を得て日露戦争を戦った日本によって打ち砕かれた。これによって長年英露の間で繰り広げられた「グレートゲーム」も幕を閉じた。

ところが今度はランドパワーの新興国であるドイツが、領土拡張の野心を露わにし始めた。ドイツの存在は、英仏露などの国々にとって新たな脅威となり、第一次世界大戦を招く要因の一つとなる。大戦は長期戦かつ総力戦となったために、戦場となったヨーロッパ諸国を著しく疲弊させ、ヨーロッパの没落をもたらした。

POINT 1 ランドパワー大国 ロシアを日本が破る

ロシアの南下政策を警戒するイギリスは、東アジア進出を抑えるべく、満州でロシアと対立する日本と同盟を結ぶ。日露戦争が勃発するとバルチック艦隊の動向を随時日本に報告するなどの支援を行い、日本を勝利させた。

第一次世界大戦における
連合国
同盟国
POINT 2
独墺伊三国同盟
イギリス
ドイツ
フランス
オーストリア＝ハンガリー帝国
イタリア
POINT 3
サライェヴォ事件
オスマン帝国
ロシア
POINT 1
日本海海戦
中華民国
日本
（明治・大正時代）

POINT 2 イギリスと対立を深めるドイツ

ドイツは統一以降、イギリスと協調していた。しかし、海外進出をめぐってイギリスと対立するようになる。イギリスはフランス、ロシアを取り込んで三国協商を形成。対するドイツは、オーストリア、イタリアと三国同盟を結ぶ。

POINT 3 第一次世界大戦の勃発

1914年、「ヨーロッパの火薬庫」バルカン半島で起こったサライェヴォ事件は、ヨーロッパ全土を巻き込む戦争へと発展した。第一次世界大戦である。主戦場となったヨーロッパは総力戦の展開により、同盟国・連合国ともに荒廃していく。

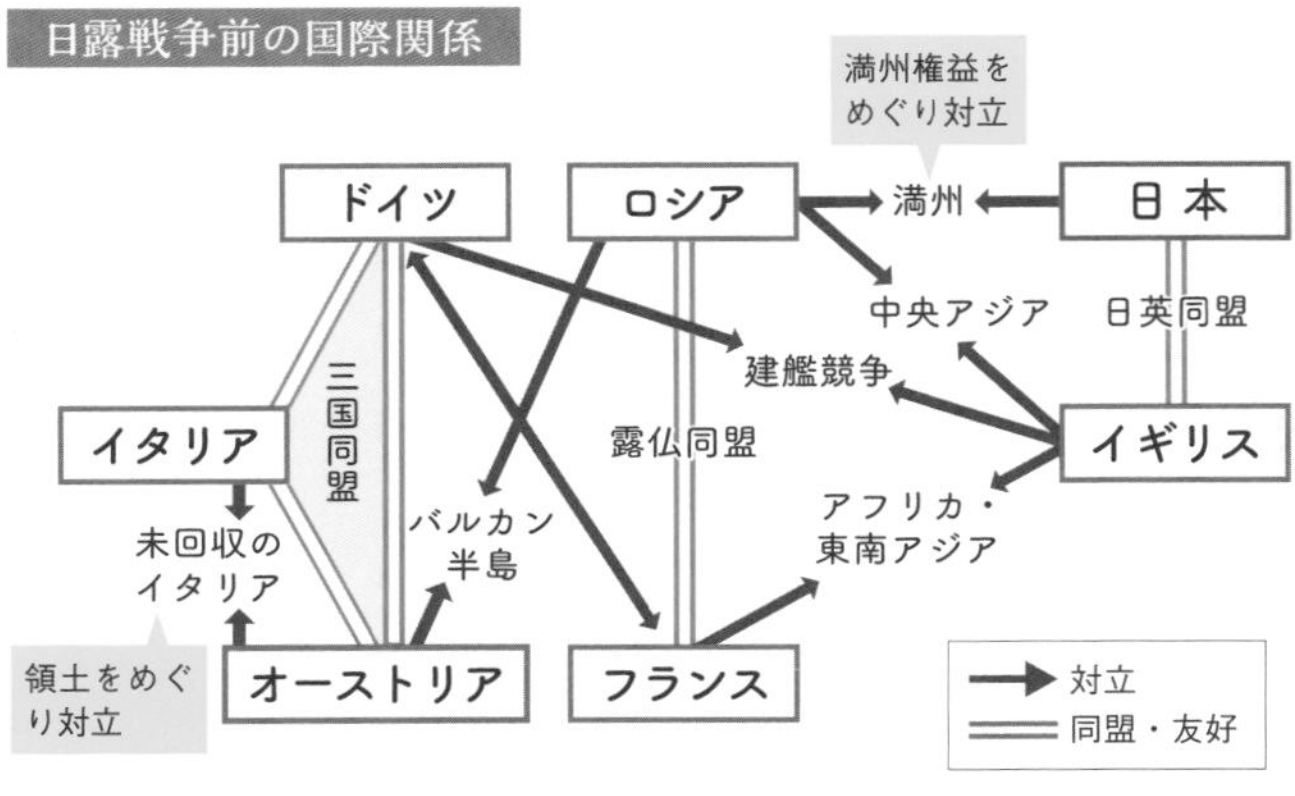
日露戦争前の国際関係
満州権益をめぐり対立
ドイツ
ロシア
満州
日本
中央アジア
日英同盟
建艦競争
三国同盟
露仏同盟
イタリア
イギリス
未回収のイタリア
バルカン半島
アフリカ・東南アジア
領土をめぐり対立
オーストリア
フランス
対立
同盟・友好

東アジアにおいて利害が一致した日本とイギリスは日英同盟を結び、ロシアに対抗した。

POINT 1 イギリスの後方支援を受けて日本が日露戦争に勝利

ロシアは19世紀末より、シベリア鉄道の建設を進めていた。また清国からは満州を横断する鉄道の建設権を得ていた。**こうしたロシアの南進によって、イギリスは清で築いてきた利権が脅かされるのを恐れた。一方日本は、ロシアの勢力が朝鮮に及べば、自国の死活問題になると捉えた。利害が一致した両国は日英同盟を締結。そして１９０４年、日露戦争が始まった。**

当時イギリスは、大量の兵士をアフリカや南アジアに送り込んでおり、東アジアに軍を差し向ける余裕がなかった。そこでイギリスの支援を受けながらも、日本がロシアと対決することになったのだ。

日露戦争では日本はかろうじて勝利するが、その要因に日本海海戦でロシアのバルチック艦隊を全滅させたことが挙げられる。この海戦でイギリスが果たした役割は大きかった。バルチック艦隊の本隊は、喜望峰からインド洋へと抜け、日本近海に向かう航路を取った。当時この海域はイギリスの制海権下にあり、イギリスは航路の各拠点に石炭の補給基地を設けていた。だがイギリスはバルチック艦隊に対して、良質なイギリス産の石炭の提供を拒否。そのため艦隊は、質の悪い石炭で航行することになった。ロシアは、兵が疲れ切り、艦船も十分な能力を発揮できない状態で海戦に臨んだわけである。また、イギリスは航行中のバルチック艦隊の動向を随時日本に報告していた。日本にとっては、シーパワーの覇権国イギリスの後方支援があったからこそその勝利と言えた。

人物解説 ヴィルヘルム2世（1859～1941）

ドイツ帝国第3代皇帝。ビスマルクを罷免したのちにドイツの拡張政策を推し進め、第一次世界大戦後勃発の要因を招く。終戦直前にオランダに亡命し、退位。

第一次世界大戦前のヨーロッパ情勢

19世紀後半、ドイツは他の列強と連携してフランスの包囲に成功していたが、20世紀初頭になると、逆に英仏露の列強に包囲される状態となる。

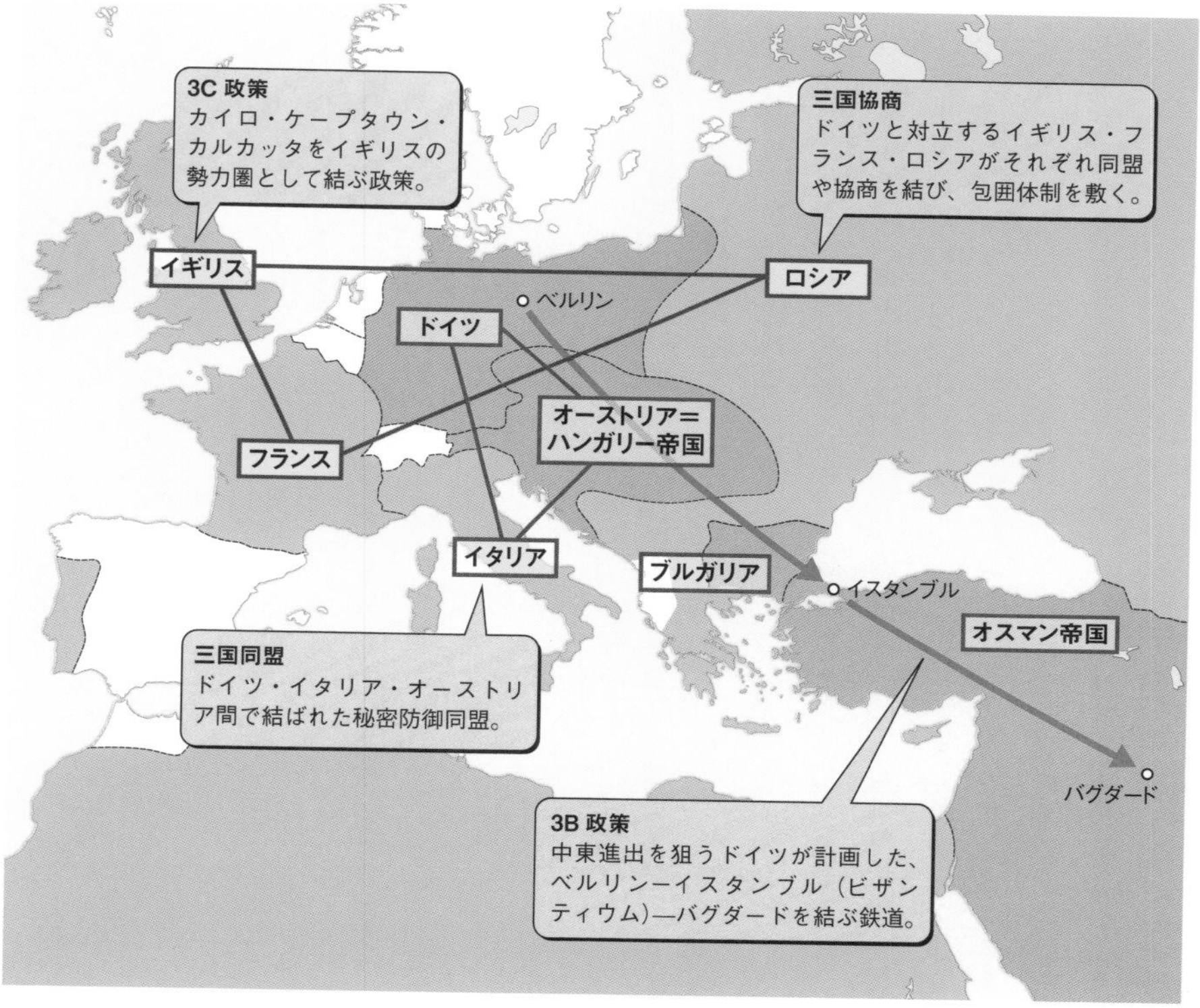

3C 政策
カイロ・ケープタウン・カルカッタをイギリスの勢力圏として結ぶ政策。
三国協商
ドイツと対立するイギリス・フランス・ロシアがそれぞれ同盟や協商を結び、包囲体制を敷く。
イギリス
ロシア
ベルリン
ドイツ
オーストリア＝ハンガリー帝国
フランス
イタリア
ブルガリア
イスタンブル
オスマン帝国
三国同盟
ドイツ・イタリア・オーストリア間で結ばれた秘密防御同盟。
バグダード
3B 政策
中東進出を狙うドイツが計画した、ベルリン―イスタンブル（ビザンティウム）―バグダードを結ぶ鉄道。

POINT 2

ロシアの次はドイツがイギリスの新たな脅威となる

日露戦争の敗北によってロシアが退けられると、イギリスの次の脅威はドイツになった。ドイツはビスマルクの時代には、ロシア、オーストリア、イギリスと協調関係を築くことで対仏包囲網を敷いていた。ところがヴィルヘルム2世が実権を握ると、ドイツはロシアと結んでいた条約を解消した。

さらにドイツは、本来はランドパワーであるが、海軍力の増強に取り組み始めた。これがイギリスの警戒を呼び起こした。一方でドイツは陸においては、首都のベルリンとイスタンブル（ビザンティウム）、バグダードを鉄道で結んで、ペルシア湾に出るという3B政策を採用したため、カイロ、ケープタウン、カル

→ 3B政策についてはP22参照
→ ロシアとドイツの膨張についてはP166参照

カッタを結ぶ3C政策を取っていたイギリスとここでも衝突した。

またドイツとオーストリアは、バルカン半島の主導権をめぐっては、ロシアと対立した。バルカン半島は、さまざまな民族や宗教が入り交じって対立する複雑な地理的環境にある。そこに大国の思惑が絡んできたことで、バルカン半島は一触即発で戦乱が起きかねない「ヨーロッパの火薬庫」となった。

ドイツとの対立が鮮明になった英仏露は、それぞれ同盟（露仏同盟、英仏協商、英露協商）を結ぶことで関係の強化を図った。これを三国協商と呼ぶ。一方ドイツは、オーストリアやイタリアと結んでいた三国同盟によって、三国協商に対抗しようとした。そして1914年7月、この二極の対立構造の中で、第一次世界大戦が勃発したのだった。

POINT 3 第一次世界大戦の長期化がヨーロッパに衰退をもたらす

第一次世界大戦は、ヨーロッパの火薬庫に位置するボスニアの州都サライェヴォから始まった。民族組織に属するセルビア人の青年が、同地を訪問したオーストリア皇太子夫妻を暗殺したのだ（サライェヴォ事件）。

オーストリアがセルビアに宣戦布告すると、セルビアに味方するロシアがオーストリアに宣戦布告。これに対してドイツがロシアに宣戦布告するというように、各国はあっという間に戦争に引きずり込まれた。英仏露陣営は連合国、独墺陣営は同盟国と呼ばれた。なお独墺と三国同盟を結んでいたイタリアは、オーストリアとの領土問題が原因で、同盟を離脱して連合国側として参戦した。

この戦争の特徴は、「世界大戦」と呼ばれるように、世界各地が戦場となったことだ。このうち東アジアでは、日本が日英同盟に基づいて連合国側としてドイツに宣戦布告した。日本にとってこの大戦は、列強がほかの戦線に縛り付けられている間に、アジアで勢力を拡大する好機だった。

とはいえ主戦場はやはりヨーロッパだった。大戦は長期化し、また国民全員が戦時体制に組み込まれる総力戦となったため、ヨーロッパ諸国の消耗は激しかった。

戦局は、それまで中立を保っていたアメリカが1917年にドイツに宣戦布告したことで、連合国側有利に傾くかと思われた。ところがロシア革命が起きたロシアが戦線から離脱したことにより、再び混沌としてきた。ドイツが降伏し、同盟国側の敗戦でようやく戦争が終わったのは、1918年のことだった。

用語解説 「サライェヴォ事件」

サライェヴォ事件勃発の背景には、1908年にオーストリアがボスニア・ヘルツェゴビナ併合を強行したことがある。これがセルビア人のオーストリアへの民族主義的な反感を高め、皇太子夫妻暗殺につながった。

第一次世界大戦で衰退するヨーロッパ

第一次世界大戦の主戦場・ヨーロッパでは、国民を総動員する総力戦が展開。毒ガス・航空機・戦車などの新兵器投入で、国土は荒廃し戦死者は増大した。

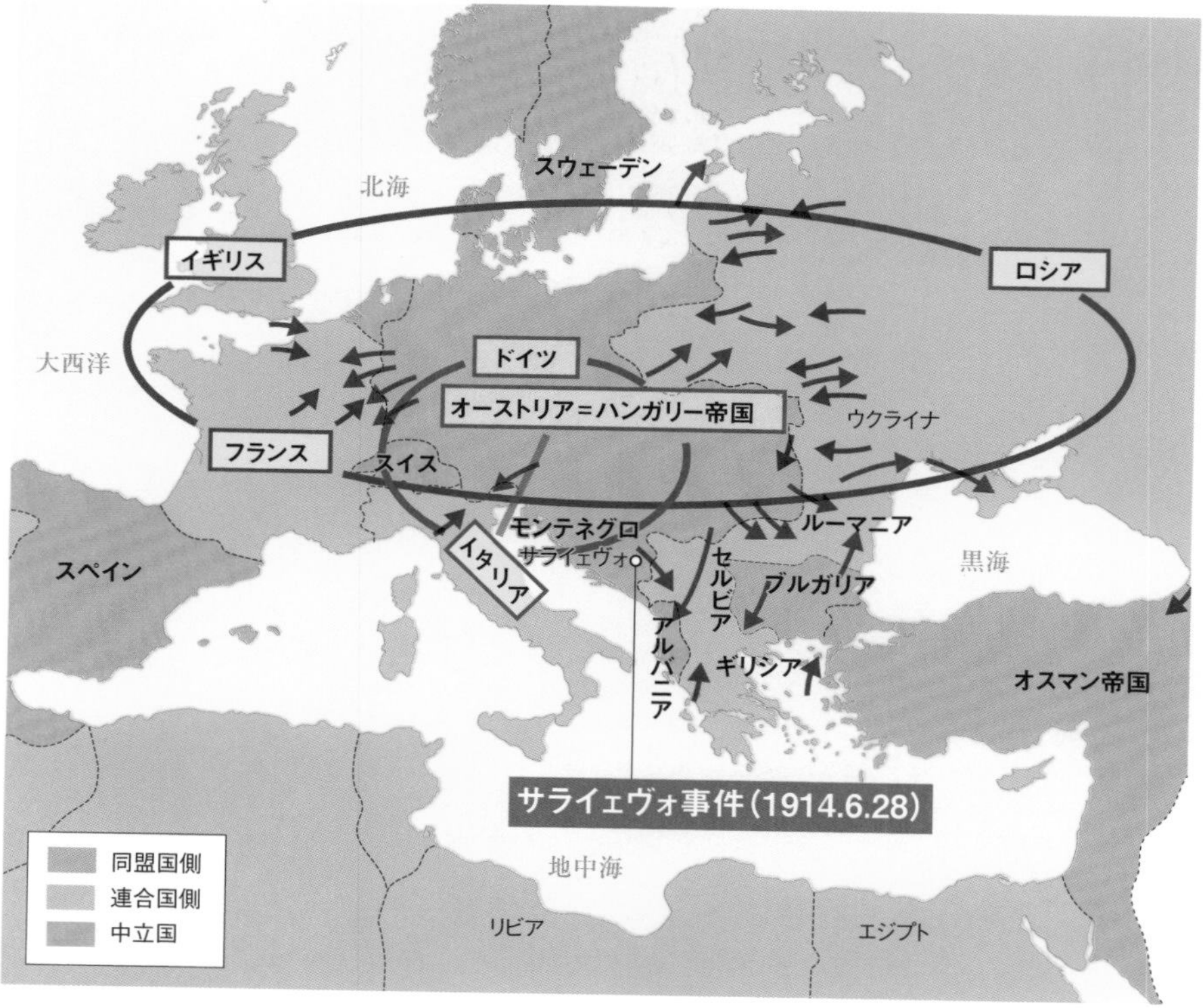

スウェーデン
北海
イギリス
ロシア
大西洋
ドイツ
オーストリア=ハンガリー帝国
ウクライナ
フランス
スイス
モンテネグロ
サライェヴォ
イタリア
セルビア
ルーマニア
黒海
スペイン
ブルガリア
アルバニア
ギリシア
オスマン帝国
サライェヴォ事件(1914.6.28)
同盟国側
連合国側
中立国
地中海
リビア
エジプト

POINT 4

巨大な島・アメリカが国際社会の主役に躍り出る

この戦争により、ヨーロッパ諸国は戦勝国も含めて、著しく疲弊した。代わって台頭したのは、国土が戦場にならなかったアメリカだった。

アメリカの地理的優位性は、ユーラシア大陸から離れているうえに、アメリカ大陸内にはライバルとなる国が存在しないために、敵対国から本土攻撃を受けるリスクが非常に低いことだった。いわばアメリカは「巨大な島」と言えた。またパナマを支配下に収めたうえで、1914年にパナマ運河を完成。大西洋と太平洋間を自由に航行できる状態を作った。**こうしてアメリカは、ヨーロッパにもアジアにも影響を及ぼせるシーパワーの大国として、国際社会の主役に躍り出てきた。**

→ アメリカの台頭については P144参照

時代 8

1919～1945年の地政学

戦間期の平和も束の間、世界を第二次世界大戦の濁流が襲う

POINT 1 太平洋をめぐる日米の対立

第一次世界大戦の戦勝国となった日本は、ドイツ領の南洋諸島を得る。これにより世界有数のシーパワー国家となった日本に対して同じく太平洋に勢力を持つアメリカはこれを警戒。アメリカ主導で結ばれた軍縮条約で、日本の艦船保有を制限するなどの牽制を行う。

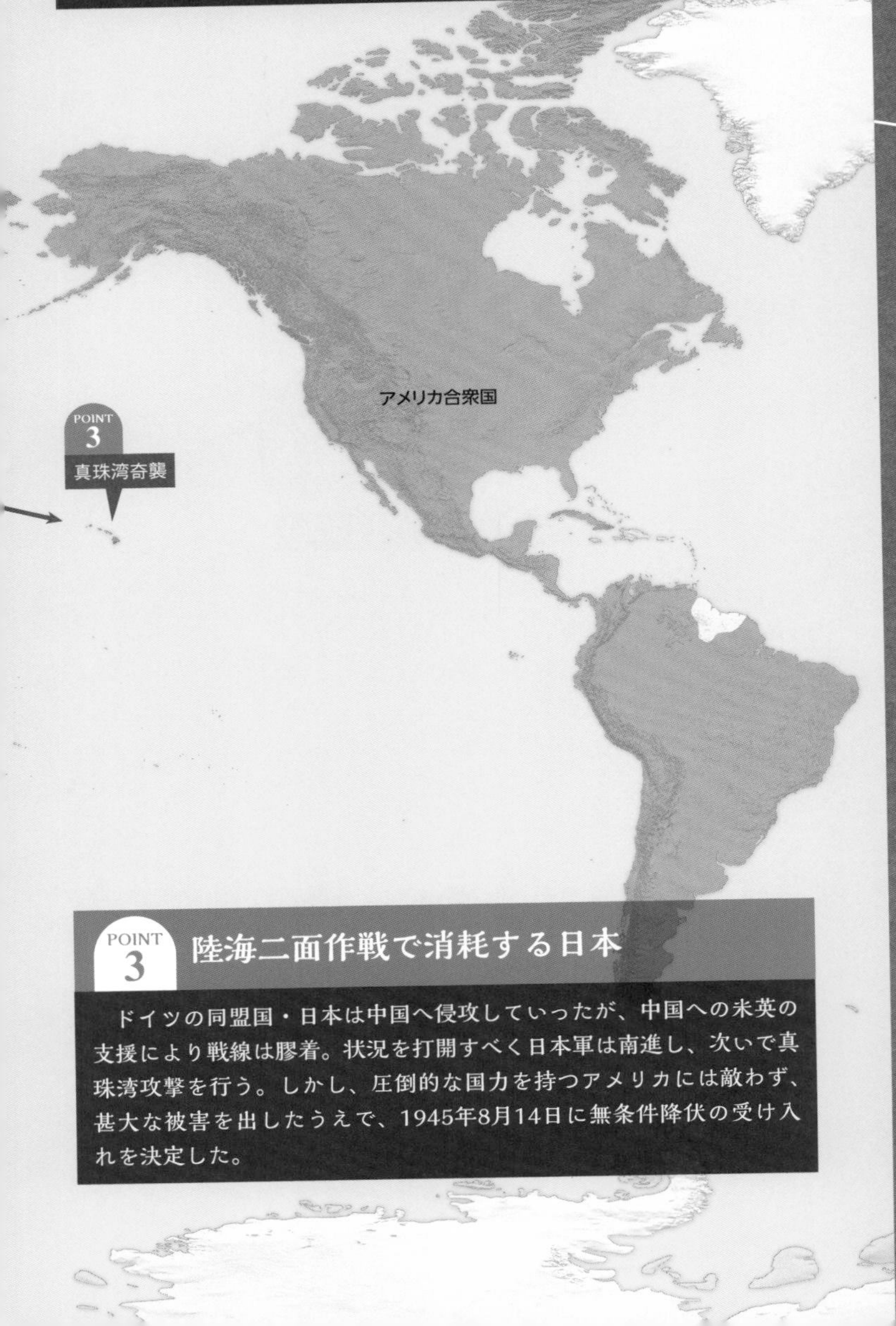

POINT 3 陸海二面作戦で消耗する日本

ドイツの同盟国・日本は中国へ侵攻していったが、中国への米英の支援により戦線は膠着。状況を打開すべく日本軍は南進し、次いで真珠湾攻撃を行う。しかし、圧倒的な国力を持つアメリカには敵わず、甚大な被害を出したうえで、1945年8月14日に無条件降伏の受け入れを決定した。

POINT 2 世界恐慌が招いたファシズムの台頭

1929年にアメリカから世界恐慌が始まると、列強は植民地や連邦の貿易を保護するブロック経済を展開して苦境をしのぐ。一方、先の大戦で大打撃を受けたドイツではナチ党が台頭する。周辺国を併合したうえでソ連と密約をしてポーランドへ侵攻。第二次世界大戦が幕を開けた。

第二次世界大戦における
連合国
枢軸国
POINT 2
ドイツ軍とソ連のポーランド侵攻
ソビエト連邦
イギリス
フランス
ドイツ
イタリア
中国
日本（昭和前期）
POINT 1
日本の南洋諸島獲得
POINT 3
マレー作戦

時代の動き

第一次世界大戦終結後、崩壊した国際秩序を取り戻すためにパリで講和会議が開かれ、敗戦国のドイツは連合国とヴェルサイユ条約を締結した。その条約の内容は、ドイツに対して過酷な負担を課したものであり、ドイツ国民の不満を招く結果となった。一方太平洋地域では、シーパワーの大国となった日本とアメリカの対立が顕在化していた。つまり世界は大戦が終わった直後から、早くも新たな火種を抱えることになったのだった。そして1929年に世界恐慌が起きると、世界は一気に第二次世界大戦の濁流に飲み込まれていくことになる。

時代8 1919～1945年の地政学

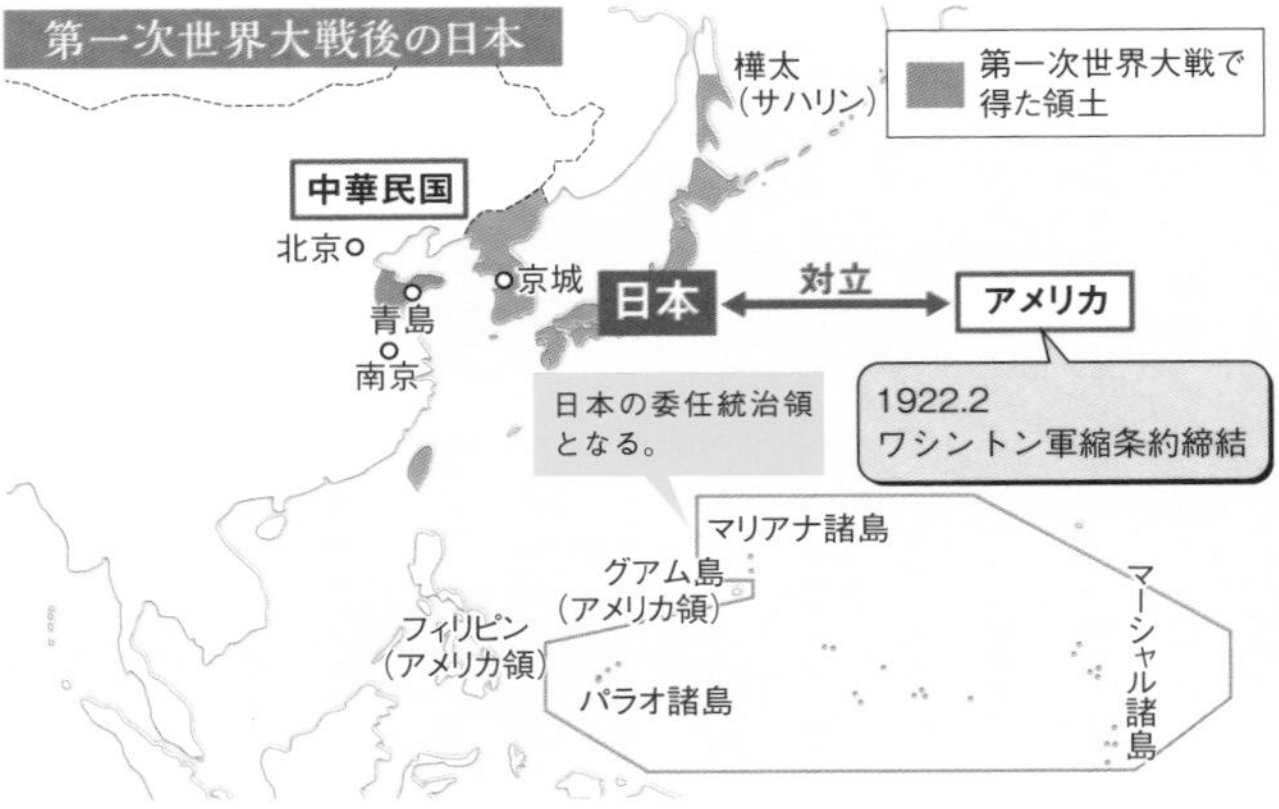
第一次世界大戦後の日本
樺太（サハリン）
第一次世界大戦で得た領土
中華民国
北京
京城
青島
南京
日本
対立
アメリカ
1922.2
ワシントン軍縮条約締結
日本の委任統治領となる。
マリアナ諸島
グアム島（アメリカ領）
フィリピン（アメリカ領）
パラオ諸島
マーシャル諸島
第一次世界大戦後、アメリカは南洋諸島を足がかりに海洋進出を強める日本を警戒し、軍縮条約を結ばせる。

POINT 1

シーパワーの日米の対立が太平洋をめぐって顕在化

第一次世界大戦終結後、パリで講和会議が開かれた。**敗戦国のドイツには、植民地の放棄や軍備の制限、巨額の賠償金などが課されることになり、ドイツと連合国間でヴェルサイユ条約が結ばれた。**19世紀前半のナポレオン戦争のあとに開催されたウィーン会議では、ヨーロッパの勢力均衡を維持するために、敗戦国のフランスに対して最低限の領土割譲や賠償しか課さなかったのとは対照的だった。特に多額の賠償金はドイツ復興の足かせとなり、それに対する国民の不満が、のちのナチ党の台頭を許す要因となった。

一方、戦勝国の一角を占める日本は、太平洋においては旧ドイツ領南洋諸島の委任統治権を得た。委任統治とは国際連盟（大戦後に発足）から行政権を受任された国が、その地域を統治するというものだったが、実質的には植民地といってよかった。既に1918年の時点で世界3位の海軍力を保有していた**日本は、南太平洋の広大なエリアを獲得したことで、一気に世界有数のシーパワーの大国にのし上がった。**

これはハワイやフィリピンを拠点に、日本と同様に太平洋での勢力拡大を目指していたアメリカの警戒心を呼び起こすのに十分だった。1921年にはアメリカ主導でワシントン会議が開催され、太平洋における領土の確認や、主力艦の保有比率を米英5に対して日本は3に抑える海軍軍縮条約が結ばれた。しかしその後も日本に対する警戒心は和らぐことはなく、日本もアメリカを第一の想定敵国とみなすようになった。

用語解説「世界恐慌」

ニューヨークの株暴落に端を発する経済恐慌。世界中で不況が起こり、各国は経済対策に奔走。資源小国が海外侵攻による資源確保に走るなど、第二次世界大戦の原因となる。

世界恐慌とブロック経済

恐慌が全世界に広がると、列強は経済保護のため、本国・植民地・自治領を優遇する関税を設定し、他国を排除する「ブロック経済」を行う。この政策は自由貿易を破壊し、植民地が少ない国の暴走を招く結果となった。

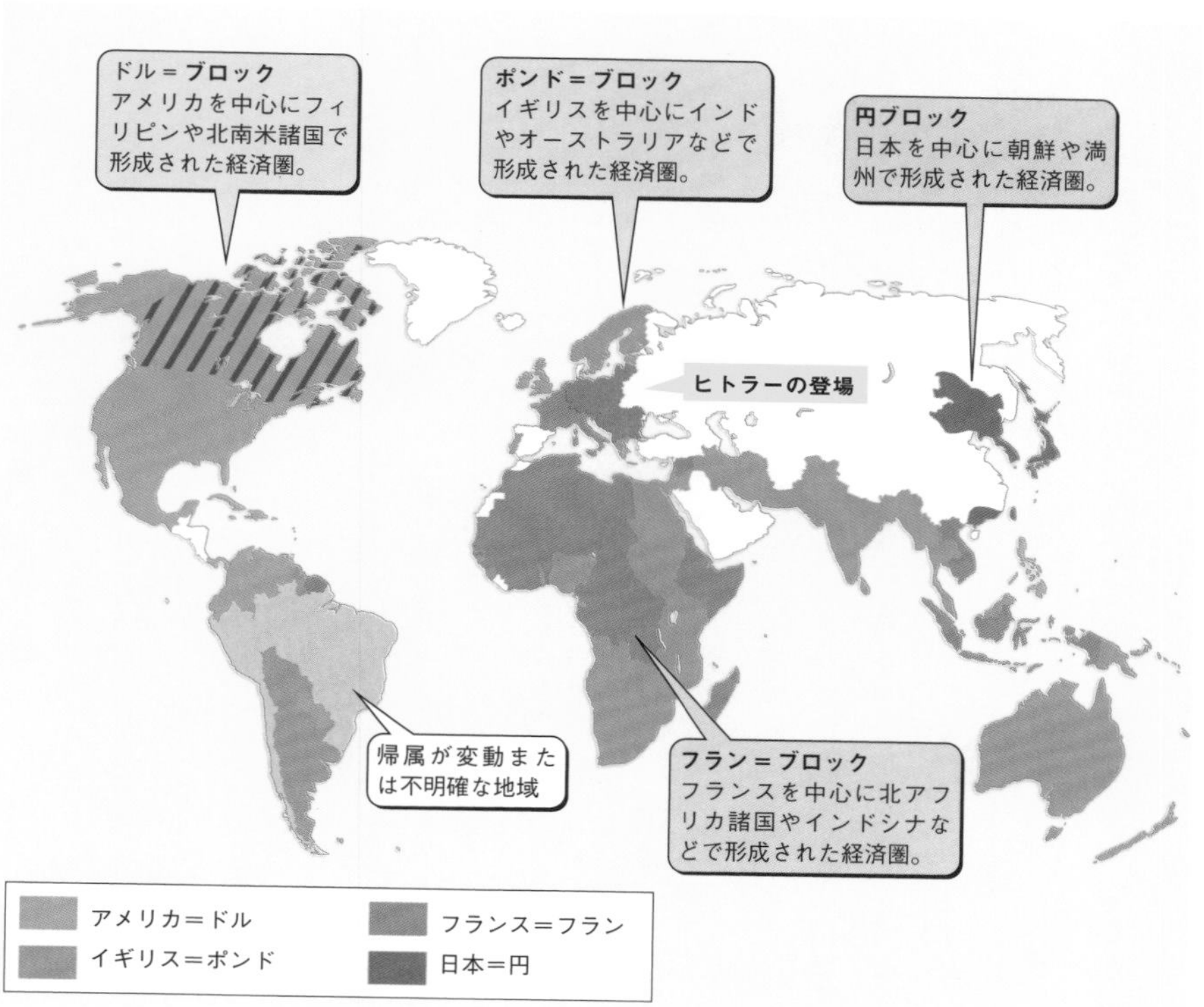
ドル＝ブロック
アメリカを中心にフィリピンや北南米諸国で形成された経済圏。
ポンド＝ブロック
イギリスを中心にインドやオーストラリアなどで形成された経済圏。
円ブロック
日本を中心に朝鮮や満州で形成された経済圏。
ヒトラーの登場
帰属が変動または不明確な地域
フラン＝ブロック
フランスを中心に北アフリカ諸国やインドシナなどで形成された経済圏。
アメリカ＝ドル
イギリス＝ポンド
フランス＝フラン
日本＝円

POINT 2

英米仏のブロック経済が第二次世界大戦の遠因となる

このようにヨーロッパやアジアには、第一次世界大戦が終わった直後から、次の衝突の火種が既にくすぶっていた。その火種を発火に至らせたのは、1929年にアメリカから始まった世界恐慌だった。

恐慌に対して英米仏は、連邦内や植民地、影響下にある国々でブロック（経済圏）を作り、ブロック内では関税を下げて通商の活発化を図る一方で、ブロック外には高関税を課すという保護貿易政策を採用することで自らを守ろうとした。そのため英米仏のブロック外にあり、また自らブロックを形成できるだけの植民地を持たない日独伊は、ますます苦境に陥った。これらの国が突破口に選んだのは、軍事侵攻による海外へ

→ナチ党の非武装地帯進駐についてはP31参照

の勢力拡大だった。

ドイツではナチ党が政権を奪取すると、オーストリア併合やチェコスロヴァキアのズデーテン地方併合などに次々と成功。そして1939年9月、ソ連と独ソ不可侵条約を結んだうえでポーランドに侵攻する。するとドイツに対して英仏が宣戦布告し、第二次世界大戦が勃発した。

当初戦況はドイツの優位に推移したが、1941年にヒトラーは致命的な戦略ミスを犯した。シーパワーのイギリスと戦いながら、突如独ソ不可侵条約を破棄して、ランドパワーのソ連にも侵攻したのだ。対ソ戦においてドイツは、19世紀にロシアに遠征したナポレオン軍と同じく、物資の不足や冬の寒さに苦しみ、著しく戦力を消耗させた。対ソ戦は敗北に終わり、その後ドイツは形勢を逆転させることはできなかった。

POINT 3 陸と海の双方で戦うことになった日本

一方日本は、進出先として満州に目を向けた。満州は新たな市場としてだけではなく、石炭や鉄鉱石の産出地としても魅力的だった。そして満州を支配下に収めると、さらに中国北部にまで勢力圏を広げようとした。その結果1937年に中国との間に起きたのが、日中戦争だった。

日中戦争において日本は、ランドパワーの大国である中国の底力を痛感することになる。中国は敗北するたびに奥地へと後退しながら抗戦したため、日本軍の戦線は長く伸びきり、次第に兵力や物資の確保に苦労するようになったのだった。

中国が戦争を継続できたのは、米英ソが物資援助を行っていたからだった。そこで日本は仏領インドシナ北部への南進を決断。ここを拠点として援助ルートを断つことを狙ったものだった。また戦争継続のために、石油やゴムなどの東南アジアの豊富な資源を確保することも、南進の目的の一つだった。

しかしこの南進は、太平洋での勢力を維持したいアメリカを当然刺激した。アメリカは日本に対して、石油の対日輸出禁止などの経済制裁を強化するとともに、中国や仏領インドシナからの全面撤退や、満州を元の状態に戻すことなどを要求してきた。衝突回避に向けた日米の交渉は決裂。1941年12月、日本は米英に宣戦布告し、ついに太平洋戦争が始まった。**これにより日本は、大陸ではランドパワーの大国である中国と戦いながら、太平洋では圧倒的な戦力差のあるアメリカを相手に戦わなくてはいけなくなった。**

用語解説 「サイパン島」

太平洋中西部のマリアナ諸島にある島。1924年に日本の委任統治領となるが、1944年7月にアメリカ軍が上陸。激戦の末にアメリカ軍が占領し、日本本土空襲の拠点となる。

太平洋戦争中の日本軍

中国戦線が膠着すると、日本軍は米英の支援ルートを断つために仏領インドシナへ進軍。これに対しアメリカは通商条約を破棄し、両国は一触即発状態となる。その後の交渉も決裂し、1941年12月、ついに太平洋戦争が勃発する。

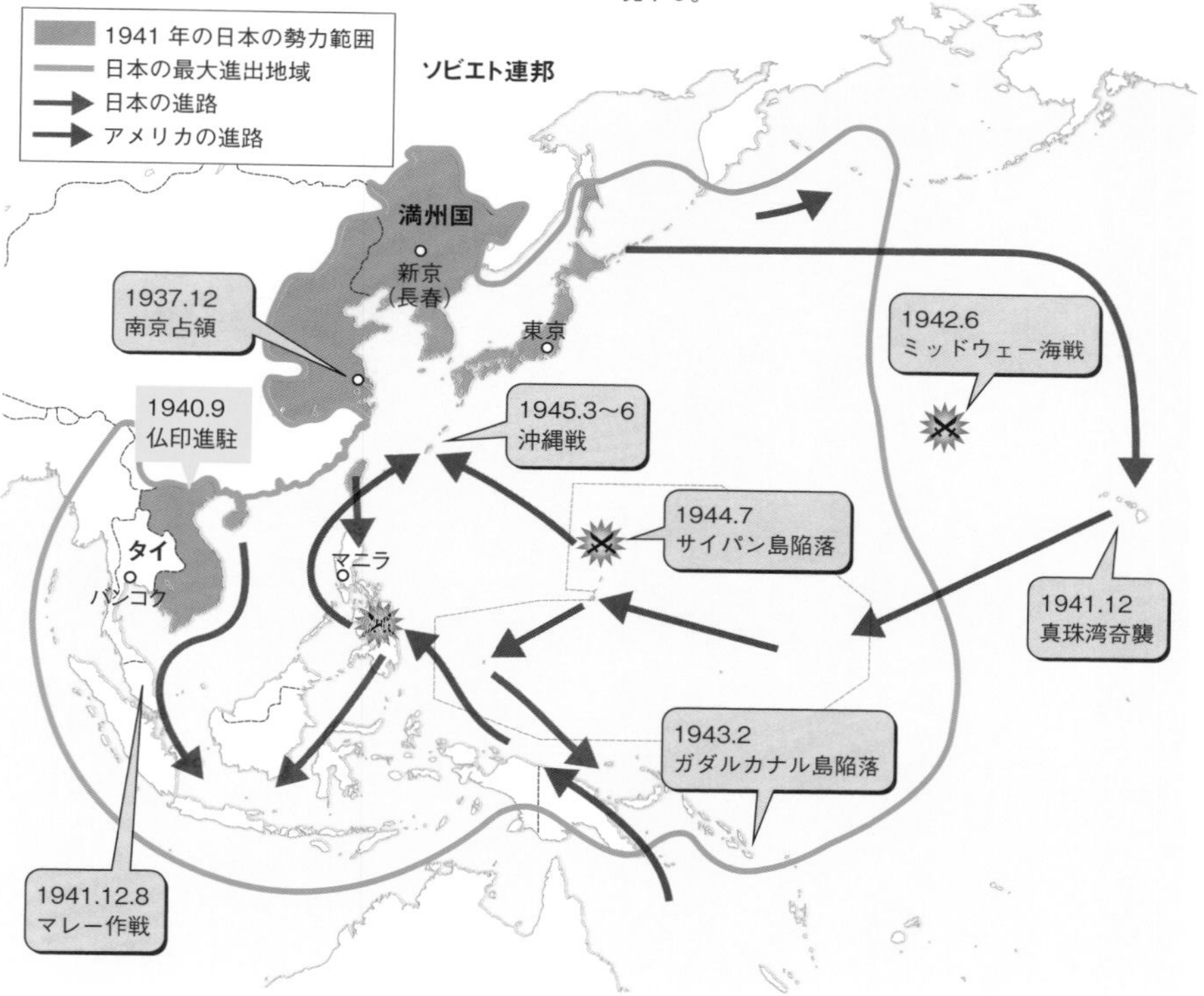
1941 年の日本の勢力範囲
日本の最大進出地域
日本の進路
アメリカの進路
ソビエト連邦
満州国
新京
(長春)
東京
1937.12
南京占領
1940.9
仏印進駐
1945.3〜6
沖縄戦
1942.6
ミッドウェー海戦
1944.7
サイパン島陥落
タイ
バンコク
マニラ
1941.12
真珠湾奇襲
1943.2
ガダルカナル島陥落
1941.12.8
マレー作戦

太平洋戦争は、開戦から半年後には早くもアメリカが主導権を握り、日本は守勢一辺倒になった。日本にとって致命傷になったのは、1944年7月にマリアナ諸島のサイパン島を奪われ、この島に航空基地を作られたことだった。これにより日本本土の大部分がB29爆撃機の爆撃可能範囲に収まったからだ。この時点で、日本の敗北はほぼ決定したといってよかった。ちなみにスパイクマンは第二次世界大戦について、「シーパワーとエアパワーの連携が不可欠になった」といった意味のことを述べているが、太平洋戦争におけるエアパワーを駆使した米軍の戦い方は、これまでの戦争のスタイルを一新するものとなった。

1945年5月のドイツの降伏に続いて、8月には日本も降伏。第二次世界大戦は終結した。

→ シーパワー国日本の暴走についてはP104参照
→ エアパワーについてはP118参照

時代

9

1945～1989年の地政学

アメリカとソ連を中心に世界が「西」と「東」に分かれて対立

POINT 3 アメリカの庇護下で経済大国となった日本

第二次世界大戦に敗れた日本は、アメリカを中心とする連合国の占領下に置かれた。当初、アメリカは日本から軍事力を削ごうとしたが、中国で共産党政権が誕生すると、防波堤として復興や独立を支援した。こうして日本は国際社会に復帰し、経済成長を遂げていく。

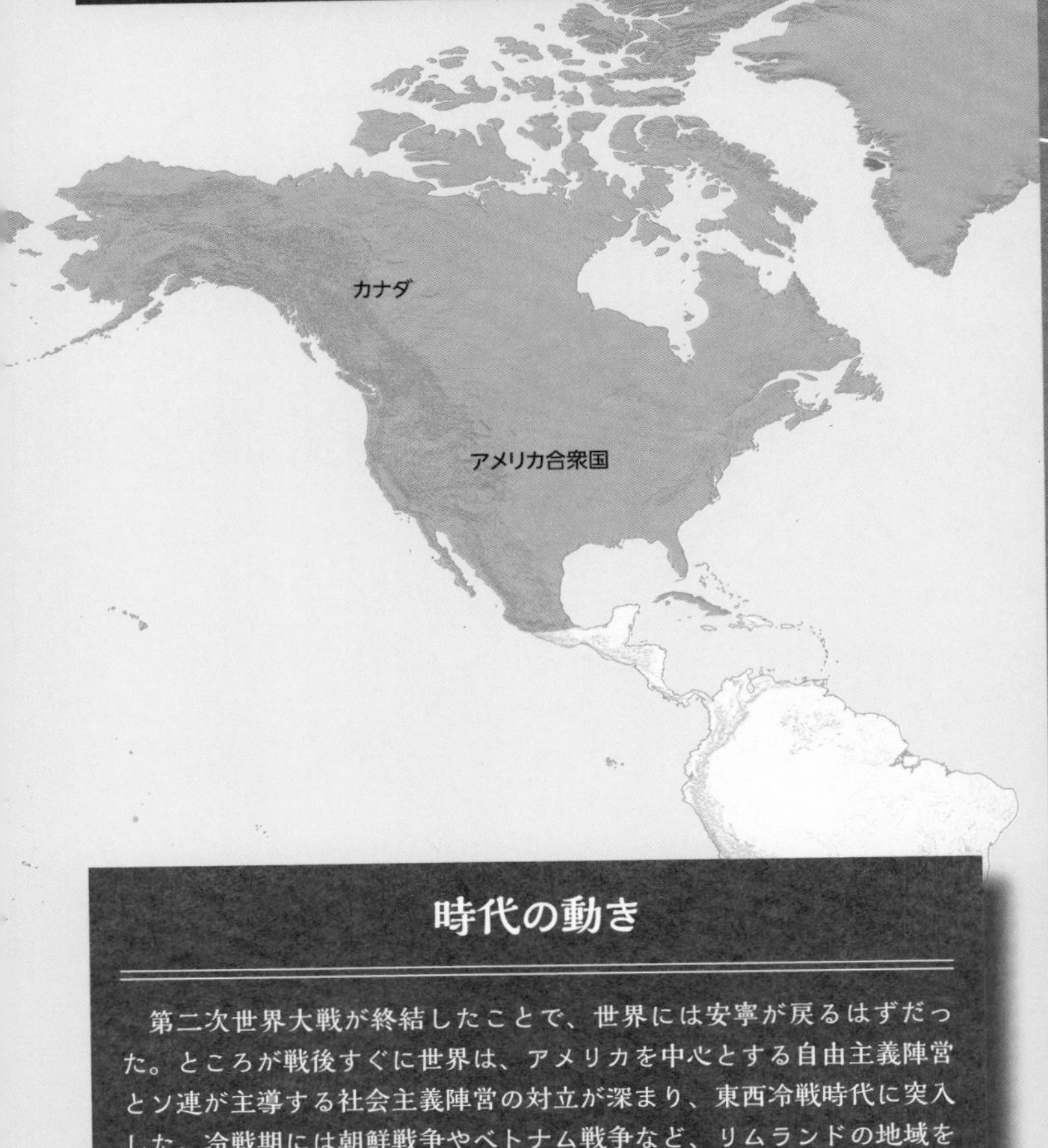

時代の動き

第二次世界大戦が終結したことで、世界には安寧が戻るはずだった。ところが戦後すぐに世界は、アメリカを中心とする自由主義陣営とソ連が主導する社会主義陣営の対立が深まり、東西冷戦時代に突入した。冷戦期には朝鮮戦争やベトナム戦争など、リムランドの地域を中心に米ソの代理戦争が数多く発生した。

そんな中で日本は自由主義陣営に組み込まれ、東アジアにおける社会主義勢力の防波堤の役割を担わされることになった。そしてアメリカの軍事的庇護の下に経済活動に専念することで、経済大国へと上り詰めていった。

POINT 4 社会主義大国・中国とソ連の対立

冷戦期、社会主義国家はソ連と中国が二大巨頭だった。しかし、両国は常に協調していたわけではない。1950年に中ソ友好同盟相互援助条約を結ぶが、50年代後半には互いの国の政治体制を批判し合うようになり対立。1969年には国境線をめぐり、軍事衝突も勃発した。

冷戦期における
西側陣営
東側陣営
POINT 1
西欧諸国がNATOを結成
イギリス
西ドイツ
東ドイツ
フランス
鉄のカーテン
ソビエト連邦
POINT 2
朝鮮戦争
POINT 4
中ソ国境紛争
中華人民共和国
反共の防壁
日本
（昭和後期）
POINT 3
沖縄返還
POINT 2
ベトナム戦争

POINT 1 自由主義国と社会主義国の対立

第二次世界大戦後、社会主義国家であるソビエト連邦が台頭する。ソ連を脅威と捉えた西欧諸国は大国・アメリカとともにNATO（北大西洋条約機構）を結成。一方のソ連もWTO（ワルシャワ条約機構）を発足させてNATOに対抗する。こうして世界は東西に分裂していった。

POINT 2 リムランドをめぐる東西陣営の攻防

世界が東西に分裂した冷戦は、シーパワー（西側）とランドパワー（東側）の争いでもあった。両陣営は朝鮮半島やベトナムなどで衝突するが、これらはいずれもリムランドをめぐる争いであった。

時代

9

1945〜1989年の地政学

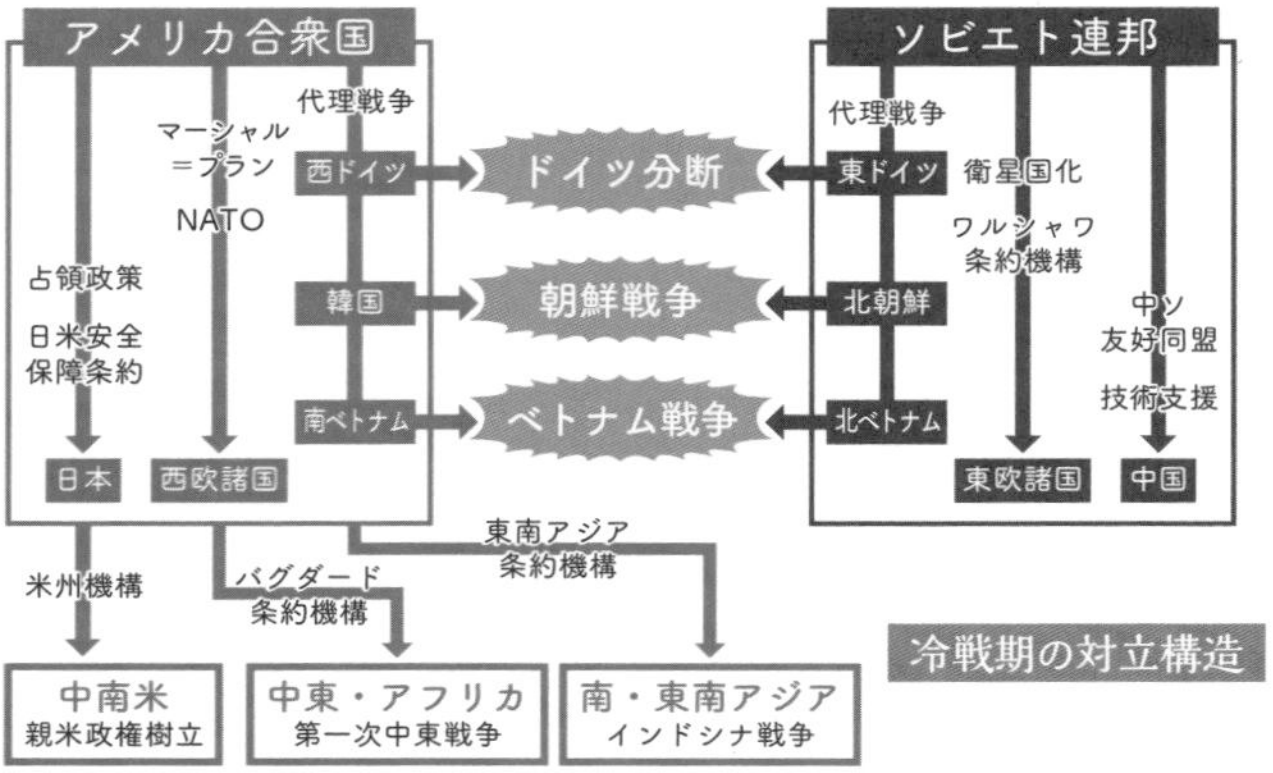

冷戦期の対立構造

東欧諸国を衛星国化するソ連に対し、アメリカは経済・軍事的な包囲網を形成して対抗した。

POINT 1

社会主義勢力に対抗するため西欧諸国がNATOを結成

20世紀前半の二つの世界大戦は、ヨーロッパにおいてはドイツの膨張をいかに抑えるかがテーマとなった戦争だった。だが第二次世界大戦での敗北で、ドイツは西側陣営の西ドイツと東側陣営の東ドイツに分裂。その脅威は大きく減じられた。

しかしそこに社会主義勢力の拡大を目指すソ連という新たな脅威がすぐに現れた。ドイツが屈強であった時代なら、社会主義勢力から西欧諸国を守る防波堤になることが期待されたが、そうはいかなかった。

そこで**西欧諸国は、社会主義勢力が攻撃してきたときの集団防衛機構としてNATO（北大西洋条約機構）を結成。NATOには世界一の大国となったアメリカも加わった。大戦後の西欧諸国の消耗は著しく、アメリカの支援なくして防衛体制を築くことは不可能だったからだ。**

一方ソ連にとっても、西側諸国の存在は脅威だった。ソ連西部には東ヨーロッパ平原が広がっており、天然の要塞となるものがないために、敵の侵入を受けやすかった。そこでソ連はドイツを撃退したあとに占領していた東欧諸国で、選挙による国民の同意を得ないままに、強引に一党独裁の共産党政権を発足させた。**西欧諸国の侵攻からソ連を守るための防波堤の役割を、東欧諸国に担わせようとしたのだ。そしてNATOに対抗して、WTO（ワルシャワ条約機構）を結成した。**

このアメリカを中心とした西側陣営と、ソ連を中心とした東側陣営がにらみ合うという東西冷戦構造は、その後約40年間続くことになる。

用語解説「社会主義」

生産手段を社会全体で共有し、階級対立のない社会を実現しようとする思想。格差のない社会の実現を目指すが、経済の停滞、人権侵害などの問題が生じることが多い。

冷戦期の安全保障体制

社会主義勢力の拡大を警戒するアメリカは、日本や西欧諸国、オセアニア、中東諸国などと同盟・条約を結び、自陣営への取り込みを図った。

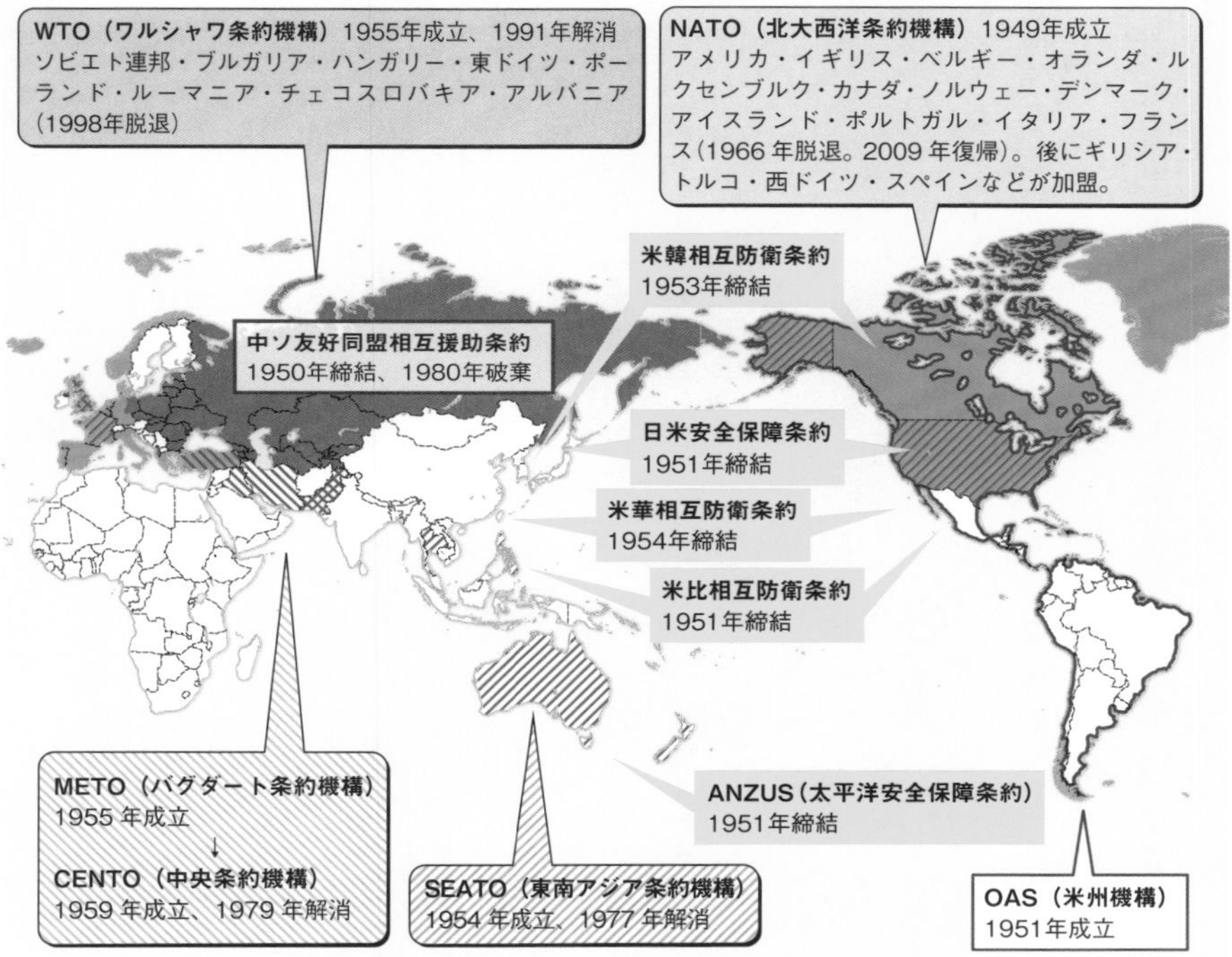
WTO（ワルシャワ条約機構）1955年成立、1991年解消
ソビエト連邦・ブルガリア・ハンガリー・東ドイツ・ポーランド・ルーマニア・チェコスロバキア・アルバニア（1998年脱退）
NATO（北大西洋条約機構）1949年成立
アメリカ・イギリス・ベルギー・オランダ・ルクセンブルク・カナダ・ノルウェー・デンマーク・アイスランド・ポルトガル・イタリア・フランス（1966年脱退。2009年復帰）。後にギリシア・トルコ・西ドイツ・スペインなどが加盟。
米韓相互防衛条約
1953年締結
中ソ友好同盟相互援助条約
1950年締結、1980年破棄
日米安全保障条約
1951年締結
米華相互防衛条約
1954年締結
米比相互防衛条約
1951年締結
ANZUS（太平洋安全保障条約）
1951年締結
METO（バグダート条約機構）
1955年成立
↓
CENTO（中央条約機構）
1959年成立、1979年解消
SEATO（東南アジア条約機構）
1954年成立、1977年解消
OAS（米州機構）
1951年成立

POINT 2

リムランドで戦火を交えた西側陣営と東側陣営

ソ連や東欧諸国の特徴は、社会主義勢力であると同時にランドパワー勢力でもあることだった。そして同時期、東アジアでもランドパワーの大国である中国が社会主義国家となった。一方西側陣営の盟主であるアメリカは、いうまでもなくシーパワーの大国である。つまり**東西冷戦とは、シーパワーとランドパワーの勢力争いでもあるともいえた。**

アメリカが恐れたのは、東南アジアが社会主義化すると、ドミノ倒しのように隣国も社会主義化していくことだった。そこでアメリカは、社会主義勢力の拡大が危ぶまれる地域に軍事支援等を行うことで、その拡大を封じ込めるという政策を採用した。特に支援に力を注いだのは、

⇒ リムランドについてはP22参照
⇒ 冷戦期の東アジアについてはP105参照

シーパワーとランドパワーが互いに拮抗するリムランドに位置する地域だった。

事実、社会主義勢力と自由主義勢力の衝突の多くが、リムランドで起きた。1950年に北朝鮮と韓国の間で勃発した朝鮮戦争も、1960年代から70年半ばまで続いたベトナム戦争も、リムランドをめぐる争いといえた。ちなみに「冷戦」とは、欧米地域の状況を指したものに過ぎず、アジアをはじめとしたほかの地域の東西対立は、軍事衝突を伴う「熱戦」にほかならなかった。

アメリカは社会主義勢力を抑えるためなら、独裁政権を支援することもためらわなかった。そのためそうした国で暮らす人たちは、「アメリカの自由主義を守るために、自由を奪われる」という矛盾した状況に置かれることになった。

POINT 3
アメリカの軍事的庇護の下で経済発展を遂げた日本

第二次世界大戦での太平洋をめぐる日米の戦いは、日本の敗北に終わった。これにより太平洋は、実質的にアメリカの内海となった。

日本の領土は本州、北海道、四国、九州とその周辺の小島だけとなり、アメリカの占領下に置かれた。アメリカは、日本が再び世界の脅威とならないために、軍事力や産業力を徹底的に削ごうとした。日本は船舶の保有量も制限されたため、この時期シーパワーですらなくなった。

当初アメリカは、中国を社会主義勢力拡大の防波堤にする計画だった。ところが中国では共産党と国民党との内戦で、共産党が優位に立ち、社会主義国家が誕生しようとしていた。そこでアメリカは、防波堤の役割を日本に切り替えることにした。

日本は海を隔てて、社会主義勢力のソ連とも中国とも北朝鮮とも隣接している。また日本列島は、これらの国が太平洋に出ようとするとき、ちょうど蓋をするようなかたちで横たわっている。防波堤にするには格好の地理的条件を備えていた。

アメリカは日本を西側陣営に組み入れ、経済復興や早期独立を支援。そして日本の独立とともに日米安全保障条約を締結した。これにより米軍は引き続き日本に駐留することが可能になり、日本は西側陣営の最前線基地となった。

これは日本にとってもメリットは大きかった。米軍の強大な軍事力に守られながら、経済活動に専念することができたからだ。こうして日本は、かつての軍事大国から経済大国へと生まれ変わることになる。

用語解説 「中ソ国境紛争」

中ソの国境を流れるウスリー川中流に存在する珍宝島（ダマンスキー島）領有をめぐる争い。中国が勝利し、珍宝島は中国領となった。

戦後日本の領土

戦後、日本の領土は「本州、北海道、九州、四国及び連合国が決定する諸小島」に限定された。南西諸島や小笠原諸島、伊豆諸島はアメリカの直接統治下に置かれたが、1972年までに返還された。

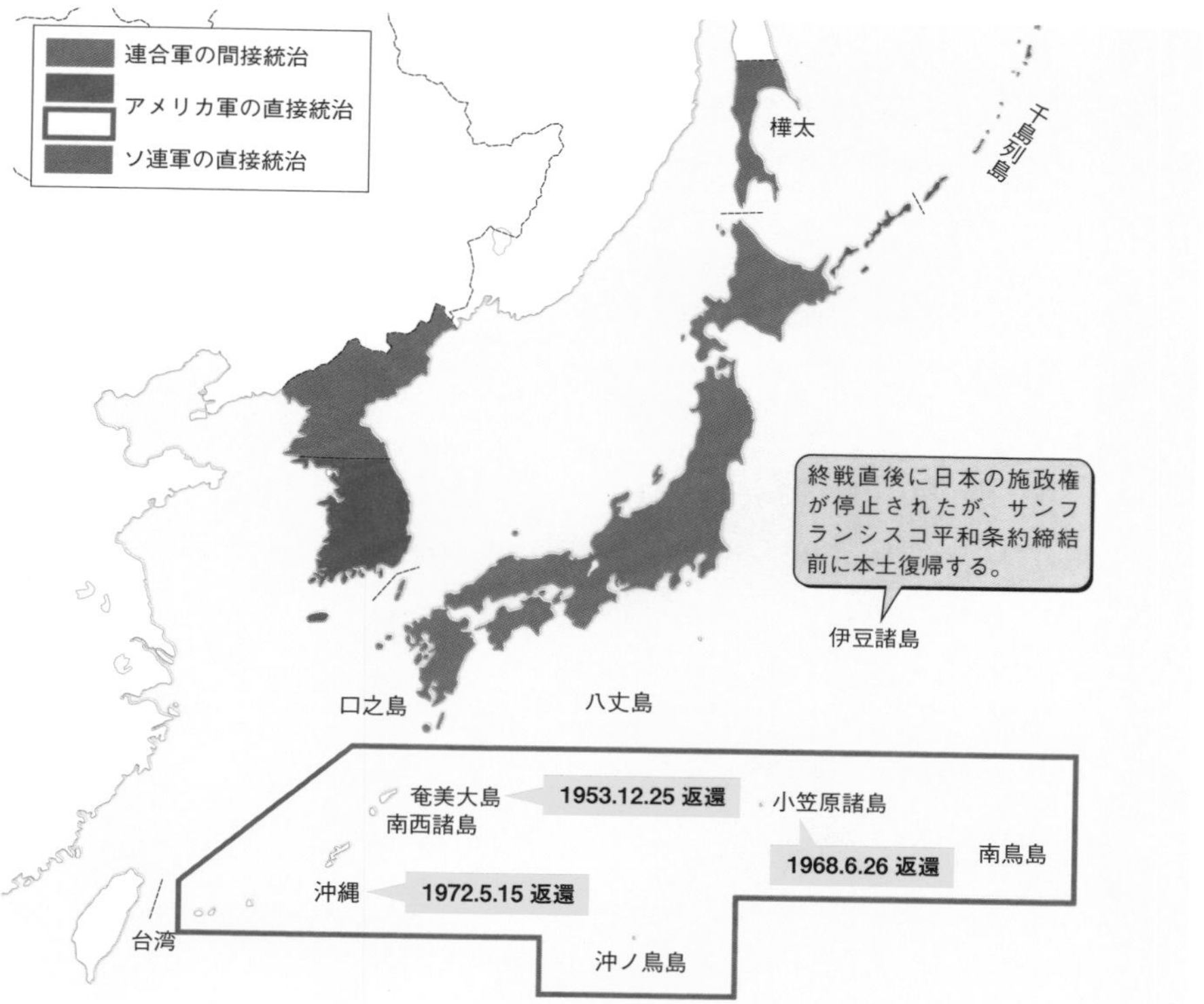

連合軍の間接統治
アメリカ軍の直接統治
ソ連軍の直接統治
樺太
千島列島
終戦直後に日本の施政権が停止されたが、サンフランシスコ平和条約締結前に本土復帰する。
伊豆諸島
口之島
八丈島
奄美大島
南西諸島
1953.12.25 返還
小笠原諸島
1968.6.26 返還
南鳥島
沖縄
1972.5.15 返還
台湾
沖ノ鳥島

POINT 4

二つの社会主義の大国 中国とソ連が対立

冷戦期において、社会主義陣営は一枚岩というわけではなかった。1960年代以降、中国とソ連の対立が激化。1969年には中ソ国境で武力衝突が起きる事態となった。

中国は、かつてのロシア帝国の南下政策の被害者であり、ソ連に対しても警戒心を抱き続けていた。歴史学者のJ・M・ロバーツは著書の中で、中華人民共和国が首都を北京に定めた理由として、海（ヨーロッパ）からの脅威よりも、北（ソ連）からの脅威のほうを強く感じていたからだという説を紹介している。

中ソ対立が顕在化したあと、アメリカが中国に接近し、米中和解が実現。以後アメリカは中国とも手を結び、ソ連包囲網を強化していった。

→ 戦後日本の領土問題についてはP107、P110、P114参照
→ 返還後の沖縄についてはP112参照

時代
10
1989年～現在の地政学

冷戦の終結は世界を一つにせずさらなる混迷に向かっていった

POINT 3 東シナ海・南シナ海進出を目論む中国

冷戦後のアジアでは中国が台頭する。経済特区の設置により経済成長を遂げた中国は、さらなる躍進を目論み、海洋進出を活発化していく。しかし、自国の利益を最優先する政策は周辺国の反発を呼び、東・東南アジア諸国は緊張に包まれている。

アメリカ合衆国
NAFTA
(北米自由貿易協定)
※1994年1月1日～2020年7月1日
POINT 1
アメリカ同時多発テロ
USMCA
(米国・メキシコ・カナダ協定)
※2020年7月1日～

時代の動き

1989年、米ソは共同で「冷戦の終結」を宣言。約40年間続いた東西冷戦構造は、ついに終わりの時を迎えた。これにより世界からは大きな対立が消え、今後は各国が互いに協力しながら国際社会の運営を進めていく時代が来ることが期待された。

しかしその期待は、アメリカ同時多発テロやイラク戦争、ＥＵ（欧州連合）とロシアの対立、そして中国による東・南シナ海での現状変更への挑戦などによって、次々と裏切られていくことになった。現在世界は、東西冷戦期よりもむしろ不透明さを増している。

POINT 2 ドイツ再統一とEUの誕生

冷戦の終結後、東西に分断されていたドイツは再統一を果たす。かつてドイツに苦しめられたヨーロッパだが、勢力均衡の末に起こった惨禍を再び起こさないため、西欧全体を一つにすることを選ぶ。こうして1993年にEU（欧州連合）が発足した。

EU（欧州連合）
POINT 2 EUの結成
ロシア
イギリス
ドイツ
フランス
イタリア
POINT 1 シリア内戦
POINT 1 アフガン戦争
朝鮮民主主義人民共和国
中華人民共和国
大韓民国
日本（令和時代）
エジプト
POINT 1 湾岸戦争
インド
POINT 3 中国の南沙諸島進出
AU（アフリカ連合）
ASEAN（東南アジア諸国連合）
オーストラリア
PIF（太平洋諸島フォーラム）

POINT 1 冷戦終結後の世界

1989年、米ソ共同で「冷戦の終結」が宣言された。東欧諸国では社会主義体制が崩壊し、ソ連も解体された。冷戦終結により、国際社会は自由主義のもと一致団結するかに思われた。しかし、その後も紛争やテロが頻発し、現在も世界は混沌の中である。

時代10 1989年～現在の地政学

2001年9月11日に発生した同時多発テロの報復として、米軍はアフガニスタンへ侵攻。ターリバーンやアル=カーイダへの戦いにめり込んでいった。

POINT 1

単独行動主義の批判を浴びたアメリカの冷戦後の外交戦略

1960年代以降、ソ連では社会主義型の計画経済が行き詰まり、経済の停滞が続いた。ゴルバチョフ共産党書記長は、市場原理の導入や情報公開、冷戦外交の見直しなどに着手。これを契機に米ソ関係の改善も進み、1989年には米ソ共同で「冷戦の終結」が宣言された。

政治や経済の自由化は、ソ連のみならず東欧諸国をも刺激した。東欧諸国では次々と社会主義体制が崩壊し、東側陣営から離脱していった。またソ連でも、連邦を構成していた共和国が続々と離脱を進め、1991年、ついにソ連は崩壊した。

冷戦の終結と社会主義の崩壊によって、「地政学」もその存在価値が問われるようになった。「自由主義が社会主義に最終勝利を収めたことで、世界は一つになった。今後は、国家間の勢力争いを地政学を用いて分析する必要もなくなる」という考え方が出てきたからだ。

象徴的だったのが、ペルシア湾で起きた湾岸危機に対する国際社会の対応だった。1990年、イラクがクウェートに侵攻し、併合を宣言した。これに対して国連安全保障理事会では、米ソの一致のもとにイラクへの制裁決議を採択。翌年には米軍を中心に多国籍軍が編成され、イラクに武力制裁を加えた（湾岸戦争）。

今後国際社会は「自由主義」という普遍的な価値観のもとに運営され、その価値観から逸脱する国家が現れたときには、国際社会が一致団結してこれを取り除く。そんな時代が来るかと思われた。当時アメリカのブッシュ（父）大統領は「新しい

用語解説　「ユーロ」

EU加盟国の単一通貨。導入により自由に資本や商品が移動できる巨大な経済圏が形成された一方、一国の財政破綻がEU全体に悪影響を及ぼすデメリットもはらんでいる。

世界では、法の支配がジャングルの掟に取って代わる」と語っていた。

だがそれは幻想に過ぎなかった。湾岸戦争時、米軍はイスラーム教の聖地メッカがあるサウジアラビアに駐屯した。これに激怒したイスラーム教過激派グループが、「アル＝カーイダ」を結成。2001年9月にはアメリカ同時多発テロを起こす。

ここからアメリカは、その報復として開始したアフガニスタン攻撃からイラク戦争へとのめり込んでいくが、湾岸危機時とは違って国際社会の全面的な同意は得られなかった。逆に単独行動主義と批判された。世界は一つにはならなかったのだ。

そしてアメリカは、アフガニスタンやイラクの統治にも失敗した。このときの苦い経験が、オバマ大統領以降のアメリカの外交政策の転換へとつながっていく。

EUの誕生

二度の大戦で荒廃したヨーロッパは、地域の統一による平和を志向する。EEC（欧州経済共同体）やEC（欧州共同体）を経てEU（欧州連合）が発足し、2013年には加盟国は28ヵ国まで拡大。だが、イギリス離脱など、EUは曲がり角に直面している。

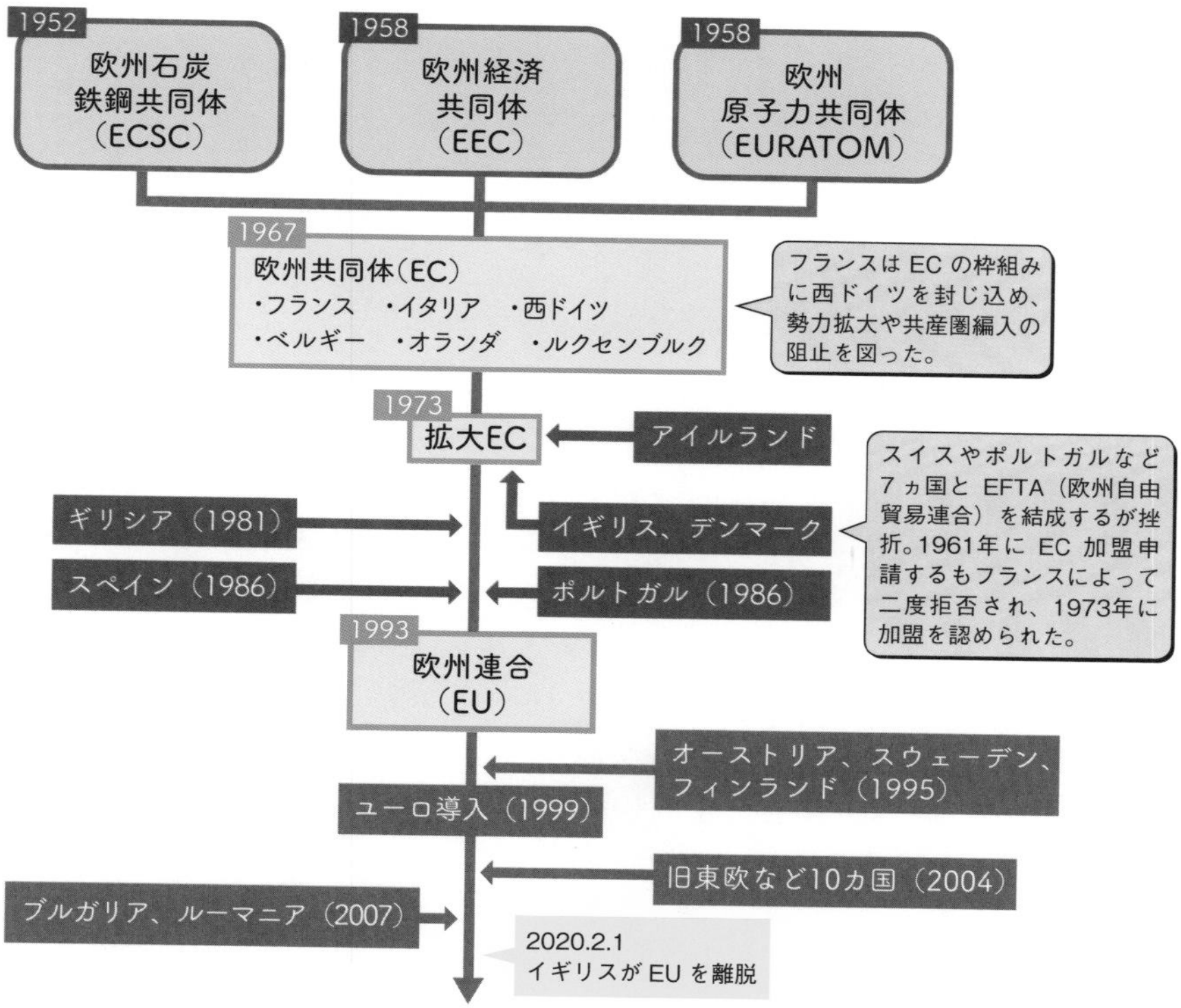

⇒ アメリカとテロとの戦いについてはP148参照
⇒ EUの拡大についてはP168参照

POINT 2 東西ドイツの統一がEUの誕生をもたらす

西欧諸国では、1993年にEU（欧州連合）が発足した。EUは域内での統一通貨の使用や、人・モノ・資本・サービスの移動の自由、さらには政治の統合までをも目指したものだった。

なぜ西欧諸国がこの時期にEUを発足させたかといえば、東西冷戦の終結とともに東ドイツが西ドイツに編入され、統一ドイツが生まれたことが関係している。過去にドイツの強大な力に苦しめられた記憶を持つ西欧諸国にとって、新生統一ドイツの存在もやはり脅威に映った。

このとき西欧諸国は、例えば英仏が連合してドイツに対抗するといった勢力均衡の政策は採用しなかった。過去の歴史を見れば、勢力均衡は一時は実現しても、やがて破綻して戦争に至ることが多い。**そこで西欧諸国は、EUの発足によって西欧全体を一つの共同体にしたうえで、その中にドイツを取り込むことで西欧の安定を図ろうとしたのである。**

ただしEUという巨大な共同体の誕生は、ヨーロッパにまた新たな不安要素を呼び起こした。ロシアがEUに警戒心を抱いたのだ。その警戒心は、EUが東欧諸国にも拡大を進め、自らの勢力圏を脅かされるようになったことでさらに高まった。EUとロシアは、「新冷戦」と呼ばれる対立状態に突入した。

一方EU自体も、拡大によってさまざまな政治・経済状況の国が加盟国に含まれたことで、不協和音が生じるようになった。イギリスがEUから離脱するなど、現在は試練の時を迎えている。

POINT 3 アメリカの内海・太平洋への進出を図る中国

冷戦終結以降、アジアにおいては中国の台頭が顕著になった。

第二次世界大戦後の中国は、大躍進政策や文化大革命といった政策が国の混乱を招き、経済的にも停滞していた。そこで1970年代後半、中国は実質的には社会主義体制をあきらめ、改革開放路線に転換した。

中国が目をつけたのは、海を通じた諸外国との貿易に適した沿海部だった。ここに経済特区を設けることで、外国企業の進出を促そうとしたのだ。これをきっかけに、中国の経済躍進が始まった。

当初アメリカをはじめとした欧米諸国は、中国の経済成長を好意的な目で見ていた。経済の発展が、民主化の促進につながっていくと考えて

用語解説 「経済特区」
外国や華僑の資金を呼び込むため、対外開放された中国の地域。輸入関税の免除や国外送金の自由など、外資を優遇する特別措置が取られている。

中国と周辺国の軋轢

海上権益を求める中国は、日本と尖閣諸島の領有を争い、南沙諸島への強引な進出で周辺国と対立する。この動きはアメリカも警戒しており、東アジア情勢は予断を許さないものとなっている。

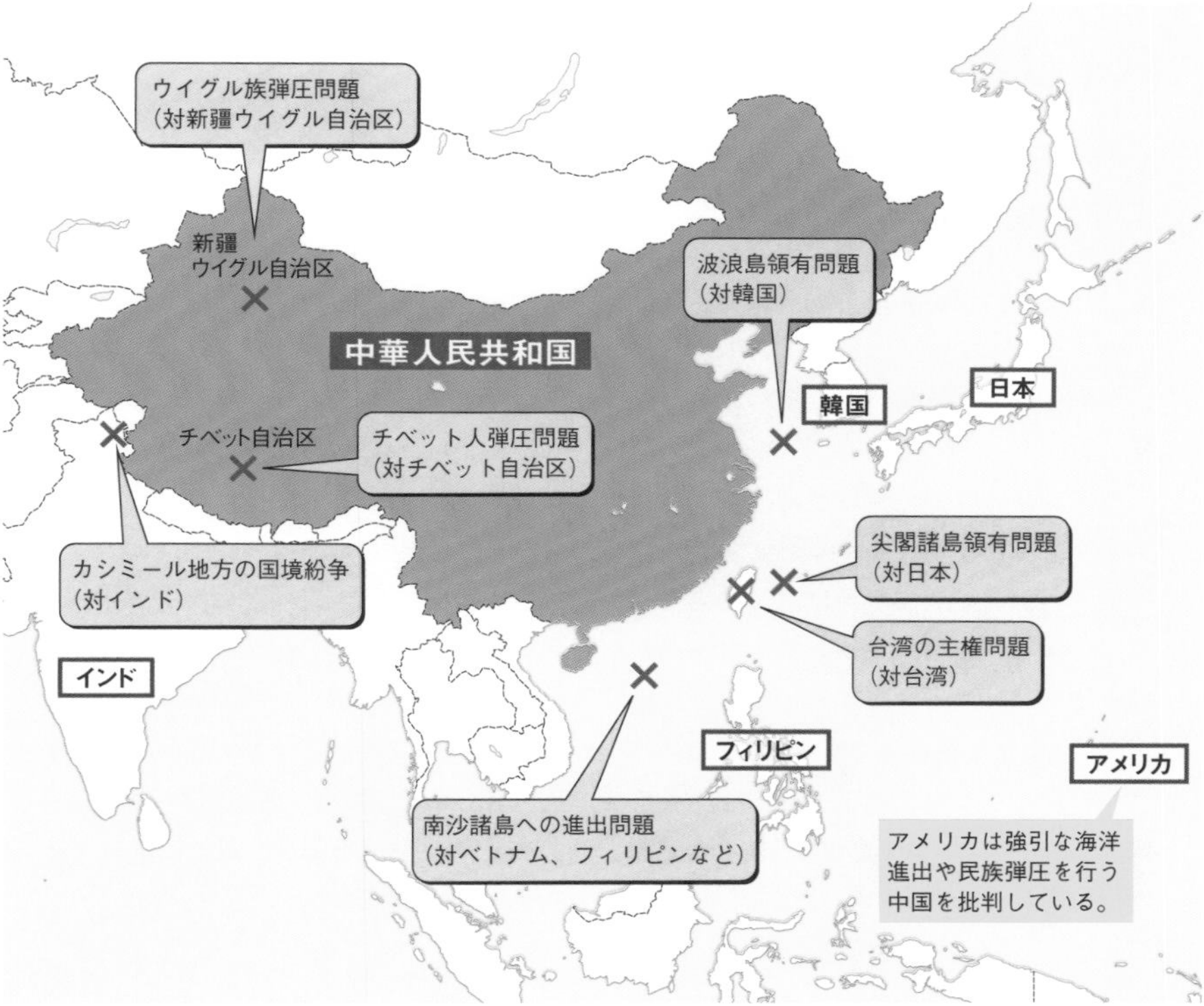
ウイグル族弾圧問題
（対新疆ウイグル自治区）
新疆
ウイグル自治区
中華人民共和国
波浪島領有問題
（対韓国）
韓国
日本
チベット自治区
チベット人弾圧問題
（対チベット自治区）
カシミール地方の国境紛争
（対インド）
尖閣諸島領有問題
（対日本）
台湾の主権問題
（対台湾）
インド
フィリピン
アメリカ
南沙諸島への進出問題
（対ベトナム、フィリピンなど）
アメリカは強引な海洋進出や民族弾圧を行う中国を批判している。

いたからだ。

だが中国は、既に1992年の時点で、尖閣諸島や南沙諸島などを自国の領土と定めた領海法を周辺国の了解なく制定するなど、のちの海洋進出に向けた布石を打っていた。また国家管理の下に、人々の自由を制限しながら経済成長を進めていくという方針も変えようとしなかった。

2000年代に入ると、中国は自国の利益の確保を前面に押し出した外交政策を展開するようになった。特に**東シナ海や南シナ海への海洋進出は、日本や東南アジア諸国との軋轢を生じさせた。また中国のこうした振る舞いは、第二次世界大戦後、太平洋を内海としてきたアメリカにとっても容認できないことだった。**

そのため現在このエリアは、世界的に見ても政治的に不安定な状態に置かれている。

➡ 中国の南沙諸島進出については**P132**参照
➡ 米中対立については**P160**参照

QUIET TALK

ナチ党にも影響を与えた ドイツ系地政学の系譜

現在の地政学は、アメリカやイギリス出身のマハン、マッキンダー、スパイクマンなどが築いた理論をもとに展開されている。ただし19世紀末から20世紀前半にかけては、英米由来の地政学とは別に、ドイツを中心とした地政学も独自の発展を遂げていた。

ドイツ系地政学の創始者は、地理学者であり生物学者でもあった**ラッツェル**である。ラッツェルは19世紀末に発表した論文の中で、国家は生物と同じ有機的な存在であるとする「国家有機体説」を唱えた。そして国家が生き残るためには、実力を行使してでも生存圏を確保する必要があると考えた。彼の思想は、当時の帝国時代の風潮に合致していた。

スウェーデンの地理学者だった**チェーレン**は、このラッツェルの考え方を継承し、「国家が存続するためには、必要な物資や資源を域内ですべて自給自足できる状態を作らなければいけない」とする説を唱えた。

この２人の理論をもとに、具体的な政策を提案したのが、ドイツの地政学者の**ハウスホーファー**である。ハウスホーファーは１９１３年に発表した著書の中で、植民地を「持たざる国」が「持てる国」に対抗して生存圏を確保するために、ドイツ、オーストリア、ロシア、日本が同盟を結び、世界を分割支配するという**大陸ブロック論**を提唱した。

ハウスホーファーの大陸ブロック論は、初期のナチ党政権の拡張政策に理論的根拠を与えることになった。ヒトラーの著書『わが闘争』の中にも、生存圏の確保について言及した章がある。また日本の大東亜共栄圏構想にも影響を与えたとされている。ただし実際には、ナチ党は「ロシアと連携すべきだ」というハウスホーファーの主張を無視し、独ソ戦に踏み切った。

ともあれ戦後のドイツや日本では、「戦争に導いた学問」として地政学の研究が回避されるようになった。世界的にも米英の地政学が主流となり、ドイツ地政学は過去の遺物となっていった。

大陸ブロック論を提唱したカール＝ハウスホーファー。第二次世界大戦後、自殺。

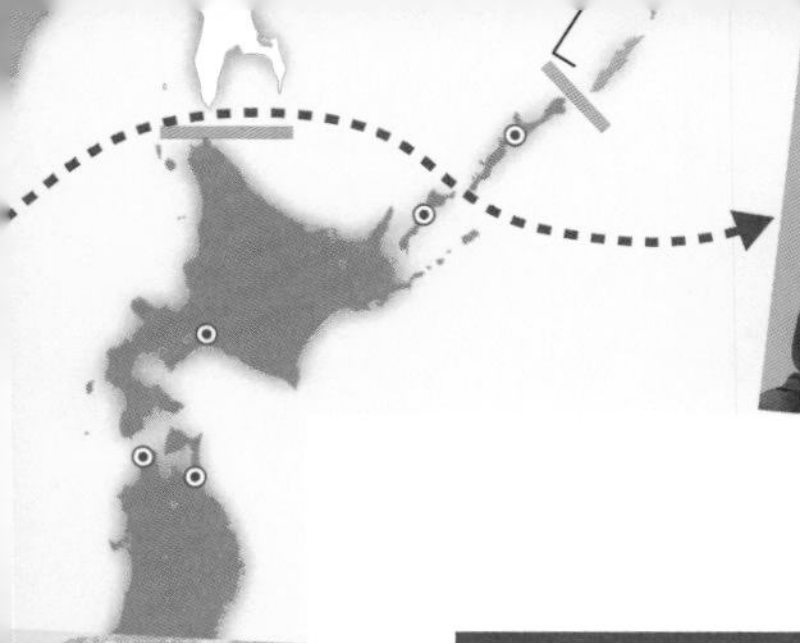

第3章

日本を取り巻く状況

地理と歴史

四方を海に囲まれたシーパワーの国・日本

大国の侵略を阻む海洋

日本の四方を囲む海は、他国の侵攻を防ぐ天然の障壁である。しかし、文明・文化の流入が阻まれるほどの絶海の孤島ではなかったため、日本は大陸からの影響をほどよく受けながら独自の文化を形成していった。

幕末期、アメリカは強い圧力のもとに日本を開国させた。だが当時のアメリカには、はるか極東の日本を植民地化するだけの軍事力はなかった。なお当時のアメリカは西海岸の港湾が未整備だったため、ペリーの来航は大西洋回りで行われた。
アメリカ
侵略
文化交流

日本が独立を維持できた理由

日本は戦後の一時期を例外として、基本的には独立を保ち続けてきた。また蒙古襲来や第二次世界大戦での沖縄戦などを除けば、本土が戦場になることも免れてきた。これは日本が置かれている地理的環境のおかげといっても過言ではない。

日本の地理的特徴は、いうまでもなく島国であることだ。**四周を「海」という天然の要塞に囲まれているため、航行手段が帆船しかなかった時代、他国が日本を攻めるためには、大量の軍船や兵糧を用意したうえで、長い航海を行う必要があった。**莫大なコストが発生し、兵士の疲労も大きくなるため、攻める側に圧倒

POINT

日本は「海」に守られて独立を維持してきたシーパワーの国。ただしかつてはランドパワーを志向したこともあった。

用語解説　「日本海」

日本や朝鮮半島、ロシア沿海州に囲まれた海。韓国・北朝鮮は「日本帝国主義の結果広まった名称であり、『東海』に変更すべき」と主張するが、国際的には「日本海」が定着している。

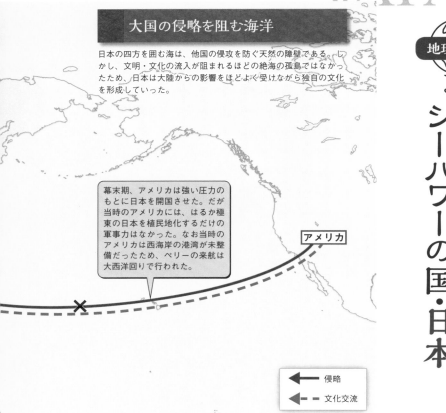

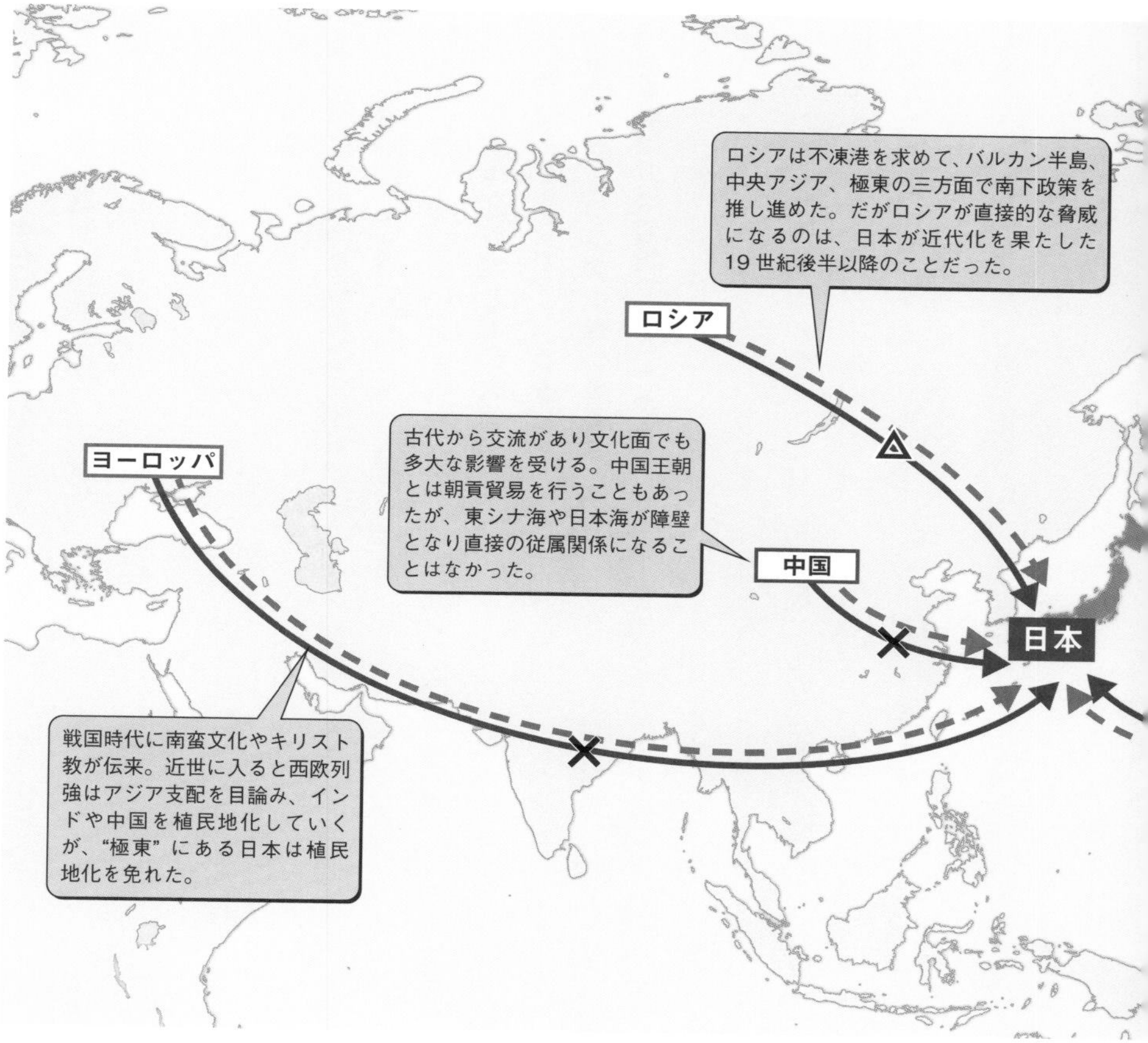
ロシアは不凍港を求めて、バルカン半島、中央アジア、極東の三方面で南下政策を推し進めた。だがロシアが直接的な脅威になるのは、日本が近代化を果たした19世紀後半以降のことだった。
ロシア
古代から交流があり文化面でも多大な影響を受ける。中国王朝とは朝貢貿易を行うこともあったが、東シナ海や日本海が障壁となり直接の従属関係になることはなかった。
ヨーロッパ
中国
日本
戦国時代に南蛮文化やキリスト教が伝来。近世に入ると西欧列強はアジア支配を目論み、インドや中国を植民地化していくが、"極東"にある日本は植民地化を免れた。

的に不利な環境だった。

またヨーロッパから見たときに、日本が「極東」に位置していることも、独立を守るうえで有利に働いた。**植民地獲得競争において、ヨーロッパ諸国はアジアではまずインドや東南アジアを植民地化し、次に中国の清王朝に目を向けた。清よりもさらに東にある日本は後回しにされた。その間に日本は情報を収集し、国を固め、列強の脅威に備えることができた。**

さらには中国との関係においては、中国大陸と日本列島が海を挟んで絶妙の距離にあることがプラスに作用した。距離的に近すぎないがゆえに、中国の支配体制に組み込まれずに済み、また遠すぎないがゆえに、中国の進んだ文化や技術を取り入れながら、独自の文化を花開かせることができたからだ。

社会主義勢力の防波堤となる

日本が明治維新を成し遂げ、近代国家としての出発を遂げようとしていた19世紀後半、東アジアではランドパワーであるロシアが、海を求めて南下政策を強化していた。

東アジアの地図を見ると、朝鮮半島は日本の喉元に突き刺さる「剣」のようかたちをしていることが分かる。**朝鮮半島南端と北部九州の距離は約２００㎞しかなく、日本にとって朝鮮半島をロシアに奪われることは、脅威以外の何物でもなかった。**

そこで日本は朝鮮を自らの影響下に置こうとしたため、朝鮮の宗主国であった清と衝突。１８９４年に日清戦争が勃発する。日本は戦争には勝利はしたが、ロシアが同じランドパワー勢力のドイツとフランスを引き込んで干渉してきたため、勝利によって得た遼東半島を手放さざるを得なくなった（三国干渉）。

迫りくるロシアとの全面対決に備えて、日本はイギリスと日英同盟を締結することを選択する。イギリスは日本と同じシーパワーの国であり、やはりロシアの勢力拡大を警戒していた。そういう意味で１９０４年に起きた日露戦争は、シーパワー対ランドパワーの戦いであったといえる。日本は英米の政治的・経済的支援を得て、この戦いに勝利した。

ところが日露戦争後の日本は、迷走を始める。本来はシーパワーであるにもかかわらず、大陸への進出を推し進めることで、ランドパワーの強国にもなることを志向したからだ。地政学では「シーパワーとランドパワーは両立できない」ことがセオリーとされている。日本は第二次世界大戦において、大陸ではランドパワーの中国と戦い、太平洋上ではシーパ

Column

沖ノ鳥島が危ない!!

沖ノ鳥島は日本の最南端に位置する非常に小さな島で、満潮時になると北小島と東小島の2島がわずかに顔を覗かせるだけになる。現在も浸食が進んでおり、水没の恐れがあるため、国では護岸工事を行っている。この島がなくなると、日本は約40万㎢もの EEZ（排他的経済水域）を失ってしまうことになるからだ。周辺海域にはレアメタルなどの海底資源が埋まっていることが期待されており、日本としてはこの水域を絶対に失いたくはない。一方中国は、沖ノ鳥島を「島」ではなく「岩」だと主張。ここでも領土問題が起きている。

2013年に実施された沖ノ鳥島の港湾工事の様子。

用語解説　**「日米安全保障条約」**

1951年に締結された、日本の安全保障のため米軍駐留を認める条約。1960年に結ばれた新安保条約では、米軍の日本防衛義務も規定され、現在の日米同盟の根幹となっている。

ワーの米英と戦うという無謀な挑戦を行い、敗北に追い込まれた。**戦後の日本は、東西冷戦構造の中で西側陣営に組み込まれた。**日本の周辺にはソ連、中国、北朝鮮という社会主義国が次々と誕生していた。そんな中で**アメリカが日本に求めたのは、社会主義勢力の拡大を防ぐ防波堤であり、資本主義の成功例になることだった。**1951年に締結された日米安全保障条約に基づき、日本には米軍が駐留することになった。

1989年に東西冷戦が終結したのち、東アジアに訪れたのは、安寧ではなくさらなる混迷だった。日本の周辺では、中国の大国化や北朝鮮の核問題、アメリカのプレゼンスの低下など、不安定要因が増している。日本は東アジアの地政学的状況を的確に分析しながら、自らの進むべき道を選択する必要に迫られている。

冷戦期の東アジア

冷戦は、米ソを中心にした世界を二分するイデオロギー対立となった。日本は東アジアの対社会主義勢力最前線として、西側陣営に組み込まれた。

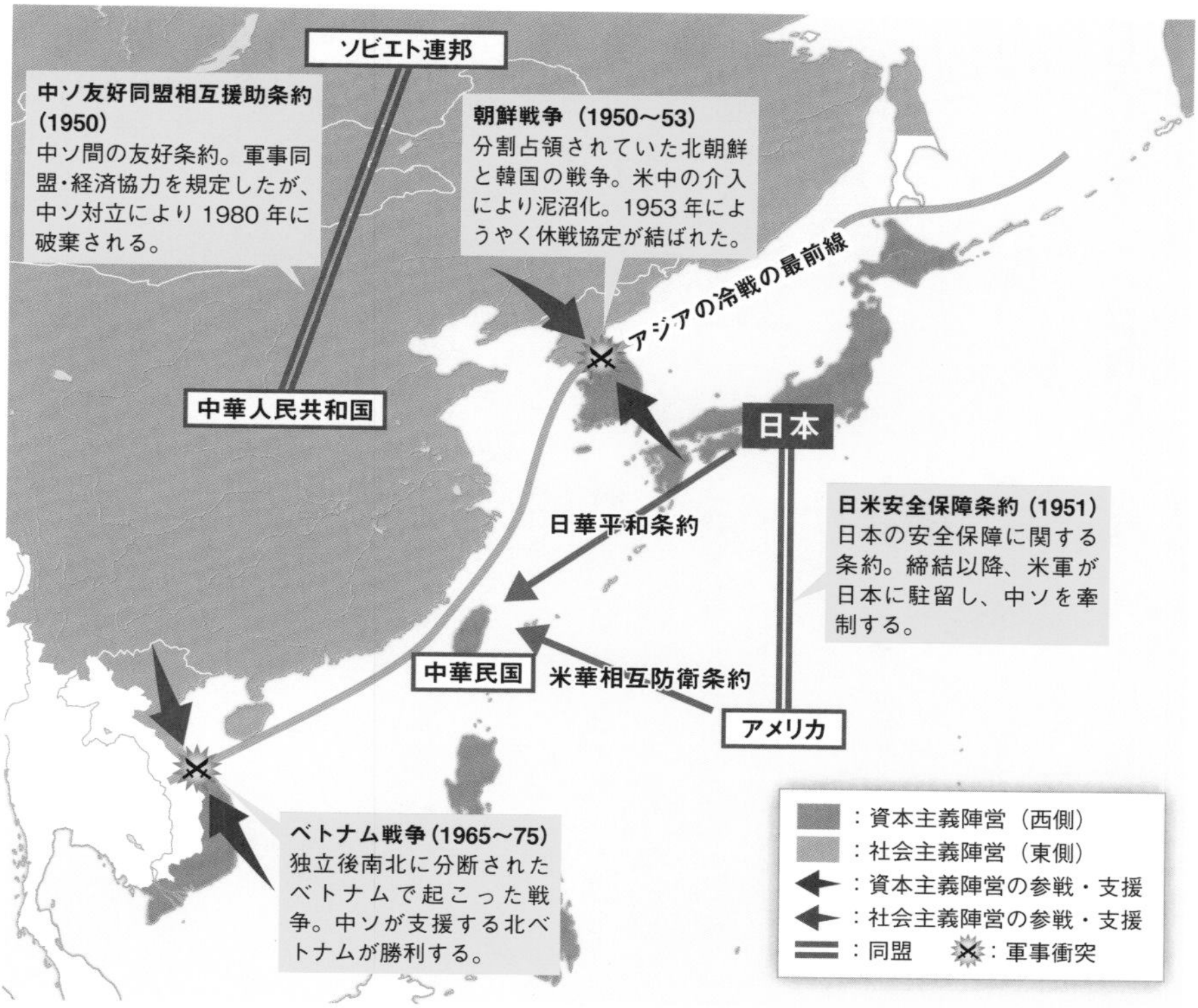
ソビエト連邦
中ソ友好同盟相互援助条約（1950）
中ソ間の友好条約。軍事同盟・経済協力を規定したが、中ソ対立により1980年に破棄される。
朝鮮戦争（1950〜53）
分割占領されていた北朝鮮と韓国の戦争。米中の介入により泥沼化。1953年にようやく休戦協定が結ばれた。
アジアの冷戦の最前線
中華人民共和国
日本
日華平和条約
日米安全保障条約（1951）
日本の安全保障に関する条約。締結以降、米軍が日本に駐留し、中ソを牽制する。
中華民国
米華相互防衛条約
アメリカ
ベトナム戦争（1965〜75）
独立後南北に分断されたベトナムで起こった戦争。中ソが支援する北ベトナムが勝利する。
：資本主義陣営（西側）
：社会主義陣営（東側）
：資本主義陣営の参戦・支援
：社会主義陣営の参戦・支援
：同盟
：軍事衝突

→ シーパワーについてはP20参照
→ 冷戦期の日本のついてはP92参照

ニュース

韓国との関係悪化の要因と今後の日韓関係の行方

1910年に朝鮮半島を併合した日本政府は、京城(現ソウル特別市)に朝鮮神宮を創建し創氏改名を行うなど、朝鮮人の「皇民化」を推し進めた。

戦前からの禍根が今も残る

日本と朝鮮は海を挟んで隣国の関係にあり、古くより日本は朝鮮半島を経由して大陸の進んだ技術や文化を移入した。だが明治時代以降、日本にとって朝鮮半島が持つ政治的な意味合いに、大きな変化が生じた。

当時、日本の最大の脅威は、南下政策を進めていたロシアだった。その日露両国にとって、緩衝地帯となったのが朝鮮半島である。この緩衝地帯をロシアに奪われることは死活問題だった。日清・日露戦争は、朝鮮半島を日本の影響下に置くために挑んだ戦争だった。**さらに1910年には韓国併合によって、朝鮮半島を直接日本の領土に組み込んだ。**

こうした日本の行動は、朝鮮半島との間に禍根を残した。戦後の日本は北朝鮮のみならず、1965年に日韓基本条約を締結するまでは、韓国との間にも国交はなかった。この条約の締結に至るための日韓の交渉は、歴史認識問題や賠償問題などをめぐって難航を極めた。最終的には日韓を共に社会主義勢力の防波堤にしたいアメリカの強い圧力のもとで実現したものだった。

いわば**韓国としては、反日感情は捨てがたいものではあるが、一方で同じアメリカと同盟を結ぶ国として日本と連携しなくてはいけない**というアンビバレントな状態に置かれることになったわけだ。

POINT

日本は緩衝地帯だった朝鮮半島を影響下に収めるために、朝鮮を支配。この過去が、現在も日韓関係に影を落としている。

用語解説 「韓国併合」

日露戦争後、日本政府は大韓帝国の外交権や内政権を奪い、保護国化を進める。そして1910年、「韓国併合条約」で朝鮮半島を併合。第二次世界大戦敗戦まで統治を行った。

戦後の日韓関係

戦後、日本と韓国の国交は1965年に回復された。しかし、従軍慰安婦や竹島領有など、両国の間には解決しなければいけない問題が山積みとなっている。

太平洋戦争終結（1945）

日本敗戦後、朝鮮はアメリカとソ連の分割統治を受ける。

朝鮮戦争（1950）

ソ連・中国
支援
朝鮮民主主義人民共和国
物資の調達
アメリカ
支援
日本
大韓民国

北朝鮮と韓国の戦争が勃発。日本は韓国を支援するアメリカの物資調達拠点となり、特需に沸く。

日韓基本条約（1965）

日本は韓国が朝鮮唯一の合法政府であることを確認し、両国の外交が再開。相互に財産・請求権を放棄し、日本は韓国へ5億ドルの経済支援を行うことが規定された。

従軍慰安婦問題の顕在化（1991）

1991年、元慰安婦による訴訟が起こる。以降、法的責任に基づく補償を求める韓国と、補償問題は解決済みとする日本の対立が続く。

日韓合意（2015）

安倍晋三首相が謝罪を表明し、両国が協力して元慰安婦への支援を行うことを確認した。しかし、2017年に発足した文在寅政権により、支援機関「和解・癒やし財団」が解散。合意は骨抜きになり、日韓関係は過去最悪レベルに冷え込む。

しかし

2021年1月、文在寅大統領が日韓合意について「公式合意」と発言。4月には、日本政府に賠償を求める元慰安婦の請求が却下されるなど、対日関係改善の兆しが見えつつある。

竹島は1905年に島根県へ編入された無人島。しかし、1952年に韓国が領有を主張し、実効支配を続けている。

韓国のEEZ
暫定水域
竹島
日本海
日本のEEZ

日本と韓国の排他的経済水域（EEZ）。現在、竹島周辺の海域は日韓が共同で管理する暫定水域となっている。

米中の動きにも注視が必要

現在も韓国は、アメリカと同盟関係を維持している。ただし近年は歴史的なかかわりが深く、地理的にも近い中国が台頭してきたことにより、二つの大国の間でバランスを取りながら外交を展開していくことを余儀なくされている。

そのため対日政策も、アメリカや中国の外交政策の影響を受けやすいと考えられる。例えばアメリカのバイデン大統領は、米日韓の連携を重視しているとされる。これに従うならば、**韓国も国交回復後最悪とも言われる状況が続く日本との関係を見直さざるを得ないだろう。**同様に中国の対日政策次第で、韓国の対日政策も変わることが予想される。

日韓関係は、単に二国間の関係ではなく、アメリカと中国の動きも意識しつつ見ていく必要がある。

→ 韓国と中国の関係については**P128**参照
→ 近代日本と植民地については**P84**参照

ニュース

なぜ日米は同盟関係を結び米軍は日本に駐留するのか

日本に駐留するアメリカ軍はたびたび自衛隊と共同演習を行い、有事に備えた連携を強めている。

日本は東アジア防衛の拠点

日本は戦後、ずっとアメリカと同盟関係を結んできた。日米がこれだけ安定性の高い同盟を維持できているのは、日本が置かれている地理的環境が大きく影響している。

太平洋戦争に勝利したアメリカは、太平洋の制海権を手に入れた。ただしこの海を完全に自国の内海にするには、太平洋は広すぎた。しかも対岸の大陸には、ソ連や中国という社会主義国家が跋扈していた。

そこでアメリカは、かつては敵国であった日本との同盟を選択した。**日本は中ソと距離的に近く、ここに米軍基地を置けば有事の際にはすぐに現地に到着できる。**また日本は、中ソが外洋に出るときに通過しなくてはいけない宗谷海峡や津軽海峡、対馬海峡、南西諸島等を有しており、米軍はここを押さえれば、中ソの動きを封じ込めることができる。

日米が結んだ日米安全保障条約は、米軍の日本への駐留を認める一方で、アメリカは日本の安全に寄与するというものである。日本にとっては、世界一の軍事力を誇るアメリカの力を借りて、強大な中ソの脅威から自国を防衛できるというメリットがこの条約にはあった。また**日本は、自国の防衛の多くを在日米軍に担ってもらうことで防衛費を削減。そのぶんを経済政策に回すことで、高度経済成長を実現した。**

POINT

アメリカにとって日本は、ロシア（旧ソ連）や中国の外洋進出を封じるうえで重要な位置にあり、同盟を結ぶ意義は大きい。

用語解説「思いやり予算」

日本が負担する在日米軍駐留経費。財政危機に苦しむアメリカの求めで1978年に始まった。金額や使用用途に対する疑問が呈されているが、現在も莫大な予算が投じられている。

日本国内の主な米軍基地

現在日本国内には約263k㎡の米軍基地が設置されている（自衛隊との共同施設は除く）。日本の安全保障上必要な施設である一方、基地関係者による犯罪などの問題も起こっている。

思いやり予算の変化

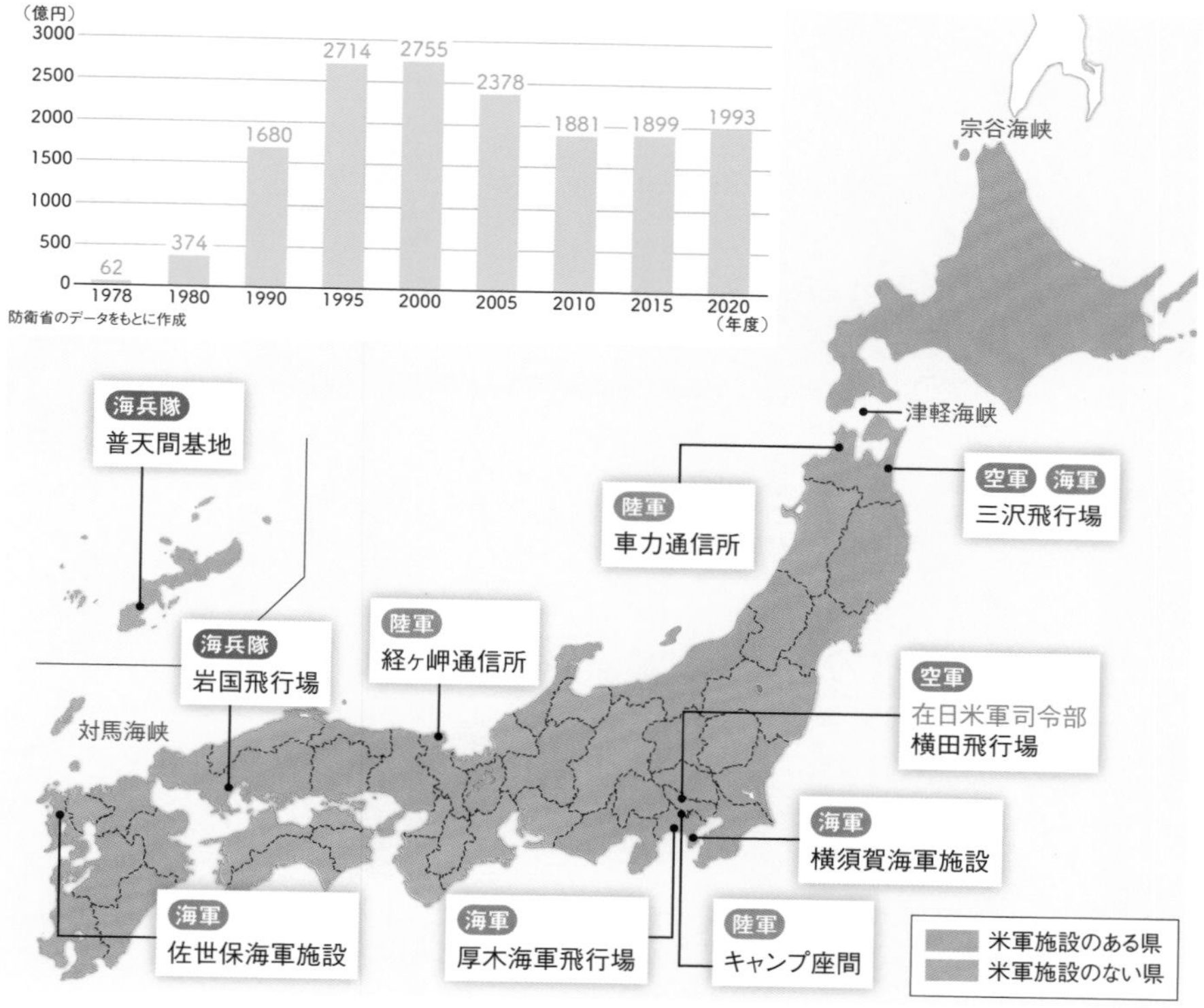
（億円）
3000
2500
2000
1500
1000
500
0
62
374
1680
2714
2755
2378
1881
1899
1993
1978
1980
1990
1995
2000
2005
2010
2015
2020
（年度）
防衛省のデータをもとに作成
宗谷海峡
津軽海峡
海兵隊 普天間基地
陸軍 車力通信所
空軍 海軍 三沢飛行場
海兵隊 岩国飛行場
陸軍 経ヶ岬通信所
対馬海峡
空軍 在日米軍司令部 横田飛行場
海軍 横須賀海軍施設
海軍 佐世保海軍施設
海軍 厚木海軍飛行場
陸軍 キャンプ座間
米軍施設のある県
米軍施設のない県

米軍が日本の石油を守る

アメリカは世界各地に自国の軍隊を駐留させているが、その中でも最も兵士の駐留人数が多いのが日本だ。**在日米軍は、東アジアだけでなく、太平洋からインド洋の一帯を監視する役割も担っているからだ。**

これも日本にとってはメリットがある。石油を中東からタンカーで安定的に輸送できるのは、この海域が米軍によって守られているためだ。ただし日本も近年は、集団的自衛権の行使を認めた安保関連法案を成立させるなど、アメリカとともに協力しながら、インド太平洋地域を守るという姿勢を強めている。

アメリカは日本を失えば、この地域での軍事的影響力が低下し、日本はアメリカを失えば、国防も経済も危機に瀕する。それが同盟を強固なものにしている。

→ 戦後の日本とアメリカについては**P92**参照
→ 米中関係については**P160**参照

ニュース

東シナ海支配を狙う中国は日本領海への侵入を繰り返す

尖閣諸島周辺を航行する中国の海洋監視船と警戒追尾する海上保安庁の巡視船。中国は尖閣諸島の領有を主張しており、たびたび日本領海内に侵入している。

尖閣は19世紀末から日本領

尖閣諸島は、沖縄県の石垣島から北方約170kmに位置する魚釣島や大正島などからなる諸島だ。日本は現地調査によってどの国の領土でもないことを確認したうえで、1895年に沖縄県に編入した。

ところが**1968年に国連が海洋調査を行った結果、海底に豊富な資源が埋蔵されていることが確認されると、中国や台湾は突如領有権を主張し始めた。**特に中国は1992年に制定した領海法という法律の中で、尖閣諸島を自国の領土であると明記。近年は中国海警局が、尖閣諸島への領海侵入を繰り返していることは周知の事実である。

東シナ海一帯を狙う中国

東シナ海には、南西諸島の西側に沿って、沖縄トラフと呼ばれる長さ約1000kmの海底盆地が走っている。中国は中国大陸からこの沖縄トラフまでの海域についても、「中国大陸からの大陸棚が沖縄トラフまで続いているから、中国の排他的経済水域（EEZ）にあたる」と主張している。排他的経済水域とは、その国が海底資源の発掘や漁業を自由に行える水域のことをいう。なおこの水域には尖閣諸島も含まれている。

ただしこの水域は、日本の領土から200カイリ内にある部分については、日本の排他的経済水域とも重なっている。こうした場合、本来は

POINT

中国にとって尖閣諸島や東シナ海一帯は、資源の確保の点からも、軍事上の理由からも、絶対に制海権を確保したい海域だ。

用語解説 「中国海警法」

沿岸警備を担う海警局に管轄海域内での外国船に対する武器使用を認める、中国の法律。管轄海域は中国が設定した範囲であるなど問題が多い。2021年1月施行。

日本周辺における中国の活動

東シナ海支配を目論む中国は、2012年頃から日本の領海や領空への侵入を繰り返している。2021年の中国海警法の成立後、中国船の動きはさらに活発化。日本政府は中国側に抗議しているが、状況は改善されていない。

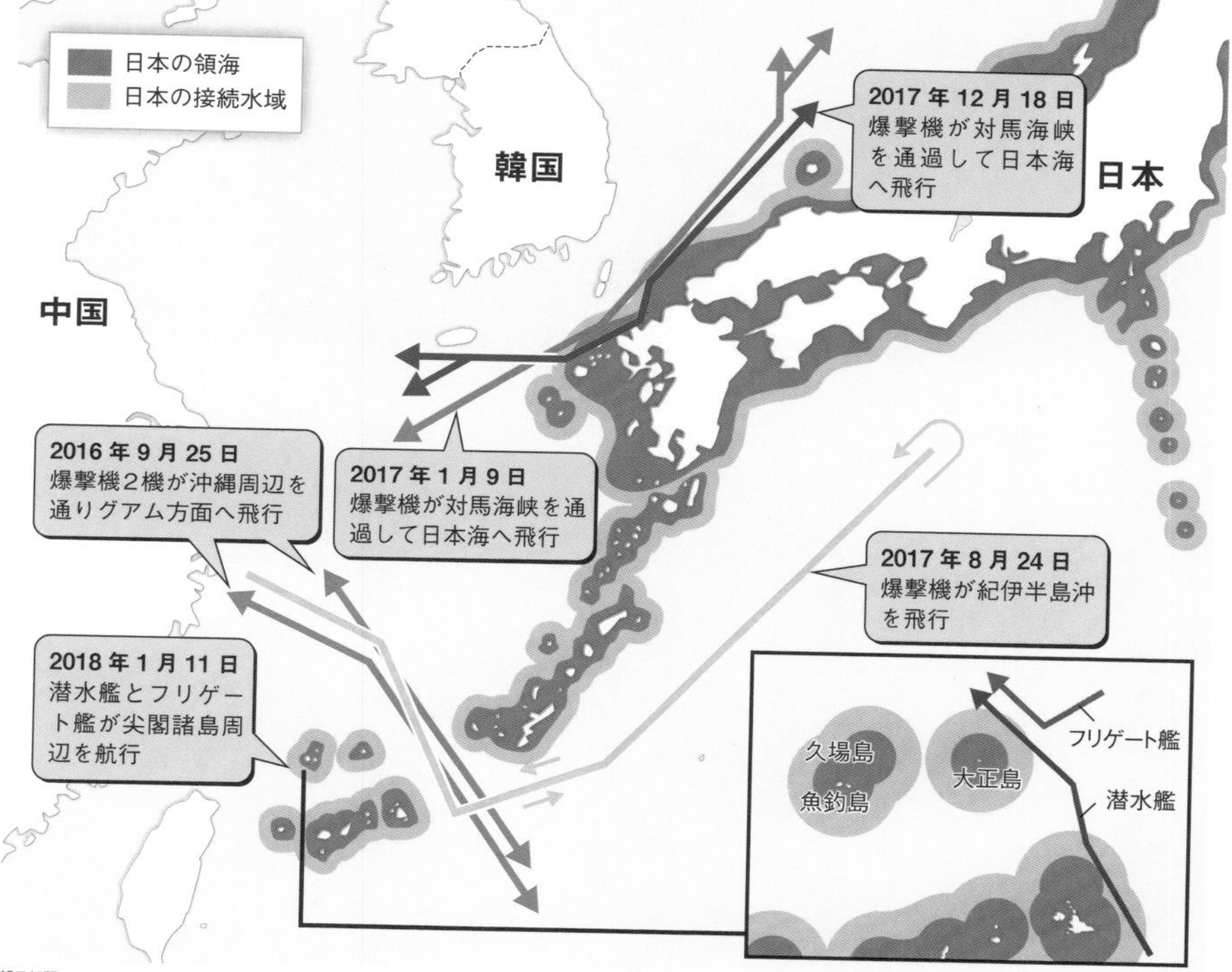
日本の領海
日本の接続水域
韓国
中国
日本
2017年12月18日
爆撃機が対馬海峡を通過して日本海へ飛行
2016年9月25日
爆撃機2機が沖縄周辺を通りグアム方面へ飛行
2017年1月9日
爆撃機が対馬海峡を通過して日本海へ飛行
2017年8月24日
爆撃機が紀伊半島沖を飛行
2018年1月11日
潜水艦とフリゲート艦が尖閣諸島周辺を航行
久場島
魚釣島
大正島
フリゲート艦
潜水艦

朝日新聞2018年1月13日の記事をもとに作成

協議によって境界を画定する必要がある。**日本は「国連海洋法条約に基づき、日中の中間線で境界画定を行うべき」と中国に申し入れているが、中国は話し合いを拒否し、自国の主張を押し通そうとしている。**

中国がこの海域に固執するのには、一つには東シナ海にガス田が複数存在していることがある。また沖縄トラフは東シナ海では最も水深が深く、潜水艦の潜行に適している。

さらに**中国は、南西諸島より内側のエリアを、本土を防衛するうえで絶対に制海権を握っておく必要がある第一列島線と位置づけている。**中国は東シナ海を完全に自国の内海にすることを目指しているのだ。したがって中国が、この海域を譲ることはまず考えられず、尖閣諸島を中心に日中の攻防が今後も続くことが予想される。

→ 中国の海洋進出については**P98**参照
→ 第一列島線については**P124**参照

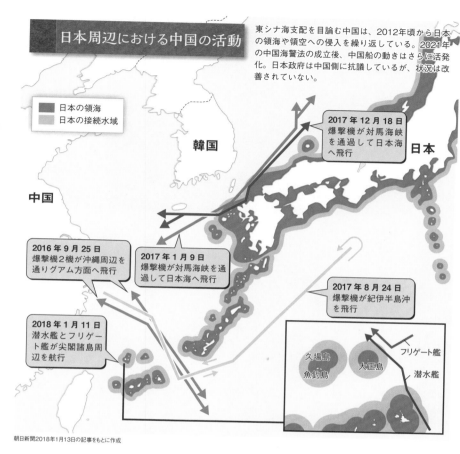

ニュース

沖縄が米軍の重要な軍事拠点になっている理由

米軍海兵隊が駐留するキャンプ・シュワブ。移転が決まった普天間飛行場の代替施設として、沖合の埋め立てが進められている。

戦後もアメリカの施政権下に

戦後の沖縄は、米軍から「太平洋の要石」と呼ばれてきた。米軍は沖縄本島の全面積の約14%を自軍の基地にしているが、これも沖縄を地政学的な「要」と考えているからだ。

米軍は太平洋戦争末期に沖縄への上陸作戦を開始すると、沖縄戦を戦いながら、占領地を次々と基地化した。その目的は沖縄を日本本土攻撃の最前線基地にすることだった。

戦後になって冷戦が始まると、今度は**沖縄は中国やソ連などの社会主義勢力に対抗するための最前線基地になった。**日本が独立を果たしたあとも、沖縄については1972年までアメリカの施政権下に置かれた。

東アジアをカバーできる場所

沖縄がなぜ「要石」とされてきたかは、世界地図に沖縄を中心にした同心円を描いてみるとよく分かる。

まず半径3000㎞の円では、東アジアや東南アジアの主要都市の多くが円内に収まる。

次に**大陸間弾道ミサイルの射程範囲である半径1万㎞の円を描いてみると、中南米やアフリカを除く世界の主要地域をほぼカバーしていることが分かる。**実は世界中のこれだけの範囲をカバーできる場所はけっして多くない。例えばアメリカの東海岸を中心に半径1万㎞の円を描いてみると、中国や中東といった最重要エリアが抜け落ちてしまう。

POINT

東アジアの各地域に最短距離で向かうことができる沖縄は、軍事上極めて好立地であり、基地が集中する要因になっている。

用語解説　「大陸間弾道ミサイル（ICBM）」

核弾頭を搭載し、大気圏外を飛ぶ射程6400km以上のミサイルのこと。アメリカやロシアが所持しているほか、中国でも急速に開発が進められている。

沖縄と周辺国の距離

周辺国と沖縄の距離を見てみると、東アジア・東南アジアの主要都市の多くが半径約3000km以内に入っていることが分かる。

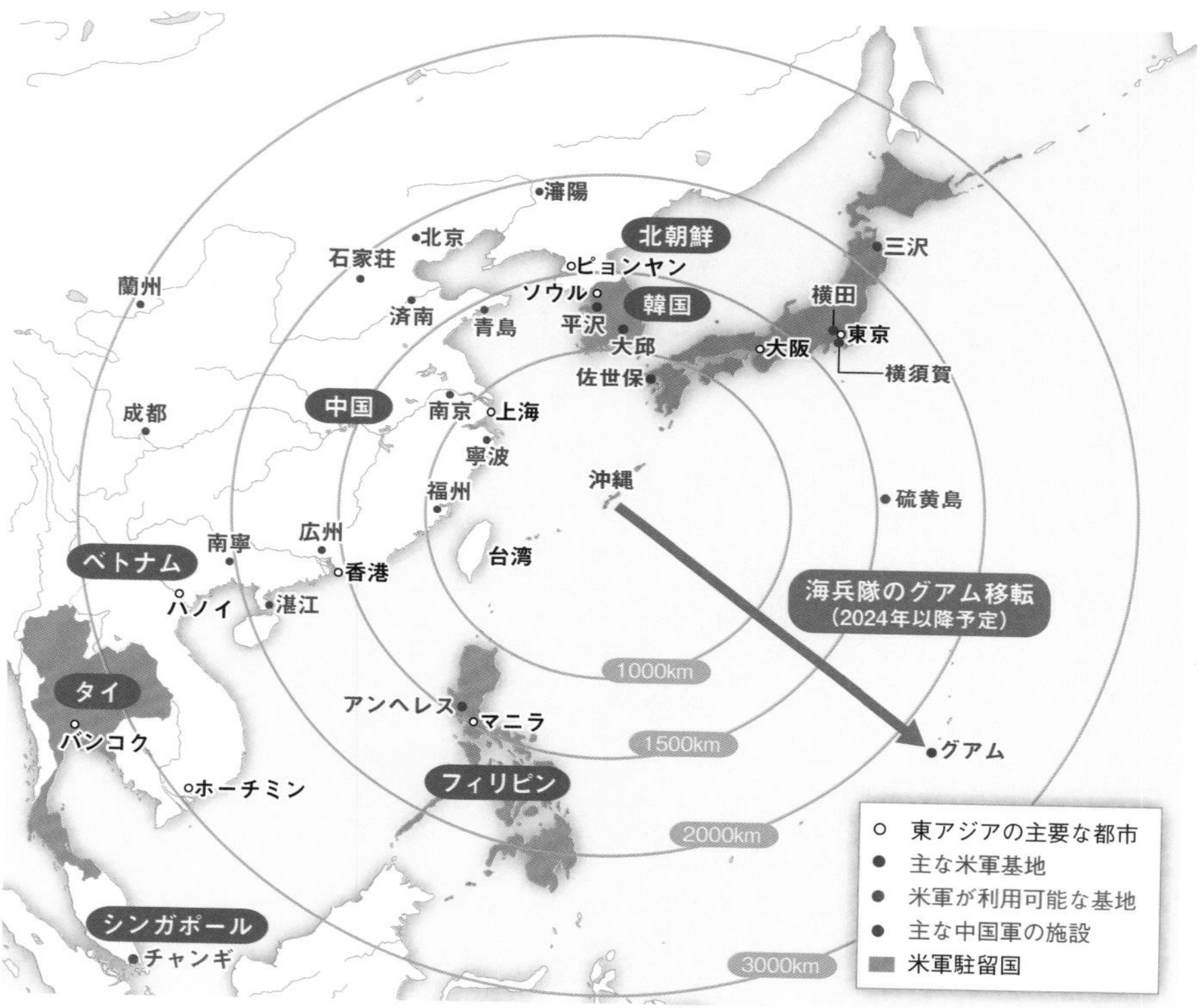
瀋陽
北京
石家荘
蘭州
北朝鮮
ピョンヤン
ソウル
韓国
平沢
大邱
済南
青島
三沢
横田
東京
大阪
横須賀
佐世保
中国
南京
上海
成都
寧波
福州
沖縄
硫黄島
広州
南寧
香港
台湾
ベトナム
ハノイ
湛江
海兵隊のグアム移転
(2024年以降予定)
1000km
タイ
アンヘレス
マニラ
バンコク
1500km
グアム
ホーチミン
フィリピン
2000km
シンガポール
チャンギ
3000km
東アジアの主要な都市
主な米軍基地
米軍が利用可能な基地
主な中国軍の施設
米軍駐留国

中国の封じ込めの拠点

さらに沖縄は、対中国の前線基地としても重要な地理的位置に存在している。**中国の艦隊が東シナ海から太平洋に抜けるときには、琉球諸島の間を通るルートか、台湾海峡を通るルートが現実的だ。そのため沖縄に基地を配置しておけば、このうち琉球諸島の間を通るルートを封じ込めることが可能になるのだ。**

また台湾で有事があった際にも、沖縄であれば、日本本土からよりはずっと早く駆けつけることができる。青島《せいとう》(チンタオ)にある中国の北海艦隊や、寧波《ねいは》(ニンボー)にある東海艦隊にもにらみを利かすことができる。軍事上極めて好立地であるといえるのだ。

これが沖縄の人たちが「基地なき島」を悲願としているにもかかわらず、その願いがなかなか実現できない大きな理由となっている。

→ 琉球貿易についてはP21参照
→ 沖縄返還についてはP93参照

ニュース

なぜ北方領土問題は解決が困難なのか

1956年、日ソ共同宣言に調印する日ソの首相。共同宣言では平和条約締結後に色丹島・歯舞群島の譲渡が記載されたが、現在も条約締結には至っていない。

噛み合わない日ロの主張

北方領土とは、歯舞群島、色丹島、国後島、択捉島の四島のこと。ロシア（当時ソ連）は、日本が第二次世界大戦においてポツダム宣言を受諾したあとにこの北方四島を占領し、今も実効支配を続けている。

これに対して日本は、「北方四島は、1855年に日ロが初めて国境線を定めて以来、ずっと日本の領土であり、これを占領することは、連合軍が戦後処理方針として定めた領土不拡大の方針に反する」と主張。北方四島の返還を求めている。

一方ロシアは北方四島について、第二次世界大戦での勝利によって得た正当な領土であるとしている。

米軍の進出を警戒するロシア

日本はロシア（ソ連）とこれまで何度も北方四島の返還交渉を行ってきたが、いまだに実現していない。実はロシアは2000年代以降、中国やノルウェーなどとの間で、次々と領土問題を解決している。そんな中で北方四島の交渉が難航しているのは、地政学的な理由がある。

冷戦終結時、ソ連を構成していたバルト3国（エストニア、リトアニア、ラトビア）が独立したことで、ロシアはバルト海に面する港の多くを失った。これに加えてもし**国後島や択捉島を日本に渡せば、冬でも海が凍結せず、オホーツク海から太平洋へと抜け出せる国後水道を失うこ**

POINT

ロシアにとって北方四島を失うことは、地政学上のダメージが大きいことが、交渉が膠着している大きな要因となっている。

用語解説「国後水道」

国後島と択捉島を隔てる海峡。ロシア軍の太平洋艦隊本部があるウラジオストクと太平洋を繋ぐ航路として、ロシアは重要視している。

北方領土の重要性

ロシアがオホーツク海と太平洋を繋ぐ国後水道を手放す可能性は低い。また、ロシアは返還後の北方領土に在日米軍基地が設置されることも懸念している。

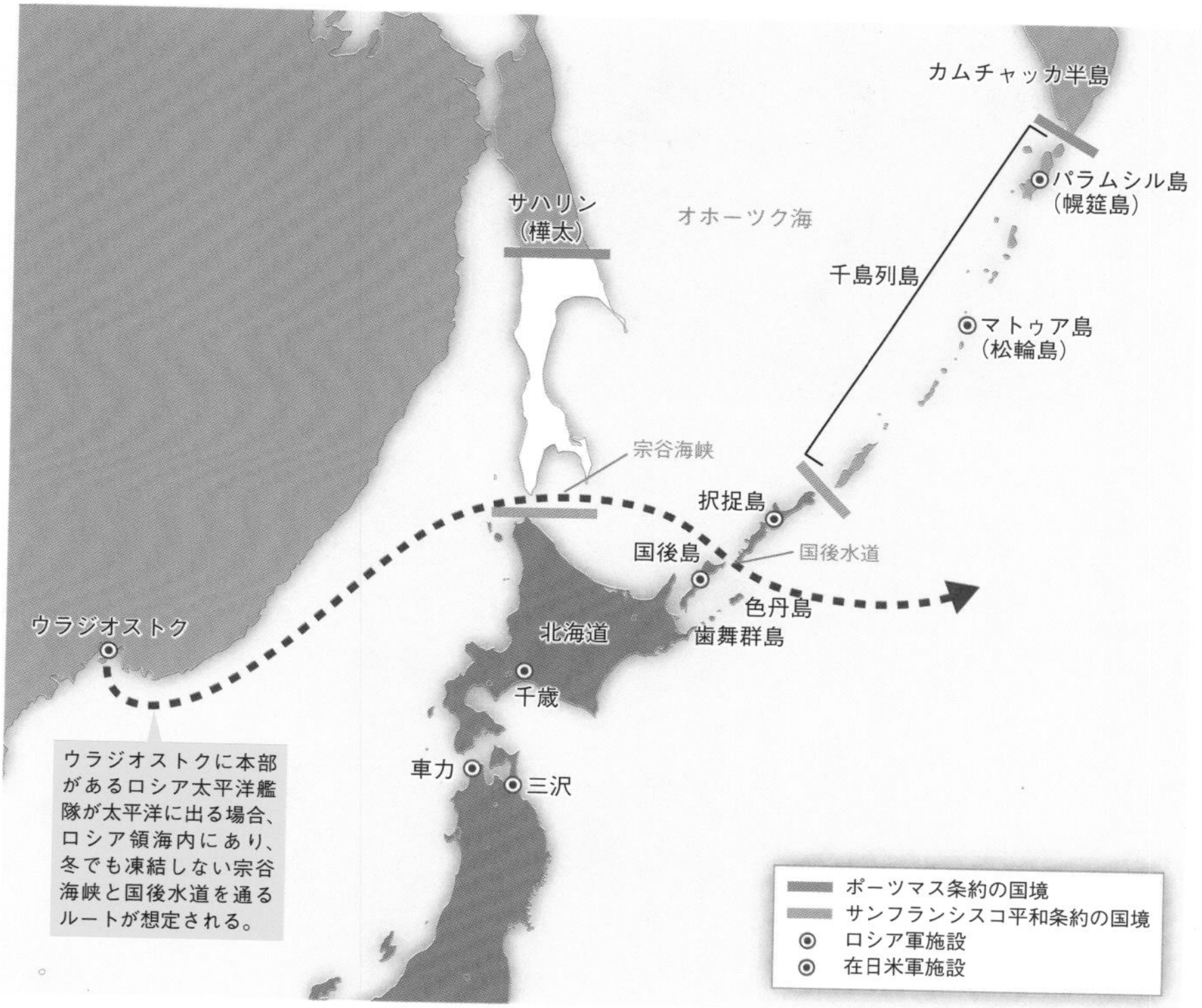
カムチャッカ半島
パラムシル島
（幌筵島）
サハリン
（樺太）
オホーツク海
千島列島
マトゥア島
（松輪島）
宗谷海峡
択捉島
国後島
国後水道
色丹島
歯舞群島
北海道
ウラジオストク
千歳
車力
三沢
ウラジオストクに本部があるロシア太平洋艦隊が太平洋に出る場合、ロシア領海内にあり、冬でも凍結しない宗谷海峡と国後水道を通るルートが想定される。
ポーツマス条約の国境
サンフランシスコ平和条約の国境
ロシア軍施設
在日米軍施設

とになり、ダメージは大きい。

またロシアとしては、日本が日米同盟を結んでいることも気になる。日本は北方四島を非軍事化することを提案したが、ロシアは四島を手放せば、米軍が拠点を築くことを警戒。逆に**ロシアは択捉島に地対空ミサイル、択捉島と国後島に艦艇攻撃用ミサイルを実戦配備するなど、北方領土の軍事基地化を進めている。**

２０２０年には、さらにこの問題の解決が遠のく出来事がロシアで起きた。外国への領土割譲の禁止が盛り込まれた憲法改正案が、全国投票によって承認されたのだ。ただしこの禁止条項には、「隣国との国境画定作業は除く」という例外規定が設けられたため、交渉の道が完全に閉ざされたわけではない。とはいえ現時点では、状況の打開はかなり厳しいと言わざるを得ないだろう。

→ 第二次世界大戦終結と冷戦については**P90**参照
→ ソ連の崩壊後のロシアについては**P170**参照

ニュース

「インド太平洋」構想で日本が目指していることとは

2021年3月に行われたQuad参加国首脳によるオンライン会議。「自由で開かれたインド太平洋」の実現のために協力することを確認した。

インド太平洋の自由を守る

2016年、当時の安倍晋三首相は、「自由で開かれたインド太平洋」という構想を打ち出す。**これはインド洋・太平洋地域において、「民主主義や人権といった普遍的価値を基盤とする地域秩序の維持強化」「航行の自由の確保」「自由貿易をベースとしつつ、経済援助や連携も行いながら、地域全体の経済的繁栄を実現」等について、関係国が協力して取り組んでいこうというものだ。**

この背景には、現在の中国の拡張的外交政策に対して、「自由や人権への配慮が欠けており、また自国の利益を優先しているため、地域全体の共存共栄を脅かすものになっている」という危機意識がある。

ちなみに日本は2006年、第一次安倍政権時にも当時の麻生太郎外相が「自由と繁栄の弧」という構想を発表している。政治的に不安定な状態にある北東アジアから中央アジア、中・東欧といったユーラシア大陸の外周に対して、日本の支援によって自由や民主主義、人権、法の支配、市場経済を根付かせることで、この地域の自由と繁栄に貢献しようというものだ。これは明らかにニコラス＝スパイクマンのリムランドの概念を意識したもので、地政学的な戦略と言えた。「自由で開かれたインド太平洋」は、この「自由と繁栄の弧」を継承したものといえる。

POINT

日本は「自由で開かれたインド太平洋」構想で、この地域の民主主義の維持や、航行の自由などの構想を打ち出している。

用語解説　「Quad(クアッド／日米豪印戦略対話)」

日米豪印による安全保障や経済について協議する枠組み。安倍晋三前首相が提唱し、2021年に首脳協議が実現した。海洋進出を進める中国を牽制する狙いがあるとされる。

自由で開かれたインド太平洋の実現

一帯一路構想に基づく中国の海洋進出に対し、日本をはじめとする環太平洋諸国は警戒感を強める。アジアの平和維持のためには、周辺国との連携が重要だ。

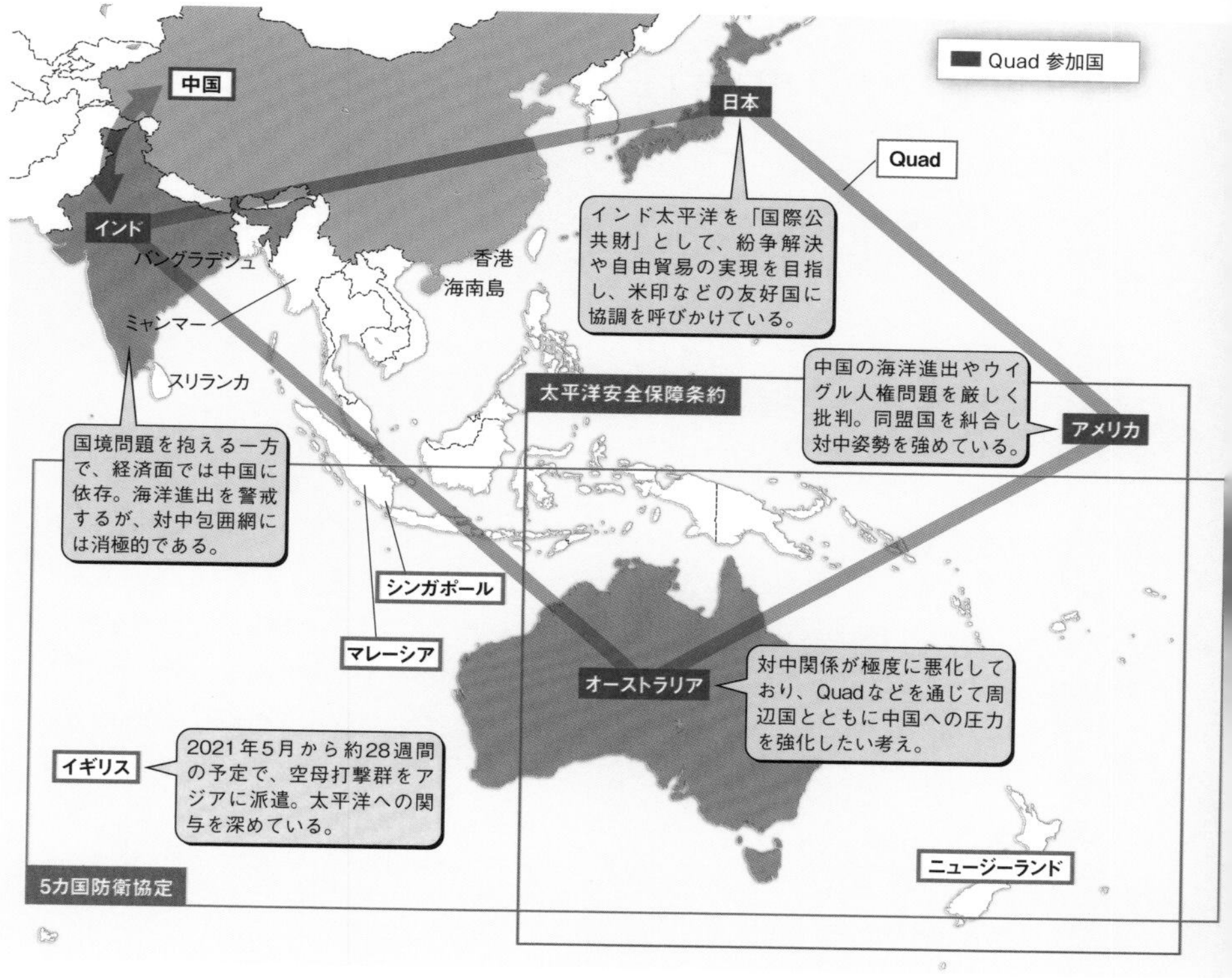
Quad 参加国
中国
日本
インド
Quad
バングラデシュ
香港
海南島
ミャンマー
スリランカ
インド太平洋を「国際公共財」として、紛争解決や自由貿易の実現を目指し、米印などの友好国に協調を呼びかけている。
中国の海洋進出やウイグル人権問題を厳しく批判。同盟国を糾合し対中姿勢を強めている。
アメリカ
太平洋安全保障条約
国境問題を抱える一方で、経済面では中国に依存。海洋進出を警戒するが、対中包囲網には消極的である。
シンガポール
マレーシア
オーストラリア
対中関係が極度に悪化しており、Quadなどを通じて周辺国とともに中国への圧力を強化したい考え。
イギリス
2021年5月から約28週間の予定で、空母打撃群をアジアに派遣。太平洋への関与を深めている。
ニュージーランド
5カ国防衛協定

日米豪印の4ヵ国が主軸

「開かれたインド太平洋」の中心を担うのは、日本、アメリカ、オーストラリア、インドの4ヵ国である。

この4ヵ国による対話の枠組みのことをQuad（日米豪印戦略対話）と呼び、Quadも2006年に当時の安倍首相が提唱したことで始まった。4ヵ国ともインド太平洋に面しており、中国には強い警戒感がある。バイデン政権はQuadを重視しており、2021年3月には4ヵ国による初の首脳協議が開かれた。

ただしQuadが中国との対立姿勢を強調しすぎると、ASEAN（東南アジア諸国連合）の支持が得られなくなるリスクがある。ASEAN諸国は激化する米中の対立の狭間に立たされ、バランスを取ることに苦慮しているからだ。日本も難しい舵取りを迫られている。

→ 中国の海洋進出についてはP130、P132参照
→ 中印対立についてはP136参照

QUIET TALK

第三のパワーとして登場した エアパワーの革新性と弱点

エアパワーとは、航空機の開発・生産能力、保有数、パイロットの技能など、航空に関する総合的な力のことをいう。

エアパワーが軍事面において、ランドパワー（陸軍力）、シーパワー（海軍力）に次ぐ**新たなパワー**として注目され始めたのは、第一次世界大戦時からだ。開戦当初、航空機は、偵察機として使われる程度だったが、各国は大戦中に次々と戦闘機や爆撃機を開発し、戦場に投入していった。第二次世界大戦になると、完全に戦場の主役の一つになった。

エアパワーの特徴は、ランドパワーやシーパワーと比べて、**速度や機動力が圧倒的に優れている**点だ。また、空を飛ぶので地形の制約も受けない。太平洋戦争でも、米軍のエアパワーは、ランドパワーやシーパワーが日本本土に到達していない時点から、空襲を繰り返すことで日本にダメージを与えた。おかげで米軍は、本土決戦を経ずに勝利を収めることができた。

ただしエアパワーにも弱点がある。

まず航空機は滞空時間に限度があるため、航空基地や空母を必要とする。また航空機は、地上においては軍事的に無力である。どこに基地を設ければ、想定敵国に対して航空優勢に立てるか、敵の攻撃から航空機を守ることができるか、**地政学的な発想**が必要だ。

また爆撃機は、砂漠のような見通しの良い場所の爆撃は得意とするが、ジャングルや山岳地帯で敵施設を効果的に爆撃するのには向いていない。具体的な戦術を立てる際にも、地理的な条件を考慮する必要がある。

さらにやはり滞空時間に限度があることから、爆撃によって敵地の戦闘能力を失わせることはできても、敵地上空を占有し続けることはできない。最終的に敵地を占有する際には、**ランドパワー**が必要となる。

つまり、いくらエアパワーが地上を離れて空へと飛び立ち、縦横無尽に機動力を発揮できるといっても、やはり地政学的な制約を免れることはできないということなのだ。

1914年に日本海軍が導入したモーリス・ファルマン式水上機。第一次世界大戦時は、青島攻略戦などに参加した。

第4章

中国の覇権と東アジア

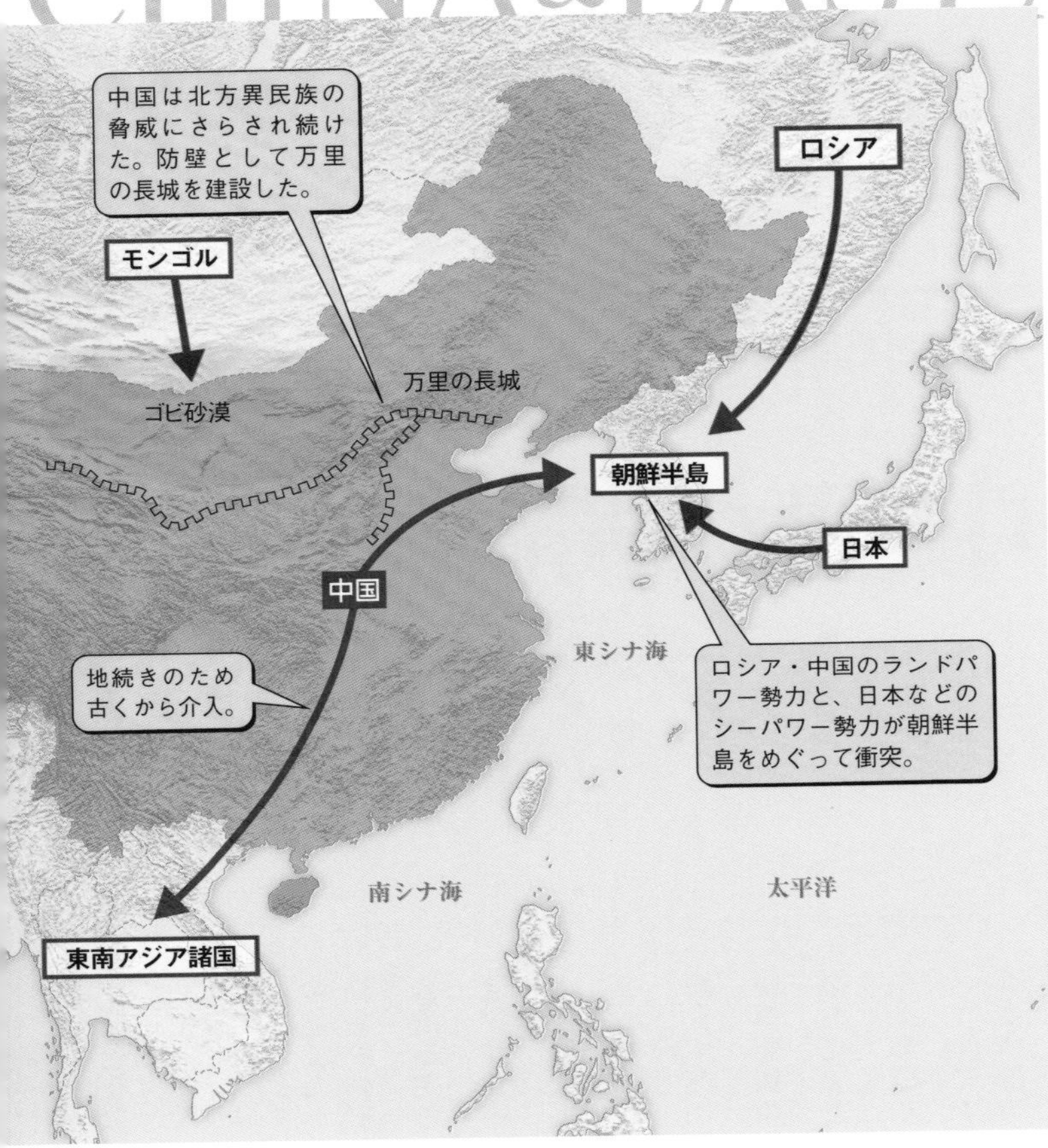
中国は北方異民族の脅威にさらされ続けた。防壁として万里の長城を建設した。
モンゴル
ゴビ砂漠
万里の長城
ロシア
朝鮮半島
日本
中国
東シナ海
地続きのため古くから介入。
ロシア・中国のランドパワー勢力と、日本などのシーパワー勢力が朝鮮半島をめぐって衝突。
南シナ海
太平洋
東南アジア諸国

地理と歴史

東アジアの地形が育んだ ランドパワー大国・中国

共通点が多い東アジアの国々

ユーラシア大陸の東端にある東アジアの国々は、漢字文化圏に属していることや、社会や人々の価値観が儒教の影響を色濃く受けていることなど、共通点も多い。

この要因の一つに、東アジアを取り巻く地理的環境が挙げられる。東アジアの南西にはヒマラヤ山脈がそびえ立ち、西にはタクラマカン砂漠、北にはゴビ砂漠、北東には極東ロシアの山岳地帯、そして東と南には広大な海がある。このように**東アジアは、山脈、砂漠、海によって地理的に他地域から閉ざされた空間**になっていることが、独自の文化を育むことを後押しした。

POINT

山脈、砂漠、海によって閉ざされた空間であることが、東アジア独自の文化を育むうえでの母体となった。

用語解説 「漢民族」

自らを黄帝（中国神話に登場する最初の帝）の子孫と称し、高祖が築いた漢王朝の思想・文化を継承する民族。度重なる他民族との同化により、現在は世界最大規模の民族となった。

中国を囲む天然の要害

砂漠や山脈に囲まれた中国は独自の文化を形成。その文化は朝鮮半島や日本など、東アジア全域に伝わった。

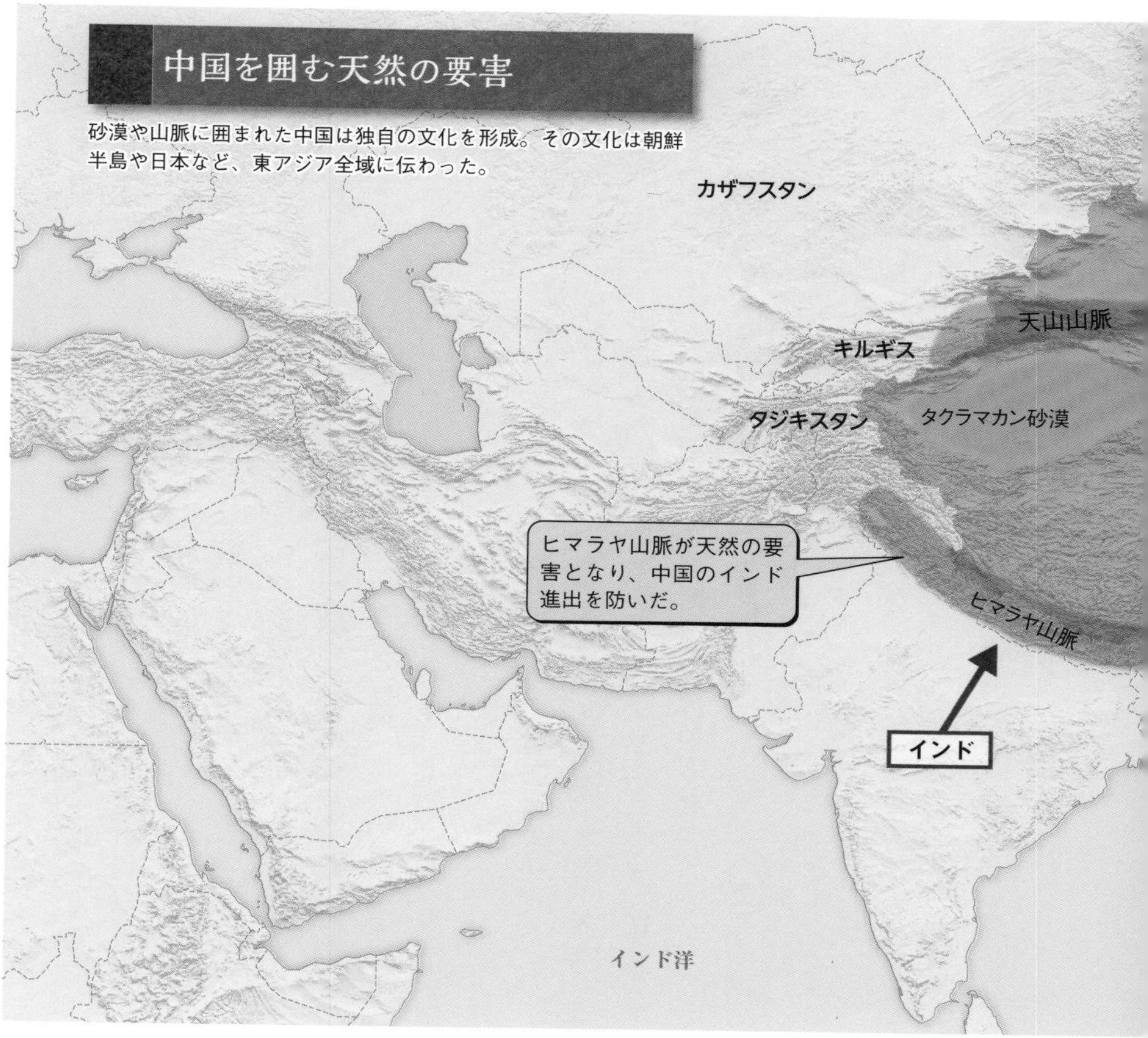
カザフスタン
天山山脈
キルギス
タジキスタン
タクラマカン砂漠
ヒマラヤ山脈が天然の要害となり、中国のインド進出を防いだ。
ヒマラヤ山脈
インド
インド洋

大陸への意識が強い中国

東アジアのうち、面積の約８割、人口の約９割を占めているのが中国である。中国もまた、東アジアの地理的環境が生み出した国家であるといえる。

　中国は、黄河文明が古代四大文明の一つとされているように、古くより文明が栄えてきた。黄河と長江という二つの大河に恵まれた中国では、早くから定住型の農業が営まれ、その農業を基礎に文明も築かれていった。一方中国の周囲には、農耕に適さず、日々の糧を遊牧に頼るしかない草原地帯が広がっていた。

　この中国の内部は農耕地帯、周辺は遊牧地帯という対照的な地理的特徴が、世界を中国の内と外に分け、**漢民族による中国こそが世界の中心であり、周囲の異民族を禽獣に等しい蛮族と見なすという中華思想**の形成につながったと考えられる。

ただし中国は実際には、常に漢民族の国家であったわけではなく、元朝や清朝など北方民族の支配下に置かれたことが何度もある。東アジアは地理的に閉ざされた空間になっていると述べたが、北方のゴビ砂漠やモンゴル高原については、外敵の侵入を防げるような地形をなしてはおらず、中国の防御面の最大の弱点となってきたからだ。長大な万里の長城を築いたのもそのためである。

この北方からの異民族の侵入の脅威に絶えず脅かされてきたことが、中国の歴代の為政者の意識を自然と陸へと向かわせた。中国は東シナ海と南シナ海という豊かな海を持ちながらも、**シーパワーではなく、ランドパワーとしての勢力の拡充に力を注がざるを得なかった**のである。

この状況は、第二次世界大戦以降も変わらなかった。中国は1950年代後半から、同じ社会主義国であったソ連との対立が深刻になり、大陸からのソ連の侵攻に備える必要があったからである。

現在の中国は「一帯一路」を掲げた積極的な海洋進出を行っている。この背景には、冷戦の終結とともにソ連が崩壊し、大陸方面の脅威が減じたことが大きい。現在ロシアとはひとまず良好な関係を保っている。またカザフスタンやキルギスといった中央アジア諸国とも協力関係を構築し、脅威を取り払っている。だから中国は、安心して海へと目を向けられるのだ。

同じランドパワー勢力でも、ロシアが不凍港を求めて苦難の歴史を歩んできたのに対して、政治的環境さえ整えば、すぐに海へと出られることも、中国の地理的な強みである。

中華思想

中国の世界観の根底にある中華思想。これは、漢民族、なかでも天子を至高とし、周辺諸国（四表）を蛮族とみなす考え方である。周辺諸国とは、日本・朝鮮半島などの東夷《とうい》、東南アジア・ヨーロッパなどの南蛮《なんばん》、中央アジアの西戎《せいじゅう》、北方異民族の北狄《ほくてき》である。

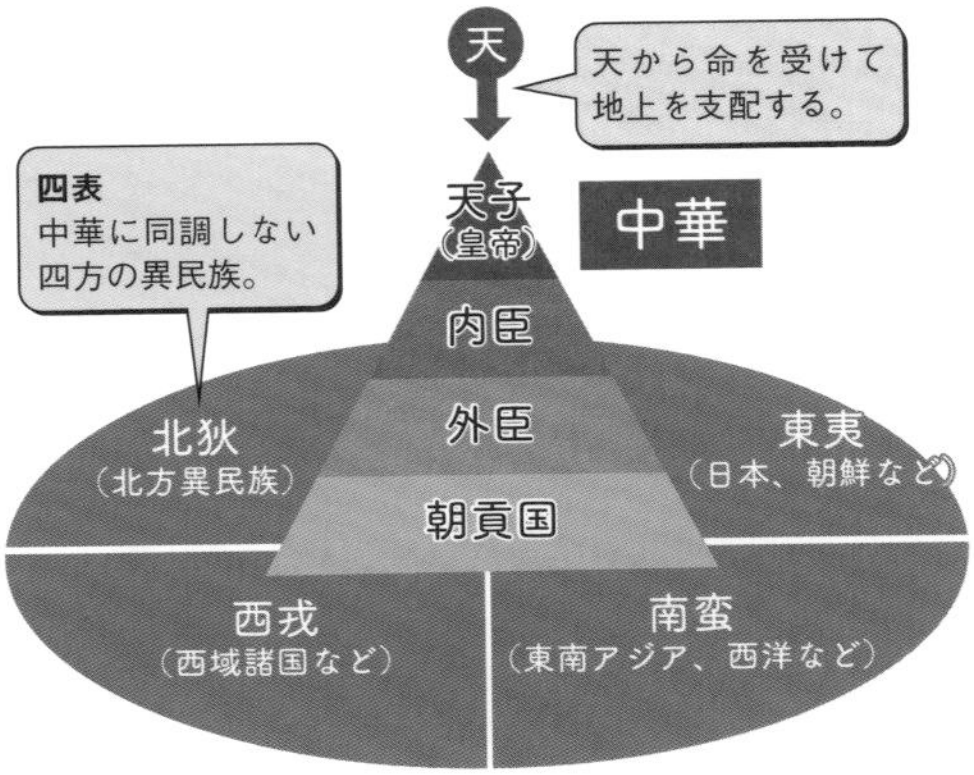
天
天から命を受けて地上を支配する。
四表
中華に同調しない四方の異民族。
天子（皇帝）
中華
内臣
外臣
朝貢国
北狄（北方異民族）
東夷（日本、朝鮮など）
西戎（西域諸国など）
南蛮（東南アジア、西洋など）

用語解説「冊封体制」

中国と東アジアの国々の間に結ばれた君臣関係。中国の周辺国家の支配者たちは、中国皇帝に朝貢することでその国の国家元首であると認可された。この体制は清朝まで続いた。

朝鮮半島の地政学的宿命

朝鮮半島は、地政学的にはランドパワー勢力とシーパワー勢力がぶつかり合うリムランドに位置する。

とりわけ朝鮮半島は、ランドパワーの中国の圧力を受け続けてきた。中国と朝鮮半島の間を流れる鴨《おう》緑江《りょくこう》と豆《と》満江《まんこう》は、渡るのが容易で、ほとんど防御の機能を担うことができなかった。近代に至るまで、朝鮮が中国の冊封体制に組み込まれたのは、地政学的な宿命とも言えた。

19世紀後半になって中国の勢力が衰えると、今度は朝鮮半島を足場に大陸進出を目指すシーパワーの日本に蹂躙されることになる。太平洋戦争での日本の敗戦によって、ようやく大国のくびきから解放されるかと思われたが、待っていたのは北緯38度線を境に、北はソ連、南はアメリカによる分割統治だった。

朝鮮戦争の経緯

1950年に開戦した朝鮮戦争はソ連・中国が支援した北朝鮮と、アメリカ・日本が支援した韓国の戦争である。両国は1953年に休戦協定を結ぶも、未だに終戦とはなっていない。

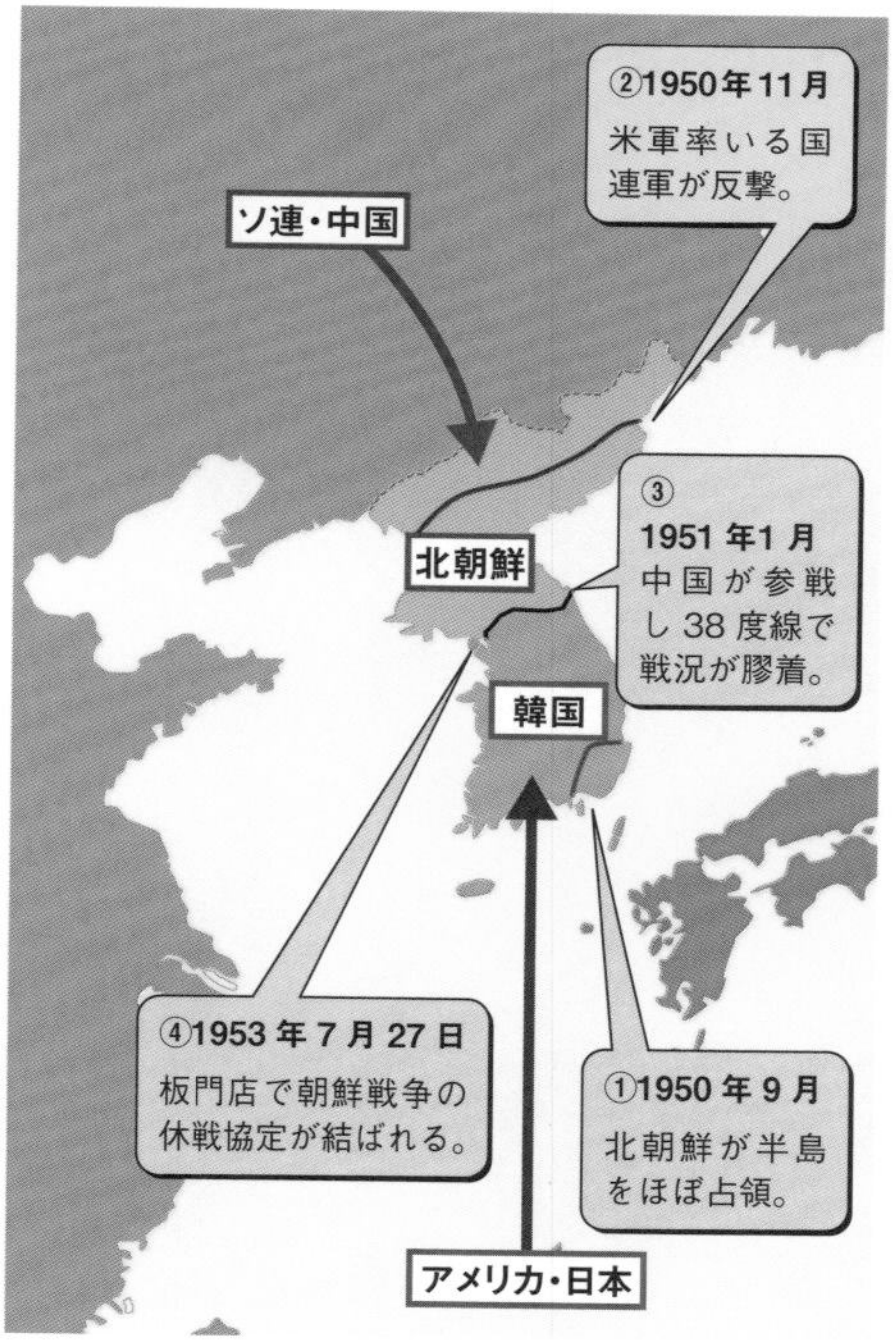
②1950年11月
米軍率いる国連軍が反撃。
ソ連・中国
③
1951年1月
中国が参戦し38度線で戦況が膠着。
北朝鮮
韓国
④1953年7月27日
板門店で朝鮮戦争の休戦協定が結ばれる。
①1950年9月
北朝鮮が半島をほぼ占領。
アメリカ・日本

→ ロシアの南下政策については**P72**参照
→ 中国の「一帯一路」構想については**P130**参照

Column

なぜ韓国と北朝鮮の国境は38度なのか

1945年の日本の敗戦後、朝鮮半島は北緯38度より北をソ連が、南をアメリカが占領した。1948年にはそのまま北朝鮮と韓国として独立した。ではなぜ38度が境になったのか。大戦末期、対日参戦をしたソ連は朝鮮半島全体を占領しかねない勢いだった。一方米軍は、朝鮮半島に軍を送るだけの余裕がなかった。そこで外交折衝によってソ連の進行を食い止めることにし、38度を境に分割する案（38度であれば首都ソウルがアメリカ側に入った）を提示したところ、ソ連が了承したため、占領地が確定したのである。

北緯38度線上にある板門店。

ニュース

なぜ中国は是が非でも台湾を手に入れたいのか

2016年から中華民国総統を務める蔡英文（さいいえいぶん／ツァイインウェン）。中国共産党の「一つの中国」の方針に反対している。

台湾は「国」ではなく「地域」

近年、海洋進出を図る中国は、**太平洋西部に第一列島線と第二列島線という二つの防衛線を設定**している。第一列島線は、南西諸島から沖縄、台湾、フィリピン、南沙諸島を結ぶ線のことで、中国はこの線より内側を他国の艦船の侵入を許さない「中国の内海」にすることを目指している。そのうえで第二列島線への勢力の拡大をもくろんでいる。

ところがこの**第一列島線の内側で、中国の内海化を阻む位置に存在しているのが台湾**だ。

そもそも台湾は、「国」ではなく「地域」であるとされている。これはどういうことだろう。

第二次世界大戦後、中国では国民党と共産党が対立（国共内戦）。戦いに敗れた国民党の蔣介石《しょうかいせき（チャンチェシー）》は台湾に逃れ、ここに政府を移した。だが中国は台湾（中華民国）を国として認めず、「中国は一つだ」との立場を堅持している。一方国際社会も、1971年に中国（中華人民共和国）が国連に加盟し、入れ替わるように台湾が国連を脱退したときから、中華人民共和国を中国の代表であると認め、台湾は「地域」であるとみなすようになったのだ。

ちなみに台湾の人たち自身は、独立派と親中派に分かれるが、近年は「自分は中国人ではなく台湾人だ」と考える人が増えているとされる。

POINT

中国は第一列島線の中を「内海」にしたいと考えているが、列島線の内側に位置する台湾が、その野望の障壁となっている。

人物解説　蔣介石(1887〜1975)

中国国民党の党首で、毛沢東率いる中国共産党と対立する(国共内戦)。農村改革を成し遂げた共産党が勝利し、蔣介石は逃亡。その後、台湾に中華民国国民政府を樹立した。

中国が引いた「第一列島線」「第二列島線」

中国は、領海の目標範囲として、２本の列島線を引いた。なかでも台湾は第一列島線の内側に位置し、中国は何としても台湾を自国に組み込みたいと考えている。

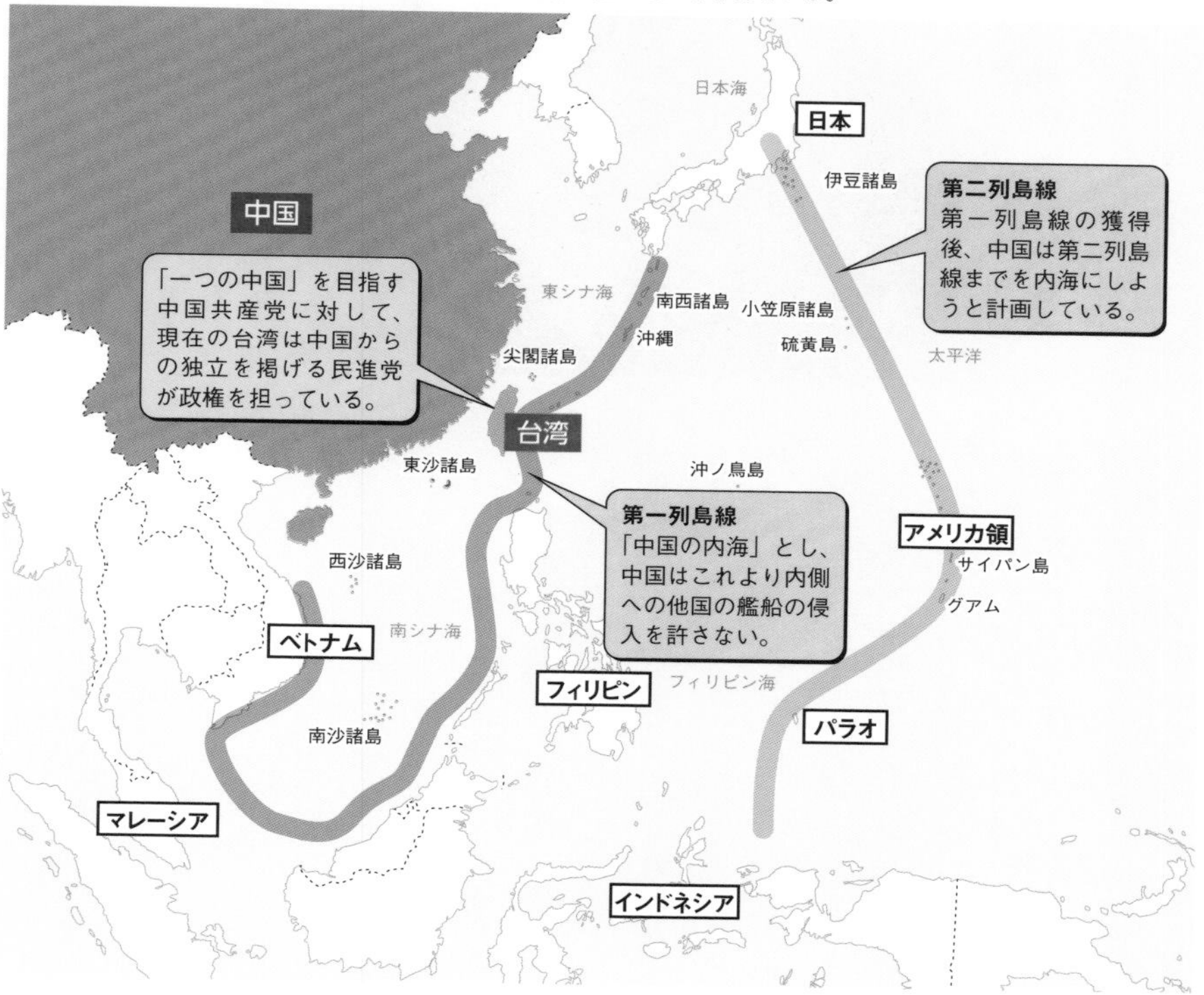
日本海
日本
伊豆諸島
第二列島線
第一列島線の獲得後、中国は第二列島線までを内海にしようと計画している。
中国
「一つの中国」を目指す中国共産党に対して、現在の台湾は中国からの独立を掲げる民進党が政権を担っている。
東シナ海
南西諸島
小笠原諸島
沖縄
尖閣諸島
硫黄島
太平洋
台湾
東沙諸島
沖ノ鳥島
第一列島線
「中国の内海」とし、中国はこれより内側への他国の艦船の侵入を許さない。
アメリカ領
サイパン島
西沙諸島
グアム
南シナ海
ベトナム
フィリピン
フィリピン海
パラオ
南沙諸島
マレーシア
インドネシア

台湾をめぐる米中の攻防

中国は第一列島線を内海にするためにも、是が非でも台湾を中国の体制に組み込み、文字通り「中国を一つ」にしたいと考えている。近年は、台湾と国交がある国に経済援助をちらつかせることで台湾と断交させ、台湾を国際的に孤立した状態に追い込もうとしてきた。また台湾周辺で軍事行動も活発化させている。

一方アメリカや日本にとって、中国に台湾を取り込まれることは、**中国の勢力拡大を防ぐ防波堤の一角を崩されることを意味する。**すると中国に第二列島線までの進出を許してしまうことになりかねない。

そのため2021年4月に行われた日米首脳会談では、共同声明の中で「台湾海峡の平和と安定の重要性」を明記。日米の台湾情勢に対する連携の強化が打ち出された。

→ 沖縄を巡る諸国の思惑についてはP112参照
→ 南沙諸島を巡る中国と東南アジアの対立についてはP132参照

2018年にベトナムで行われた米朝首脳会談で、アメリカのトランプ大統領と握手を交わす、北朝鮮の総書記・金正恩（キムジョンウン）。

ニュース

北朝鮮にとっての中国 中国にとっての北朝鮮とは

最大の貿易相手国だが……

北朝鮮は、防御面で非常に不利な地理的環境にある。中国との国境線にある鴨緑江や豆満江は、容易に渡河ができる。**また北朝鮮と韓国を隔てる北緯38度線は、人為的に引かれた国境**であるため、境界線上に山脈などの自然の要塞となるものがあるわけではない。そのため北朝鮮は、北の中国からも南の韓国からも、常に強い緊張感を強いられてきた。

このうち中国については、同じ社会主義国陣営ではあったのだが、過度に依存しすぎると、内政面まで干渉されるリスクがあった。そこで冷戦期の北朝鮮は、中国とソ連の両国と良好な関係を保ちつつ、どちらとも一定の距離を置く等距離外交を展開。中ソ双方から利益を得ながらも、介入は許さなかった。

ところが冷戦の終結とともに、1990年にソ連が敵国であるはずの韓国との国交を正常化。その2年後には中国も韓国と国交を結んだ。**北朝鮮から見れば、北の中国、ロシアと南の韓国から挟み撃ちにされた状態**になった。そこで北朝鮮が自国の生存を図るために採用したのが、核兵器の開発だった。

その後北朝鮮は中国との間では、接近と離反を繰り返している。北朝鮮にとって中国は、最大の貿易相手国であるため手を切ることはできないが、心を許せる相手でもない。

POINT

中国と北朝鮮は一枚岩ではなく、時には反目し合ったこともあった。だが様々な思惑から、友好関係を保っている。

用語解説　**「金一族」**

朝鮮労働党の総書記を務める一族。初代・金日成（キムイルソン）は朝鮮戦争を指導し、その子、金正日（キムジョンイル）は核兵器開発を推進。2011年より、金正恩が3代最高指導者に。

北朝鮮の保有する核弾頭ミサイルの射程範囲

北朝鮮は1990年代から核ミサイルの開発を行い、諸国を挑発している。下図は発射地点を平壌と仮定した場合のミサイルの射程範囲。

2021年3月防衛省の公表資料をもとに作成

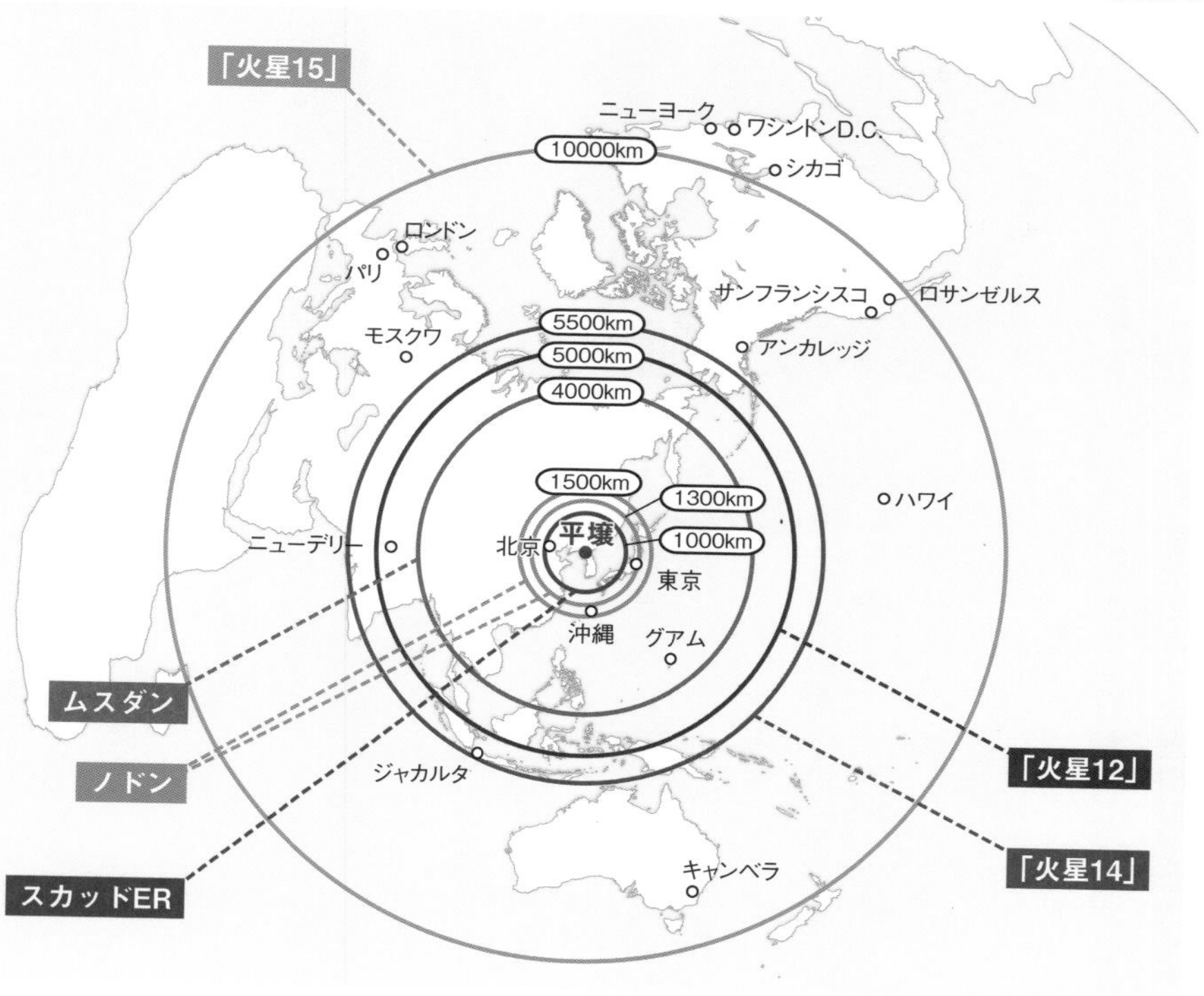

北朝鮮は外交カードの一つ

一方中国にとって**北朝鮮は、冷戦期には自由資本主義勢力の拡大から中国を守る防波堤**の役割を担ってきた。だが1990年代に韓国と国交が結ばれると、その重要性は低下した。

その後、北朝鮮は核開発による瀬戸際政策で国際社会を翻弄し始めたため、中国にとっても扱いづらい存在になっていく。習近平体制の発足後は、北朝鮮の核実験に対する国連安保理の制裁決議にも同意するようになった。

だが米中関係の悪化以降は、北朝鮮との親密ぶりを強調する場面が目立っている。国際的にはコントロール不能な北朝鮮に対して、中国だけは制御可能であることを示せれば、北朝鮮の暴走を抑えたいアメリカに対して外交カードとして使える可能性があるからだ。

⇒ 北緯38度線については**P123**参照
⇒ 核保有国については**P142**参照

2019年に行われた日中韓首脳会談。北朝鮮情勢や環境問題などについて意見が交わされ、3ヵ国の協力体制が確認された。

ニュース

大国に挟まれた韓国の難しい立ち位置

「クジラに挟まれたエビ」

韓国は地政学的には、「クジラに挟まれたエビ」によく喩えられる。何しろ**周辺を中国、ロシア、日本というクジラのような強国に囲まれており、歴史的にもこの3国に領土を脅かされ続けてきた**からだ。

さらに韓国は冷戦期の米ソ対立の落とし子として、アメリカの後押しを受けて生まれた国であり、建国期から否応なく西側陣営に組み込まれることになった。つまりアメリカというもう一つの巨大なクジラにも挟まれている。

そのため韓国は、クジラに飲み込まれてしまわないように、**それぞれの国とどのような距離感でつきあっていくか、苦慮せざるを得ない地理的環境**にある。

それでも冷戦期の外交方針はシンプルだった。アメリカからは、日本と連携して社会主勢力拡大の防波堤となることが求められ、それに徹していれば良かったからだ。

ところが冷戦が終結すると、状況は一変する。1990年にはこれまで国交のなかったソ連（翌年末からロシア）と、1992年には中国との国交を正常化。この2頭のクジラ、とりわけ中国とどうつきあうかが新たな課題となったのだ。ちなみに日本については、冷戦後の日本の長期的な経済低迷により、韓国にとっての重要度は落ちてきている。

POINT

冷戦終結後の韓国は、中国とアメリカの双方に目配りした外交政策を展開せざるを得ない地政学的状況に置かれている。

用語解説　「THAAD(終末高高度防衛ミサイル)」

アメリカが開発した対弾道ミサイル迎撃用のミサイルとそのシステム。THAADの迎撃範囲が朝鮮半島外にも及ぶため、自国ミサイルの無力化を懸念した中国は設置に反発した。

大国に挟まれた朝鮮半島

朝鮮半島の先端に位置する韓国は、アメリカなどのシーパワー勢力と、中国などのランドパワー勢力の板挟みに遭い、古くから外交戦略の要所となっている。

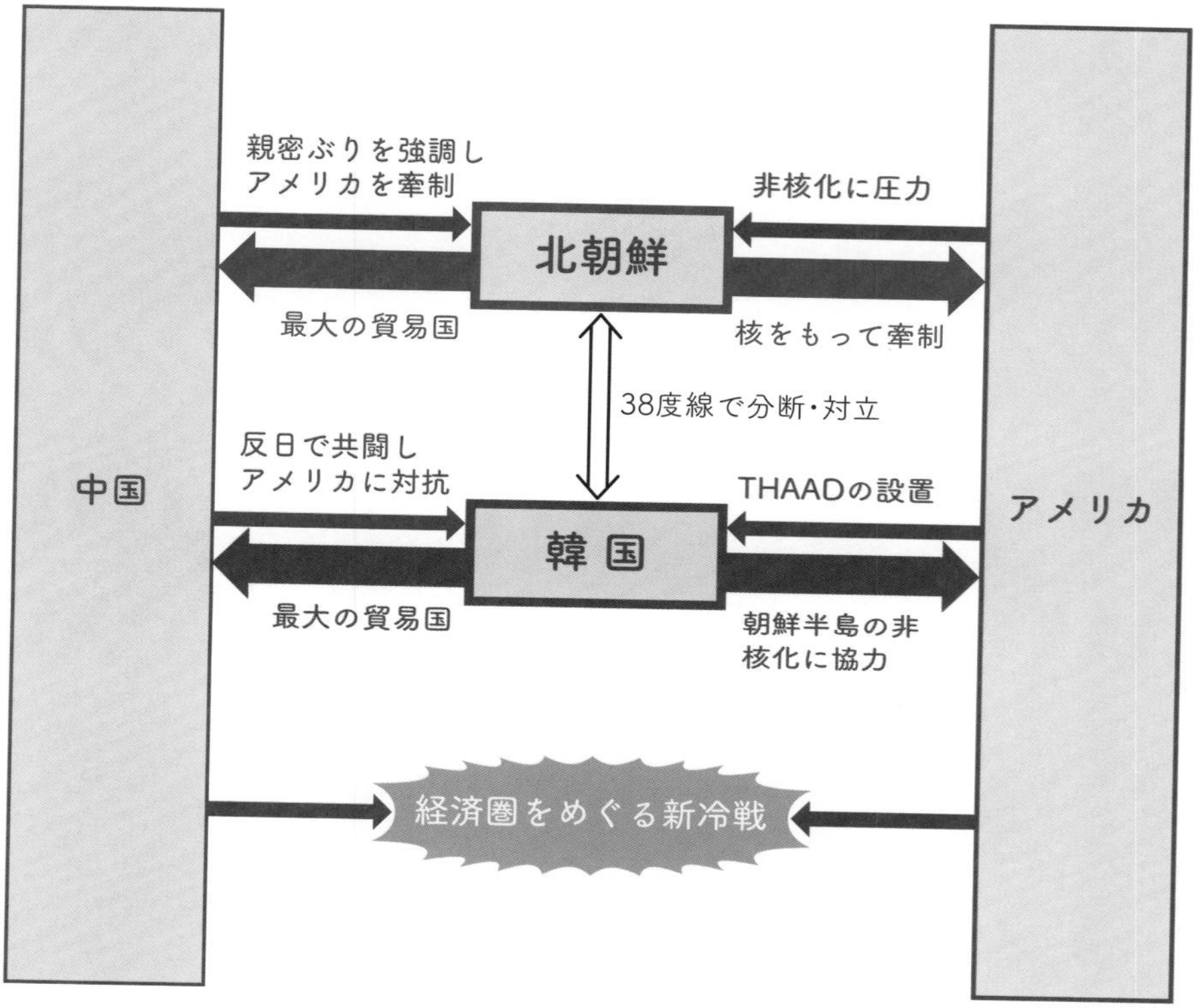
中国
アメリカ
親密ぶりを強調し
アメリカを牽制
非核化に圧力
北朝鮮
最大の貿易国
核をもって牽制
38度線で分断・対立
反日で共闘し
アメリカに対抗
THAADの設置
韓国
最大の貿易国
朝鮮半島の非
核化に協力
経済圏をめぐる新冷戦

中国を敵に回したときの脅威

現在、韓国の最大の貿易相手国は中国である。政治的にも首脳会談が頻繁に行われている。これは一つには、隣国・中国の巨大市場から経済的恩恵を受けたいという思惑がある。一方で朝鮮半島の先端にある韓国にとって、中国を敵に回したときの恐怖感は日本の比ではなく、友好的な関係を保たざるを得ないという事情もある。

ただし韓国は依然として西側陣営の一員でもあり、アメリカとの関係にも配慮する必要がある。2016年には、中国との関係悪化を覚悟したうえで、アメリカの要請に従いTHAAD（サード）を国内に配備したこともあった。

韓国は米中双方に目配りした「二股外交」とも揶揄される外交を、今後も続けざるを得ないだろう。

→ 東西冷戦についてはP90参照
→ アメリカと中国の対立についてはP160参照

ニュース

世界に版図を広げる？ 中国の「一帯一路」政策

ND APEC ECONOMIC LEADERS'
京 2014年11月11日
BEIJING, CHINA 11 N

2014年、北京市で開催されたAPEC（アジア太平洋経済協力）首脳会議での習近平国家主席。この会議で習近平は「一帯一路」構想をアピールした。

陸と海からの経済圏構想

「一帯一路」とは、2013年に習近平国家主席が提唱した巨大経済圏構想のことである。**一帯一路のうち「一帯」とは、中国からアジア、ヨーロッパへと至る陸のルート、「一路」とは海のルート**のことをいう。

この一帯一路のルートに該当する国々にAIIB《アジアインフラ投資銀行》を通じて投資し、鉄道や道路、港湾などのインフラを整備することで、エリア全体の経済の拡大を図っていこうというものだ。

一帯一路を推進する背景には、中国製品の新たな輸出先を開拓するとともに、**陸（一帯）からも海（一路）からも、中国の影響を及ぼせる国を増やしたい**という思惑がある。

「債務の罠」に陥る国々

一方、一帯一路で支援を受ける国は、アジアやアフリカなどの発展途上国や、東欧など経済が低迷している国が多い。これらの国々は近代化を遂げるうえで、多額の資金を必要としている。しかし他の先進国は経済援助の際に、民主化の促進などの条件を課してくるためハードルが高い。その点中国は、内政不干渉を掲げているため好都合なのだ。

だが一帯一路が進行するうちに、次第に負の側面が明らかになってきた。例えばスリランカは、中国からの融資でハンバントタ港を建設したが、債務の返済が困難となり、99年間にわたって港湾の運営権を中国に

POINT

中国による巨大経済圏構想「一帯一路」は、中国の利益を最優先する姿勢が露骨であるため、各国は警戒心を抱きつつある。

用語解説 「AIIB（アジアインフラ投資銀行）」

中国の主導で発足した国際開発金融機関。2021年、新型コロナウイルスの拡大による経済危機に対し、各国に支援を行い活躍。現在はアジアだけでなく6大陸・103ヵ国が加盟している。

中国が構想する「一帯一路」

習近平が掲げる「一帯一路」は、かつてのモンゴル帝国のように、遠くヨーロッパまで自国の影響力を拡大させようとする構想と言える。

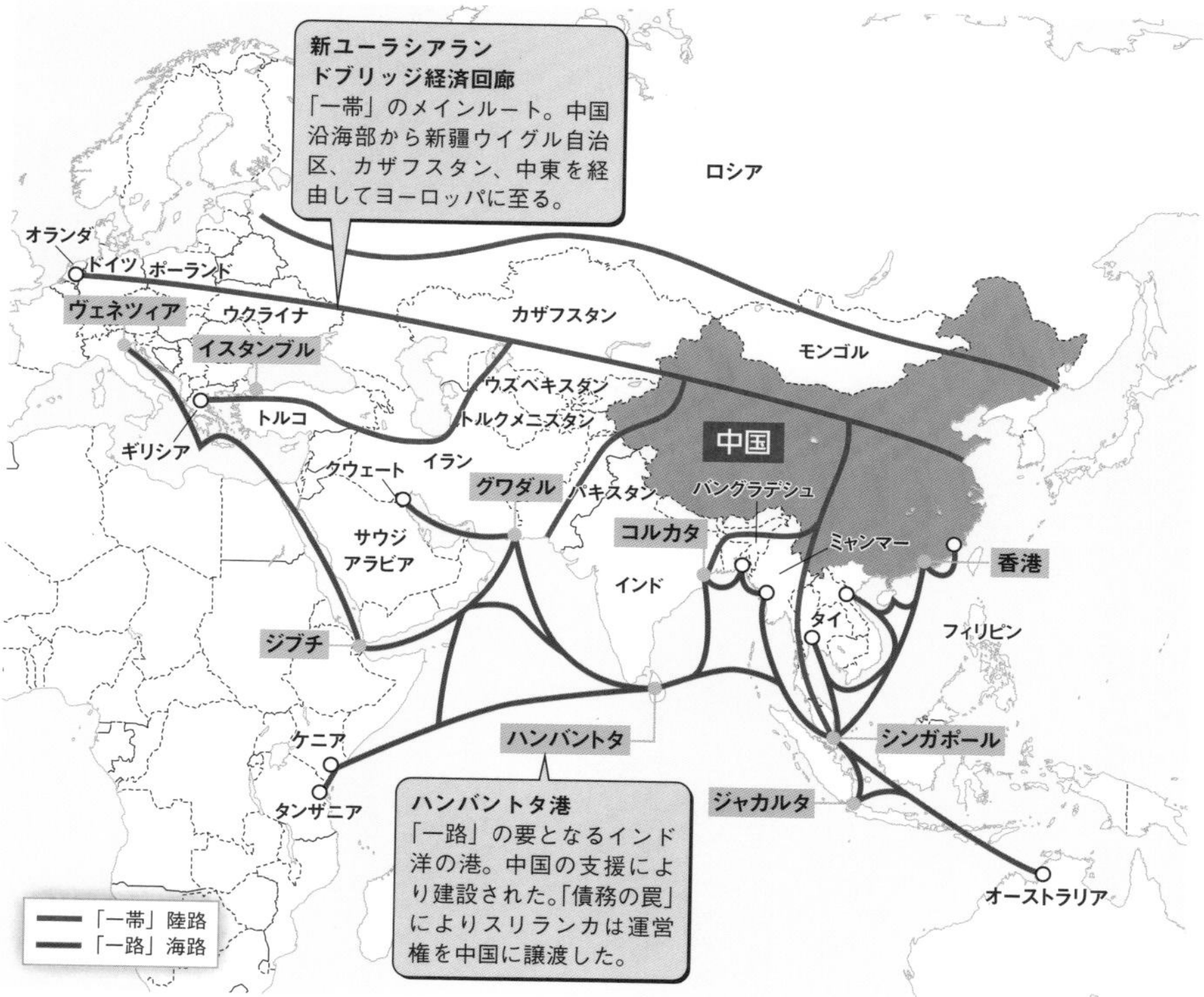
新ユーラシアランドブリッジ経済回廊
「一帯」のメインルート。中国沿海部から新疆ウイグル自治区、カザフスタン、中東を経由してヨーロッパに至る。
ロシア
オランダ
ドイツ
ポーランド
ヴェネツィア
ウクライナ
カザフスタン
モンゴル
イスタンブル
ウズベキスタン
トルコ
トルクメニスタン
中国
ギリシア
イラン
クウェート
グワダル
パキスタン
バングラデシュ
サウジアラビア
コルカタ
ミャンマー
香港
インド
タイ
フィリピン
ジブチ
ケニア
ハンバントタ
シンガポール
タンザニア
ハンバントタ港
「一路」の要となるインド洋の港。中国の支援により建設された。「債務の罠」によりスリランカは運営権を中国に譲渡した。
ジャカルタ
オーストラリア
「一帯」陸路
「一路」海路

貸与することとなった。これにより中国はインド洋への進出の拠点となる港を、軍事力を行使することなく手に入れたのだ。**こうした中国の手法は「債務の罠」と呼ばれている。**

中国が「債務の罠」を駆使し運営権や利用権を取得したほかの港湾を見ていくと、パキスタンやアラブ首長国連邦など、**中国のシーレーンの要衝となる港を押さえている**ことが分かる。さらにはギリシアのピレウス港も買収によって手に入れ、そのシーパワーを地中海にまで及ぼそうとしている。

こうした中で、当初は一帯一路を歓迎していた国々も警戒心を抱き、中国からの援助を控えるようになりつつある。今後一帯一路が成功するかどうかは、中国が各国との共存共栄の方向へと、外交政策を転換できるかにかかっている。

➡ インド洋での中国の膨張については**P136**参照
➡ 現代の東南アジア情勢については**P202**参照

ニュース

南シナ海の実効支配を進める中国の狙いは何か

中国による埋め立てが進む、ファイアリー・クロス礁。南沙諸島のなかで最大規模の人工島で、軍事用飛行機の滑走路が備え付けられている。

南シナ海を自国の領土と宣言

中国は、台湾の南岸から南シナ海の外縁に沿って**「九段線」と名づけた線を引き、この線より内側にある南沙諸島や西沙諸島を自国の領土である**と主張している。この九段線は、第一列島線の多くと重なる。

2013年に習近平政権が発足してからは、南沙諸島の7ヵ所で人工島を建設し、軍事拠点化している。さらに2020年には「南シナ海に南沙区と西沙区という二つの行政区を新たに設置した」と宣言し、実効支配を進めようとしている。当然ベトナムやフィリピンといった周辺諸国とは、南沙諸島や西沙諸島をめぐる領有権争いが起きている。

中国が強引にこの地域を版図にしようとしているのには、一つにはこの海域には、豊富な石油や天然ガスが埋まっていることが挙げられる。

またこの海域は、海上交通の要衝でもある。中東から東アジアへと石油を運ぶ場合、タンカーはチョークポイントであるマラッカ海峡を抜けて、南シナ海に出るルートを取ることになる。だからここを押さえておけば、**中国は資源獲得競争において、圧倒的に優位に立てる**わけだ。

逆に日本からすれば、南シナ海が中国によって「自由な海」でなくなることは、シーレーンを失うことを意味する。この海域で起きていることは、けっして他人事ではない。

POINT

南シナ海には豊富な海底資源が埋まっており、海上交通の要衝でもあることから、中国はここを版図に収めようとしている。

用語解説　「バシー海峡」

台湾とフィリピン北端の間にある海峡。太平洋と南シナ海をつなぐチョークポイントで、日本にとっては中東からの物資を輸送する際に経由する必要がある、海上交通の要である。

中国がもくろむ九段線の支配

中国は南沙諸島・西沙諸島周縁に、九段線と呼ばれる独自のボーダーラインを引いている。この線の内側を領海化し、南シナ海へのシーレーン確保をもくろんでいるのだ。

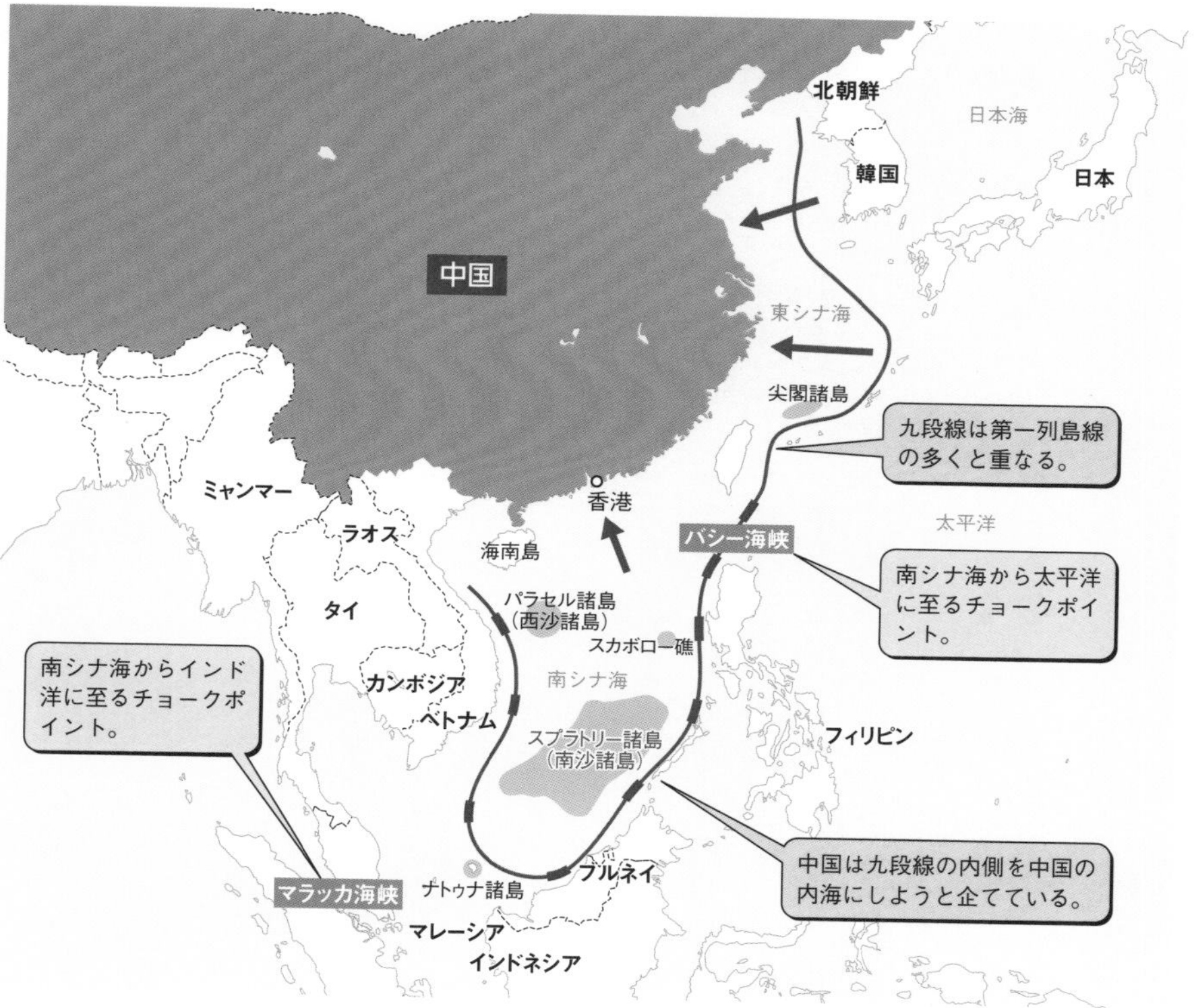
北朝鮮
日本海
韓国
日本
中国
東シナ海
尖閣諸島
九段線は第一列島線の多くと重なる。
ミャンマー
香港
太平洋
ラオス
海南島
バシー海峡
南シナ海から太平洋に至るチョークポイント。
タイ
パラセル諸島
（西沙諸島）
スカボロー礁
南シナ海からインド洋に至るチョークポイント。
カンボジア
南シナ海
ベトナム
スプラトリー諸島
（南沙諸島）
フィリピン
中国は九段線の内側を中国の内海にしようと企てている。
マラッカ海峡
ナトゥナ諸島
ブルネイ
マレーシア
インドネシア

ランドパワー的な海洋進出

南シナ海の周辺諸国は、中国の振る舞いに懸念を示してはいるものの、足並みを揃えて対抗できずにいる。近年中国とは経済的な結びつきが強まっており、特に**コロナ禍での景気の落ち込みによって中国への依存がますます進行している**からだ。

中国の海洋進出の特徴は、非常にランドパワー的であるということだ。通常シーパワーの海洋進出は、拠点を押さえたうえで、海に関しては公共のものとして見なすことを重視する。広大な海を占有するためには、莫大なコストがかかる。むしろ、開かれた自由な海にしておいたうえで、自由貿易を促進したほうが得られる利益は大きいからだ。中国のように海上を自国の領土のように捉え、他国を排除しようとする姿勢は極めて異例だといえる。

→ 地政学的概念から見た中国の海洋進出についてはP20参照
→ 第一列島線についてはP124参照

ニュース

ランドパワー大国の中ロは接近と反目を繰り返してきた

❶ ネルチンスク条約による国境
❷ キャフタ条約による国境線
❸ アイグン条約の割譲地
❹ 北京条約の割譲地
❺ イリ条約
ロシア
中国
黒龍江（アムール川）
ウスリー川
アイグン
キャフタ
ウラジオストク
イリ地方
ダマンスキー島
1969年、ソ連と中国の間で軍事衝突が起こり、核戦争に発展しかねない危機的状況に陥った。現在は中国領

数々の条約によって定められた中国とロシアの国境線の変遷。数字は締結した順番を表し、P135の図表と対応している。

核戦争の危機に陥った国境紛争

ユーラシア大陸のランドパワー大国である中国とロシア。その国境線は、約4300kmにも及ぶ。

ロシアの南に位置する国々は、その多くが18世紀から20世紀初頭にかけてロシアの南下政策の影響を被ったが、中国も例外ではなかった。**陸地で長い国境を接する中ロは、地政学的には敵対しやすい**関係にある。

19世紀半ば、ロシアは清朝の弱体化につけ込み、清の領土だった黒龍《こくりゅう》江《こう》（アムール川）左岸と沿海州の領有を認めさせた。そして沿海州に建設したのが、ロシア悲願の不凍港であるウラジオストクだった。さらに20世紀初頭には中国東北部（満州）を実質的に占領するなど、中国の領土を踏み荒らした。

その後ロシアはソ連となり、中国では共産党政権が成立すると、中ソは蜜月関係に入ったが、それも長くは続かなかった。1950年代末以降、ソ連が中国の指導者だった毛沢東の大躍進政策や人民公社運動を批判したことなどから溝が深まり、協定が破棄されていった。1969年、**国境線が未画定だったダマンスキー島をめぐって、ついに軍事衝突が発生。**その後も対立は続き、一時は核戦争の危機すら危ぶまれたほどだった。再び和解へと向かうのは、冷戦の終結の間際まで待たなくてはいけなかった。

POINT

陸地で長い国境を接する中ロは、長年国境問題で対立してきた。だが今は「資源」で両者の思惑が一致。親密な関係にある。

用語解説　「黒龍江(アムール川)」

ロシアの極東と中国の黒龍江省を隔てる河川で、河口はオホーツク海に面している。両国の紛争が勃発したダマンスキー島は、アムール川の支流のひとつ、ウスリー川の中洲にある。

中国とロシアの国境問題

中国とロシア（ソ連）の間には16世紀から国境をめぐって争いが勃発していた。この紛争は2004年の東部国境画定追加協定への両国の合意をもって解決した。

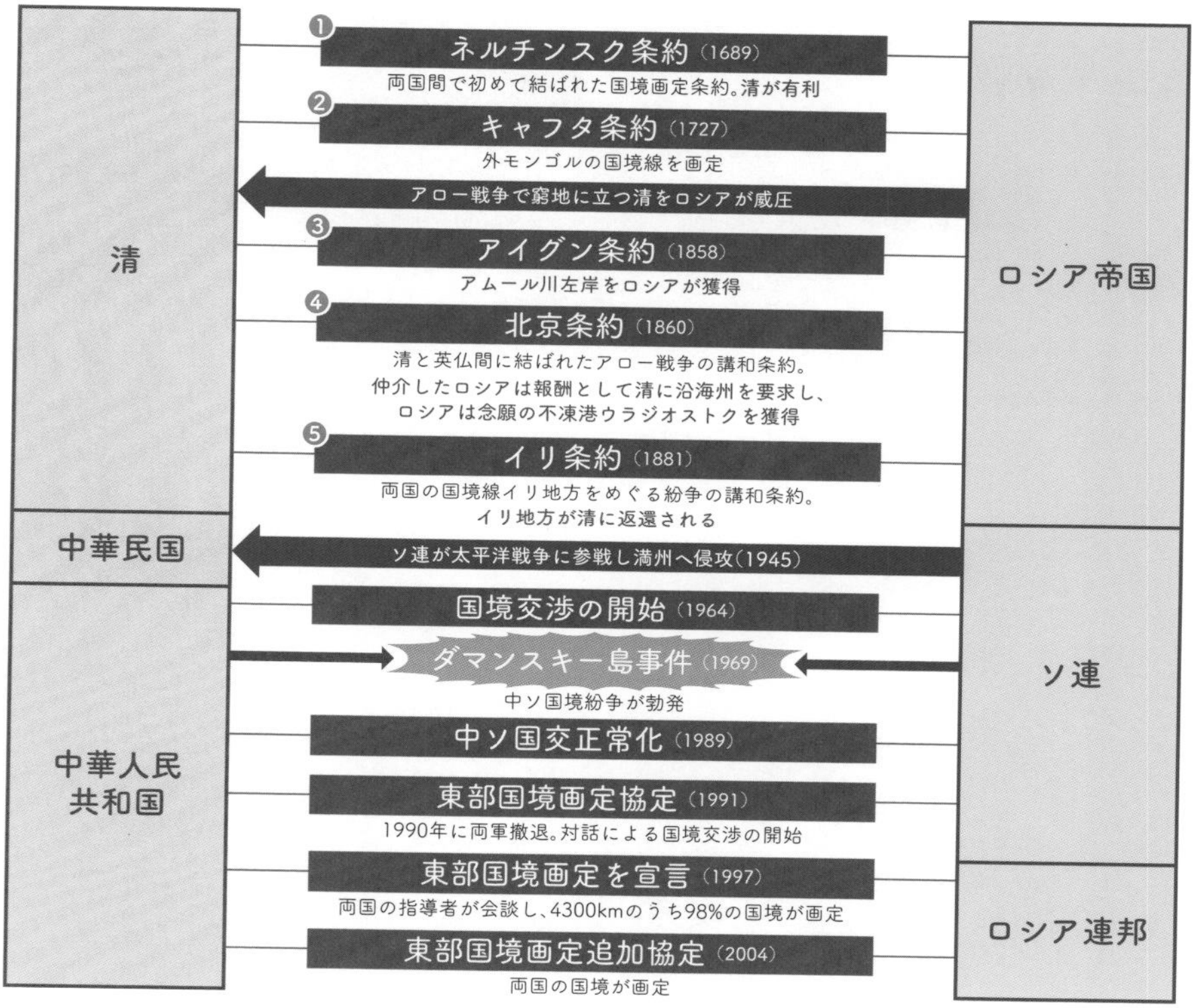
清
中華民国
中華人民共和国
ロシア帝国
ソ連
ロシア連邦
❶ ネルチンスク条約（1689）
両国間で初めて結ばれた国境画定条約。清が有利
❷ キャフタ条約（1727）
外モンゴルの国境線を画定
アロー戦争で窮地に立つ清をロシアが威圧
❸ アイグン条約（1858）
アムール川左岸をロシアが獲得
❹ 北京条約（1860）
清と英仏間に結ばれたアロー戦争の講和条約。仲介したロシアは報酬として清に沿海州を要求し、ロシアは念願の不凍港ウラジオストクを獲得
❺ イリ条約（1881）
両国の国境線イリ地方をめぐる紛争の講和条約。イリ地方が清に返還される
ソ連が太平洋戦争に参戦し満州へ侵攻（1945）
国境交渉の開始（1964）
ダマンスキー島事件（1969）
中ソ国境紛争が勃発
中ソ国交正常化（1989）
東部国境画定協定（1991）
1990年に両軍撤退。対話による国境交渉の開始
東部国境画定を宣言（1997）
両国の指導者が会談し、4300kmのうち98%の国境が画定
東部国境画定追加協定（2004）
両国の国境が画定

「資源」が中ロを近づける

現在の中ロは親密な関係にある。懸案事項だった国境問題も、2004年にすべての国境が画定された。**両者を結ぶキーワードは「資源」である。**ロシアは世界有数の石油と天然ガスの産出国であり、中国は世界最大のエネルギー消費国である。ウクライナ問題によりEU（欧州連合）から経済制裁を受けているロシアにとって、中国という大型顧客はありがたい。一方中国にとっては、アメリカの影響力が及ぶペルシア湾やインド洋を通って中東から石油を運ぶよりも、陸路のほうが安心だ。

ただし中ロ関係は、不安定要因もある。拡大を続ける中国に対して、ロシアは人口減が続き、経済も低迷している。中国の拡大にロシアが脅威を抱いたとき、両国にまた新たな局面が訪れるかもしれない。

⇒ ロシアの南下政策については**P72**参照
⇒ ウクライナ問題については**P172**参照

2018年、来日し永田町の衆議院議員会館で講演を行なったダライ＝ラマ14世。チベット人差別の現状と、世界平和への願いを訴えた。

ニュース

中国とインドは本当に犬猿の仲なのか

チベット問題から関係が悪化

中国とインドは陸で国境を接しているが、**ヒマラヤ山脈が自然の要塞となっている。**両地域で古代から独自の文化が築かれてきたのも、山脈の存在によって交流が限られたものになっていたからだ。

しかし1950年、中印関係がにわかに緊迫化する事件が起きた。**独自の政府を有していたチベットを中国が併合。国家元首ダライ＝ラマ14世がインドに亡命**したのだ。これによりチベットという両国の緩衝地帯がなくなり、中国の勢力がヒマラヤ山脈にまで及ぶようになった。この中国とインドの対立は、1962年には国境紛争にまで発展した。

インド洋を脅かす中国

2000年代以降、**中国が海洋進出を本格化させると、両国は海でも対立を深める**ようになる。

中国は、ミャンマーやスリランカ、パキスタンなどに経済支援を行うとともに、これらの国の沿岸部に港湾を建設している。東シナ海と南シナ海を内海化したうえで、インド洋に拠点となる港を築いておけば、中東からの石油ルートを確保できるというのが、中国の企みだ。

インドから見れば、これは自国の海の周辺を中国に包囲されることを意味する。インドが何より警戒するのは、港湾が中国海軍の寄港地としても利用されていることだ。

POINT

インドは国境問題で中国と対立しながらも、上海協力機構では中国と協力するなど、したたかな外交戦略を展開している。

人物解説　ダライ＝ラマ14世（1935～）

チベット仏教の最高指導者で、チベットの国家元首。中国人民解放軍によるチベット反乱の制圧を機に、インドへ亡命。現在はインド北西部のチベット亡命政府で政権を運営している。

中国とインドの対立関係

中国とインドはヒマラヤ山脈が壁となり互いに干渉を受けていなかったが、チベット問題をきっかけに対立を深めた。

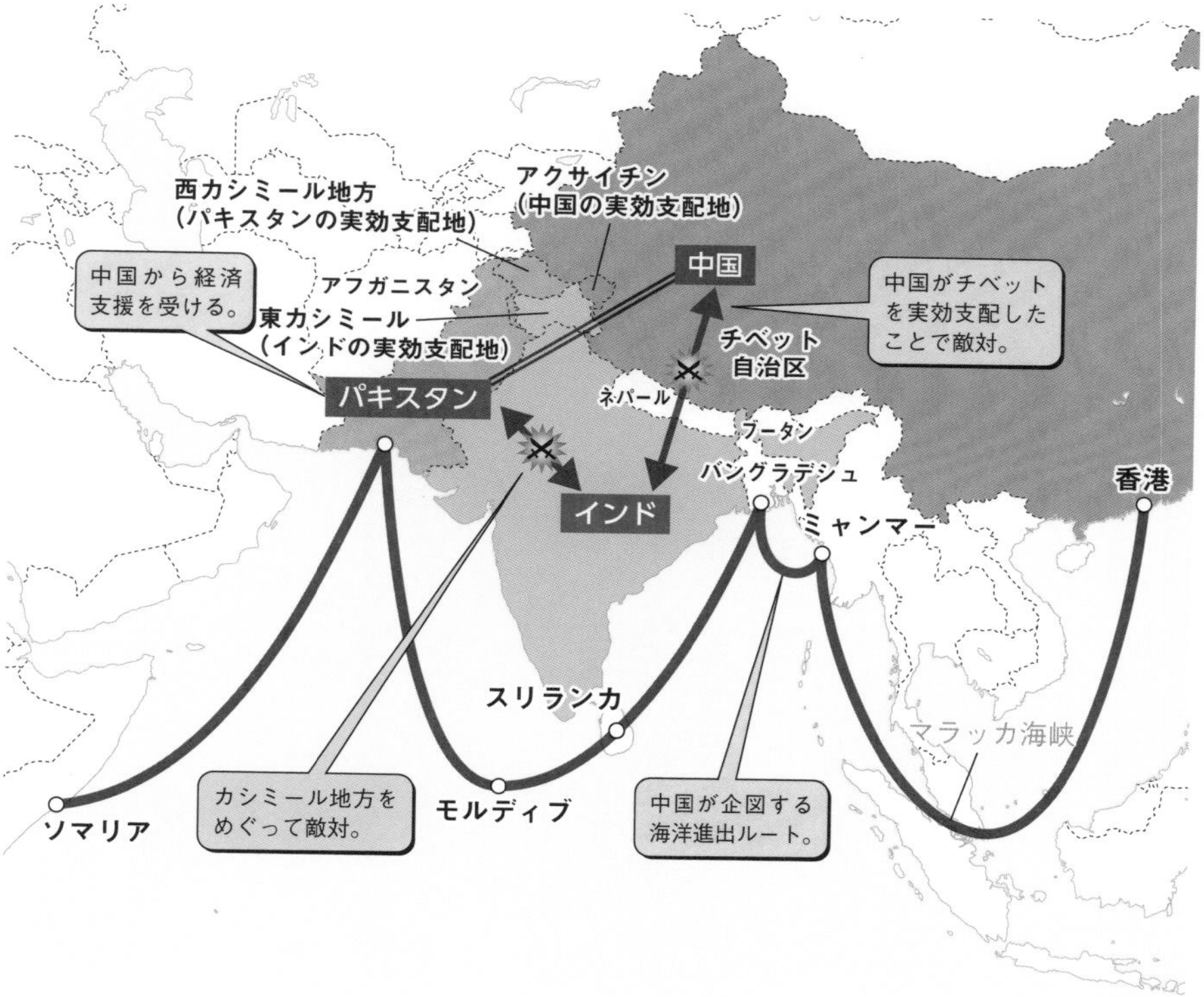
西カシミール地方
(パキスタンの実効支配地)
アクサイチン
(中国の実効支配地)
中国から経済支援を受ける。
アフガニスタン
東カシミール
(インドの実効支配地)
中国
中国がチベットを実効支配したことで敵対。
チベット自治区
パキスタン
ネパール
ブータン
インド
バングラデシュ
ミャンマー
香港
スリランカ
マラッカ海峡
カシミール地方をめぐって敵対。
モルディブ
ソマリア
中国が企図する海洋進出ルート。

決定的な対立は望んでいない

これに対し**インドは、アメリカ、日本、オーストラリアとQuad（クアッド／日米豪印戦略対話）を形成**することで、インド洋での中国の膨張を牽制しようとしている。ただしインドはアメリカなどとは異なり、対中国包囲網色が過度に強いものになることは望んでいない。

なぜなら**インドは、中国やロシアなどとの間では上海協力機構を形成している**からだ。どちらの陣営にも属さず、全方位外交によって自国の地位を確保していくのがインドの伝統的な外交スタイルだ。また中国は最大の貿易相手国でもある。そのため中国に警戒しつつも、決定的な対立は避けたいわけだ。

そういう意味でインドは、絶妙な外交バランスで果実を得ようとするしたたかな戦略家といえる。

→ インドとパキスタンの領土問題についてはP201参照
→ QuadについてはP116参照

ニュース

少数民族のウイグル族を中国政府が弾圧する理由

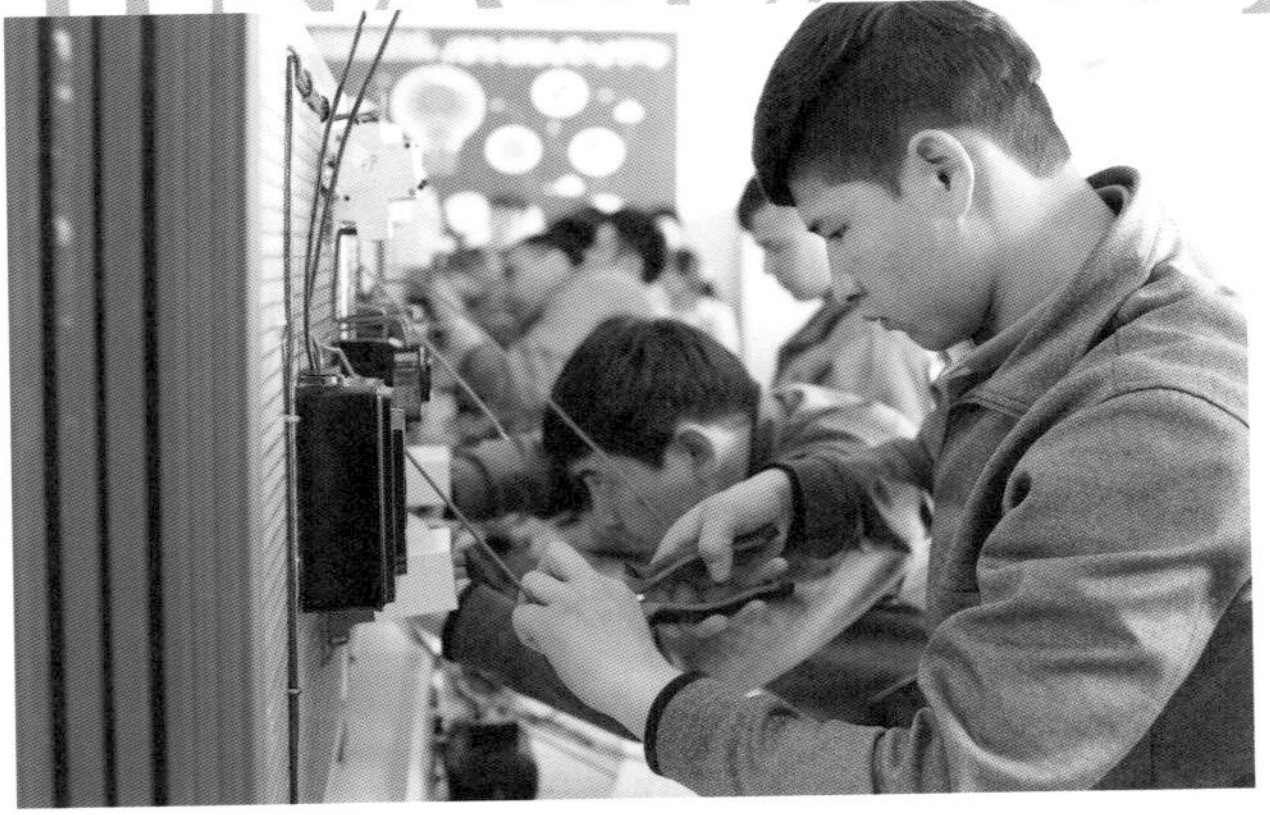
職業技能教育訓練センターで実習を行うウイグル族の男性。中国政府は近年、施設のマイナスイメージを払拭するため、報道陣にセンター内を公開している。

多数のウイグル族を強制収容

今、国際社会では、**中国による新《しん》疆《きょう》ウイグル自治区で暮らすイスラーム教徒の少数民族ウイグル族への弾圧**を問題視する声が高まっている。

中国政府は近年、職業技能教育訓練センターを設置。ここに100万人単位のウイグル族を強制収容し、共産党の意に沿った人間にするために、信仰を捨てさせるなどの思想教育を実施。その過程では拷問も行われているとされる。

ただし中国は、国連の調査団の受け入れを阻んでいるため、施設の全容は明らかになっていない。また中国自身は、すでに再教育は終了し、施設は閉鎖したと主張している。

新疆は地理的には中央アジア

中国の西端にある新疆ウイグル自治区は、地理的には中央アジアに含まれる。事実中央アジア一帯は、かつてはトルキスタンと呼ばれていたが、その中には新疆のエリアも含まれていた。旧トルキスタン一帯は、民族的にはテュルク人、言語的にもテュルク語系、宗教もイスラーム教で一致している。

新疆が中国の版図に組み込まれたのは、清朝の時代のことだ。しかし中国とは文化も言語も民族も異なるため、ウイグル族の独立への志向は強く、実際に1933年から34年、44年から50年には、東トルキスタン共和国が樹立されたこともあった。

POINT

地政学上、新疆ウイグル自治区を失いたくない中国は、ウイグル族を弾圧することで、反乱の芽を摘み取ろうとしている。

用語解説「新疆」

「新しい領地」という意味。清朝第6代皇帝・乾隆帝の時代に統治下に置かれ、何度か独立を果たすも、現在は新疆ウイグル自治区として中国の領土の一部となっている。

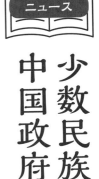

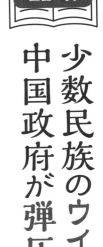

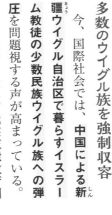

新疆ウイグル自治区の地政学的立ち位置

新疆ウイグル自治区は清朝期に中国に取り込まれて以来、独立を目指すが果たせず、現在は中国政府による厳しい同化政策を受けている。

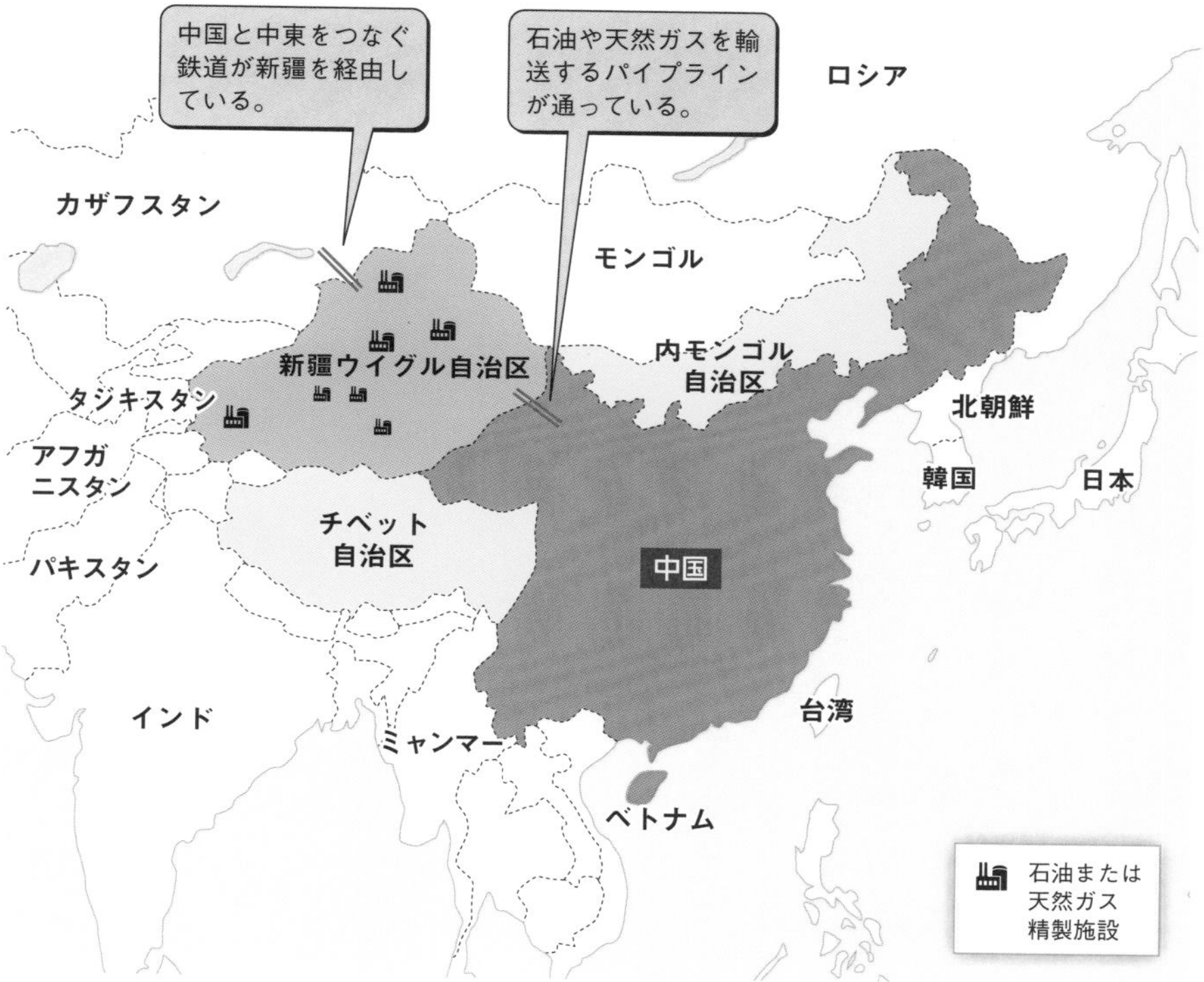
中国と中東をつなぐ鉄道が新疆を経由している。
石油や天然ガスを輸送するパイプラインが通っている。
ロシア
カザフスタン
モンゴル
新疆ウイグル自治区
内モンゴル自治区
タジキスタン
アフガニスタン
チベット自治区
パキスタン
北朝鮮
韓国
日本
中国
インド
ミャンマー
台湾
ベトナム
石油または天然ガス精製施設

だが中国軍の侵攻によって独立の夢は打ち砕かれた。

ウイグル族による中国政府への抵抗は、2000年代以降再び激化するが、政府はこれを徹底的に弾圧した。その理由は、一つにはウイグル族の独立を認めてしまうと、チベットや内モンゴルなど他地域の少数民族の独立運動を刺激することになるからだ。

また**新疆には、豊富な石油資源が埋蔵されている。**さらにはカザフスタンなどの油田から中国沿岸地域までのパイプラインが新疆を通っている。**新疆は「一帯一路」構想のルートに含まれており、**政府はユーラシア経済の中継地の役割を新疆に担わせようとしている。中国は新疆を失うわけにはいかないのだ。こうした中国にとって地政学的には正しい判断が、ウイグル族を苦しめている。

→「一帯一路」のルートについてはP131参照
→人権問題に関わる米中対立についてはP160参照

ニュース

ミャンマー情勢に対して中国が静観する理由とは

国軍のクーデターに対抗する民主化デモ。NLDを率いたアウンサンスーチーの肖像を掲げる人もいる。

軍が市民を激しく弾圧

ミャンマーでは1962年の軍事クーデター以来、軍が国を支配してきたが、2011年にようやく民政に移管。民主化に向けて歩み出していた。2020年11月に実施された総選挙では、**民主化を推進する与党の国民民主連盟（NLD）が、国軍系の政党を下して圧勝**した。

ところが2021年2月、これに危機感を抱いた軍が、「選挙はNLDによる不正なものだった」と主張して突如クーデターを決行、権力を掌握した。市民が抗議デモを起こすと、軍はこれを激しく弾圧。同年8月の時点で、弾圧による死者は1000人を超えたとされる。

豊富な石油や天然ガスも魅力

軍による市民弾圧が始まると、欧米諸国はすぐに軍への制裁に踏み切った。これに対して内政不干渉を理由に現状では静観を貫いているのが、約2000kmにわたってミャンマーと国境を接している中国だ。

一帯一路を進める中国にとってミャンマーは、地政学的に重要な国だ。もし**ミャンマーを味方につけておけば、仮にチョークポイントのマラッカ海峡をアメリカに押さえられたとしても、陸路からインド洋に抜けることが可能になる**からだ。またミャンマーに埋蔵されている豊富な石油や天然ガスも魅力である。

実はミャンマーは1980年代後

POINT

ミャンマーは陸路からインド洋へと抜けられる重要な国だからこそ、中国は権益を失わないために慎重な構えを維持している。

人物解説 **アウンサンスーチー**（1945〜）

ビルマ（現在のミャンマー）を独立へと導いたアウンサンの娘。1988年からミャンマー民主化の指導者となり、1991年にはノーベル平和賞を受賞。2016年に成立した民主化政権では国家顧問となる。

ミャンマーをめぐる周辺国の動き

中国にとってミャンマーは陸路の要所。そのためミャンマー情勢へは干渉せず、動向を静観している。中国のライバル、インドも同様だ。

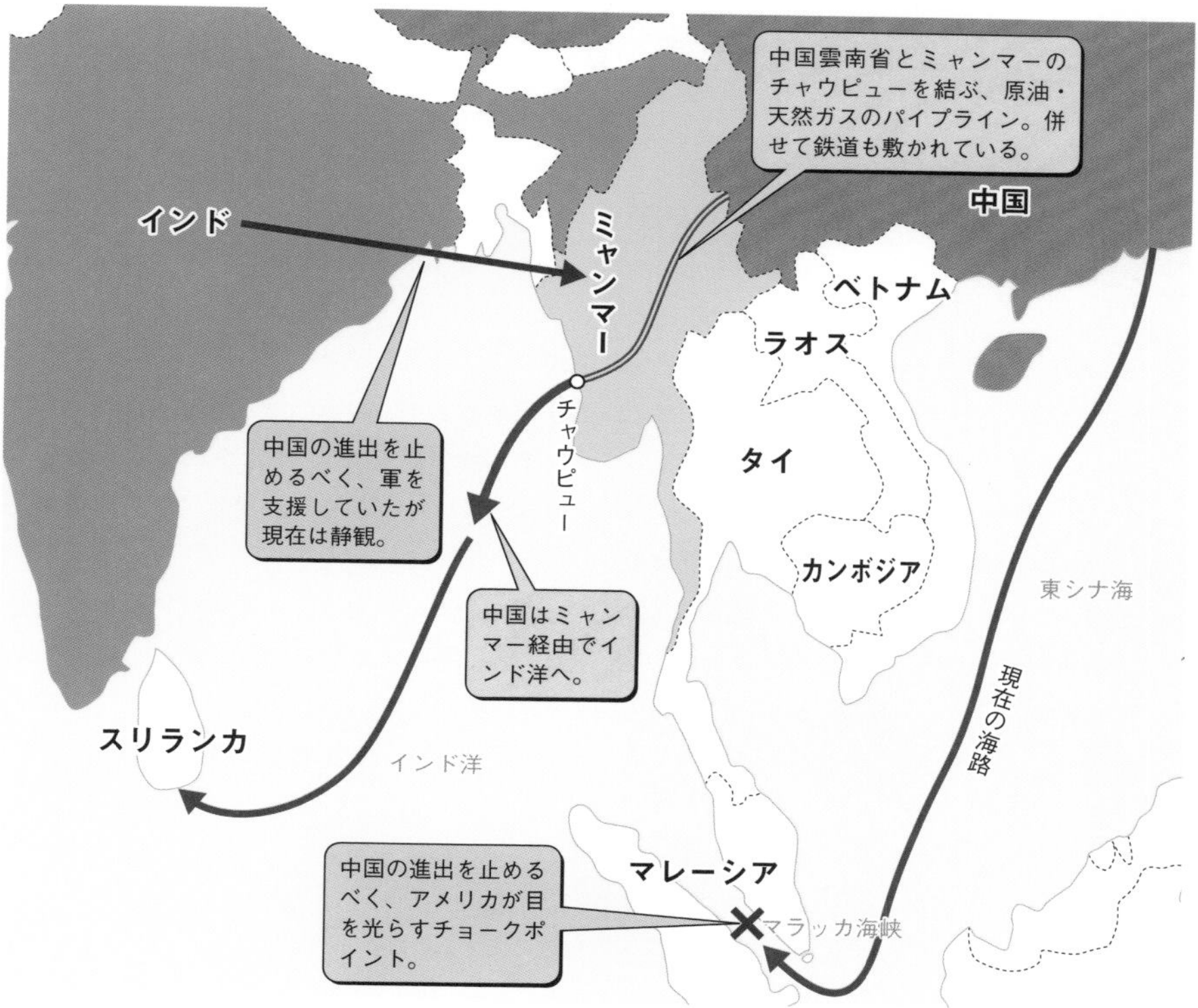
中国雲南省とミャンマーのチャウピューを結ぶ、原油・天然ガスのパイプライン。併せて鉄道も敷かれている。
中国
インド
ミャンマー
ベトナム
ラオス
チャウピュー
中国の進出を止めるべく、軍を支援していたが現在は静観。
タイ
カンボジア
東シナ海
中国はミャンマー経由でインド洋へ。
現在の海路
スリランカ
インド洋
中国の進出を止めるべく、アメリカが目を光らすチョークポイント。
マレーシア
マラッカ海峡

半から2000年代にかけても、軍が民主化勢力を弾圧したことによって、国際的な孤立が長く続いた時期があった。このとき中国は地政学的なメリットから、軍に対して軍事面や経済面での支援を行った。

ただし今回については、中国は軍側にも民主化勢力側にもつかず、中立を守ろうとしている。今後**ミャンマー情勢がどういった方向に傾くとしても、ミャンマーとは友好な関係を維持しておく必要がある**ためだ。

一方、中国と対立するインドも、中国のインド洋への進出を防ぐ必要から、中国に対抗してこれまでミャンマー軍を支援してきた。そのためインドも、ミャンマーとの関係悪化を避けるために非難声明を出していない。こうした周辺諸国の思惑が、ミャンマー情勢をより複雑なものにしている。

→ マラッカ海峡の重要性については**P24**参照
→ 中国とインドの領土問題については**P136**参照

QUIET TALK

核兵器廃絶のカギは 勢力均衡の枠組みから離れること

現在、核兵器を保有しているのは**9ヵ国**。このうち1945年、最初に核兵器の開発に成功したのはアメリカだ。するとその4年後には、東西冷戦が深刻になる中でアメリカに後れを取るまいと、ソ連が核実験に成功する。そして1960年代に中ソの対立が顕在化すると、今度は中国がソ連に対抗するために核の保有国となった。

1998年にはインドが24年ぶりに核実験を実施すると、対立するパキスタンも直後に初の核実験を行った。国際的な孤立を深める北朝鮮が、国際社会での発言力を維持するために、初の核実験を実施したのは2006年のことだ。

このように各国の核開発の推移を見ていくと、対立する国との**軍事バランスを保つための手段**として、核の保有が選択されていることが分かる。確かに核を持っていれば、対立国も簡単には軍事行使できなくなるため、核が戦争の抑止力になっている面はある。

しかし核による勢力均衡は、あまりにも**リスクが高すぎる**。もし万が一核が使用される事態になれば、それは人類の死滅に直結するからだ。とはいえ現在の核保有国が、勢力均衡のバランスを崩してまで、核を放棄するのは勇気がいることだろう。

ではどうするか。ヒントになるのが中南米だ。中南米の33ヵ国は核の保有や使用を禁ずるトラテロルコ条約を結んでおり、米露英仏中の核保有国5大国もこれを批准している。中南米は軍事政権や独裁政権が多かったが、核による勢力均衡で安定を保つのではなく、中南米全体を**非核兵器地帯にする**ことで安全を保つという道を選択したのだ。対立国が永遠に核を持たないことが明らかであれば、自国も安心して核を持たずに済む。

地政学は自国の安全保障の手段として勢力均衡の考え方を重視するが、核の廃絶を実現するには、「核による勢力均衡」という思考の枠組みから離れることが必須となるだろう。

核兵器を保有する国

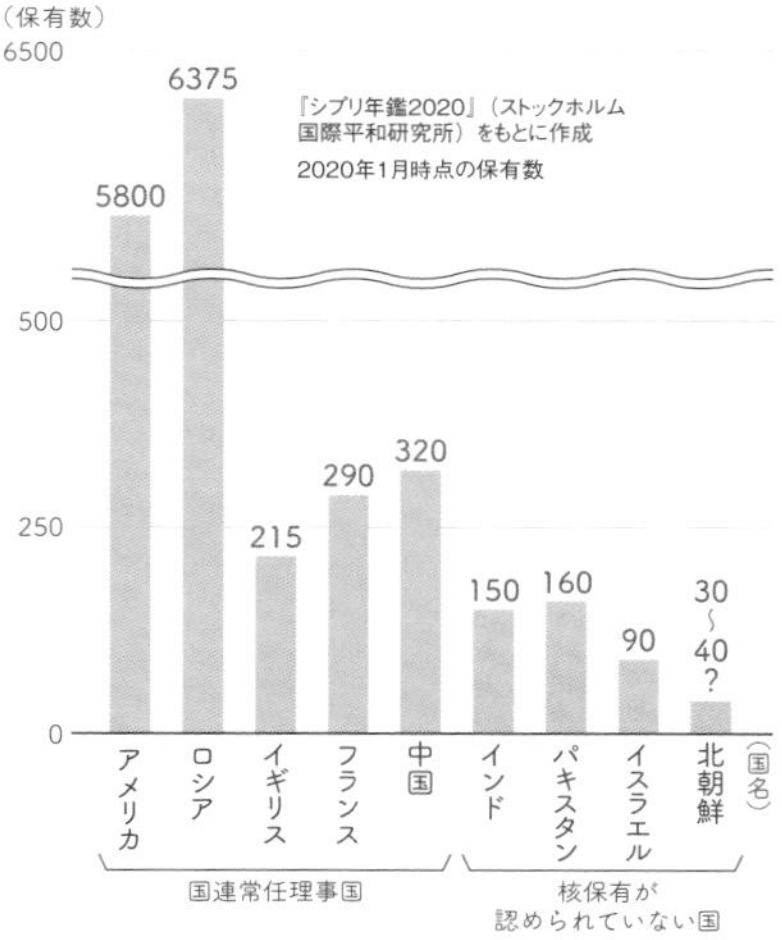

（保有数）
6500
500
250
0
『シプリ年鑑2020』（ストックホルム国際平和研究所）をもとに作成
2020年1月時点の保有数
5800
6375
215
290
320
150
160
90
30〜40?
アメリカ
ロシア
イギリス
フランス
中国
インド
パキスタン
イスラエル
北朝鮮
（国名）
国連常任理事国
核保有が認められていない国

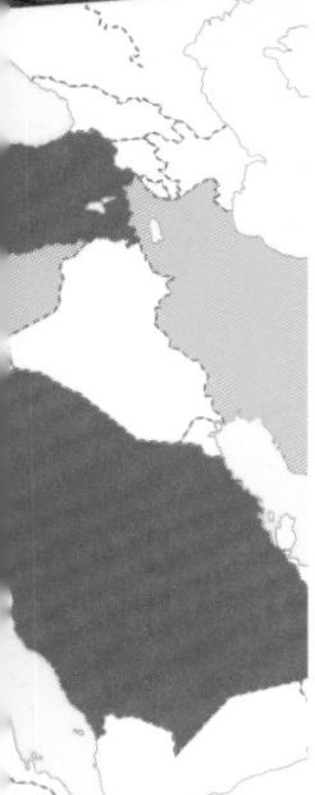

第5章

「シーパワー大国」アメリカ

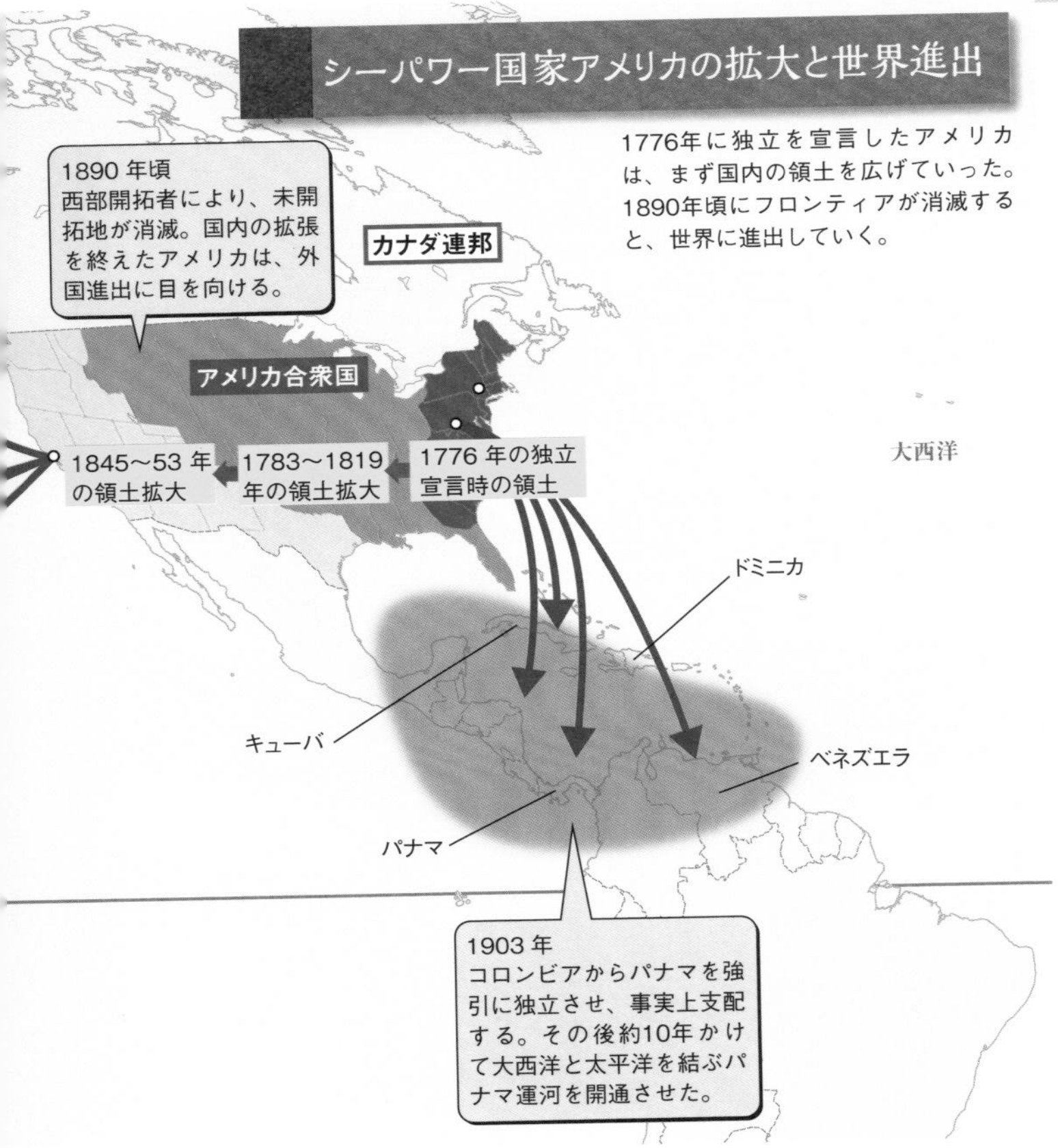
シーパワー国家アメリカの拡大と世界進出
1776年に独立を宣言したアメリカは、まず国内の領土を広げていった。1890年頃にフロンティアが消滅すると、世界に進出していく。
1890 年頃
西部開拓者により、未開拓地が消滅。国内の拡張を終えたアメリカは、外国進出に目を向ける。
カナダ連邦
アメリカ合衆国
1845～53 年の領土拡大
1783～1819 年の領土拡大
1776 年の独立宣言時の領土
大西洋
ドミニカ
キューバ
ベネズエラ
パナマ
1903 年
コロンビアからパナマを強引に独立させ、事実上支配する。その後約10年かけて大西洋と太平洋を結ぶパナマ運河を開通させた。

地理と歴史

「巨大な島」であることがアメリカを覇権国にした

POINT

ユーラシア大陸から離れた「巨大な島」であったことが、アメリカが拡大し、覇権国となるうえで、有利に作用した。

二つの大戦でも本土は無傷

アメリカは、地政学的には「巨大な島」とされている。北米大陸の中にあるのに島というのはおかしな言い方だが、北米大陸を構成するカナダ、アメリカ、メキシコを比較すると、アメリカだけが経済力も軍事力も突出しており、カナダとメキシコが軍事侵攻をしてくることはまず考えられない。常に隣国の脅威に脅かされてきた大陸国家のドイツやフランスとは対照的である。

アメリカが超大国になれたのも、島であったことが大きい。島国の強みは、海が天然の要塞となり、他国からの直接攻撃を受けにくいことだ。第一次、第二次世界大戦のとき

用語解説　「明白な天命」（マニフェスト・デスティニー）

19世紀後半のアメリカの領土拡大は、神から与えられた天命だと考えられ、生まれた言葉。領土拡大による戦争や原住民の迫害を正当化するため、広く使われた。

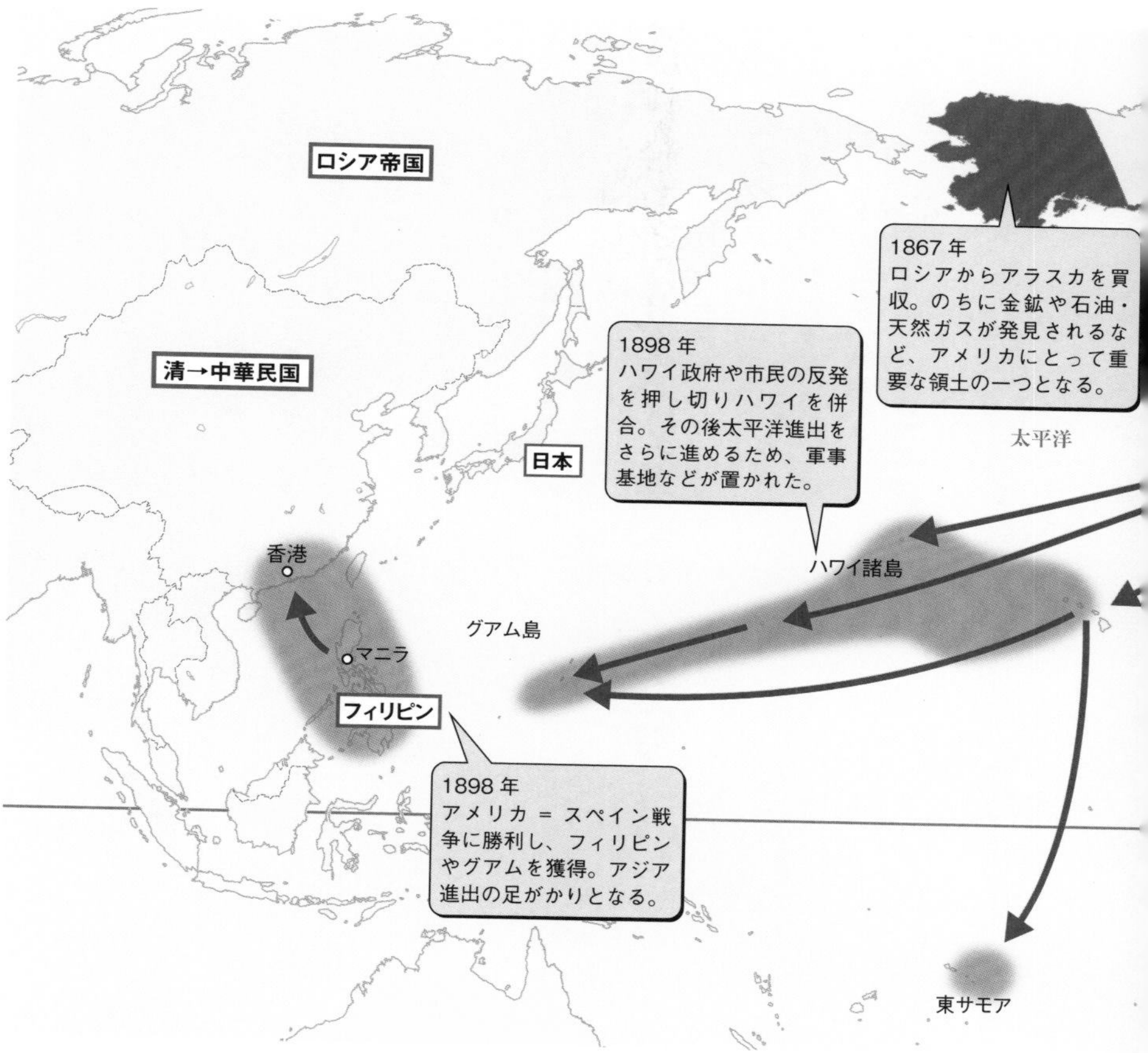
ロシア帝国
清→中華民国
日本
香港
マニラ
フィリピン
グアム島
ハワイ諸島
太平洋
東サモア
1867年
ロシアからアラスカを買収。のちに金鉱や石油・天然ガスが発見されるなど、アメリカにとって重要な領土の一つとなる。
1898年
ハワイ政府や市民の反発を押し切りハワイを併合。その後太平洋進出をさらに進めるため、軍事基地などが置かれた。
1898年
アメリカ＝スペイン戦争に勝利し、フィリピンやグアムを獲得。アジア進出の足がかりとなる。

にも、アメリカは主戦場となったヨーロッパから離れた島であったことで、本土は無傷だった。戦後は焦土となったヨーロッパ諸国を支援しながらも、商品を売り込むことで多額の利益を上げることができた。

また大西洋と太平洋のどちらにも面しており、ヨーロッパにもアジアにも影響力を及ぼせる地理的位置にいる。大国になってからのアメリカは、離れた位置からこれらの地域の状況を俯瞰しつつ、現状変更を企てる国が出てきたら、そこに軍事力を投入することで、アメリカを中心とした国際秩序を保ってきた。

文化的にはヨーロッパの影響を受けながらも、ハリウッドやディズニーランド、マクドナルドに象徴される世界市場に通用する独自の文化を進化させていった。こうしたソフトパワーも、アメリカの強みだ。

領土拡大は「明白な天命」

1776年の建国当時のアメリカは、まだ巨大な島ではなく、東部13州からのスタートだった。その後、譲渡や買収、または戦争によって、次々と領土を拡大。早くも19世紀半ばには太平洋岸に到達した。

アメリカが領土拡大に熱心だった理由は、アメリカの宗教的なルーツにからめて説明されることが多い。アメリカはプロテスタント・カルヴァン派のピューリタンが、イギリスから渡ってきて築かれた国である。**彼らはアメリカを神から与えられた「約束の地」ととらえた。そして約束の地を西へと拡大していくのは、神から与えられた「明白な天命」（マニフェスト・デスティニー）であると考えた。**自分たちの理想の国家を広げるためには、アメリカ先住民を虐殺することも厭わなかった。

戦後のアメリカの軍事介入

アメリカは第二次世界大戦以降、「自由と民主主義」を広めるため、各国に介入。2001年の同時多発テロ以降は「テロとの戦い」を宣言し、中東諸国に軍事攻撃を行った。

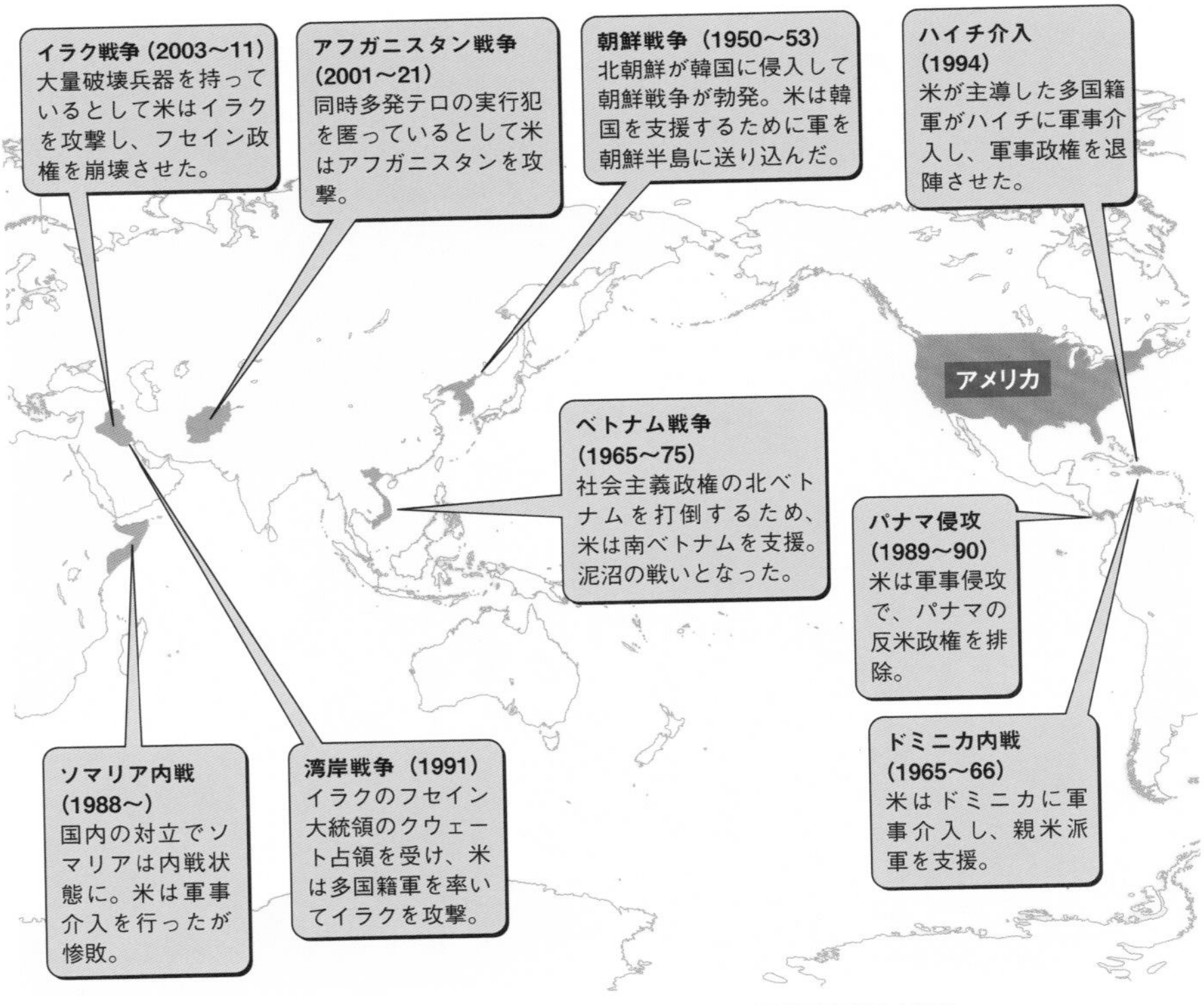

イラク戦争（2003～11）
大量破壊兵器を持っているとして米はイラクを攻撃し、フセイン政権を崩壊させた。
アフガニスタン戦争（2001～21）
同時多発テロの実行犯を匿っているとして米はアフガニスタンを攻撃。
朝鮮戦争（1950～53）
北朝鮮が韓国に侵入して朝鮮戦争が勃発。米は韓国を支援するために軍を朝鮮半島に送り込んだ。
ハイチ介入（1994）
米が主導した多国籍軍がハイチに軍事介入し、軍事政権を退陣させた。
アメリカ
ベトナム戦争（1965～75）
社会主義政権の北ベトナムを打倒するため、米は南ベトナムを支援。泥沼の戦いとなった。
パナマ侵攻（1989～90）
米は軍事侵攻で、パナマの反米政権を排除。
ドミニカ内戦（1965～66）
米はドミニカに軍事介入し、親米派軍を支援。
ソマリア内戦（1988～）
国内の対立でソマリアは内戦状態に。米は軍事介入を行ったが惨敗。
湾岸戦争（1991）
イラクのフセイン大統領のクウェート占領を受け、米は多国籍軍を率いてイラクを攻撃。

用語解説「パナマ運河」

1903年、アメリカはコロンビアからパナマを独立させ、パナマとの間でパナマ運河の利権を独占できる条約を締結。1950年代後半から運河の返還運動が起こり、1999年に返還された。

１８２３年には、当時のモンロー大統領が「モンロー教書」を発表した。これは「アメリカはヨーロッパの植民地に干渉しないから、ヨーロッパも南北アメリカ大陸に干渉するな」というものだった。裏を返せば、自分たちの南北アメリカ大陸への干渉は許されると考えた。**実際に19世紀末から20世紀初頭にかけては、「棍棒《こんぼう》外交」と呼ばれる武力外交によって、カリブ海一帯を実質的な支配下に置いた。**そして１９１４年には、大西洋と太平洋を結ぶパナマ運河を完成させ、支配下に置いた。

こうして北米大陸を巨大な島にすることに成功したアメリカは、次に太平洋への進出を本格化した。そこでやはり同時期に太平洋へと進出していた日本と衝突（太平洋戦争）するが、これに勝利を収め、太平洋も実質的にアメリカの内海にした。

自由と民主主義を広める国

第二次世界大戦後のアメリカは、戦争による消耗が著しいヨーロッパ諸国を横目に、押しも押されもせぬ覇権国となった。**戦後のアメリカが「明白な天命」の代わりに持ち出したのは、「自由と民主主義」という理念だった。**今度はアメリカは、自分たちの理想である「自由と民主主義」を世界に広めようとしたのだ。

その際に敵とされたのが、「自由の抑圧」の象徴であるソ連を中心とした社会主義国だった。**アメリカは社会主義勢力の拡大をリムランドで食い止める封じ込め政策を展開。**「自由と民主主義」が脅かされそうな地域には積極的に介入していった。この戦いは、１９９１年のソ連の解体によってアメリカの勝利に終わる。だがそれは同時にその後のアメリカの混迷の始まりとなった。

カナダとアメリカの歴史と関係性　Column

カナダとアメリカの国境線は、不自然な直線となっている。これは両国ともヨーロッパからの移民によって作られた人工国家だからだ。このうちカナダは、18世紀に英仏の争いを経てイギリスの植民地となり、アメリカ独立戦争時にも植民地にとどまることを選択したため、アメリカとは別の国になった。

現在アメリカとは友好関係を保っているが、ベトナム戦争やイラク戦争のときにはアメリカの行動に疑義を唱えるなど、独立国としての矜持を保っている。

カナダとアメリカの国境線。東側は自然な地形、西側は北緯49度線で仕切られている。

→ 第一次世界大戦後のアメリカ台頭については**P81**参照
→ 東西冷戦については**P90**参照

ニュース

アメリカが「世界の警察官」をやめると表明したのはなぜか

POINT

「自由と民主主義」を世界に広げていくことの限界に直面したアメリカは、「世界の警察官」から降りることを選択した。

2021年の大統領就任式で演説するバイデン大統領。大統領は代わったが、アメリカが再び「世界の警察官」に戻る気配は今のところない。

敵はテロリストと独裁者

2001年9月、アメリカでイスラーム過激派組織アル＝カーイダによる同時多発テロが発生した。ブッシュ（子）大統領は、ただちにテロとの戦いを宣言。テロの首謀者を匿っていることを理由にアフガニスタンを攻撃。また2003年には、イラクが大量破壊兵器を保有しているとして、イラク戦争を起こした。**冷戦終結後、社会主義勢力の衰退により敵をなくしていたアメリカは、テロや独裁国家という次なる敵を見つけたわけだ。**テロリストや独裁者が跋扈していた国・地域に「自由と民主主義」を根付かせることが、アメリカの新たな天命となった。

オバマの宣言が持つ意味

だがアメリカは、アフガニスタンでもイラクでも、戦後統治に失敗した。例えばイラクに対しては、**民主的な選挙を実施させた結果、国内で多数派を占めるシーア派政権が誕生し、スンナ派への弾圧を開始。**国内は内戦状態に陥った。アメリカ自身も統治の過程で、米軍に反感を抱く勢力の反撃に遭い、多くの兵士を失うことになった。治安は安定せず、民主主義も根付かず、現地の人たちから歓迎もされず、アメリカは威信を傷つけられた。

そんな中で2013年、オバマ大統領は「アメリカは世界の警察官ではない」と発言する。これは今後ア

人物解説 バラク＝オバマ（1961～）

2009～17年の米大統領。初の黒人大統領で、「核なき世界」の実現を表明しノーベル平和賞を受賞した。しかし中東政策で混迷を招くなど、オバマの理想は挫折に終わった。

世界各国の米軍駐留人数

2020年時点で米軍が駐留する主な国々。現在、米軍隊は世界150ヵ国以上に配備されている。

※アメリカ大陸は除く

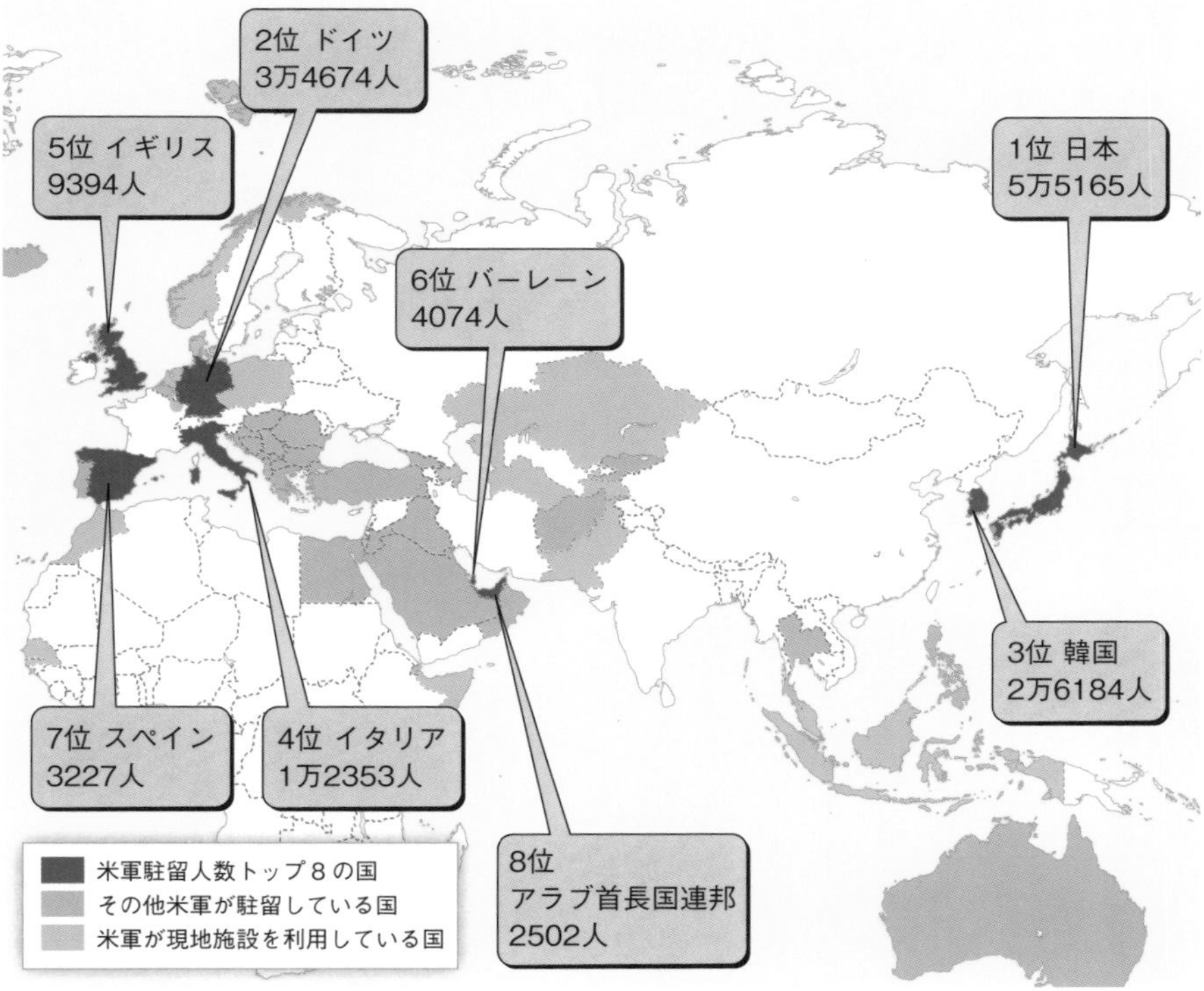
2位 ドイツ
3万4674人
5位 イギリス
9394人
1位 日本
5万5165人
6位 バーレーン
4074人
3位 韓国
2万6184人
7位 スペイン
3227人
4位 イタリア
1万2353人
8位
アラブ首長国連邦
2502人
米軍駐留人数トップ８の国
その他米軍が駐留している国
米軍が現地施設を利用している国

ウェブサイト「statista」に掲載されたデータをもとに作成

メリカは、世界の自由と民主主義を守るために、**いたずらに紛争地に介入するようなことはせず、その軍事力は自国の防衛や利害に関わるときのみに行使することを宣言した**ものといってよかった。そのうえで国際紛争については、多国間協調でこれを解決していくとした。

一方、2017年にアメリカ第一主義を掲げて大統領に就任したトランプは、多国間協調は否定したが、「アメリカは世界の警察官ではない」という世界観についてはオバマと共有していた。任期中のトランプは、外交に関しても自国の利益に関係するもののみに関心を示した。

そういう意味でオバマとトランプの登場は、アメリカが信じた理念を自力で世界に広めていくことを天命としてきたこの国の挫折と転換を象徴する出来事だったといえる。

→ 冷戦後のアメリカとテロについてはP96参照
→ アル=カーイダを匿ったアフガニスタンについてはP192参照

ニュース

アメリカ国内で進む分断の理由とは何か

警官隊を挟んで睨み合う、民主党バイデン支持者と共和党トランプ支持者。大統領選は国内の分断を浮き彫りにした。

所得格差が分断を加速させる

アメリカ国内では、バイデン大統領が2021年1月の就任演説の中で「内戦に終止符を打つ必要がある」と発言したほど、分断が深刻な問題になっている。

近年、共和党支持者は男性、白人、中高年、非大卒、民主党支持者は女性、非白人、若者、大卒が多いことが鮮明になってきた。アメリカは、西海岸や東海岸の都市部は情報産業や金融業によって発展を遂げている一方、自動車産業や鉄鋼業が盛んだった中西部から北東部はグローバル競争に敗北し、ラストベルト（錆びた工業地帯）と呼ばれるようになった。こうした工場で働く非エリートの労働者たちは、かつては民主党支持者だったが、**民主党はクリントン時代以降ウォール街重視に変質した**ため、彼らの声を代弁してくれる存在がいなくなった。そこに登場したのが、共和党のトランプだった。

一方**民主党支持者の中には、都市部の高所得者だけでなく、若者や非白人も多く含まれ、**彼らも格差が激しい現在の状況に憤りを覚えている。2016年と20年の民主党予備選挙において、現在の民主党の政策に満足していない若者たちから、民主社会主義者を標榜するサンダースが支持を集めたのにはそうした背景がある。所得格差は、アメリカの分断の重要なキーワードである。

POINT

アメリカでは、地域格差や所得格差、宗教や多様性を巡る価値観の相違など、様々な局面で分断が起きている。

用語解説　「福音派」

アメリカの人口の約25％を占める。2016年の大統領選で、トランプは福音派のペンス氏を副大統領に据えるなどの対策をし、白人福音派の81％の票を獲得した。

2020年大統領選の結果

経済が衰退した工業地帯「ラストベルト」と福音派が多く住む「バイブルベルト」では、共和党のトランプが勝利した州が多かった。

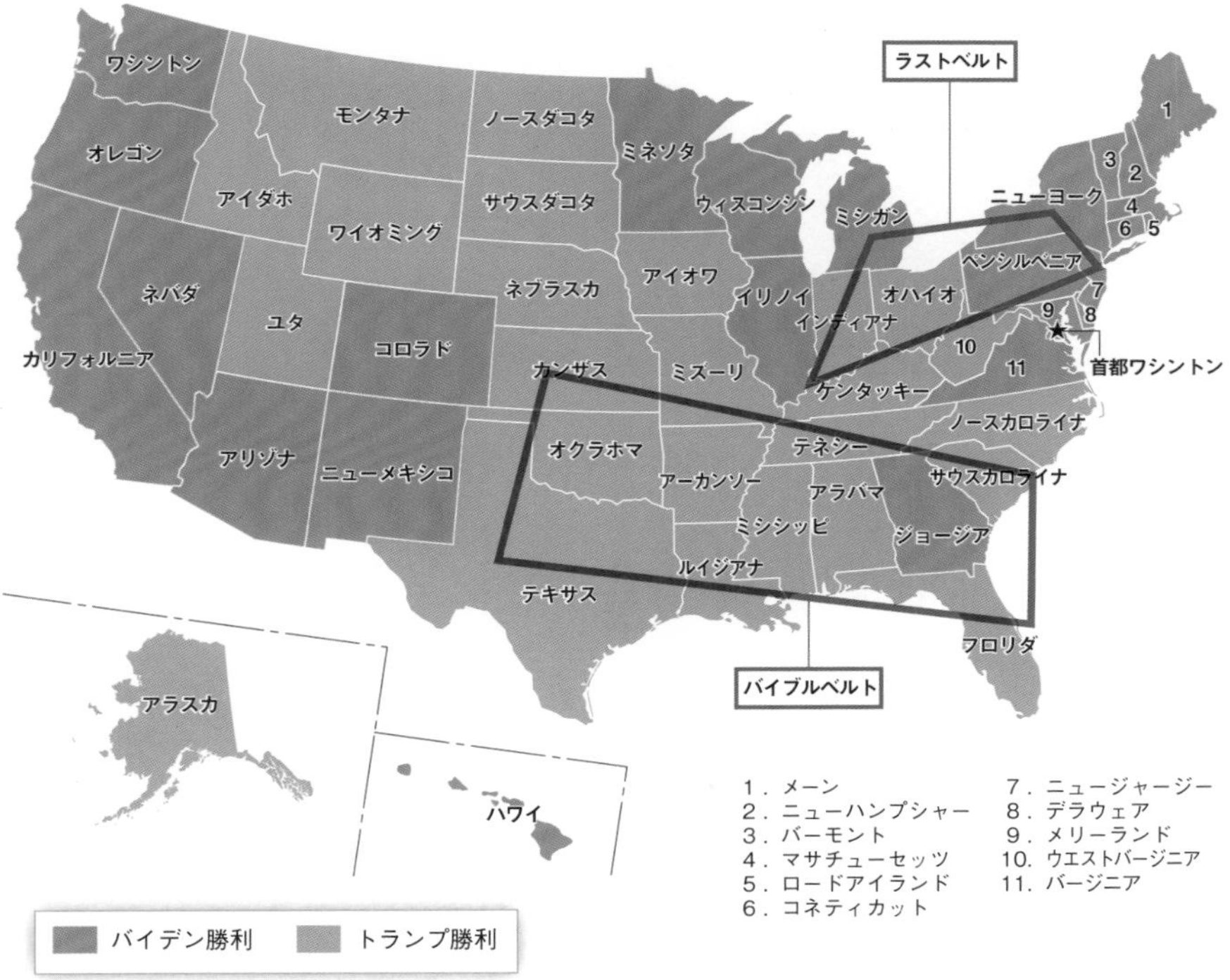

ラストベルト
バイブルベルト
ワシントン
オレゴン
カリフォルニア
モンタナ
アイダホ
ネバダ
ワイオミング
ユタ
アリゾナ
コロラド
ニューメキシコ
ノースダコタ
サウスダコタ
ネブラスカ
カンザス
オクラホマ
テキサス
ミネソタ
アイオワ
ミズーリ
アーカンソー
ルイジアナ
ウィスコンシン
イリノイ
ミシガン
インディアナ
オハイオ
ケンタッキー
テネシー
ミシシッピ
アラバマ
ジョージア
フロリダ
サウスカロライナ
ノースカロライナ
ニューヨーク
ペンシルベニア
首都ワシントン
アラスカ
ハワイ
1．メーン
2．ニューハンプシャー
3．バーモント
4．マサチューセッツ
5．ロードアイランド
6．コネティカット
7．ニュージャージー
8．デラウェア
9．メリーランド
10．ウエストバージニア
11．バージニア
バイデン勝利
トランプ勝利

ウェブサイト「NHK NEWS WEB」に掲載されたデータをもとに作成

福音派とリベラルの対立

共和党がもう一つ支持基盤にしているのが、バイブルベルトと呼ばれる南東部のエリアだ。この地帯には、厳格なプロテスタントである福音派が数多く住んでいる。彼らは『聖書』の教えを重視し、同性婚や妊娠中絶を否定している。**共和党は特にブッシュ（子）大統領以降、福音派の思想を政策に取り込むことで、彼らからの支持を固めていった。**アメリカは、「明白な天命」という考えのもとに拡大を進めていった宗教国家の側面を持つが、その色合いはまだ薄れていないのだ。

福音派から見れば、同性婚や中絶を認め、多様性を尊重するリベラル派（＝民主党支持者）は、伝統的なアメリカ的価値観の破壊者以外の何ものでもない。ここにも深刻な分断が存在する。

⇒ 世界の宗教についてはP36参照

ニュース

NAFTAは北米大陸に何をもたらしたか

2020年1月、ホワイトハウスで行われたUSMCAの実施法案署名式で演説するトランプ大統領。

自由貿易がもたらした副作用

NAFTA（北米自由貿易協定）は、アメリカ・カナダ・メキシコ間で、1994年に発効した自由貿易協定のこと。北米大陸は地政学では「島」に喩えられるが、**国家間の関税の壁を取り払うことで、まさに経済面でも大陸を一つの「島」にすることを目指したものだった。**

NAFTAは、確かに3国間の貿易を促進させた。だが同時に副作用ももたらした。メキシコには、アメリカ産の安価なトウモロコシや小麦が大量に流れ込んできたため、穀物価格が下落。これが少規模農家の生活を直撃し、暮らしていけなくなった農民の中には、麻薬の生産に手を染める者も現れたのだ。

また多くの農民が、職を求めてアメリカに移住した。その数はピークだった2007年には、不法移民も含めて1200万人以上に達した。これはメキシコの人口の約1割にあたる数字である。

一方アメリカでは関税が撤廃されたことで、自動車産業などの多くの製造業が人件費の安いメキシコに生産拠点を移したため、産業の空洞化が進行。またメキシコからアメリカへの輸出が増加し、アメリカの対メキシコ貿易赤字が増大した。**これを問題視し、「NAFTAの見直し」を掲げて、2016年の大統領選に当選したのがトランプだった。**

POINT

NAFTAは北米大陸の経済の一体化を目指したものだったが、トランプにより、この協定は終わりを迎えることになった。

用語解説　「USMCA（アメリカ・メキシコ・カナダ協定）」

2018年に3国首脳間で署名が行われ、2020年7月に発効した。NAFTAには含まれていなかったデジタル貿易、環境、労働に関する章が新設された。

対カナダ・メキシコの貿易収支

2020年のアメリカ対カナダ・メキシコにおける輸出入額。USMCAの影響で、対カナダの赤字額は減少傾向にある。

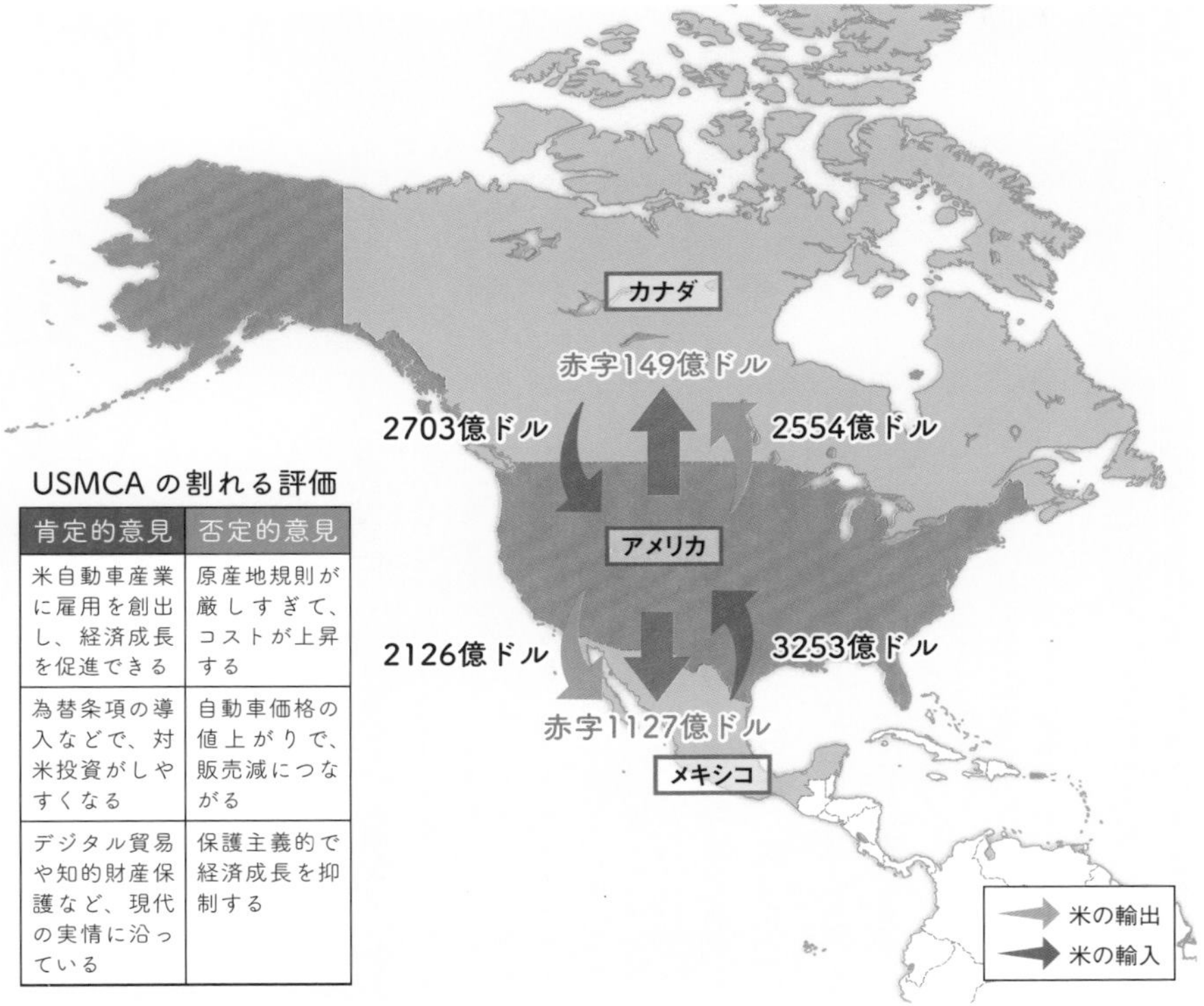
カナダ
赤字149億ドル
2703億ドル
2554億ドル
アメリカ
2126億ドル
3253億ドル
赤字1127億ドル
メキシコ
米の輸出
米の輸入

USMCAの割れる評価

肯定的意見	否定的意見
米自動車産業に雇用を創出し、経済成長を促進できる	原産地規則が厳しすぎて、コストが上昇する
為替条項の導入などで、対米投資がしやすくなる	自動車価格の値上がりで、販売減につながる
デジタル貿易や知的財産保護など、現代の実情に沿っている	保護主義的で経済成長を抑制する

地図内の数値はアメリカ合衆国国勢調査局のデータをもとに作成
表は日本経済新聞（2020/1/31）の記事をもとに作成

保護貿易色の強い協定に転換

トランプはメキシコとカナダを交渉のテーブルにつかせ、協定の内容を自国に有利な条件に変更させようとした。こうして**2020年に発効したのが、保護貿易色の強いUSMCA（アメリカ・メキシコ・カナダ協定）である。**

この協定では、乗用車の40%を時給16ドル以上の賃金を払っている自動車工場で生産するように課している。メキシコの自動車工場は、一般的に時給10ドル以下であるため、今後はアメリカへの生産拠点の再移転が進むことが予想される。

トランプはこれを「雇用をアメリカに呼び戻した」と自賛した。だが人件費の増加が自動車価格に上乗せされれば、消費者は不利益を被ることになる。この協定については、アメリカでも賛否が分かれている。

→ アメリカとカナダの歴史についてはP147参照

ニュース

なぜ不法移民は自国を捨てて アメリカを目指すのか

トランプ政権時に築かれたメキシコの壁。バイデン大統領は壁の建設の中止を表明した。

トランプの不法移民対策

トランプ前大統領は任期中、「不法移民を防ぐために、メキシコ国境沿いに壁を築く」と公言してきた。実際には壁の建設は、議会の反対もありさほど進まなかったものの、メキシコに「不法移民対策を強化しないと関税を上げる」と脅しをかけ、**不法滞在者としてアメリカで拘束された人をメキシコに送り返すことをメキシコ政府に認めさせるなど、徹底的な移民の締め出しを図った。**

その背景には、トランプを支持する白人保守層の間で、「移民のせいで、自分たちの仕事や生活が脅かされている」という不満や不安が溜まっていることが挙げられる。

移民増加の理由はアメリカ!?

国境を不法に越えてアメリカに入国してくるのは、かつてはメキシコ人が多かったが、近年は中米北部三角地帯と呼ばれるグアテマラ、ホンジュラス、エルサルバドルの人たちが急増している。

この三角地帯は19世紀末よりアメリカの影響下に入り、バナナやコーヒーを生産するプランテーションが築かれ、モノカルチャー経済となった。これが三角地帯が産業発展を遂げるうえで足かせとなった。

経済の不安定性は政治の不安定化を招き、グアテマラやエルサルバドルでは内戦が勃発。当時は冷戦期だったため、米ソは自分たちが支援

POINT

中米北部三角地帯と呼ばれる地域からのアメリカへの不法移民が絶えない理由を知るには、この地域の歴史を見る必要がある。

用語解説 「モノカルチャー経済」

特定の農産物や鉱物資源の生産と輸出に依存する経済構造のこと。自然災害などの影響を受けやすいうえに、一次産業の市場価値が低下しているため、経済が不安定な国が多い。

不法移民の出身国別ランキング

2016年にアメリカに滞在していた不法移民の推定値。近年、殺人件数の多いエルサルバドルや、ホンジュラスからの不法移民が増加傾向にある。

アメリカ
4位 インド
移民数47万5000人
1位 メキシコ
移民数 545 万人
2位 エルサルバドル
移民数 72 万5000人
3位 グアテマラ
移民数 57万5000人
5位 ホンジュラス
移民数 42 万 5000人

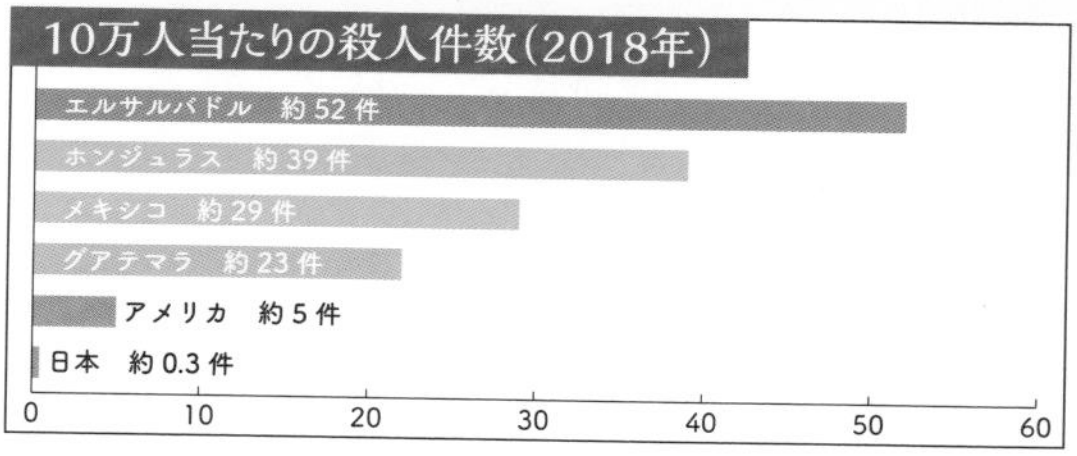
10万人当たりの殺人件数（2018年）
エルサルバドル 約52件
ホンジュラス 約39件
メキシコ 約29件
グアテマラ 約23件
アメリカ 約5件
日本 約0.3件
0
10
20
30
40
50
60

不法移民数はウェブサイト「ProCon.org」、殺人件数はウェブサイト「GLOBAL NOTE」のデータをもとに作成

する陣営に軍事支援や資金支援を行った。またホンジュラスは米軍の軍事基地となった。冷戦の終結とともに内戦も終わったが、残されたのは国土の荒廃だった。

　三角地帯は、地形的には南米と北米を結ぶつなぎ目にあたる。そのため現在この地帯は、コロンビアなどの南米で生産された麻薬を、消費地のアメリカに輸送する際の中継ルートに使われている。**現地では国際犯罪組織が活動し、若者たちを強引に組織に誘い入れ、拒否すると殺されることもある。**またマラスと呼ばれるギャングも、住民から金を巻き上げ、若者や子どもには組織に入るように脅迫する。そのため**命の危険を感じた人たちが、遠くアメリカにまで逃れようとするのだ。**

　つまり不法移民の増加を招いた責任は、アメリカにもあるといえる。

→ アメリカと中南米諸国の関係については P212 参照

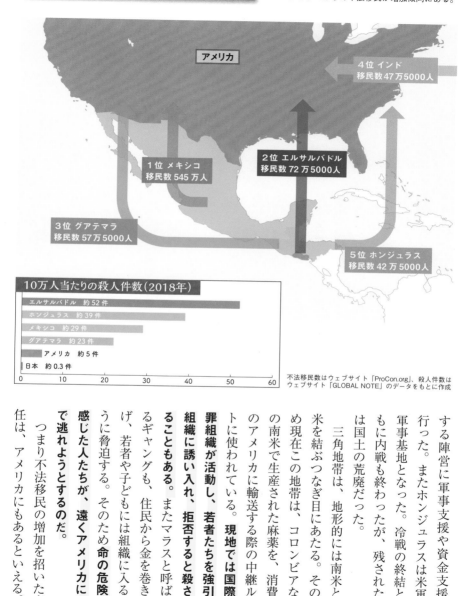

ニュース

喉元に刺さった「棘」であるキューバとの関係改善の行方

キューバ革命の主導者であるフィデル＝カストロ（左）と、その右腕として活躍したチェ＝ゲバラ（右）

トランプ時代に再び関係が悪化

カリブ海やメキシコ湾は、アメリカ地中海ともいわれている地域だ。アメリカはこの海域を自国の内海にできたからこそ、安心して外洋へと乗り出すことができた。

だが１９５９年、その内海に思わぬ反逆者が現れた。**キューバのカストロが親米のバティスタ政権を倒し、反米政権を樹立（キューバ革命）。その後ソ連と経済協力協定を結び、社会主義国家となったのだ。**

以後、アメリカにとってキューバは、喉元に刺さった棘となる。１９６２年には、ソ連が密かにキューバに核ミサイル基地を建設していることが発覚。キューバから首都ワシントンまでは１８００㎞程度で、ソ連の核ミサイルの射程範囲内である。**米ソはミサイルの撤去をめぐって激しく対立。核戦争の一歩手前というところで、ソ連の譲歩により辛くも危機を回避できた。**

その後もアメリカはキューバと対立を続けたが、２０１５年、オバマ大統領のときに54年ぶりに国交を正常化させた。アメリカはようやく喉元の棘を抜くことができるかに思われた。だがトランプ大統領が就任すると、キューバへの経済制裁を強化し、退任直前の２０２１年１月には、国交回復時点で解除していたテロ支援国家の指定を再びキューバに対して行った。

POINT

キューバはアメリカの内海であるカリブ海の反米国家。近年中国への傾斜を強めており、アメリカは対応に苦慮している。

人物解説 チェ＝ゲバラ（1928〜1967）

カストロと共にキューバ革命を成功に導いた革命家。キューバ革命後はコンゴやボリビアの革命支援のために戦うが、1967年戦闘中に捕らえられ、39歳の若さで処刑された。

ソ連のミサイルとキューバ危機

1962年、キューバ危機が起こる。キューバに設置されたソ連の中距離弾道ミサイルはアメリカ本土を射程距離内に収めていた。

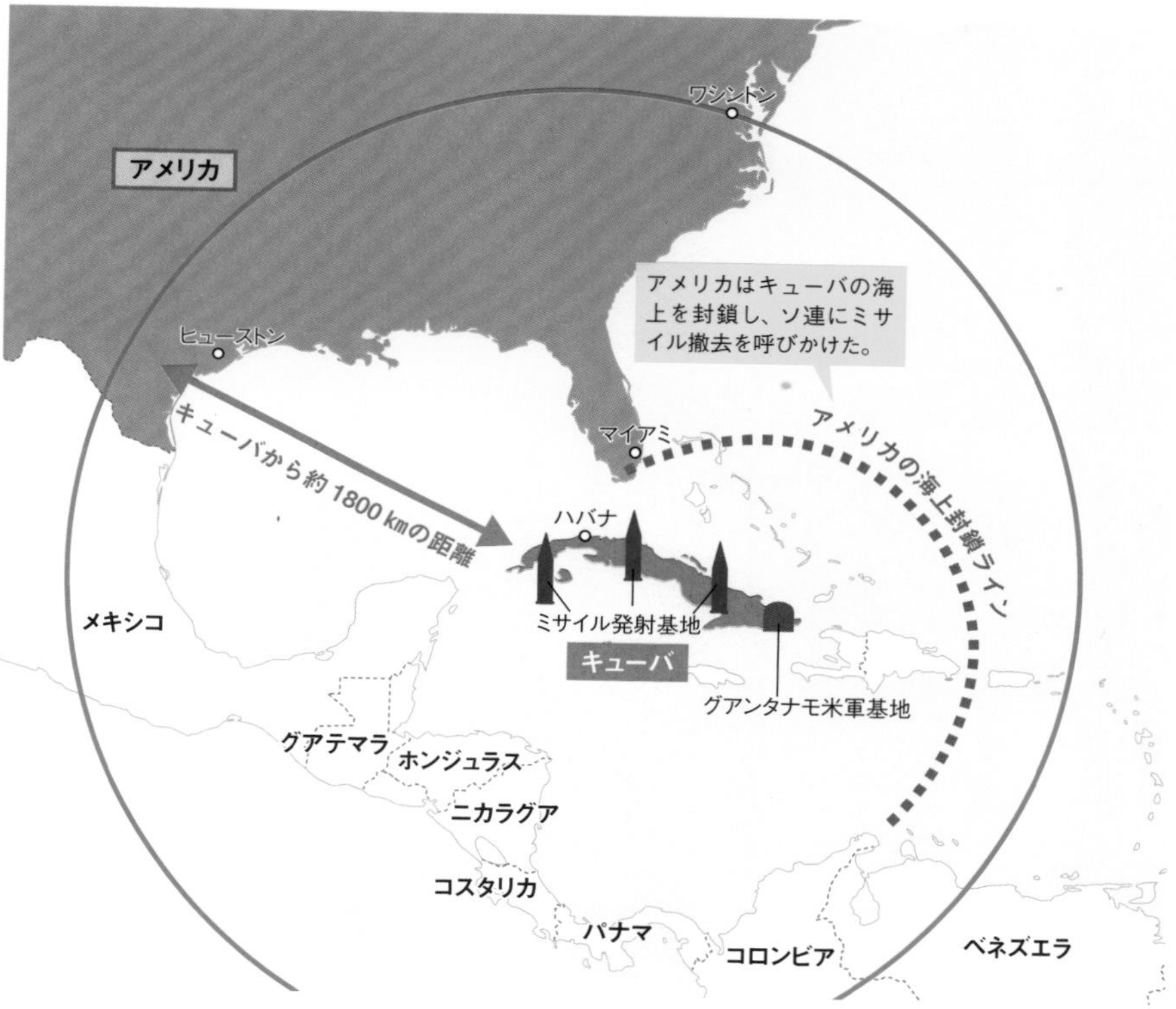

アメリカ
ワシントン
ヒューストン
マイアミ
アメリカはキューバの海上を封鎖し、ソ連にミサイル撤去を呼びかけた。
アメリカの海上封鎖ライン
キューバから約1800kmの距離
ハバナ
ミサイル発射基地
キューバ
グアンタナモ米軍基地
メキシコ
グアテマラ
ホンジュラス
ニカラグア
コスタリカ
パナマ
コロンビア
ベネズエラ

キューバに接近する中国

トランプがキューバに対して強硬姿勢を取ったのは、アメリカ国内には社会主義体制のキューバを厳しく批判し、「制裁によって現体制を弱体化させ、民主化に向かわせるべき」と考える人も多いからだ。**現バイデン政権は関係改善を進める意向だが、キューバが民主化政権ではないことが足かせとなっている。**

キューバはアメリカとの関係が再び悪化する中で、経済を建て直すために、中国やロシアへの接近を強めている。特に中国は最大の貿易相手国になりつつある。キューバを制裁によって弱体化させるという戦略は、中国にキューバへ付け入る隙を与えることになりかねないわけだ。

アメリカにとってキューバは喉元に刺さった小さな棘だが、しかし毒を含んだ棘だ。

→ アメリカの内海については**P28**参照
→ 冷戦後のソ連については**P170**参照

ニュース

アメリカの中東政策は今後どう変わっていくか

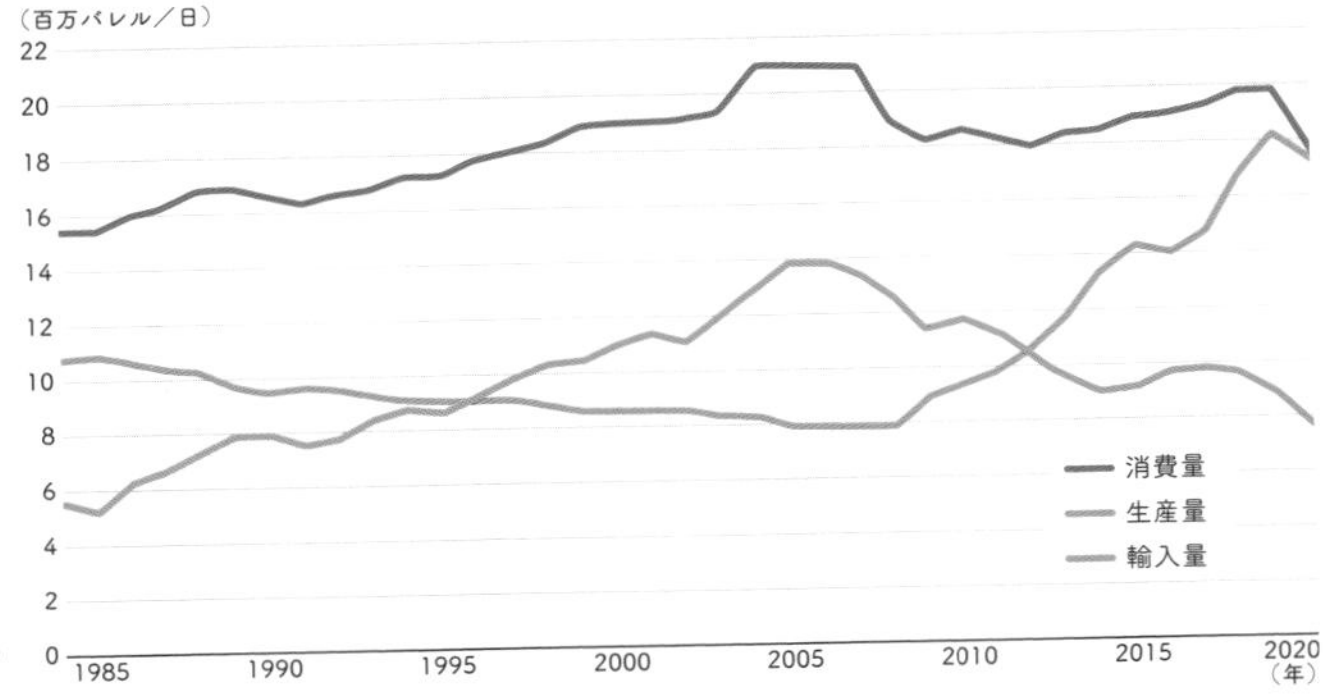
（百万バレル／日）
22
20
18
16
14
12
10
8
6
4
2
0
1985
1990
1995
2000
2005
2010
2015
2020
（年）
消費量
生産量
輸入量

アメリカの原油生産量・消費量・輸入量。シェール革命により２０１２年に生産量が輸入量を上回った。

ウェブサイト「U.S. Energy Information Administration (EIA)」に掲載されたデータをもとに作成

中東の石油への依存度が低下

第二次世界大戦後、アメリカは地理的には遠く離れている中東に介入し続けてきた。理由は三つある。

一つはイスラエルを支援するためだ。アメリカ国民の4分の1を占めるキリスト教福音派は熱烈なイスラエル支持者が多く、政治家が選挙に勝つには彼らの意向に従う必要がある。過去に国連安保理では、イスラエルのパレスチナ政策への非難決議案が何度も出されたが、その都度アメリカは拒否権を行使してきた。

二つ目は、中東は地政学的にはリムランドに位置しており、特に冷戦期にはソ連の勢力拡大を食い止める必要があった。アメリカは当初イランに親米政権を作り、イラン革命によりイランが反米に転じると、今度はイラクを支援するというように、中東における影響力をなりふり構わず維持し続けようとした。

三つ目は、中東に埋蔵されている豊富な石油を必要としたためだ。

この三つの理由のうち、二つ目については、冷戦の終結によっていったんは重要度が低下した。また三つ目についても、2010年前後からアメリカ国内に大量に埋蔵されているシェールガスやシェールオイルの生産量が増え、**今ではアメリカは世界最大の天然ガスと石油の産出国になったため、中東の石油への依存度も低下している。**

POINT

中国やロシアの中東への影響力の拡大を防ぐために、今後もアメリカは一定程度中東に介入し続けると考えられる。

用語解説　「リバランス政策」

アジア、太平洋地域の軍事・外交・経済を重視する政策。中国と協力できる分野は協力しつつ、軍事面では日本を含む同盟国との強化を図ることで、中国を押さえ込もうとした。

アメリカと中東地域の関係

中東にはアメリカの同盟国もある一方で、関係性が不安定な国も多い。第二次世界大戦後、アメリカは積極的に中東に介入してきたが、近年では関与を弱めている。

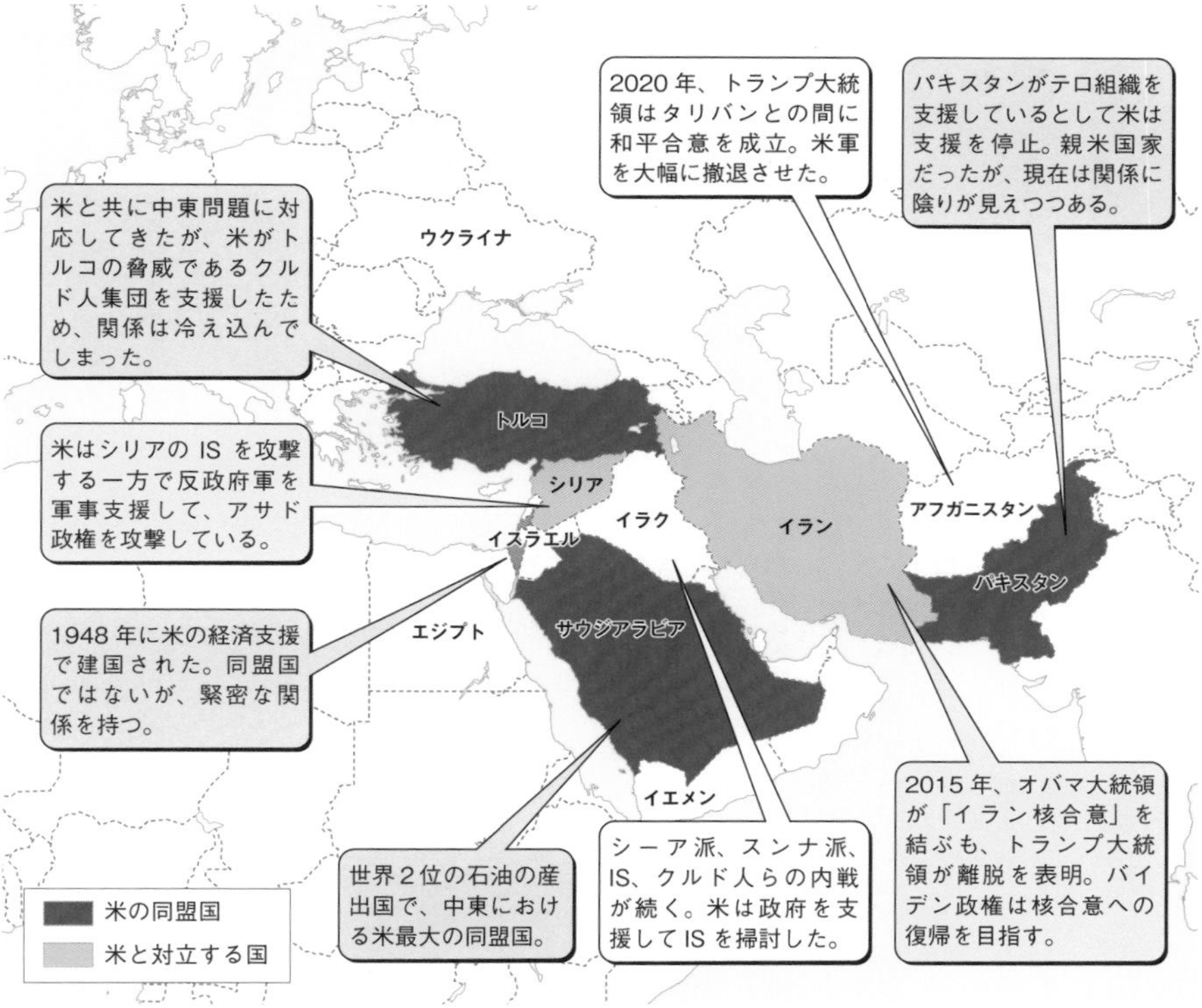
2020年、トランプ大統領はタリバンとの間に和平合意を成立。米軍を大幅に撤退させた。
パキスタンがテロ組織を支援しているとして米は支援を停止。親米国家だったが、現在は関係に陰りが見えつつある。
米と共に中東問題に対応してきたが、米がトルコの脅威であるクルド人集団を支援したため、関係は冷え込んでしまった。
ウクライナ
トルコ
米はシリアのISを攻撃する一方で反政府軍を軍事支援して、アサド政権を攻撃している。
シリア
イラク
イラン
アフガニスタン
イスラエル
パキスタン
エジプト
サウジアラビア
1948年に米の経済支援で建国された。同盟国ではないが、緊密な関係を持つ。
イエメン
2015年、オバマ大統領が「イラン核合意」を結ぶも、トランプ大統領が離脱を表明。バイデン政権は核合意への復帰を目指す。
シーア派、スンナ派、IS、クルド人らの内戦が続く。米は政府を支援してISを掃討した。
世界2位の石油の産出国で、中東における米最大の同盟国。
米の同盟国
米と対立する国

権力の空白を生じさせない

そのため以前と比べれば、アメリカが中東に介入する必然性は減じている。**事実、オバマ大統領はリバランス政策によって、中東重視からアジア・太平洋地域重視へと転換し、トランプ大統領もアフガニスタンとイラクの駐留米軍を削減した。**

だがアメリカは、今後も中東には一定程度関与せざるを得ないと考えられる。その理由は、中国が中東に対して積極的な外交政策を展開しているからだ。またロシアも中東への影響力の拡大を虎視眈々と狙っている。権力の空白が生じた地帯には、別の権力が入り込もうとするのが、国際政治のセオリーだ。さらにはアメリカは、イランの核開発問題にも対処する必要がある。「世界の警察官を降りた」といっても、簡単には引きこもることはできないのだ。

→ イスラエルとパレスチナの関係については**P186**参照
→ アメリカの対イラン政策については**P188**参照

ニュース

世界の覇権の座を巡る米中新冷戦の行方

2021年3月に行われた米中の高官協議。報道陣の前で互いの国を非難するという異例の展開となった。

失敗に終わったオバマの政策

アメリカは2018年以降、中国との間で、新冷戦と呼ばれる状況に突入している。中国の不公正貿易を理由に経済制裁を開始。さらには中国による知的財産権の侵害、強引な海洋進出、人権の抑圧や民主化運動への弾圧など様々な分野で、批判を展開するようになった。

この背景には、中国が今後も経済成長と軍事拡張を続ければ、アメリカの覇権国の座が脅かされかねないことがある。事実、中国は建国100周年にあたる2049年には、世界トップの国力を有した国になるという構想を掲げている。特にアメリカが許しがたいのは、アメリカが理念に掲げている「自由と民主主義」を中国が軽視していることだ。

既にアメリカはオバマ政権のときから、中国の台頭を注視してきた。これまでの中東重視の外交政策を改め、アジア・太平洋地域重視の外交政策へと「リバランス」することを表明。ただしオバマが目指したのは、中国を敵視するのではなく、対話を通じて中国を自由と法の支配に基づいた国際秩序の中に誘っていくものだった。だがこのアプローチ方法は失敗に終わり、中国の膨張政策を変えることはできなかった。そこで**トランプ政権では、中国に対しては「対話」から「対立」へと抜本的な転換が図られたのだった。**

POINT

アメリカによる中国への様々な要求に、中国が応じる可能性は低く、米中対立は終結の着地点が見えない状況にある。

用語解説　「米中貿易戦争」

2018年にトランプ大統領が、中国産の製品が安価で大量に出回っていることを問題視し、関税をかけたことをきっかけに始まった米中間の貿易問題。

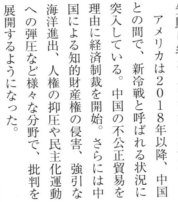

米中の国力比較

GDPも軍事費もまだ拮抗するまでには至らないが、2028年には中国がアメリカのGDPを抜くという予測もある。

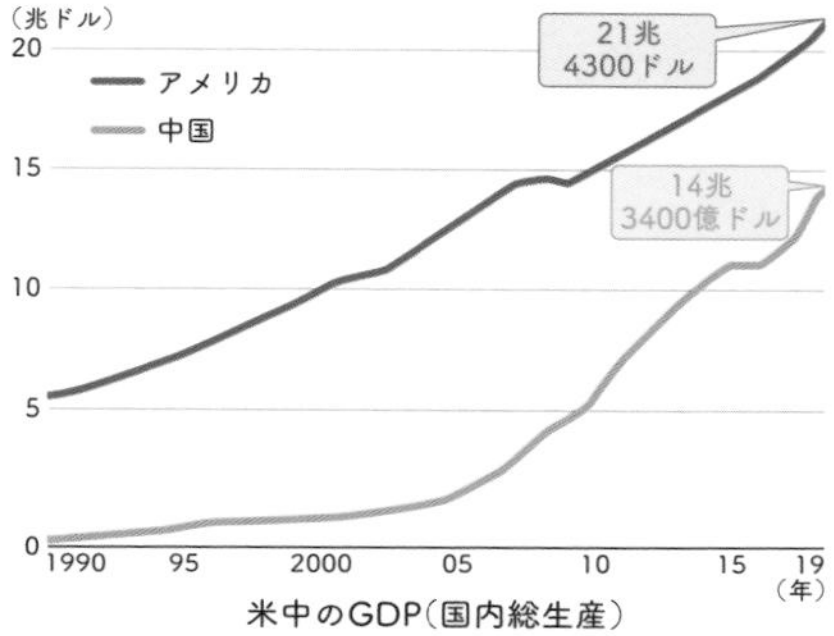

米中のGDP（国内総生産）

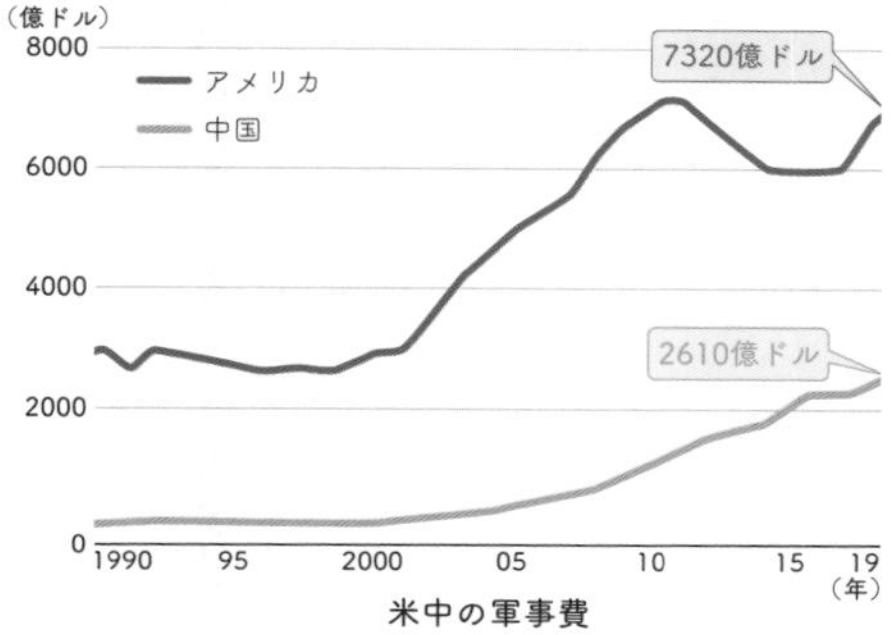

米中の軍事費

シーパワー勢力で中国を包囲

中国が民主化を拒むのは、その実現が中国共産党の存立基盤を揺るがしかねないからだ。中国はかつて、東欧諸国の共産党政権が、冷戦の終結による民主化の導入とともに市民によって次々と倒されていった姿を目の当たりにした経験がある。

また膨張主義を改めようとしないのは、14億5000万人の国民を食べさせるだけの生存圏を確保する必要があるからだ。

アメリカでは、トランプ政権を引き継いだバイデン政権も、中国に対しては強硬姿勢を貫いている。だが中国は、アメリカの要求には容易には応じないと考えられる。

そんな中でバイデン政権は日本、オーストラリア、インドとQuad（クアッド／日米豪印戦略対話）を形成。インド太平洋地域のシーパワー勢力を結集することで中国包囲網を敷こうとしている。

一方中国は、一帯一路の陸路（一帯）の中にトルコとロシアを組み込んでいるように、ユーラシア大陸のランドパワー勢力との結びつきを強めることで、アメリカに対抗しようとしている。またEU（欧州連合）とは投資協定の締結で大筋合意している（ただし、欧州議会が同意せず、現在批准に向けた審議は凍結）。

かつての米ソ冷戦と今回の米中新冷戦が大きく異なるのは、当時の米ソは経済的交流がほとんどなかったのに対して、**現在の米中は強い経済的相互依存関係にあることだ。**貿易戦争が長引くことは、両国の国力を消耗させ、世界経済にも悪影響を及ぼす。米中はどこかで折りあいをつける必要があるが、その着地点は簡単には見つかりそうにない。

→「インド太平洋」構想についてはP116参照
→中国の「一帯一路」構想についてはP130参照

QUIET TALK

サイバーパワーは 地政学の理論を無効にするか

サイバー空間（サイバーパワー）は国家や軍にとって、今世紀に入ってから陸（ランドパワー）、海（シーパワー）、空（エアパワー）、宇宙（スペースパワー）に続く第五の作戦領域になっている。

例えばアメリカは2010年、イランの核施設を**サイバー攻撃**することでシステムをダウンさせ、ウランの濃縮に用いられる遠心分離機1000台を破壊したと言われている。またロシアは2015年から19年にかけて、ウクライナの電力システムに侵入し、首都キエフを停電に陥らせたとされる。「日本の原発が、今後もしどこかの国からサイバー攻撃にさらされたら……」と想像すると、背筋が寒くなる思いがする。

ハーバード大学のベルファーセンターは2020年、入手可能なデータをもとに、各国のサイバーパワーのランク付けを行った。それによると1位はアメリカ、2位は中国、3位はイギリス。日本は9位と後塵を拝している。

サイバーパワーの特徴は、ランドパワーやシーパワーとは異なり、**地理的制約を受けない**ことだ。攻撃を加えたい国が自国の裏側にあったとしても、その国の機関、企業等のシステムに侵入さえできれば、効果的にダメージを与えることができる。そのため「サイバーパワーは、地理的条件に縛られてきたこれまでの地政学の理論を無効にする」と主張する人もいる。

だがむしろサイバーパワーは、地政学的な思考に基づいて活用したときに、最大限の効果を発揮すると考えるべきだろう。サイバー攻撃が行われる際には、攻め手はどの国・地域のどんな施設を攻撃すれば**地政学的に有効**か、逆に守り手はどの地域のどんな施設が、**地政学的に脆弱**かを分析したうえで、戦略を練る必要があるからだ。

またサイバー攻撃だけで戦争に勝ち、相手国を統治することは不可能で、ランドパワーやシーパワー、エアパワーとの連携が不可欠になる。サイバーパワーがどんなに進化しても、地政学が失効することはないと考えられる。

2018年の平昌オリンピックの開会式中にサイバー攻撃が行われ、一部システムが使えなくなった。

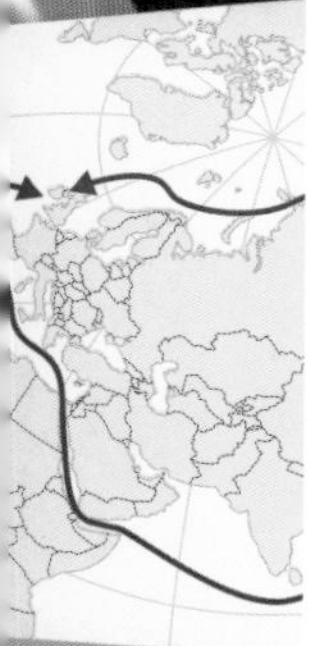

第6章

対立続く ヨーロッパとロシア

地理と歴史

鳥かごから海へと羽ばたき世界史の主人公となる

ヨーロッパの海上覇権

地中海交易（前6～12世紀）

エジプトやオリエントなどとさかんに交易が行われ、交易の都市間では地中海文明が形成。ローマ帝国台頭のきっかけになった。

↓

封建主義体制（11～14世紀）

地中海交易やシルクロードからもたらされる交易品で一時期繁栄するも、イスラーム勢力の台頭により、交易範囲は縮小された。

↓

大航海時代（15～17世紀）

ポルトガル・スペインが香辛料を求め海洋に進出。ポルトガルは喜望峰を経由する航路を、スペインは大西洋航路を開拓しアメリカ大陸に入植。勢力を拡大した。

↓

オランダ・イギリスの覇権争い（17～18世紀）

17世紀に入ると、まずオランダがスペインとポルトガルから海上覇権を奪い、次いでイギリスがオランダから覇権を奪取。イギリスの繁栄は、19世紀に頂点に達した。

ポルトガルの航海家だったバルトロメウ＝ディアスは、アフリカ南端の喜望峰を発見。これがのちのインド航路の発見につながる。

肉食中心のヨーロッパは、調味料・防腐剤としての香辛料が重要で、これを求めて鳥かごから抜け出し、海洋進出に乗り出した。

文化を育むうえで最適な環境

イギリスの地政学者マッキンダーは著作の中で、中世までのヨーロッパの地理的環境について、南には越えがたい砂漠（サハラ砂漠のこと）、西には未知の大海（大西洋のこと）、北と北東には酷寒の大森林地帯が広がっているため、ヨーロッパの人々は域外に出ることがままならず、鳥かごの中に閉じ込められているような状態だったと述べている。

ただしこの鳥かごは、ヨーロッパが豊かで高度な文化を育んでいくうえで、最適な条件を備えていた。

ヨーロッパは地理的には高緯度にあるにもかかわらず、暖流の北大西洋海流や偏西風のおかげで、多くの

POINT

中世までアジアに押されていたヨーロッパは、外洋へと出て行く力を身につけたことで、世界史を動かす存在となった。

用語解説　「鳥かご状態のヨーロッパ」

マッキンダーは「地理学から見た歴史の回転軸」と題した講演で、中世ヨーロッパは砂漠や海などに囲まれ、鳥かごに閉じ込められたような状態だったと述べた。

ユーラシア大陸の「半島」で鳥かご

マッキンダーはユーラシア大陸とアフリカ大陸を合わせて一つの島として考え、ヨーロッパはその半島と捉えた。ヨーロッパは三方を海に囲まれ、大航海時代までは鳥かごに閉じ込められているような状態だった。

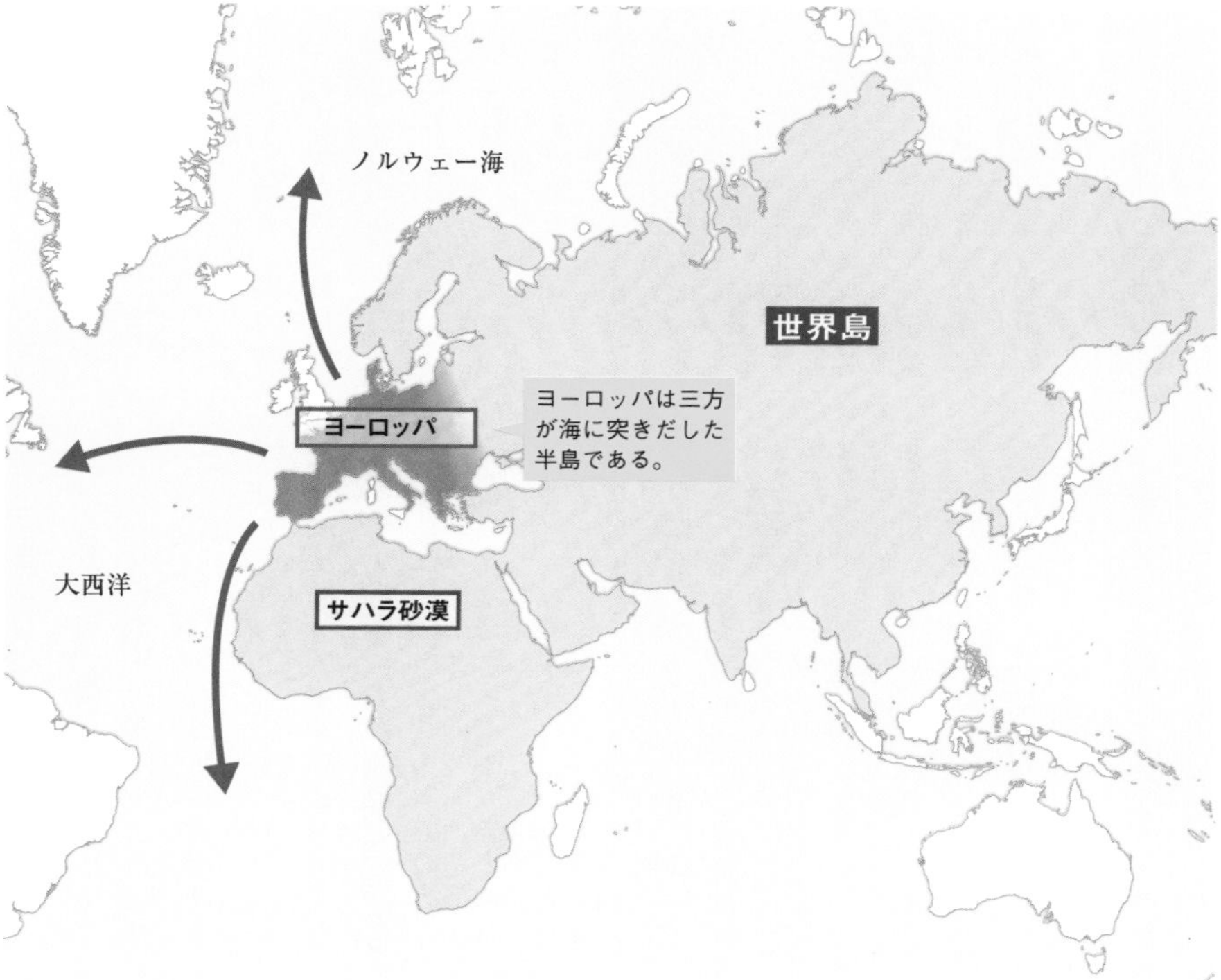

ノルウェー海
世界島
ヨーロッパ
ヨーロッパは三方が海に突きだした半島である。
大西洋
サハラ砂漠

地域が温帯気候や地中海性気候に属しており、農業に適している。またライン川やドナウ川をはじめとした多くの河川は、流れが緩やかで、古くから交通や物流の手段として活用することができた。**さらに入り組んだ半島や数々の諸島、地中海や黒海、バルト海、北海といった閉鎖海や半閉鎖海は、ヨーロッパ人の航海技術の発展に貢献した。**

中世までのヨーロッパの一番の脅威は、アジア系の遊牧民がユーラシア・ステップを伝って鳥かごの中にしばしば侵入してくることだった。しかし逆にこの脅威が、ヨーロッパとしての一体感を形成するうえで一役買った。特に4世紀から5世紀にかけてのフン族の侵入は、アルプス山脈北部に移住していたゲルマン人の大移動を引き起こし、移動先でゲルマン人はヨーロッパに広大なフランク王国を築いた。このフランク王国がキリスト教を受容したことにより、キリスト教的な価値観がヨーロッパ的世界の柱となった。

そして15世紀半ば、近世の幕開けとともに、ヨーロッパ人はこれまで培ってきた航海技術を武器に、鳥かごを出て外洋へと乗り出した。大航海時代の始まりである。

これは世界史のゲームチェンジを意味していた。それまでアジアのランドパワーに対して防戦一方だったヨーロッパのシーパワーが、海を通じて逆にランドパワーを包囲できる状況になったのである。また**シーパワーは、南北アメリカ大陸やアフリカなど、彼らにとっては未開の地を次々と手に入れていった。**以後世界史は、ヨーロッパのシーパワーを中心に動いていったことは、本書の2章で見てきたとおりである。

ロシア問題とドイツ問題

19世紀後半以降、ヨーロッパではロシアとドイツというランドパワーが台頭し、シーパワー一辺倒ではなくなった。マッキンダーはその理由に、**鉄道技術の進歩によって、ランドパワーの輸送力が格段に向上したことを挙げている。**以後ヨーロッパでは、ロシアやドイツの膨張をいかに抑えるかが課題となった。

現在のロシアは、ヨーロッパとアジアにまたがる広大な領土を有しているが、15世紀時点ではモスクワ周辺に領土を持つ小さな内陸国に過ぎなかった。周辺には東ヨーロッパ平原が広がっており、自然の要塞となるものがなかったため、常に敵の侵入に怯えなくてはならなかった。そこでロシアは「攻撃は最大の防御」とばかりに、領土を拡大することで強国になる道を選択した。しかし陸

資源不足がイタリアを苦しめた

Column

かつてのイタリアは、ヴェネツィアとジェノヴァという海洋都市国家を形成していたにもかかわらず、大航海時代の主人公にはなれず、その後は経済面でも北ヨーロッパ諸国に後れを取った。これは一つには、イタリアでは既に森林が切り崩されていたため、外洋へ乗り出そうにも、新たに船を造るための木材が不足していたことが挙げられる。また当時のエネルギー源は木炭と石炭だったが、イタリアでは森林資源の枯渇により木炭はもとより、石炭も採掘できる場所がほとんどなかった。資源不足が、イタリアの経済成長の足かせになったのだ。

地中海に臨む海洋都市ヴェネツィアは、海洋貿易で繁栄するも、大航海時代に衰退。

用語解説 「膨張主義」

19世紀後半から20世紀初頭の、ヨーロッパ列強による植民地や勢力圏の拡大を図る動き。ドイツのヴィルヘルム2世が推し進めた3B政策などが挙げられる。

地の場合、どんなに膨張しても、必ず国境線を隔てて敵と対峙することになり、ある意味で終わりがない。ロシアの膨張主義は、地政学的な宿命といってもいいだろう。

一方ドイツは19世紀末から、領土拡張の野心を露わにし始める。2章で見たように、第一次と第二次世界大戦は、ドイツの振る舞いが原因で起きた側面が大きかった。

この「ロシア問題」と「ドイツ問題」は、今でもヨーロッパの大きなテーマだ。現在のヨーロッパの安全保障上の一番の課題は、ＥＵ（欧州連合）とロシアの対立が深刻になっていることである。**またEU内の大きな課題は、ドイツの独り勝ち状態により、加盟国間の経済格差が進んでいることだ。**さらにはイギリスのＥＵ離脱など、ヨーロッパは新たな問題の対応にも追われている。

ロシアとヨーロッパの対立の歴史

ロシア領土は西欧諸国からの侵攻に脅かされ続けてきた。冷戦期には旧ソ連の衛星国となった東ヨーロッパの国々が緩衝地帯となっていた。

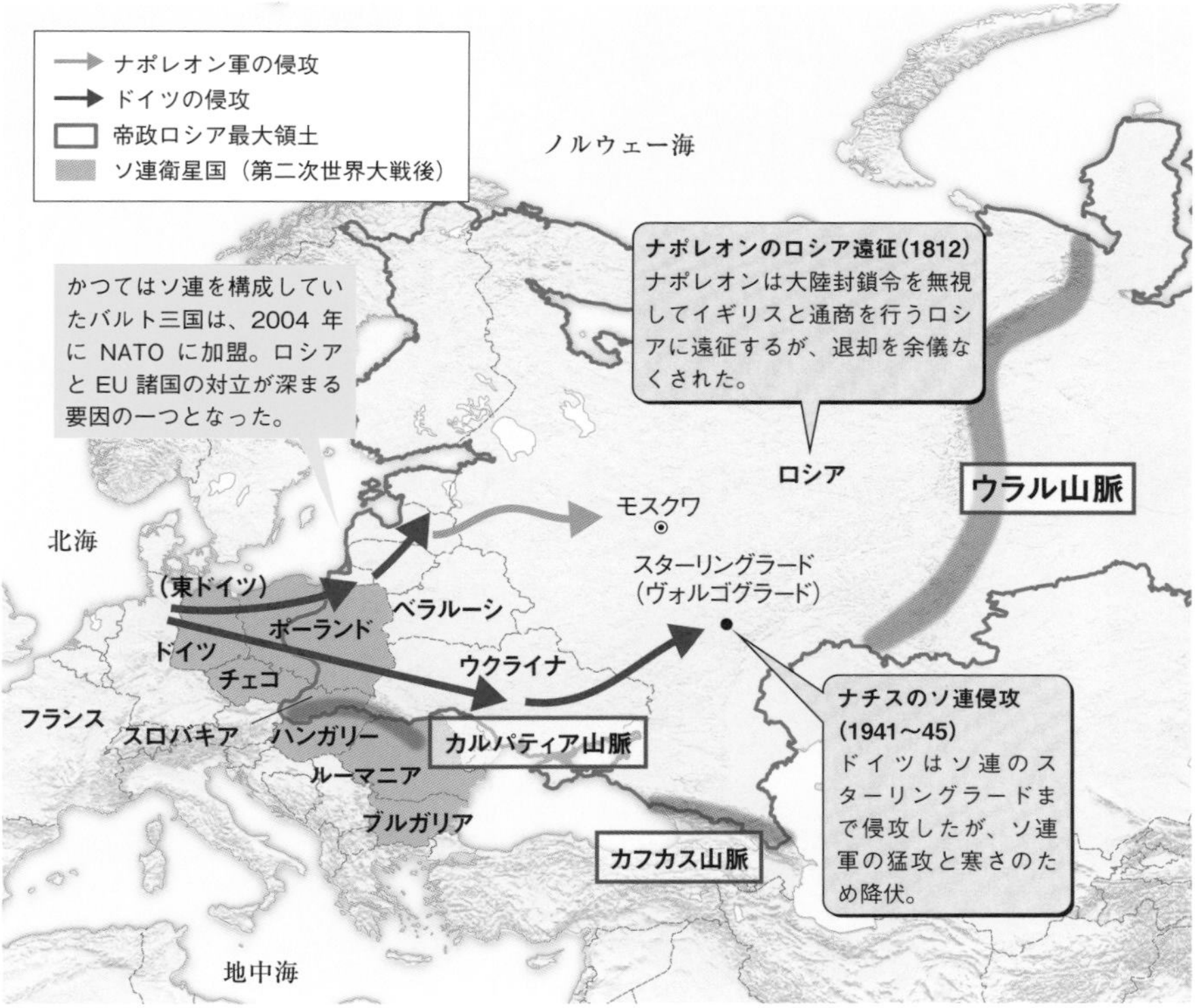
ナポレオン軍の侵攻
ドイツの侵攻
帝政ロシア最大領土
ソ連衛星国（第二次世界大戦後）
ノルウェー海
かつてはソ連を構成していたバルト三国は、2004 年に NATO に加盟。ロシアと EU 諸国の対立が深まる要因の一つとなった。
ナポレオンのロシア遠征(1812)
ナポレオンは大陸封鎖令を無視してイギリスと通商を行うロシアに遠征するが、退却を余儀なくされた。
ロシア
ウラル山脈
モスクワ
北海
スターリングラード
（ヴォルゴグラード）
(東ドイツ)
ベラルーシ
ポーランド
ドイツ
ウクライナ
チェコ
ナチスのソ連侵攻
(1941～45)
ドイツはソ連のスターリングラードまで侵攻したが、ソ連軍の猛攻と寒さのため降伏。
フランス
スロバキア
ハンガリー
カルパティア山脈
ルーマニア
ブルガリア
カフカス山脈
地中海

⇒ 農耕に適した気候についてはP34を参照
⇒ 大航海時代についてはP42を参照

ベルギー・ブリュッセルにある、欧州連合の主要機関欧州委員会の本部ビル（ベルレモン）。EUの旗が並ぶ。

ニュース

ヨーロッパ統合を目指して東へと拡大を続けるEU

EUの中にドイツを取り込む

冷戦終結直後、ヨーロッパでは大きく三つの出来事が立て続けに起きた。一つは東欧諸国の共産党政権が次々と倒され、社会主義体制が崩壊したこと。一つは東西ドイツの統一。そしてソ連の解体である。

このうち東西ドイツの統一は、ドイツ人にとっては悲願だったが、西欧諸国は必ずしも手放しで喜ぶことはできなかった。ヨーロッパの中央部に強大なドイツが再生することは、域内の安定を脅かしかねなかったからである。

これへの対処法としては、一つにはかつてのように英仏が連携して、ドイツの拡大を食い止めることが考えられた。当時のイギリスのサッチャー首相はこれを強く主張した。

だがフランスのミッテラン大統領の考えは違った。**ヨーロッパを統合して一つの共同体を築き、その中にドイツを取り込むことで、ドイツの脅威を削ぐ案を提示したのだ。**これをドイツが受け入れたため、後者が採用された。こうして1993年、EU（欧州連合）が発足した。

当時の西欧諸国にとって最大の懸念は、統一ドイツとロシアが結託して、ランドパワー帝国を築き上げることだった。だがドイツをEUに包含したことで、ドイツは常に西欧諸国とともに歩むことが保障されたため、脅威は封じ込められた。

POINT

EUは、東西統一ドイツ誕生後のヨーロッパの安全保障のあり方を模索していた中で、生み出されたアイデアだった。

人物解説 フランソワ＝ミッテラン（1916～96）

1981～95年フランス大統領。西独のコール首相と連携し、EC（欧州共同体）の市場・通貨・政治統合を実現する構想を打ち出す。マーストリヒト条約の採択にも尽力し、EU創設に貢献。

EUとNATOの勢力拡大

1991年にソ連が崩壊、東欧諸国はくびきから放たれ自由となった。その後、東欧諸国はEUやNATOへの加盟を選択。EUとNATOの東方拡大をロシアは脅威と捉えている。

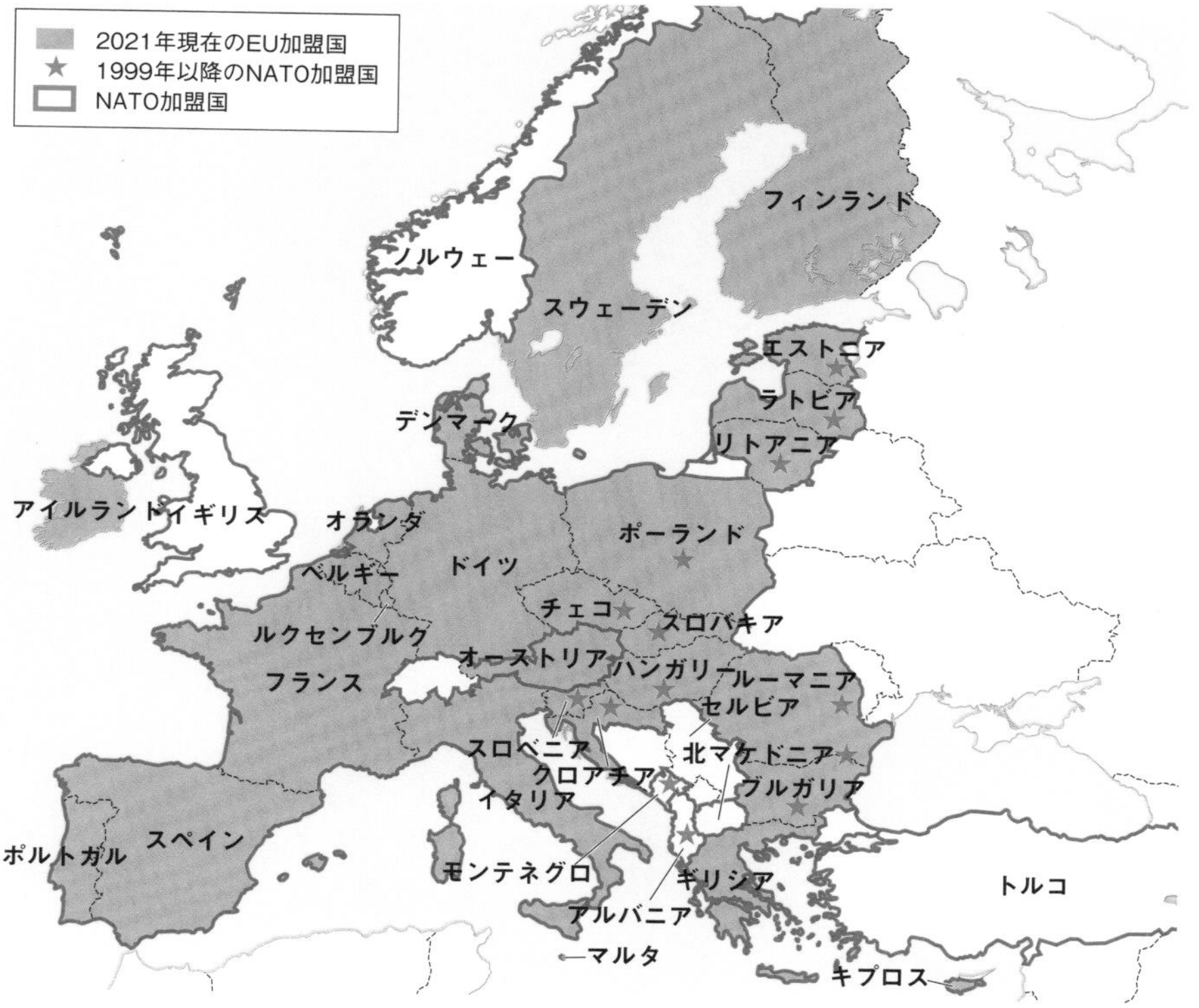
2021年現在のEU加盟国
★ 1999年以降のNATO加盟国
NATO加盟国
フィンランド
ノルウェー
スウェーデン
エストニア
ラトビア
デンマーク
リトアニア
アイルランド
イギリス
オランダ
ポーランド
ベルギー
ドイツ
チェコ
スロバキア
ルクセンブルク
オーストリア
ハンガリー
ルーマニア
フランス
セルビア
スロベニア
北マケドニア
クロアチア
ブルガリア
イタリア
ポルトガル
スペイン
モンテネグロ
ギリシア
トルコ
アルバニア
マルタ
キプロス

拡大を選んだEUとNATO

発足当初のEUの加盟国は12ヵ国だった。それが2004年、2007年、2013年と、次々と東欧諸国などに加えて拡大していった。

さらに西欧諸国は、軍事同盟のNATO（北大西洋条約機構）についても、東欧諸国を次々と取り込み、東方拡大を続けていった。

とりわけ軍事同盟のNATOに関しては、ロシアを刺激しないためにも、**加盟国はあくまでも旧西側陣営のみに留め、東欧諸国はロシアとの緩衝地帯にするという選択肢もあるはずだった。**だが東欧諸国が権力の空白地帯になれば、そこにロシアが入り込んでくる可能性があったため、拡大が選ばれたのだった。

しかしこの選択は、当然西欧諸国とロシアとの間の緊張関係を高めることにつながった。

⇒ NATOの発足についてはP90を参照
⇒ 冷戦終結後のヨーロッパについてはP98を参照

ニュース

ロシアがEUの東方拡大に神経を尖らせる理由

2020年7月、憲法改正の国民投票が行われ、プーチン大統領の任期が2036年まで続く可能性が出てきた。

独立していった共和国

かつてのソ連は、15の共和国から構成されており、面積は今のロシアの1・3倍あった。また第二次世界大戦後に占領していた東欧諸国に対して社会主義体制を押し付け、自国の衛星国にしていた。

だが**1991年にソ連が解体すると、ソ連の継承国はロシアに、共和国はそれぞれ独立し、CIS（独立国家共同体）を形成した。**

ランドパワーのロシアにとって、バルト海に面するエストニア、ラトビア、リトアニアの独立、黒海に面するウクライナの独立は大きな痛手となった。ただでさえ少ない港湾と海への出口を失ったからだ。

緩衝地帯を失う恐怖

さらに追い打ちをかけたのが、東欧諸国が、次々とEUやNATOに加盟していったことだった。

ソ連にとって東欧諸国は、西側陣営との直接衝突を避けるための緩衝地帯の役割を担っていた。

敵国から見たときのロシアの地理的特徴は、「入り込んだら大変だが、入り込みやすい地形」であることだ。**ロシアは自然環境が厳しく広大なハートランドを有しているため、深く入り込むほど兵站線が長く延び、兵士は疲弊してしまう。**しかし一方でロシアの西側は平原が広がっているため、最初に入り込んでいくこと自体は容易だ。事実ロシアは19

POINT

ロシアにとって東欧諸国は、冷戦時代からの緩衝地帯であり、EUの東方拡大は、自国の防衛上見過ごせないことだった。

用語解説 「CIS(独立国家共同体)」

1991年12月に創立された、ソ連を構成していた15共和国のうちの11共和国からなる連合体。ロシア、ウクライナ、ベラルーシの首脳陣が宣言し、ゆるやかな国家の連合体を目指した。

ソ連崩壊後の15共和国の情勢

*2023年10月現在

ソ連を構成していた15共和国は、ソ連崩壊とともに独立を果たす。現在では大国ロシアの後ろ盾を必要とする国もあれば、西側寄りに転換した国もある。

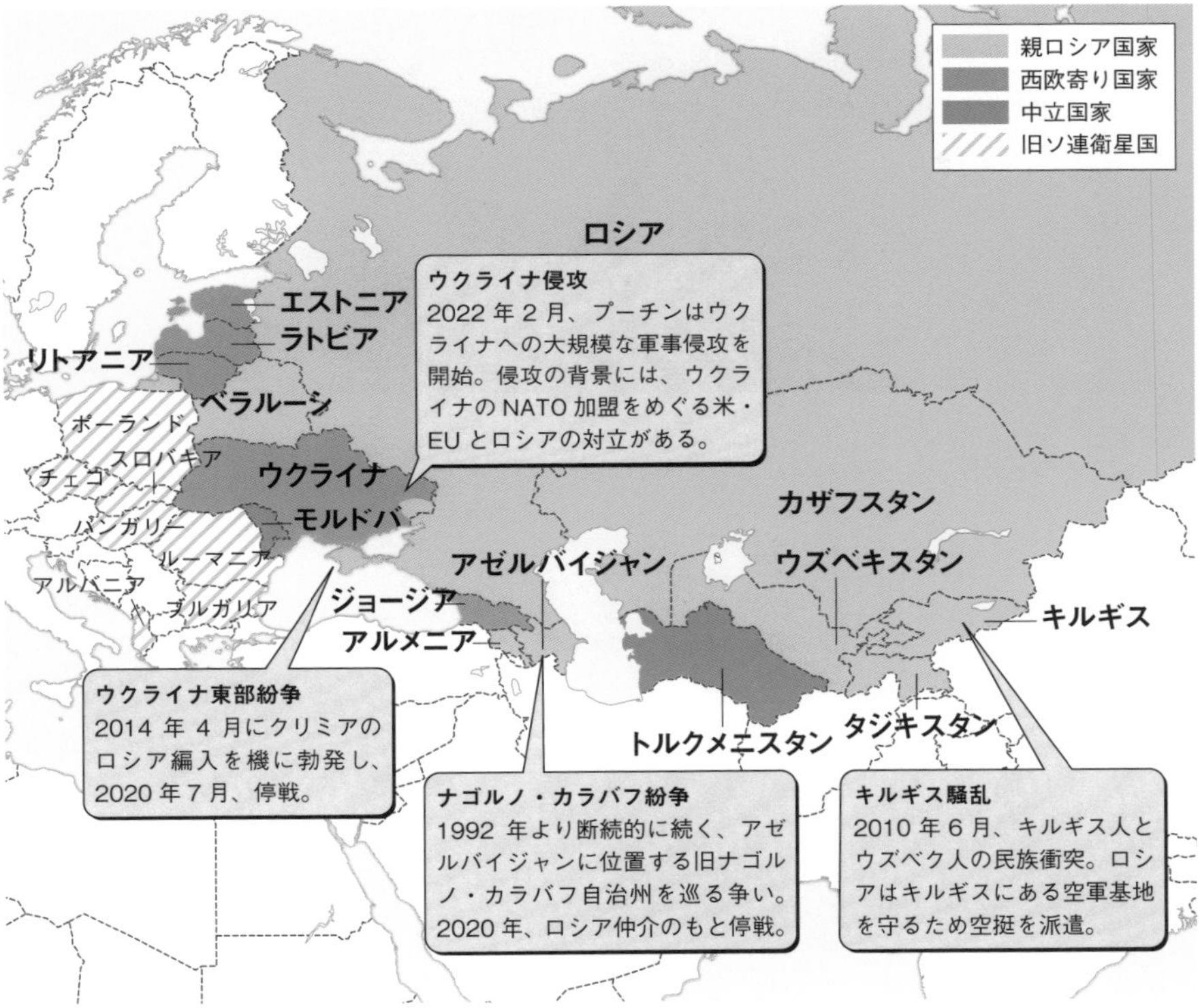
親ロシア国家
西欧寄り国家
中立国家
旧ソ連衛星国
ロシア
エストニア
ラトビア
リトアニア
ベラルーシ
ポーランド
スロバキア
チェコ
ウクライナ
モルドバ
ハンガリー
ルーマニア
アルバニア
ブルガリア
ジョージア
アルメニア
アゼルバイジャン
カザフスタン
ウズベキスタン
キルギス
トルクメニスタン
タジキスタン
ウクライナ侵攻
2022年2月、プーチンはウクライナへの大規模な軍事侵攻を開始。侵攻の背景には、ウクライナのNATO加盟をめぐる米・EUとロシアの対立がある。
ウクライナ東部紛争
2014年4月にクリミアのロシア編入を機に勃発し、2020年7月、停戦。
ナゴルノ・カラバフ紛争
1992年より断続的に続く、アゼルバイジャンに位置する旧ナゴルノ・カラバフ自治州を巡る争い。2020年、ロシア仲介のもと停戦。
キルギス騒乱
2010年6月、キルギス人とウズベク人の民族衝突。ロシアはキルギスにある空軍基地を守るため空挺を派遣。

世紀にはフランスのナポレオン、20世紀にはドイツの侵攻を受け、著しく国力を奪われながらこれを退けたという歴史を持っていた。

だからこそ東西冷戦期のソ連は、東欧諸国をソ連寄りの緩衝地帯にすることで、国土を侵攻されるリスクを下げようとしたのだ。こうした地理的特徴と歴史を見れば、ロシアがEUとNATOの東方拡大に神経を尖らせるのは必然だといえる。

EUとの関係だけではない。東側で国境を接している中国とは、現在は良好な関係を保っている。だが、かつてはソ連の共和国だったカザフスタンやウズベキスタンといった中央アジアの国々が、看過できないほど中国との結びつきが強くなり、ロシアの国益を脅かすとみなされたときには、中ロ関係も緊張感をはらんだものになることが考えられる。

➡ ハートランドについてはP22を参照
➡ 中ロ関係についてはP134を参照

クリミア共和国で検事総長を務めたポクロンスカヤ議員は、ロシアのクリミア編入は正義であると話す。

ニュース

国際ルールを破ってでもロシアがクリミアを死守する理由

クリミアの併合を宣言

ソ連時代のロシアにとってウクライナは、海への出口である黒海に面し、クリミア半島には軍港セヴァストーポリもあるため、地政学上重要な場所だった。またウクライナはソ連最大の穀倉地帯でもあり、鉄鉱石などの資源にも恵まれていた。

ところがソ連の解体とともに、ウクライナは独立を遂げた。ソ連の継承国であるロシアは、セヴァストーポリの海軍基地だけは失いたくなかったため、ウクライナに借地料を払って、港湾を使用してきた。

冷戦後のロシアとウクライナの関係に、決定的な変化が生じたのは2014年のことである。ウクライナでEU（欧州連合）やNATO（北大西洋条約機構）への加盟を主張する親西欧派が誕生。すると親ロシア派が多いクリミアの住民が、住民投票を経て、ウクライナからの独立とロシアへの編入を決定。**これを受けてロシアもクリミアの併合を宣言した。**ウクライナ政府はこの事態を認めなかったため、ウクライナは内戦状態に陥ったのである。

クリミアに親ロシア派が多いのは、ロシア人や、ロシア語を母語とするウクライナ人が多く住んでいるからだ。また宗教的にも、ウクライナの西部はカトリック教徒が多いのに対して、クリミアも含めた東部はロシアと同じ正教徒が多く住んでいる。

POINT

ロシアはウクライナのクリミアを強引に実効支配している。その理由は黒海をNATOの内海にすることを避けたいからだ。

用語解説　「ロシア正教」

キリスト教三大宗派のうちの一つである正教。ギリシアやロシアなど東欧を中心に成立。国家単位で独立した宗教で、教会の内装は鮮やかなフレスコ画が施されている。

東西で揺れるウクライナ情勢

2014年3月のロシアによるクリミア半島の併合は、ウクライナ国民の世論を分断し、紛争が勃発。2022年2月、ロシアはウクライナへの軍事侵攻を開始した。

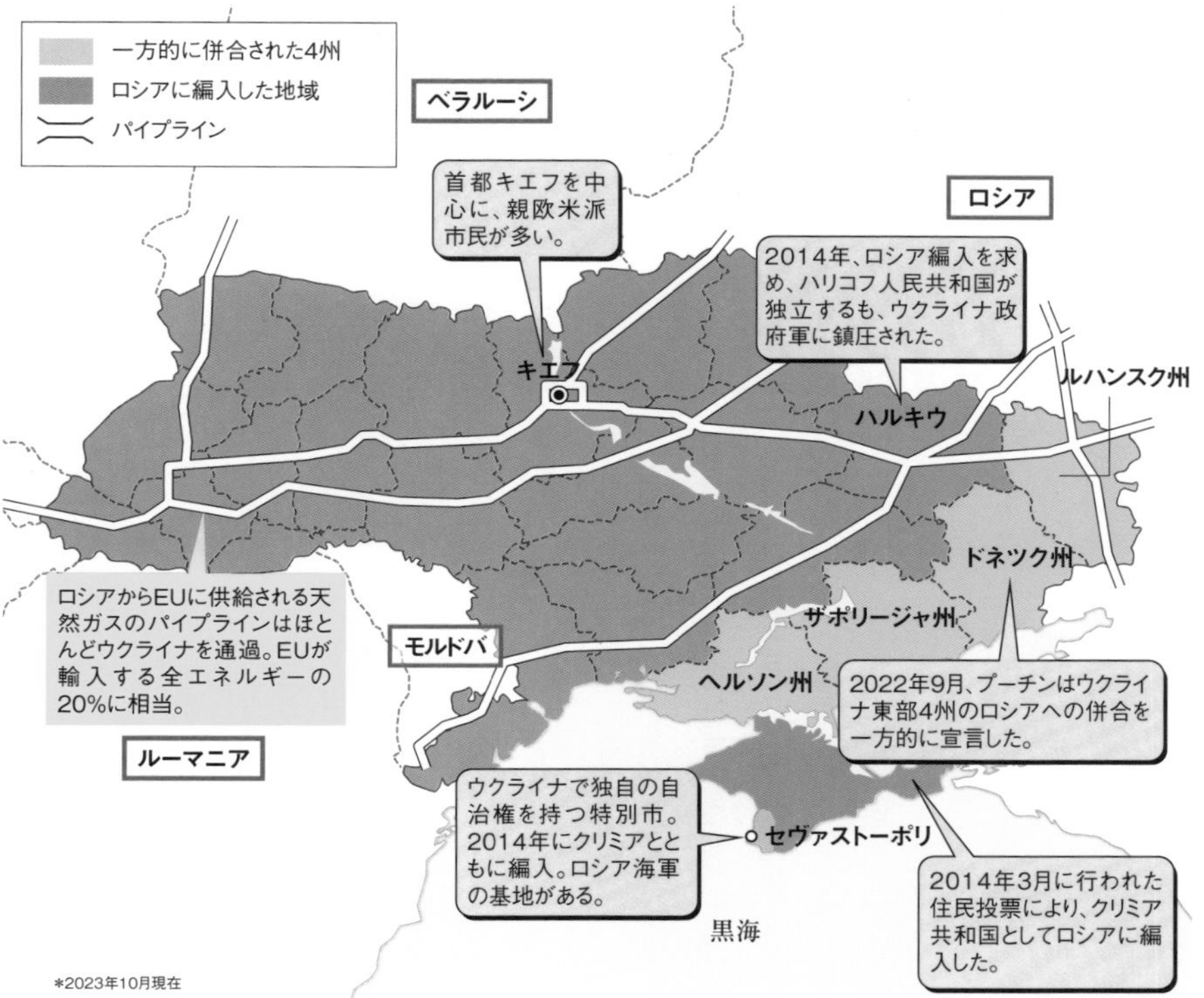
一方的に併合された4州
ロシアに編入した地域
パイプライン
ベラルーシ
ロシア
首都キエフを中心に、親欧米派市民が多い。
2014年、ロシア編入を求め、ハリコフ人民共和国が独立するも、ウクライナ政府軍に鎮圧された。
キエフ
ハルキウ
ルハンスク州
ドネツク州
ザポリージャ州
ヘルソン州
モルドバ
ルーマニア
ロシアからEUに供給される天然ガスのパイプラインはほとんどウクライナを通過。EUが輸入する全エネルギーの20%に相当。
2022年9月、プーチンはウクライナ東部4州のロシアへの併合を一方的に宣言した。
ウクライナで独自の自治権を持つ特別市。2014年にクリミアとともに編入。ロシア海軍の基地がある。
セヴァストーポリ
2014年3月に行われた住民投票により、クリミア共和国としてロシアに編入した。
黒海
*2023年10月現在

NATOに黒海を渡さない

ロシアの強引なクリミアの併合に対して、西欧諸国はその姿勢を激しく非難。一時はNATOとロシアとの間で軍事衝突の危機も高まった。またロシアに対して経済制裁を科した。しかし現在もロシアはクリミアの実効支配を続けている。

ロシアが制裁による経済的ダメージを受けてでも、クリミアに固執するのは、とりわけ**黒海に面する不凍港、セヴァストーポリを死守したいからである。**

黒海の南岸に位置するトルコもNATOに加盟しているため、セヴァストーポリも失えば、黒海は完全にNATOの内海になってしまう。そういう意味でロシアのクリミアでの振る舞いは、国際ルールには明らかに反しているが、きわめて地政学的な判断だったといえる。

⇒ 閉鎖海(内海)については**P28**を参照

ニュース

なぜイギリスはEUから離脱したのか

2020年1月、EU離脱協定法が成立し、ジョンソン首相は「ブレグジット（イギリスのEU離脱）のゴールラインを越えた」と述べた。

国民投票で離脱派が勝利

2016年6月、イギリスでは国内で反EU（欧州連合）派が増加していることを受けて、EU残留を問う国民投票を実施した。結果は離脱賛成票が残留賛成票をわずかに上回り、離脱派が勝利。その後**イギリスは、離脱協定案に関する国内での調整やEUとの交渉を経て、2020年1月、ついに正式にEUから離脱した。**

国民投票で離脱に賛成票を投じたのは、中高年やブルーカラーが中心だった。彼らは東欧からの移民が自分たちの仕事を奪っていると感じており、その原因は域内での自由な人の流れを認めているEUにあると考え、離脱に賛成したのだった。

ユーロも採用しなかった

イギリスがEUからの最初の離脱国になったのは、この国の国際的な立ち位置とも深く関係している。

島国であるイギリスは、ヨーロッパの大陸国家とは、距離を置く外交政策を伝統的に採用してきた。オフショア・バランシングといって、離れた位置（オフショア）からヨーロッパの状況を分析し、大陸の中である1国が台頭したとき（例えば19世紀前半のフランス、20世紀前半のドイツなど）には、他の国々と同盟関係を組み直し、台頭してきた国の力を削ぐことを行ってきた。

またイギリスはヨーロッパの一員ではあるが、一方でかつての植民地

POINT

EUからの離脱を決めたイギリスは、そもそもこれまでもヨーロッパから距離を置いた外交政策を取り続けてきた。

用語解説 「ポンド」

イギリスの通貨で、8世紀につくられた1ポンドの重さの銀貨を由来とする。かつては世界通貨の基軸で、現在でも世界で4位の取引量を誇る。

や自治領であるカナダやオーストラリアなど16ヵ国と英連邦王国を形成している。またアメリカとの結びつきも強い。必ずしもヨーロッパにどっぷりと浸かる必要はないのだ。

そのためEUに関しても、加盟時から距離を置いていた。EUの単一通貨であるユーロを用いずにポンドを使い続けたし、出入国検査なしで国境を越えることができるシェンゲン協定にも加入していなかった。

ちなみに1967年にEUの前身であるEC（欧州共同体）が発足したときには、英米の結びつきの強さを警戒したフランスから拒否権を発動され、1973年まで加盟が認められなかったという歴史もある。

こうして見ていくと、イギリスのEUからの離脱は、決して不可解なことではないといえるだろう。

伝統的に独立を保つイギリス

国民投票地域別の結果

2016年、EU離脱の国民投票が実施され、北部と南部で違いが見られた。

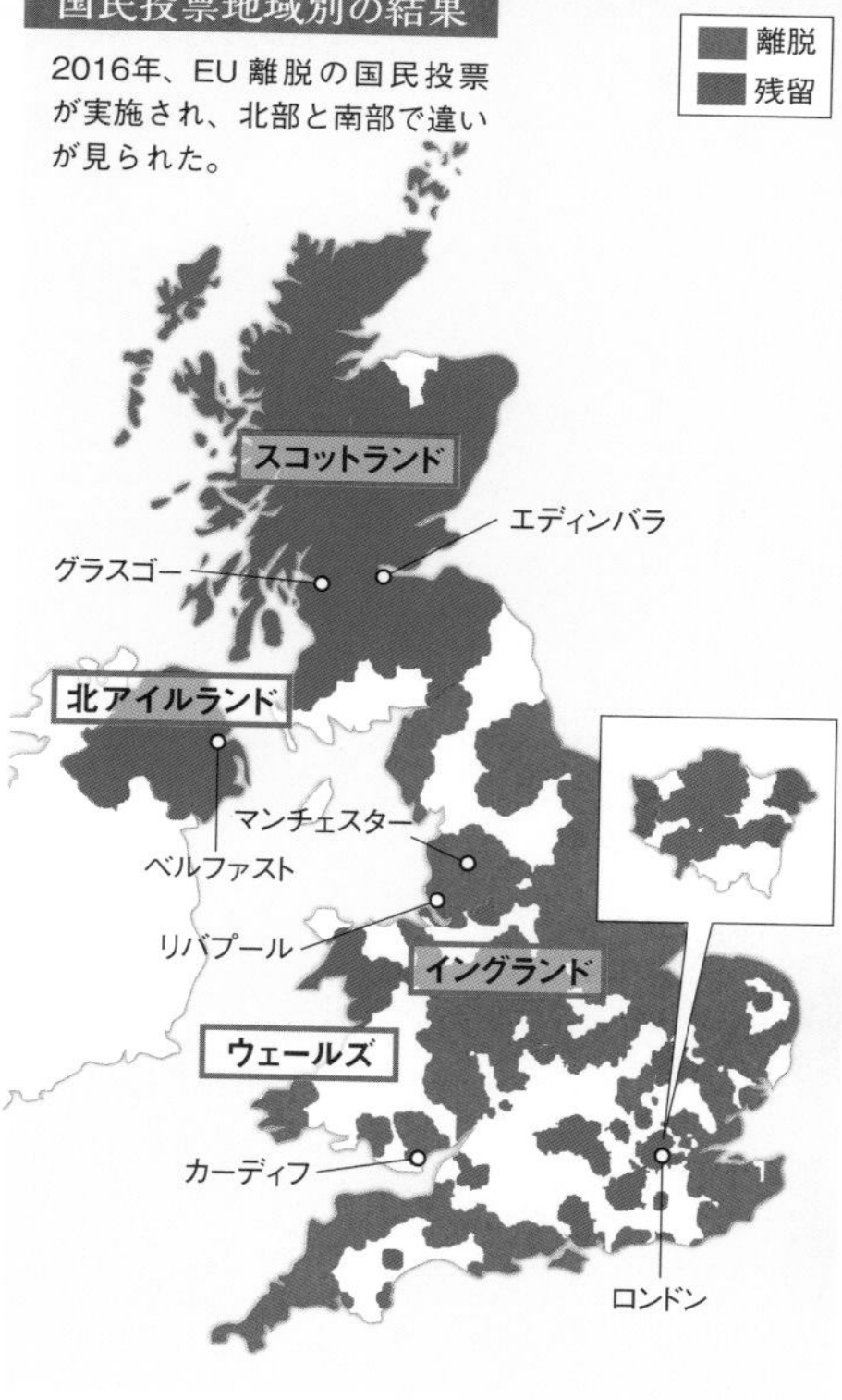
離脱
残留
スコットランド
エディンバラ
グラスゴー
北アイルランド
ベルファスト
マンチェスター
リバプール
イングランド
ウェールズ
カーディフ
ロンドン

AFPBB News 2016年6月25日ニュース記事より参照

ヨーロッパ諸国とは距離を取り、独自の外交姿勢を保ったイギリスは、2020年ついにEUから離脱した。

光栄ある孤立（19世紀末）

19世紀後半のイギリスは、ヨーロッパ諸国から距離を置き、いずれの国とも同盟を組まない非同盟外交政策を採用、これを光栄ある孤立と呼んだ。しかし、ロシアのアジア進出に対抗するため1902年に日英同盟を締結。これがイギリスの外交政策の転換点になった。

第一次世界大戦・第二次世界大戦
（1914～18、1939～45）

二つの大戦によってイギリスの国力は疲弊。国際的地位をさらに低下させ、覇権国の座をアメリカに譲った。

1950～1960年代

アメリカや英連邦王国の諸国との関係を重視し、西欧諸国とは距離を取る外交政策を採用。1967年にECが発足し、加盟申請を行うが、英米の結びつきの強さを警戒したフランスから拒否権を発動され、加盟ならず。

EC加盟（1973）

アイルランド、デンマークとともに加盟を認められ、大陸諸国とともに歩みを進める。

EU発足（1993）

EU発足時から加盟するが、通貨統合にもシェンゲン協定にも参加せず、独自のポジションを志向していた。

2016.6.23
国民投票で離派多数

EU離脱の是非を問う国民投票が2016年6月に行われ、離脱派51.9%、残留派は48.1%となり、イギリスの離脱が決定。投票率は72.1%だった。

2020.12.31
ブレグジット正式決定

国民投票の結果を踏まえ、2020年1月イギリスはEU離脱を決定。以降、EUと協議のもと移動や貿易、安全保障などの協力関係を話し合い、12月末に離脱が完了した。

⇒ 植民地獲得競争については**P62**を参照
⇒ EU（欧州連合）の発足経緯については**P97**を参照

ニュース

経済格差の深刻化により暗雲が立ちこめるEUの未来

2017年5月のフランス大統領選で決選投票まで進んだ、国民戦線（現・国民連合）のルペン党首。

通貨ユーロがもたらした明暗

17世紀にオランダやイギリスが覇権を握って以来、西欧諸国がヨーロッパ経済の中心地となった。かつて地中海貿易で栄えた南欧は衰退し、東欧は西欧への穀物の供給地になった。この時期より顕在化した西欧と南欧、東欧の経済格差は、それから数世紀経った現在でも変わっていない。**この経済格差が、「ヨーロッパを一つにする」という理念のもとに生まれたEU（欧州連合）の行く末を危ういものにしている。**

EUでは統一通貨のユーロが使われており、当然金利も為替レートも同一だ。また域内は無関税である。

これは製造業を中心に高い国際競争力を持つドイツに有利に働いた。ドイツの経済力から見れば低い為替レートで、しかも無税でユーロ圏内に製品を輸出することで、莫大な利益を手にできたからである。

逆に南欧や西欧の貧しい国々は、自国通貨を切り下げることで競争力を維持するという手段が、ユーロの導入によって奪われてしまったため、ますます苦境に陥った。

これに追い打ちをかけているのが、新型コロナウイルス感染症の流行である。特に南欧は観光産業への依存度が高く、宿泊業や飲食業の従事者が多いことから、感染拡大によって西欧との経済格差がさらに広がることが懸念される。

POINT

「ヨーロッパを一つにする」という理念のもとに誕生したEUは、西欧と南欧、東欧との経済格差が問題になっている。

用語解説 「ポピュリズム」

既存政党やエリート階級への批判、問題を極端に単純化して敵をつくり出すことなどによって、大衆を熱狂させ、支持を集めようとする政治手法のこと。

EU加盟国の経済格差とポピュリズム

EUの単一通貨・市場は結果として構造的経済格差を生み出してしまった。この格差により、反EU・移民を掲げるポピュリズム政党が台頭しつつある。

*2023年10月現在

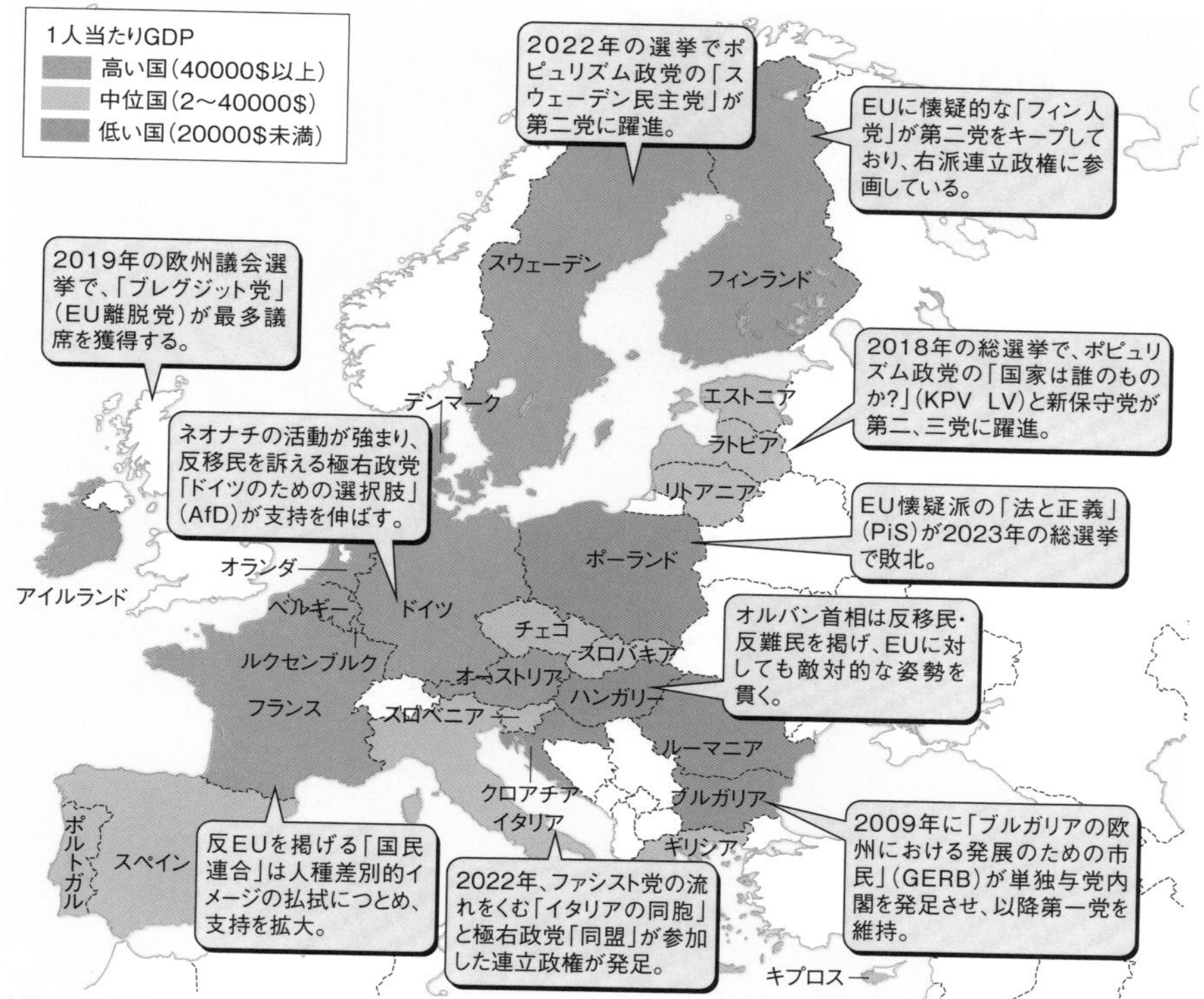
1人当たりGDP
高い国（40000$以上）
中位国（2～40000$）
低い国（20000$未満）
2022年の選挙でポピュリズム政党の「スウェーデン民主党」が第二党に躍進。
EUに懐疑的な「フィン人党」が第二党をキープしており、右派連立政権に参画している。
2019年の欧州議会選挙で、「ブレグジット党」（EU離脱党）が最多議席を獲得する。
2018年の総選挙で、ポピュリズム政党の「国家は誰のものか?」（KPV LV）と新保守党が第二、三党に躍進。
ネオナチの活動が強まり、反移民を訴える極右政党「ドイツのための選択肢」（AfD）が支持を伸ばす。
EU懐疑派の「法と正義」（PiS）が2023年の総選挙で敗北。
オルバン首相は反移民・反難民を掲げ、EUに対しても敵対的な姿勢を貫く。
2009年に「ブルガリアの欧州における発展のための市民」（GERB）が単独与党内閣を発足させ、以降第一党を維持。
反EUを掲げる「国民連合」は人種差別的イメージの払拭につとめ、支持を拡大。
2022年、ファシスト党の流れをくむ「イタリアの同胞」と極右政党「同盟」が参加した連立政権が発足。
スウェーデン
フィンランド
エストニア
ラトビア
リトアニア
デンマーク
ポーランド
オランダ
アイルランド
ベルギー
ドイツ
チェコ
スロバキア
ルクセンブルク
オーストリア
ハンガリー
フランス
スロベニア
ルーマニア
クロアチア
ブルガリア
イタリア
ポルトガル
スペイン
ギリシア
キプロス

1人当たりGDPの数値は外務省HPより参照

ポピュリズム政党の台頭

ヨーロッパ各国では近年、反EU、反グローバル、反移民を掲げるポピュリズム政党が力を伸ばしている。東欧のハンガリーやポーランドではポピュリズム政党が政権の座に就いており、南欧のイタリアでも連立政権の一角を担っている。

ただし**ポピュリズム政党は、東欧や南欧だけでなく、EU内では勝ち組であるはずの西欧でも、無視できない存在になっている。**これは地域を問わず、特に労働者層の間で、「EUに加盟してから、グローバル化によって経済格差が進み、また移民が増えたことで、かえって自分たちの生活は悪くなった」と感じる人が増えているためだ。

もし今後イギリスに続いてEUから離脱する国が現れれば、EUは存続の危機に瀕することになる。

→ ユーロについてはP96を参照

ニュース

北極海航路の実現でロシアがシーパワーになる!?

地球温暖化により海氷面積が減り続ける北極海。ホッキョクグマの生活圏も縮小しつつある。

高まる北極圏の重要性

従来の地政学では、一年中氷に覆われ、船舶の航行が不可能な北極圏は、考察の対象外とされてきた。しかし近年、地球温暖化により氷が溶け始め、北極圏の地政学的重要性が急速に高まりつつある。

まず期待されているのが、北極海航路の開発だ。例えば日本からヨーロッパに船で物資を輸送する場合、インド洋やスエズ運河を通る現状の航路よりも、北極海航路のほうが航行距離を従来の約2・1万kmから約1・4万kmと、およそ3割も短縮できる。

また**北極圏に埋蔵されている莫大な量の天然ガスや原油についても、開発が始まろうとしている。**

資源の勢力地図も変わる!?

現在、北極海航路の実現や北極圏の資源開発に最も力を入れているのは、北極海に長大な海岸線を有するロシアである。

北極海航路が実現すれば、確実に世界の最重要航路となるため、ここを押さえておけばロシアの国際的な影響力も増していく。ランドパワーの大国であるロシアは、遠くない将来に一気にシーパワーの大国にもなり得るかもしれない。

またロシアは**資源開発で、北極海沿岸のヤマル半島に豊富に埋蔵されている天然ガスの開発に着手し、2018年から本格的に生産を開始した。**さらにヤマル半島の対岸のギダ

POINT

北極圏では今、北極海航路や資源の開発が進んでいる。その主役を担うのは、北極海に長大な海岸線を有するロシアだ。

用語解説 「シェールガス」

頁岩(けつがん)と呼ばれる堆積岩の層にあるプランクトンなどが、長い時間で変化した天然ガス。世界の埋蔵量を合わせると、世界中のエネルギーを200年以上賄えるとされる。

北極海ルートの開拓

ヨーロッパとアジア諸国を結ぶ北極海航路が実現すれば、距離や時間が短縮できるとともに、ロシアの国際的な影響力が増し、シーパワーの大国に躍り出る可能性がある。

北極海経由
スエズ運河経由
約1.4万km／約35日間
地球温暖化で北極の氷が溶け始めていることにより、夏季に海路として利用できる可能性が出てきたルート。従来のスエズ運河経由と比べ、大幅に距離や時間を短縮し、約35日1.4万kmで通行可能。
イギリス
ロシア
日本
約2.1万km／約50日間
地中海と紅海をつなぐスエズ運河ルートは、欧州とアジアを結び、約50日2.1万kmで通航している。南アフリカの喜望峰経由のルートに比べ、1週間近く短い期間で航行できる。

ン半島でも、開発をスタートさせようとしている。

北極圏の資源開発が順調に進めば、エネルギー資源を巡る勢力地図が塗り替えられる可能性がある。相対的に中東の地位が下がり、シェールガスの開発が進むアメリカとともに、ロシアの発言力が高まっていくだろう。東アジア諸国やヨーロッパ諸国が中東から石油を輸入する場合、政情が安定しない海域や、海賊のいる海峡を航行しなくてはいけないが、北極海航路であれば海賊はいないし、航行の許可もロシア1ヵ国だけで済むというのも強みだ。

北極圏の開発に関しては、ロシアだけでなく、同様に北極海に面しているカナダやアメリカ、そしてここでも中国が、積極的に投資をしている。北極圏は気候が極寒だが、世界の関心は熱い地域になっている。

→アメリカのシェールガス開発についてはP158を参照

QUIET TALK

宇宙空間で繰り広げられる大国間の軍事的勢力争い

宇宙は国連で採択され、1967年に発効した**宇宙条約**によって、「いずれの国も領有権を主張できないこと」や「核兵器などの大量破壊兵器を搭載した衛星を、地球を回る軌道に乗せたり、宇宙空間に配備したりしてはいけないこと」「月や天体は、軍事利用をしてはいけないこと」などが定められた。つまり宇宙条約は、**宇宙の平和利用**を謳ったものだ。だが実際には、地球で起きている大国間の勢力争いが、宇宙空間でも繰り広げられている。

例えば各国は、対立している国の地球上での軍事活動を把握するために、軍事施設などを撮影する画像収集衛星や、弾道ミサイルの発射などを感知する早期警戒衛星、核実験を探知するために、核実験監視衛星などを打ち上げているのだ。

あるいは自国の軍事活動を優位に進めるために、相手国に通信を傍受されずに軍事通信を行うための**軍事通信衛星**や、航空機や艦艇の航法精度を上げるための測位衛星なども打ち上げている。

また、相手国の宇宙での活動を妨害するための兵器の開発も進んでいる。例えば中国やロシアは、相手国の人工衛星に**キラー衛星**を接近させ、アームなどでその人工衛星を捕獲して、機能を無化する兵器や、妨害電波を発信して、地上と衛星との通信を妨害する兵器の開発などに取り組んでいると言われている。

これに対してアメリカは、2018年に「国家宇宙戦略」を公表。「敵対者が宇宙を戦闘領域に変えた」と非難し、宇宙空間におけるアメリカと同盟国の脅威を抑止、撃退していくことを表明。翌年には空軍省の管轄下に**宇宙軍**を設立した。米軍が新たな軍種を設置するのは、1947年の空軍以来、約70年ぶりのことだった。また日本も2020年に宇宙作戦隊が新設、宇宙状況監視体制の強化を図ろうとしている。

私たちは、今後国際情勢を分析する際には、宇宙空間の状況も視野に入れる必要が出てきた。

宇宙における軍事利用の流れ

人工衛星や無人探査機をはじめ、宇宙開発は様々な発展を遂げ、各国では軍隊や防衛部隊が設置されている。

2015年8月	ロシア、空軍と航空宇宙防衛軍を統合し航空宇宙軍を創設
2019年1月	中国、世界初の月の裏側に無人探査機を軟着陸
2019年11月	EU、宇宙関連の技術開発推進のため「防衛・宇宙部門」を設置
2019年12月	アメリカ、トランプ大統領が国防権限法案に署名。宇宙軍発足
2020年5月	日本、レーダー監視で人工衛星を守るために宇宙作戦隊を発足
2020年9月	フランス、空軍に宇宙での活動領域を加え航空宇宙軍へと改名
2021年5月	中国、火星探査を開始し探査車で地表を走行
2021年6月	オーストラリア、空軍内に宇宙部門を新設することを発表

第7章

思惑が絡む中東情勢

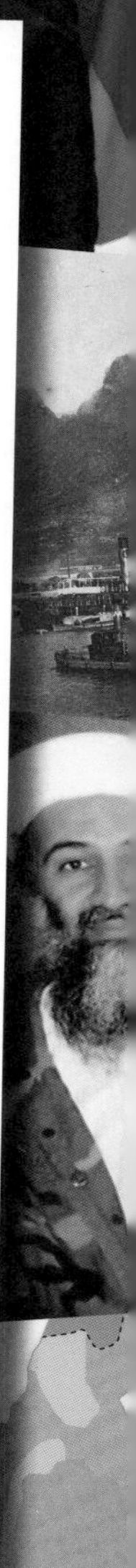

MIDDLE EAST

「中東」と呼ばれる範囲の概念

中東とはヨーロッパから見た地理概念である。初めて定義したのはイギリスの政治行政官とされ、ヨーロッパから近い順に近東、中東、極東と分類されている。

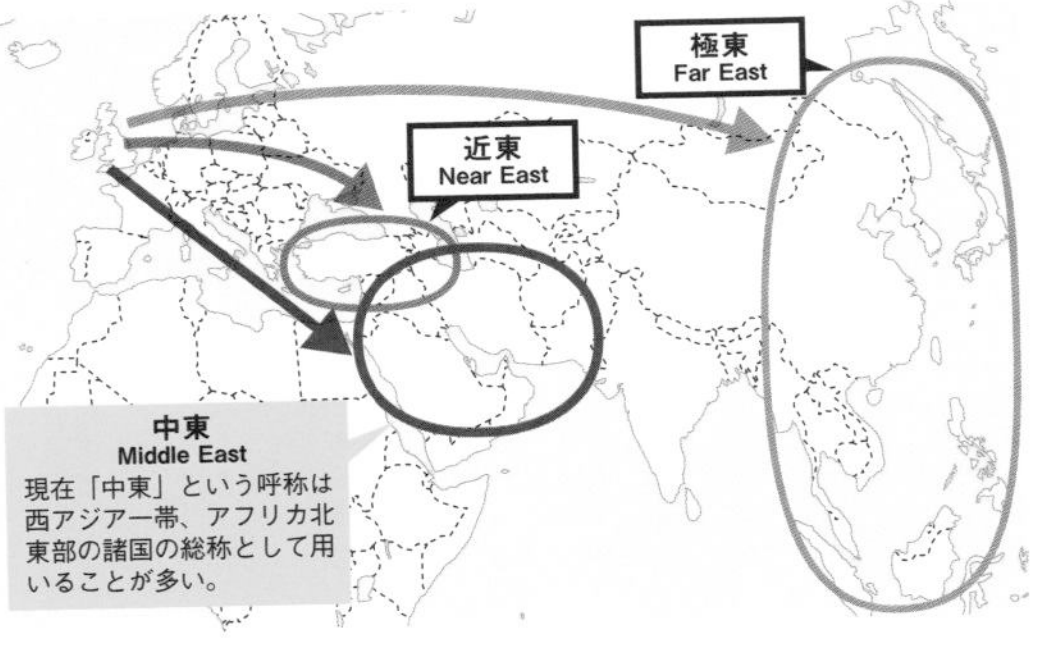
極東
Far East
近東
Near East
中東
Middle East
現在「中東」という呼称は西アジア一帯、アフリカ北東部の諸国の総称として用いることが多い。

地理と歴史

欧米諸国の思惑に翻弄され続けてきた中東

三つの地域のつなぎ目に位置

地理的に中東は、ちょうどヨーロッパとアジア、アフリカのつなぎ目に位置している。**そのため15世紀に大航海時代が始まるまで、世界の交易の中心は中東だった。**

その交易の担い手はイスラーム商人たちだった。西は中央アフリカ一帯から、東は東南アジアの島々までイスラーム教が浸透しているのも、それだけ彼ら商人たちの活動が活発だった証である。

中東の地理的な重要性を考えれば、本来なら中東は今も繁栄を誇っていてもおかしくないはずだった。だが現実には紛争やテロが絶えず、混沌とした地域となっている。

宗派や部族を無視して分割

その大きな要因は、中東の多くの国々が人工国家であることだ。

20世紀初頭まで中東のアラブ世界は、オスマン帝国の支配下にあった。第一次世界大戦が勃発すると、オスマン帝国は同盟国側として参戦。これに対して連合国側のイギリスは、アラブ人との間で、連合国に味方すれば戦勝後にアラブ人国家の建設を約束するという条約を結んだ(フセイン・マクマホン協定)。

一方でイギリスは、**オスマン帝国領を戦勝後にどのように分割するかを連合国間で勝手に決めたサイクス・ピコ協定を締結。**大戦が連合国の勝利で終わると、アラブ人との約

POINT

中東はかつては世界の交易の中心だったが、近現代以降は欧米の草刈り場となり、現在の混迷へとつながった。

用語解説 「イスラーム教」

7世紀前半にムハンマドが創始し、イスラーム商人らを通じて世界各地に信仰が広がった。信徒が国民の大半を占める中東では、生活や文化にイスラーム教の教えが根付いている。

イギリスの対中東外交政策

第一次世界大戦中のイギリスはオスマン帝国に対抗するための支援を得るため、アラブ人・ユダヤ人・フランスのそれぞれに対して異なる姿勢の外交を行った。

フセイン・マクマホン協定

1915 年に締結されたイギリス・アラブ間の秘密協定。アラブの独立国家の建設を承認する代わりに、オスマン帝国への反乱を促した。

サイクス・ピコ協定

イギリス・フランス・ロシアの3ヵ国によるオスマン帝国の分割やパレスチナに対する姿勢を取り決めた協定。1916 年に締結。

バルフォア宣言

パレスチナにおいてユダヤ人が民族的郷土を建設することを支持した宣言。前述の二つの協定と矛盾する内容により、パレスチナ問題の原因となった。

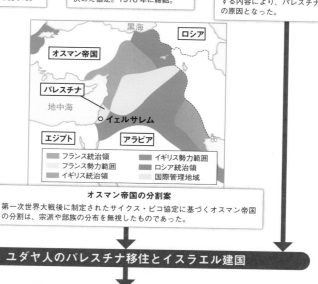

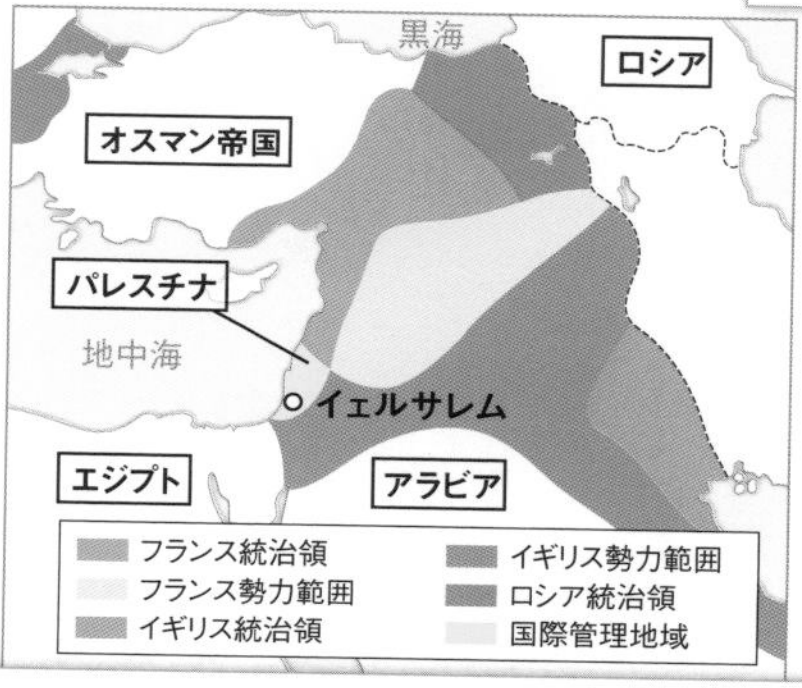
黒海
ロシア
オスマン帝国
パレスチナ
地中海
イェルサレム
エジプト
アラビア
フランス統治領
フランス勢力範囲
イギリス統治領
イギリス勢力範囲
ロシア統治領
国際管理地域

オスマン帝国の分割案

第一次世界大戦後に制定されたサイクス・ピコ協定に基づくオスマン帝国の分割は、宗派や部族の分布を無視したものであった。

ユダヤ人のパレスチナ移住とイスラエル建国

↓

パレスチナ問題

束を反故にし、サイクス・ピコ協定のほうを優先。現在のイラクとヨルダンはイギリスの、シリアをフランスの委任統治領にしたのだ。

アラブ世界は宗派や部族単位のつながりが強いが、この区割りは宗派や部族の分布を無視したものだった。そのためこれらの国は独立後も、国民が一つにまとって国家を形成し、運営していくのが困難になった。

西欧列強はアラブを支配する際に、宗派を活用した。例えばフランスはシリアでは、少数派のアラウィ派（シーア派に近い一派）を重んじ、多数派のスンナ派を支配させた。多数派に実権を握らせれば、フランスの脅威となりかねないからだ。こうした政策により、人々は宗派を超えて共存することが困難となり、スンナ派とシーア派が激しく対立する現在の中東の状況が生まれた。

Column 三つの宗教の聖地・イェルサレム

パレスチナ地域にあるイェルサレムは、ユダヤ教、キリスト教、イスラーム教の三つの宗教の聖地だ。ユダヤ教にとっては預言者アブラハムが神に命じられて息子を生け贄にした場所であり、キリスト教にとっては処刑されたイエスが復活を遂げた地である。イスラーム教にとっては創始者のムハンマドが、大天使ガブリエルと出会った場所だ。こうした宗教的背景から、国連はイェルサレムを国際管理地区にすると決定したが、イスラエルはここを占領したうえで首都であると宣言。またアメリカもトランプ政権時代に大使館をイェルサレムに移した。

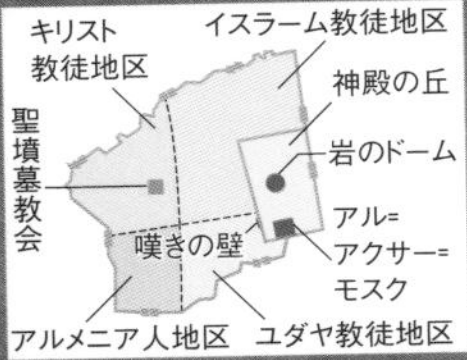

世界遺産にも登録されているイェルサレムの旧市街は、宗教・宗派ごとに四つの地域に分割されている。

ユダヤ人との身勝手な約束

イギリスは第一次世界大戦時、ユダヤ人資本家のロスチャイルドとの間でも、**戦争のために金銭的な支援をしてくれたなら、パレスチナにおいて民族的郷土の建設を支持するという約束をしていた（バルフォア宣言）**。ユダヤ人にとってパレスチナは、2世紀にローマ帝国によって追放されるまで郷土であった。

そして大戦が終わると、実際にユダヤ人のパレスチナへの入植が始まった。これは当然この地に先に住んでいるアラブ人との軋轢《あつれき》を生むことになり、両者の対立は１９４８年にユダヤ人がイスラエルの建国を宣言したときに頂点に達した。

このように今も続くパレスチナ問題の種を蒔いたのは、自国の都合のために、ユダヤ人に対して身勝手な約束をしたイギリスである。

アメリカの介入が招いた混乱

中東は豊富な石油が埋蔵されている地域でもある。そのため欧米諸国は、この地域における影響力を維持するために、第二次世界大戦後も中東に積極的に介入し続けてきた。この介入が、さらなる中東の混乱を招く結果となった。

例えばアメリカは、イランとサウジアラビアを支援し、両国を親米国家にした。ところが１９７９年、イラン革命によってイランが反米に転じると、革命の他国への波及を防ぐために、イラクのフセイン政権を支援し、イランの防波堤にさせた。

しかしイラクがクウェートへの侵攻を企てると、今度は一転してイラクを敵視。湾岸戦争を起こし、さらにはイラク戦争によって、フセイン政権を転覆させる。その後アメリカはイラクの民主化を試みるが失敗。

用語解説　「イスラーム国（IS）」

イスラーム原理主義の武装勢力。かつてはイラクとシリアの国境付近を制圧し、国家の樹立を宣言した大勢力だったが、有志連合などの軍事作戦により弱体化。

中東諸国の石油輸出額

第二次世界大戦後に本格的な採油が始まった中東地域。現在では産油量世界一のサウジアラビアを筆頭に、多くの産油国が世界中に石油を輸出している。

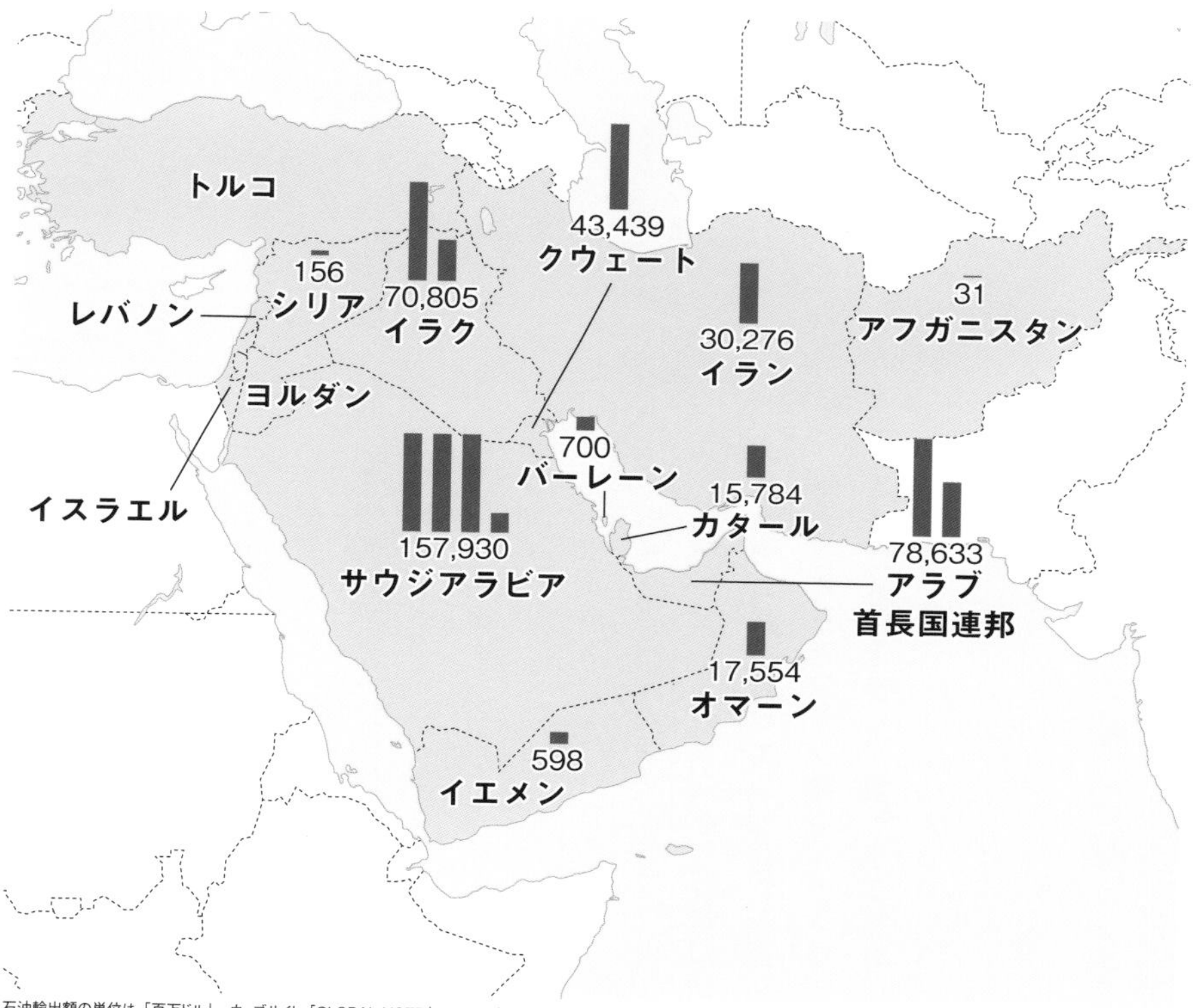

トルコ
156
シリア
レバノン
70,805
イラク
43,439
クウェート
30,276
イラン
31
アフガニスタン
ヨルダン
イスラエル
700
バーレーン
15,784
カタール
157,930
サウジアラビア
78,633
アラブ首長国連邦
17,554
オマーン
598
イエメン

石油輸出額の単位は「百万ドル」。ウェブサイト「GLOBAL NOTE」の2019年のデータをもとに作成

その混乱の中から生まれてきたのが、イスラーム教過激派組織のイスラーム国（IS）だった。

中東情勢をさらに複雑にさせているのが、この地域の地理である。中東にはボスフォラス海峡、ホルムズ海峡、スエズ運河、バブ・エル・マンデブ海峡などのチョークポイントが多数存在する。例えばもしイランによってホルムズ海峡が封鎖されれば、ペルシア湾からの石油の輸出は麻痺する。また過去にはスエズ運河の権益をめぐって、英仏がイスラエルとともに、エジプトを相手に第二次中東戦争（1956～57年）を起こしたこともあった。

これらのチョークポイントはヨーロッパとアジアを結ぶ交通の要衝であるだけに、ここをどの勢力が押さえるかは、中東のみならず世界情勢に大きな影響を及ぼすことになる。

→ チョークポイントの重要性についてはP24参照
→ 宗教が引き起こす戦争についてはP36参照

ニュース

パレスチナ問題に対して強硬な姿勢を取るイスラエル

ゴラン高原に配備されるイスラエル軍の戦車。国連、EU（欧州連合）などはゴラン高原におけるイスラエルの主権を認めていない。

住む場所を追われて難民に

中東の混乱の一要因であるパレスチナ問題が起きたのは、第二次世界大戦後すぐのことである。

パレスチナへのユダヤ人入植者の増加に対して、国連は1947年、アラブ人の同意がないままに、パレスチナをユダヤ人国家とアラブ人国家に分割することを決議。**翌年にはユダヤ人がイスラエルの独立を宣言した。するとアラブ諸国はイスラエルに宣戦布告をし、第一次中東戦争が勃発した。**結果はイスラエルの圧勝に終わり、多くのパレスチナ人（パレスチナに住むアラブ人）が住む場所を追われ、難民となったのだ。

中東戦争はその後も第四次まで戦われ、第三次でもイスラエルは勝利によりさらに占領地を広げた。そのため多くのパレスチナ難民が生まれ、難民でない人たちも、三重県程度の面積のヨルダン川西岸地区と、福岡市より広い程度のガザの地区に押し込められて暮らしている。**現在、この2地区には約500万人のパレスチナ人がいる。パレスチナ人はパレスチナ国家の建設どころか、自治も十分に認められていない。**

パレスチナは現在、イスラエルとの共存を目指す政党「ファタハ」と、これを否定する「ハマス」に分裂。2023年10月、ハマスはイスラエルに侵入して民間人らを攻撃。すぐさまイスラエルも報復攻撃を行った。

POINT

パレスチナ人はイスラエルの管理の下に十分な自治を認められず、狭い地域に押し込められて暮らしている。

用語解説「ファタハとハマス」

パレスチナ自治政府を主導する「ファタハ」がイスラエルとの和平を試みるのに対して、イスラーム原理主義組織である「ハマス」は武力行使による独立を目指しており、各国からテロ組織に指定されている。

中東戦争後のイスラエル領

敵対国に囲まれ、資源にも乏しいイスラエルは軍備強化による領土拡大を目指す。４回にわたる中東戦争を経て、占領地を拡大していった。

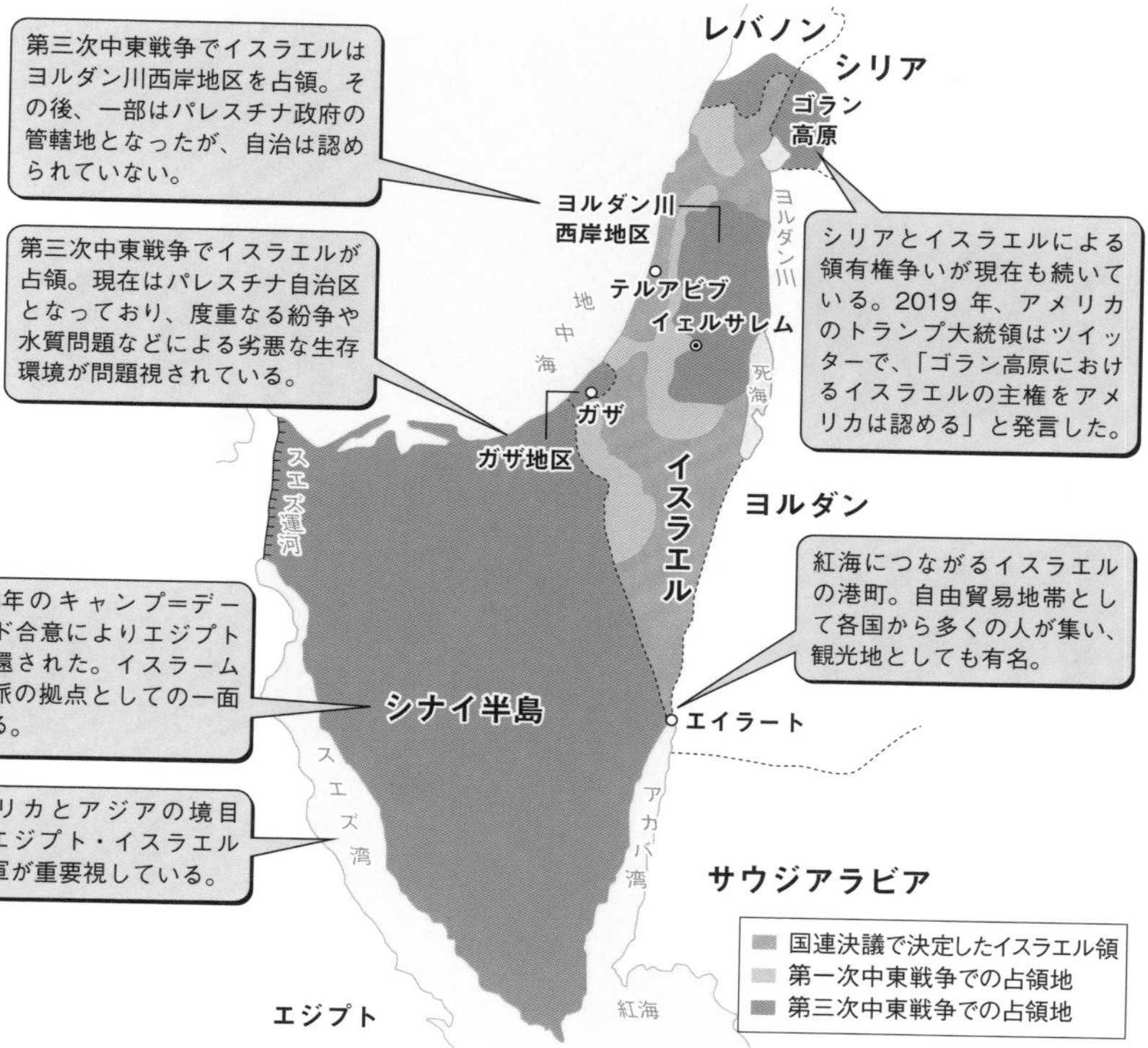
第三次中東戦争でイスラエルはヨルダン川西岸地区を占領。その後、一部はパレスチナ政府の管轄地となったが、自治は認められていない。
第三次中東戦争でイスラエルが占領。現在はパレスチナ自治区となっており、度重なる紛争や水質問題などによる劣悪な生存環境が問題視されている。
1978年のキャンプ＝デービッド合意によりエジプトに返還された。イスラーム過激派の拠点としての一面もある。
アフリカとアジアの境目で、エジプト・イスラエル両海軍が重要視している。
シリアとイスラエルによる領有権争いが現在も続いている。2019 年、アメリカのトランプ大統領はツイッターで、「ゴラン高原におけるイスラエルの主権をアメリカは認める」と発言した。
紅海につながるイスラエルの港町。自由貿易地帯として各国から多くの人が集い、観光地としても有名。
レバノン
シリア
ゴラン高原
ヨルダン川西岸地区
ヨルダン川
テルアビブ
イェルサレム
地中海
死海
ガザ
ガザ地区
スエズ運河
イスラエル
ヨルダン
シナイ半島
エイラート
スエズ湾
アカバ湾
サウジアラビア
エジプト
紅海
国連決議で決定したイスラエル領
第一次中東戦争での占領地
第三次中東戦争での占領地

地政学的に脆弱な場所に位置

イスラエルは領土拡大に対して、強硬な姿勢を取り続けてきた。この要因に周囲がすべて敵国であることと、地政学的に脆弱な場所に位置していることが挙げられる。

イスラエルは水資源の多くを、シリアのゴラン高原を水源とする川に頼っている。そのため第三次中東戦争では、水資源の確保を目的にゴラン高原を占領した。 ゴラン高原はイスラエルを見下ろす位置にあるため、占領は防衛上も重要だった。

またイスラエルには油田がなく、石油は輸入に頼っている。唯一の輸入ルートである紅海のアカバ湾の制海権も死守する必要がある。

イスラエルが好戦的なのは、いわば地政学的な宿命とも言える。なお公的には宣言していないが、核兵器の保有もほぼ確実視されている。

→ アメリカのイスラエルへの支援についてはP158参照

ニュース

ペルシア湾を挟んで対立するイランとサウジアラビア

2016年、イランの首都テヘランで発生した反サウジアラビアのデモの様子。シーア派の指導者の処刑がイランの反発を招いた。

2016年に国交を断絶

ペルシア湾沿岸は世界有数の石油の産出地である。このペルシア湾を挟んで、現在激しい対立関係にあるのが、ともに中東を代表する地域大国のイランとサウジアラビアだ。もし軍事衝突が起これば、石油の輸入の約9割を中東に頼っている日本も多大な影響を受けることになる。

両国は民族と宗派が異なる。**イランがペルシア人でシーア派、そして反米であるのに対して、サウジアラビアはアラブ人でスンナ派、親米であるというように、すべてが対照的だ。**両国の対立は、サウジアラビアが国内で反体制デモを主導したシーア派の主導者を処刑したことから深刻化し、2016年には国交の断絶に至った。

両国の関係悪化を加速させたのが、アメリカのトランプ政権の反イラン政策だった。イランはイスラエルとも対立関係にある。一方トランプは支持層のキリスト教福音派が親イスラエルであることから、自身も親イスラエルを打ち出していた。そこでトランプはサウジアラビアやアラブ首長国連邦（UAE）などと連携し、イラン包囲網を築くことで、イランの弱体化を図ろうとしたのだ。またこれまで対立関係にあったイスラエルとアラブ人国家のUAEとの国交正常化を演出し、包囲網のさらなる強化に取り組んでいた。

POINT

2016年の国交断絶以来、対立が続くイランとサウジアラビア。問題の根本には宗派の違いがある。

用語解説 「スンナ派とシーア派」

イスラーム教徒は大きくこの二大宗派に分かれる。多数派の「スンナ派」はリーダーの決定において厳格な規定はないが、「シーア派」はムハンマドの血統以外の指導者を認めていない。

イスラーム教圏内の派閥とイラン・サウジの対立構図

ペルシア湾を挟んで対立を続けるサウジアラビアとイラン。両国は中東各地で起きているスンナ派とシーア派の対立にも介入している。

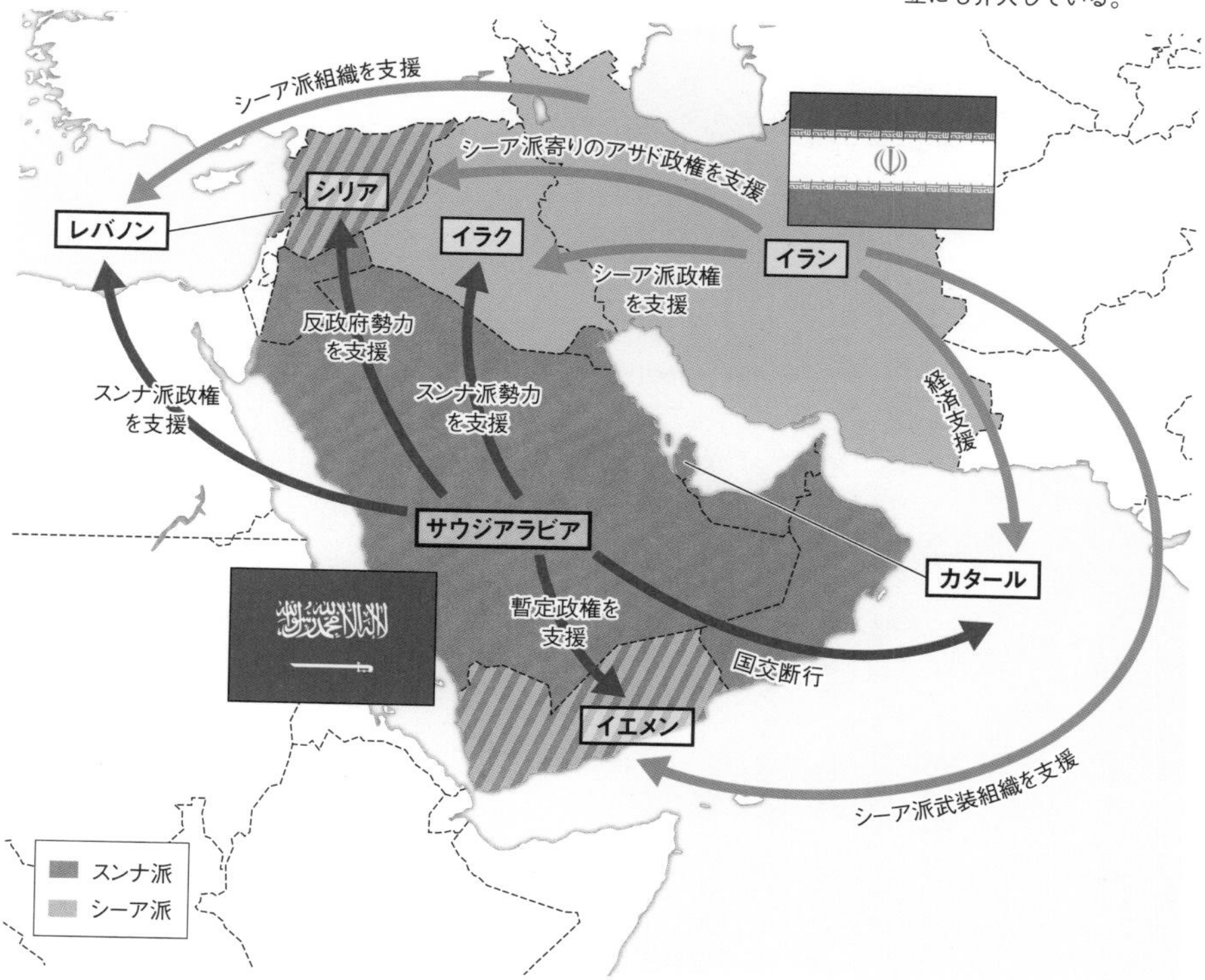
シーア派組織を支援
シーア派寄りのアサド政権を支援
シリア
レバノン
イラク
イラン
シーア派政権を支援
反政府勢力を支援
スンナ派勢力を支援
スンナ派政権を支援
経済支援
サウジアラビア
カタール
暫定政権を支援
国交断行
イエメン
シーア派武装組織を支援
スンナ派
シーア派

バイデン政権が与える影響

だがアメリカでバイデン政権が誕生してから、情勢に変化が起きつつある。トランプ政権は、「イランが核開発の制限を受け入れれば経済制裁を解除する」という国連安保理の核合意決議に異議を唱え、核合意から離脱するとともに、イランに対して独自の経済制裁を行っていた。**これに対してバイデンは核合意への復帰を公約に掲げており、やみくもに反イラン政策を展開することはないと考えられる。**一方でサウジアラビアに対しては、同国の人権侵害の状況を問題視しており、距離を置く姿勢を示している。

最も避けたいのは、両国の対立の激化からイランが核開発に走り、ペルシア湾の緊張感が高まることだ。この地域の安定のため、関係国は知恵を絞る必要がある。

→ 核保有国についてはP142参照
→ イランとサウジアラビアの石油輸出額についてはP185参照

トルコのエルドアン大統領（左）とロシアのプーチン大統領。2000年代以降、関係を深めている。

ニュース

EUとロシアを天秤にかけるトルコの地政学的外交政策

EUへの加盟を目指したが…

トルコは歴史的に、ロシアの南下政策の脅威に幾度となくさらされてきた。ロシアが黒海から地中海へと抜けるには、トルコを影響下に収める必要があるからだ。逆に言えばロシアの勢力拡大を防ぐためには、**トルコが防波堤の役割を果たせるかどうかがカギとなる。そのため冷戦時代、西側諸国はトルコを重視し、中東の国でありながらNATO（北大西洋条約機構）の一員に組み込んだ。**

トルコも、他の中東諸国が聖俗一致なのに対して、世俗主義（政教分離）を徹底することで、ヨーロッパ型の近代国家になることを志向していた。**オスマン帝国時代、西欧列強に侵食され続けた経験を持つトルコは、敗北の原因はイスラームの後進性にあると考えたのだ。EU（欧州連合）発足後はEUへの加盟を目標とした。**

だがEU加盟の夢は、少数民族のクルド人に対する人権侵害などが問題視され、徐々に実現性が薄れていった。何よりトルコがイスラーム教の文化圏にあることが、EUへの加盟を困難にさせた。

トルコのエルドアン大統領は西欧偏重を改め、公的な場での女性のスカーフ着用を認めるなど、イスラーム的な伝統を見直している。またNATOの一員でありつつも、アメリカや西欧諸国とは一定の距離を置き、ロシアへの接近を図っている。

POINT

トルコはかつて西側陣営だったが、近年はEUやアメリカとは距離を置き、ロシアへの接近を図っている。

用語解説　「クルド人」

トルコ・イラク・イラン・シリア・アルメニアにまたがる山岳地帯「クルディスタン」に居住しているイラン系民族。独自の文化・言語を持ち、長年独立運動を行っているが達成されていない。

トルコの外交政策と各国の思惑

トルコはNATOの一員でありながらロシアに接近。しかし、シリア内戦やリビア内戦では互いに異なる勢力を支援するなど、トルコの外交政策は容易には理解しにくい。

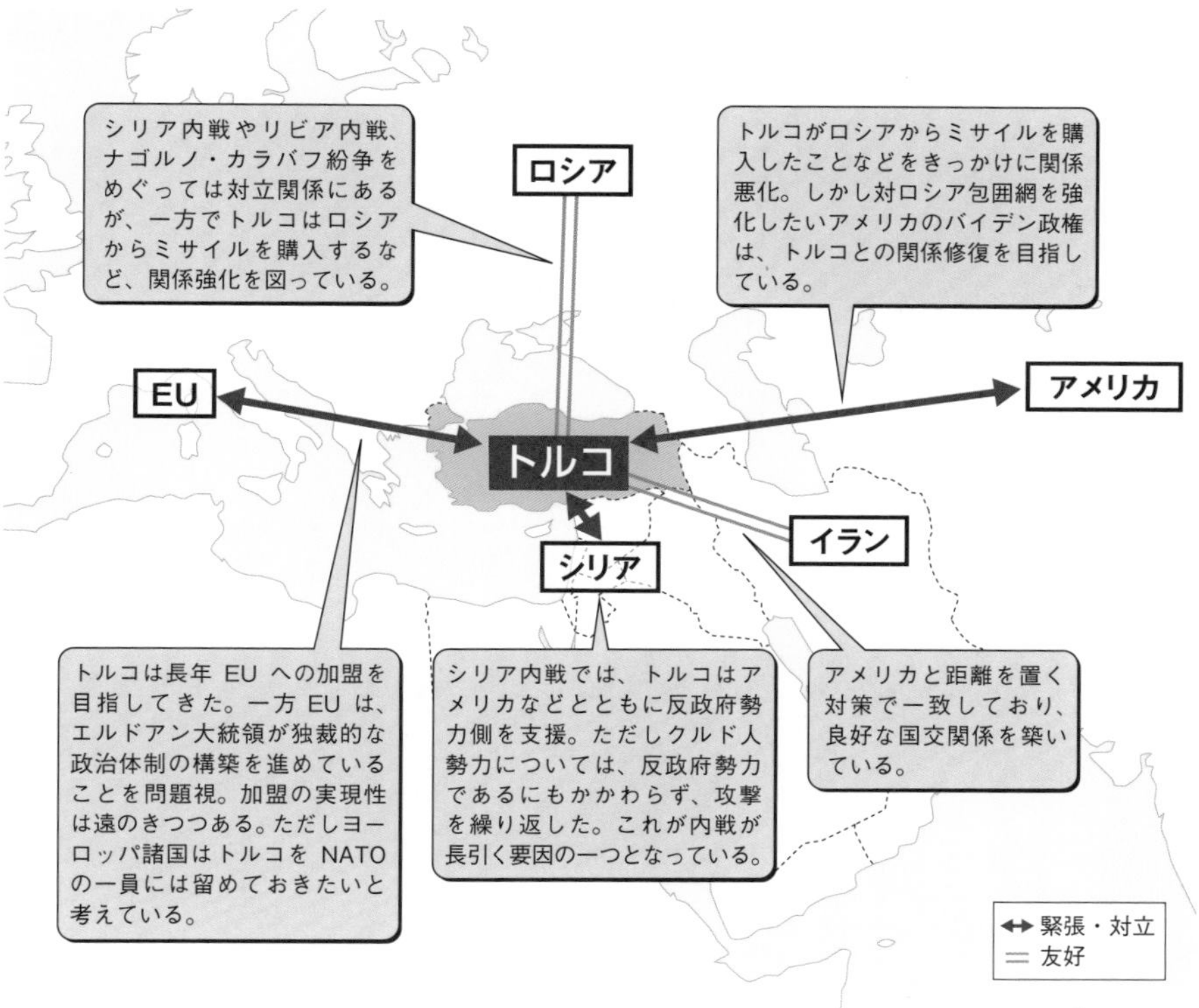

ロシア
シリア内戦やリビア内戦、ナゴルノ・カラバフ紛争をめぐっては対立関係にあるが、一方でトルコはロシアからミサイルを購入するなど、関係強化を図っている。
トルコがロシアからミサイルを購入したことなどをきっかけに関係悪化。しかし対ロシア包囲網を強化したいアメリカのバイデン政権は、トルコとの関係修復を目指している。
EU
アメリカ
トルコ
イラン
シリア
トルコは長年EUへの加盟を目指してきた。一方EUは、エルドアン大統領が独裁的な政治体制の構築を進めていることを問題視。加盟の実現性は遠のきつつある。ただしヨーロッパ諸国はトルコをNATOの一員には留めておきたいと考えている。
シリア内戦では、トルコはアメリカなどとともに反政府勢力側を支援。ただしクルド人勢力については、反政府勢力であるにもかかわらず、攻撃を繰り返した。これが内戦が長引く要因の一つとなっている。
アメリカと距離を置く対策で一致しており、良好な国交関係を築いている。
↔ 緊張・対立
＝ 友好

ロシアと対立しつつも協力

こうした外交政策は、地政学的にトルコだからこそ可能である。

ロシアとトルコの関係は、シリア対策ではロシアがアサド政権を擁護しているのに対して、トルコは反アサドであるなどの対立点がある。しかしロシア海軍が黒海から地中海へ抜けるルートを確保するためには、トルコとは良好な関係を維持しておきたい。一方、EUやアメリカは、トルコがロシアから地対空ミサイルを導入したことなどを理由にトルコに経済制裁を実施しているが、トルコの地理的な重要性を考えると、決定的な亀裂は避けたいところだ。EUはトルコとは、シリアからの難民問題でも協力する必要がある。

トルコは両者の思惑を天秤にかけながら、したたかだが、やや危うい外交政策を取り続けている。

⇒ オスマン帝国と黒海については**P42**参照
⇒ EU･NATOの拡大については**P168**参照

ニュース

なぜアフガニスタンでは戦乱が絶えないのか

２００１年に発生したアメリカ同時多発テロを主導したイスラーム過激派組織「アル＝カーイダ」のビン＝ラーディン。

米ソの代理戦争の地となる

アフガニスタンで戦乱が絶えない理由として、ランドパワーとシーパワーがせめぎ合う場所に同国が位置していることが挙げられる。

19世紀、ランドパワーのロシアは、南下政策の一環としてアフガニスタンに目を向けた。当時インドを支配していたシーパワーのイギリスは、これを脅威と捉え、ロシアを牽制するために、同国への侵攻を開始。アフガン人との間で激しい戦いとなった。このイギリス・アフガニスタン戦争は、20世紀前半まで三度にわたって繰り広げられた。

１９７９年には、同年に起こったイラン革命の波及を警戒したソ連が侵攻し、イスラーム勢力を弾圧した。これに対してアメリカはイスラーム勢力に軍事支援を行ったため、戦いは米ソの代理戦争の様相を呈した。

１９８９年にソ連が同国から撤退すると、今度は内戦が勃発した。そして内戦の中からイスラーム原理主義組織のターリバーンが頭角を現し、政権を樹立した。

だがこれも同国の平和には結びつかなかった。２００１年、アメリカ同時多発テロが発生。するとアメリカはターリバーンが、テロを主導したイスラーム過激派組織「アル＝カーイダ」のビン＝ラーディンをかくまっているとして攻撃を開始。ターリバーン政権を転覆させたのだ。

POINT

近現代以降、大国の草刈り場となったことが、アフガニスタンの政治を混乱させテロ組織の発生を招く。

用語解説　「ターリバーン」

イスラーム原理主義者からなる武装集団。ソ連の撤退後のアフガニスタンを支配した。米軍による攻撃で政権は崩壊したが、現在でもアフガニスタンの一部を勢力下に置いている。

アフガニスタンを巡る戦いの歴史

ロシア・イギリス間の争いに続いてソ連・アメリカ間にもアフガニスタンを巡る対立が発生。列強に翻弄されたアフガニスタンはテロリストの拠点となる。

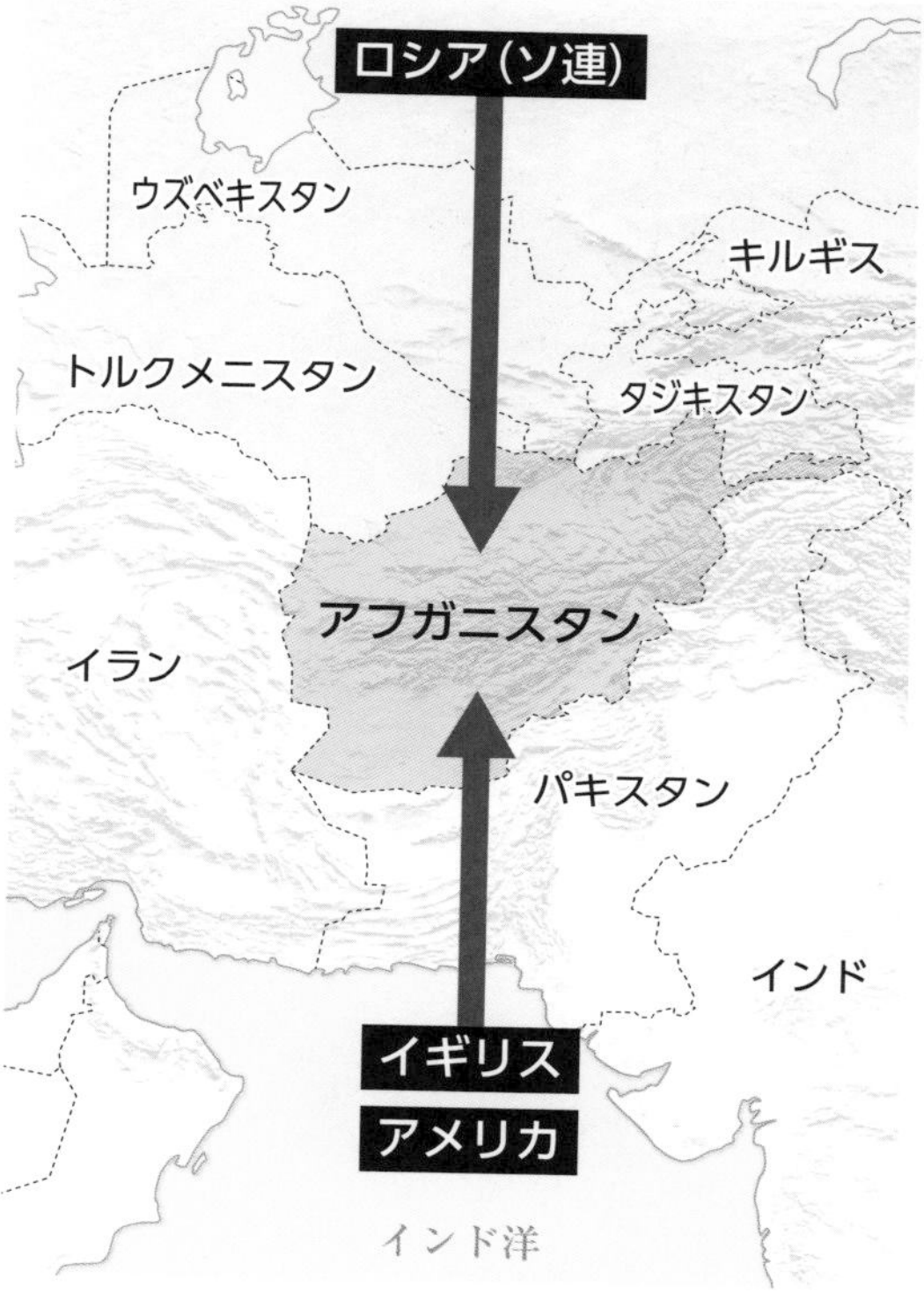
ロシア(ソ連)
ウズベキスタン
キルギス
トルクメニスタン
タジキスタン
アフガニスタン
イラン
パキスタン
インド
イギリス
アメリカ
インド洋

第一次アフガン戦争

1838年、ロシアがアフガニスタンに南下してくることを警戒したイギリスが、アフガニスタンに侵攻したために、イギリス・アフガニスタン間で起きた戦争。アフガニスタンの激しい抵抗に遭い、イギリスの敗北に終わる。

↓

第二次アフガン戦争

ロシアがアフガニスタンと軍事同盟を締結しようとしたため、イギリスは1878年、アフガニスタンに侵攻。激しい抵抗に遭うも、ロシアに対抗するためイギリスの保護国とした。

↓

第三次アフガン戦争

第一次世界大戦の混乱に乗じて、アフガニスタンがイギリスの植民地であるインド方面に侵攻。休戦協定により、アフガニスタンはイギリスから独立を果たした。

↓

アフガニスタン紛争

1979年、ソ連はアフガニスタンに親ソ政権を樹立することを目的に同国に侵攻。アフガニスタンの人々はこれにゲリラ戦で対抗した。アメリカはゲリラ側を支援。1989年、ソ連が撤退をしたことにより、ようやく紛争は終わった。

ターリバーンが政権を奪回

戦後、アメリカは軍隊を進駐させ、親米政権を発足させた。だが汚職が横行したため、国民からの支持は得られず、再びターリバーン勢力の拡大を許すことになった。米軍は現地に居座らざるを得なくなり、アフガニスタン戦争は「アメリカ史上最長の戦争」と呼ばれることになった。

だがそんな中でアメリカは、いわば匙を投げ出すかたちで、2021年5月より米軍の撤退を開始。これがターリバーンを勢いづかせた。8月に入ると首都カブールを制圧し、政権を奪取したのだ。

懸念されるのは、同国が再びテロの温床となることだ。またアメリカの同国への影響力が薄まる中で、中国やロシアがこの状況をどう捉え、同国にどう関与しようとするのかについても、注視する必要がある。

→ テロ組織とアメリカの戦いについてはP97参照
→ アメリカのアフガニスタンへの介入についてはP158参照

MIDDLE EAST

シリアのアサド大統領（左）とロシアのプーチン大統領。シリアにおけるロシアのプレゼンスは高まっている。

ニュース

長期化するシリア内戦は今どうなっているのか

三つ巴、四つ巴の複雑な戦い

シリアでは長年、アサド政権が強権政治を行ってきた。２０１０年に中東諸国で民衆による民主化運動「アラブの春」が起きると、その動きはシリアにも波及。アサドはこれを徹底的に弾圧したため、**アサド政府勢力と反政府勢力の間でシリア内戦が勃発。**さらにそこにイラクからシリアへと勢力を伸ばしてきたイスラーム教過激派組織のイスラーム国（ＩＳ）も戦闘に加わった。

アサド政府勢力と反政府勢力は、互いに対立しながらも、ＩＳを打倒することでは一致。またアメリカとトルコは反政府勢力を支援することでは一致していたが、アメリカがアサド政権を打倒する手段として少数民族のクルド人勢力を支援したのに対して、トルコは国内でクルド人の独立問題を抱えていることから、クルド人勢力と対立するというように、内戦は三つ巴とも四つ巴ともいえる混沌とした状態を呈した。

そんな中でＩＳは、２０１７年にはほぼ勢力を喪失。19年には最高指導者が死亡した。一方残る二つの勢力は、当初は反政府勢力が優勢だったが、その後アサド政府勢力が盛り返している。２０２０年３月以降、いったん落ち着いたかに見えた戦闘は、２０２１年７月現在、また激化している。犠牲者は約40万人に上り、国民の半数が家を失ったとされる。

POINT

シリア内戦は、ロシアの支援を得たことと、アメリカの戦線からの離脱により、アサド政府勢力優位となっている。

人物解説 バッシャール＝アル＝アサド（1965～）

シリア現大統領。父の代から続く独裁政治で知られる。反政府デモに対する武力制圧を指示し、内戦のきっかけを作った。また化学兵器使用の疑いをアメリカからかけられ強く非難された。

シリア各勢力の範囲と諸外国との結びつき

内戦が絶えないシリア。アサド政権による支配地域は、周辺の武装勢力の支配下に比べると治安は安定しているが、市民の生活は困窮を極めている。

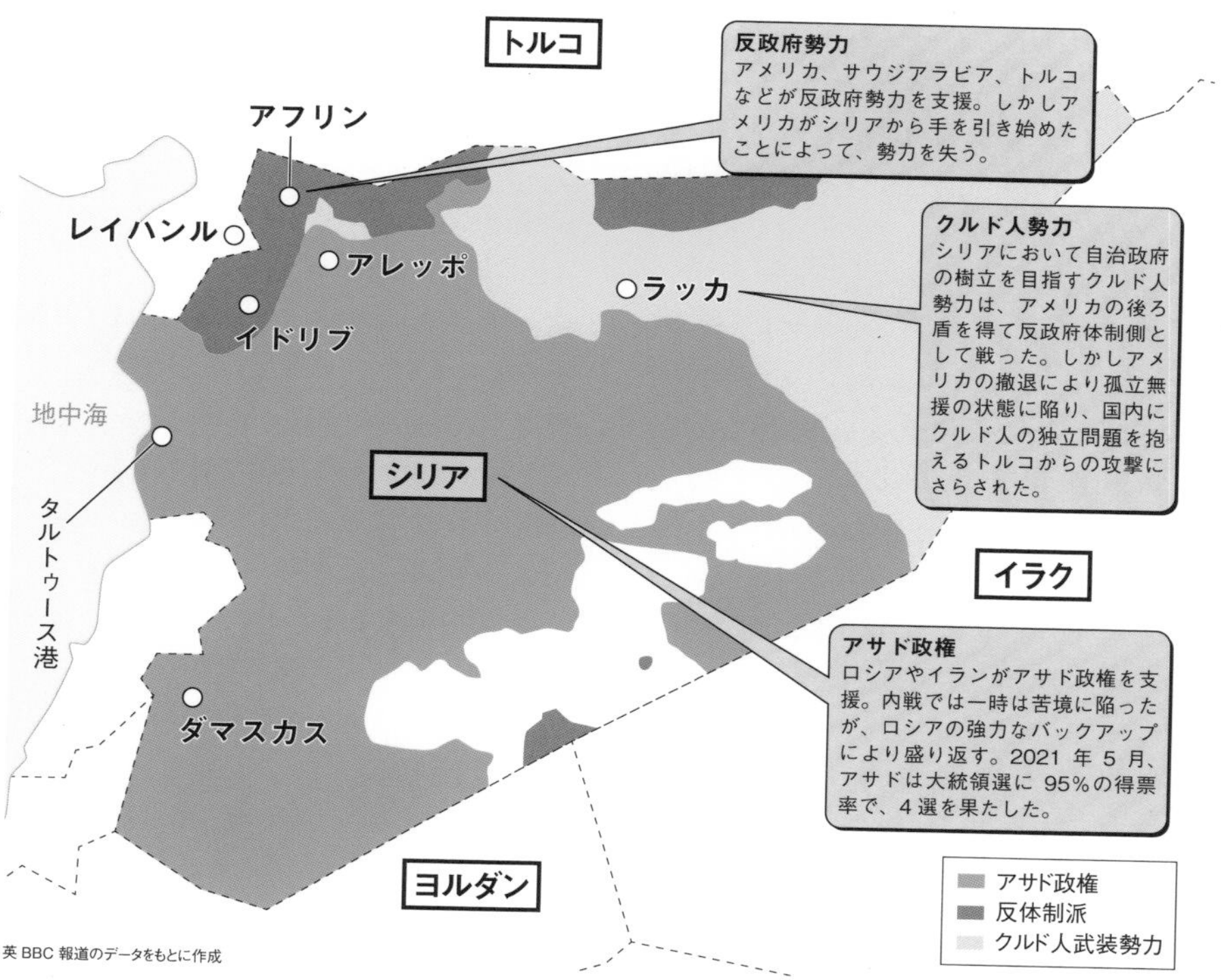
トルコ
反政府勢力
アメリカ、サウジアラビア、トルコなどが反政府勢力を支援。しかしアメリカがシリアから手を引き始めたことによって、勢力を失う。
アフリン
レイハンル
アレッポ
ラッカ
イドリブ
クルド人勢力
シリアにおいて自治政府の樹立を目指すクルド人勢力は、アメリカの後ろ盾を得て反政府体制側として戦った。しかしアメリカの撤退により孤立無援の状態に陥り、国内にクルド人の独立問題を抱えるトルコからの攻撃にさらされた。
地中海
タルトゥース港
シリア
イラク
アサド政権
ロシアやイランがアサド政権を支援。内戦では一時は苦境に陥ったが、ロシアの強力なバックアップにより盛り返す。2021 年 5 月、アサドは大統領選に 95%の得票率で、4 選を果たした。
ダマスカス
ヨルダン
アサド政権
反体制派
クルド人武装勢力

英 BBC 報道のデータをもとに作成

米ロの選択が戦況に影響

シリア内戦においてアサド政府勢力が優勢となったのは、ロシアの強力な支援が得られたためだ。シリアの地中海沿岸部にあるタルトゥース港は、ロシアの海軍基地となっており、アサド政権の崩壊によってこの基地を失うのは、ロシアとしては絶対に避けたいことだ。

一方、反政府勢力が勢いを失ったのは、**「世界の警察官」から降りることを選択したアメリカが、シリアから手を引き始めたからだ。**これにより反政府勢力の中心となって戦ってきたクルド人勢力は、孤立無援の状態に陥った。アサド政府勢力のみならず、トルコからの攻撃の脅威にもさらされている。

アサドが政権の立て直しに成功したことで、シリアは再び独裁国家に戻ろうとしている。

→ アメリカの「世界の警察官」の撤回については**P148**参照
→ 「イスラーム(IS)」については**P184**参照

QUIET TALK

「地政学」に触れる際に気をつけておきたいこと

地政学には**批判地政学**といって、地政学そのものを批判的に研究している分野が存在する。こうしたアプローチ法が出てきた背景には、「地政学は『地理』という客観的な事実に基づいて世界を分析しているように見せているが、本当に客観的といえるのだろうか？」という根本的な疑義がある。

例えば地政学の創始者の一人である**マッキンダー**は、大英帝国の栄光に陰りが見え始めた19世紀末から20世紀前半を生きたイギリスの地理学者であり、政治家でもあった。彼が生きた時代はロシア、次いでドイツの台頭がめざましく、イギリスの脅威となっていた。この状況をどう分析し、独露の脅威をどう取り除くかということが、彼の問題意識の中心であり、彼の地政学の理論もその中から生まれた。

また批判地政学者の**ジェラルド・トール**は論文の中で、マッキンダーの理論について「彼の考える『国家』というアイデアには、イギリスの白人男性のジェントルマンたちが帝国内の資源をいかに効率よく利用できるようにするのかということや、白人のアングロ・サクソンが優位な立場を保つこと、そして帝国内にある『劣勢民族』や地域を支配下に置いておくことが含まれていた」と述べている。つまりマッキンダーの理論は、客観性を装いつつも、当時のイギリスの帝国主義的な価値観にどっぷりと浸かりながら、その立場から世界の有り様やあり方を解釈して組み立てられたものであるわけだ。

マッキンダーに限らず、地政学に関するそのほかの専門家が唱えてきた理論や分析についても、その人の**立場**や、その人が生きた**時代的・空間的文脈**の中から紡ぎ出されたものであるといえる。特に地政学は、政治家や官僚が国際情勢を分析し、自国の国家戦略を考えるためのツールとして使用されてきた側面が大きいため、分析をする際の立場も為政者寄りになりがちだ。

私たちが地政学的な分析に触れる際も、そのことを意識しておかないと、世界の有り様を誤ったかたちでつかみ取ることになりかねない危険がある。

第一次世界大戦中にドイツ領だった中国・青島を占領した日本海軍。地政学は帝国主義の時代以降、自国の外交を優位に進めるための分析ツールとして発展を遂げていった。

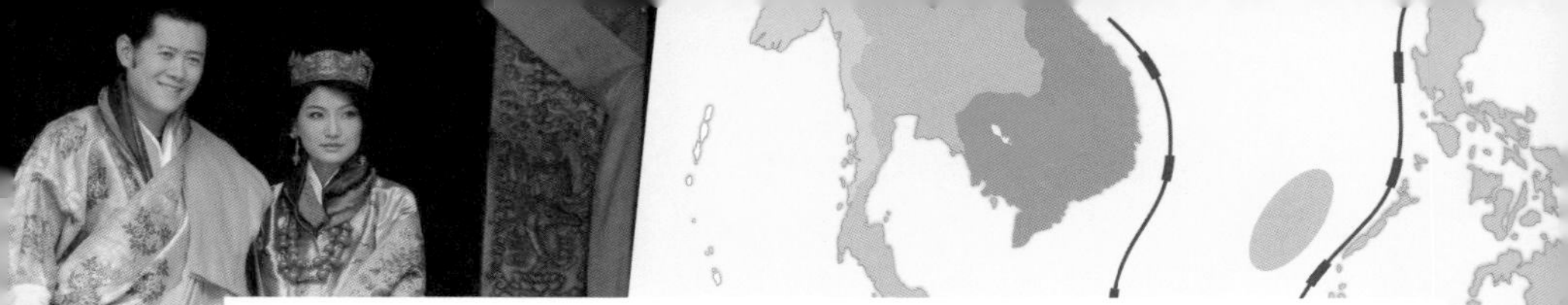

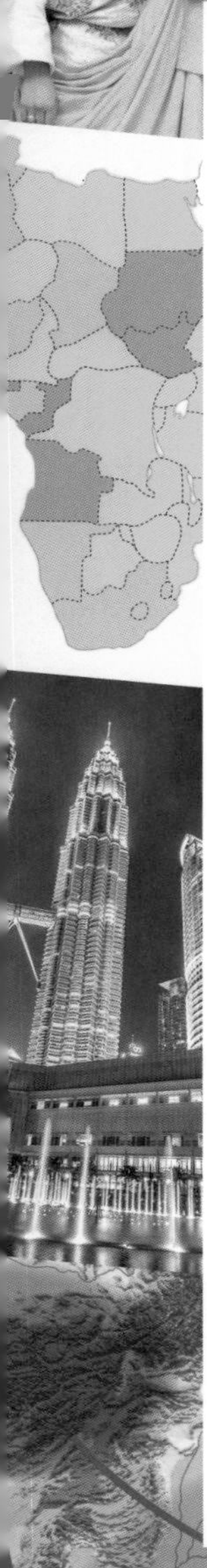

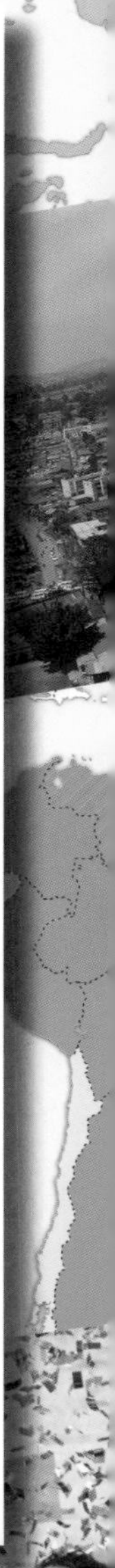

第8章

エリア別に見る地政学

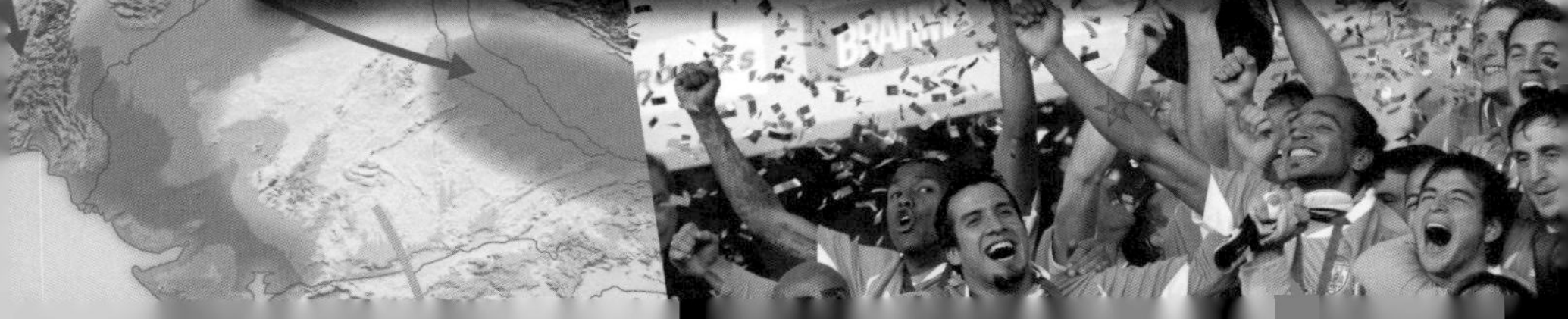

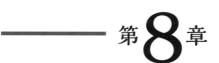

南アジアの多様性が印パの対立を生んだ!?

河川流域に多様な文化が発展

南アジアの特徴の一つに、言語、民族、宗教の多様性が挙げられる。

言語については、南アジアの地域大国であるインド1国だけでも、100以上の言語が存在している。それぞれの言語の系統も、北部で使われている言語がインド・ヨーロッパ語族に属するのに対して、南部の言語は系統がまったく異なるドラヴィダ語族である。同様に民族も、北部はインド・アーリヤ族が多いのに対して、南部はドラヴィダ族が多い。他にもモンゴロイド族など、インドには多様な民族が居住している。

そして宗教については、インドではヒンドゥー教徒が約8割を占めているが、南アジアの他の国々を見ると、パキスタンとバングラデシュはイスラーム教徒、スリランカは上座仏教徒、ネパールやブータンはチベット仏教徒が多いというように、国ごとに宗教分布が大きく異なる。

南アジアがこうした多様性に満ちたエリアになっている理由は、この地域の地理的環境と切り離して語ることはできない。

南アジアには、インダス川とガンジス川という二つの大河の他にも、多くの河川がある。河川の流域には肥沃な土地が広がっており、気温も農業に適していることから、古代より様々な地域に多様な生活拠点が形成された。それぞれの拠点は十分な人口支持力（その地域の人口を養える力）を保持していたため、それぞれ独自の文化を発展させることができた。これが南アジアの多様性の要因の一つと考えられる。

一方、南アジアの周囲の地形に目を向けると、**北から北東にかけてはヒマラヤ山脈が自然の要塞となっているが、北西側は防御が脆弱となっている。そのため古代よりインドは北西からの侵入を許してきた。**現在南アジアで多数を占めるインド・アーリヤ族も北西方面から流入してきた人々であり、イスラーム教も北西から入ってきた。外に開かれた地形であったことも、南アジアに多様性をもたらした大きな要因だ。

POINT

南アジアの政情を不安定にさせているインドとパキスタンの対立の起源は、イギリスのインド植民地時代の分割統治にあった。

用語解説　「アーリヤ人」

祖先は中央アジアの遊牧民族で、その一部が紀元前1000年頃、ガンジス川流域に定住。アーリヤ人によるヴェーダの神々への信仰からバラモン教が生まれ、ヒンドゥー教に発展した。

南アジアの地形とアーリヤ人の侵入

南アジアは河川に恵まれ、北東にはヒマラヤ山脈がそびえる。一方で防御が弱い北西からはアーリヤ人など様々な民族の侵入を許してきた。

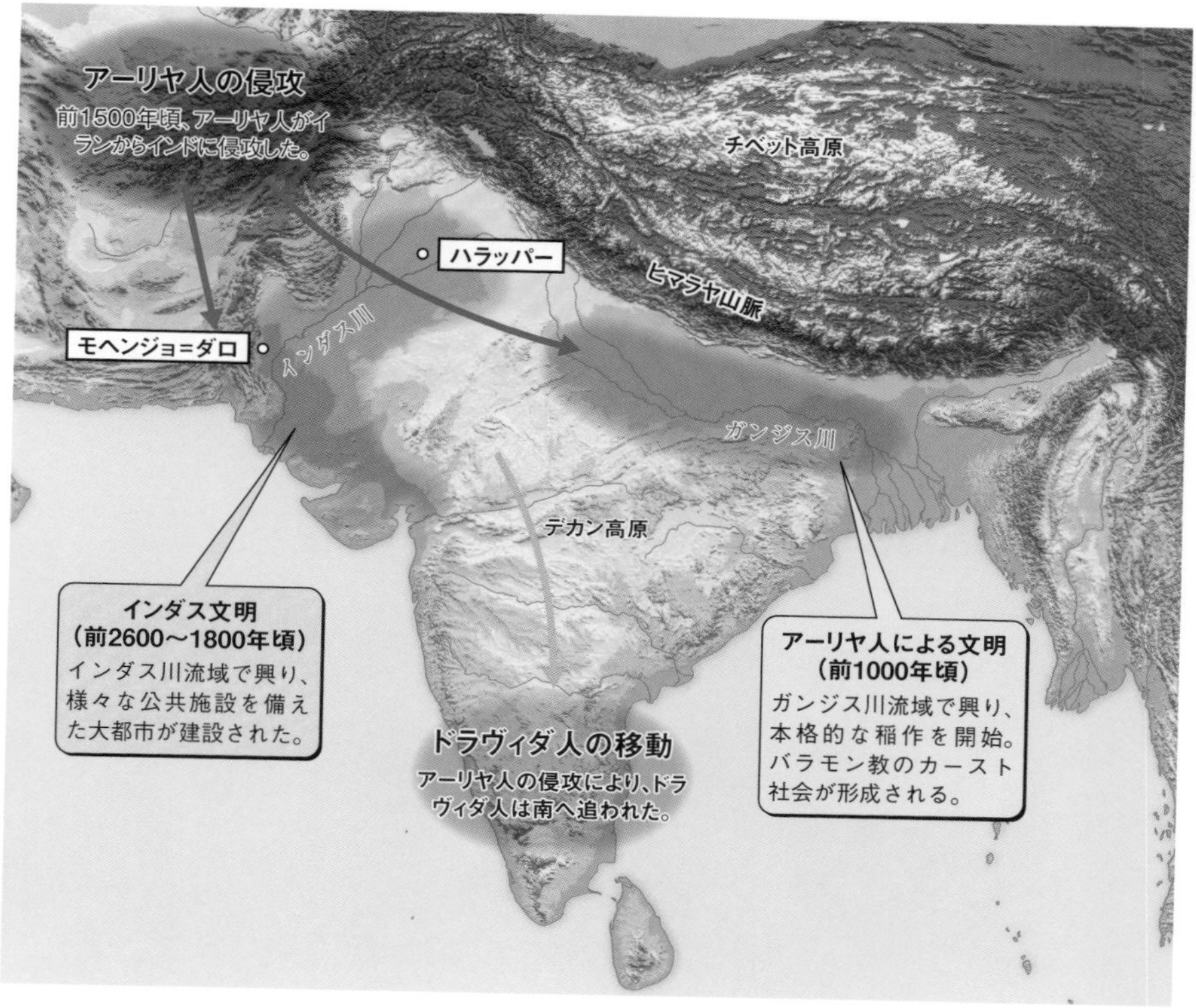

アーリヤ人の侵攻
前1500年頃、アーリヤ人がイランからインドに侵攻した。
チベット高原
ハラッパー
ヒマラヤ山脈
モヘンジョ=ダロ
インダス川
ガンジス川
デカン高原
インダス文明
（前2600～1800年頃）
インダス川流域で興り、様々な公共施設を備えた大都市が建設された。
アーリヤ人による文明
（前1000年頃）
ガンジス川流域で興り、本格的な稲作を開始。バラモン教のカースト社会が形成される。
ドラヴィダ人の移動
アーリヤ人の侵攻により、ドラヴィダ人は南へ追われた。

イギリスによる狡猾な分割統治

南アジアの多様性は、豊かな文化を育む母胎となったが、一方で地域全体の政治的安定や統一を実現していくうえでの障害にもなってきた。

17世紀以降、南アジアにも大航海時代の到来による世界の一体化の波が押し寄せてきた。インドへの進出をめぐっては、イギリスとフランスが争い、イギリスが勝利した。

イギリスはインドの多様性を利用した分割統治を行った。当時のインドでは、ムガル帝国の衰退とともに、各地域で地方政権が林立していた。イギリスはこれらの地方政権に対して、藩王国として一定の自治権を認めた。ただしその際には個別に同盟関係を結ぶことで、藩王国同士が横に連携してイギリスに対抗しないようにした。

またインドの中のヒンドゥー教徒

→ イギリスのインド支配と三角貿易についてはP68参照

南アジアの宗教分布

インドでは約8割がヒンドゥー教を信仰する一方、南アジア全体を見るとイスラーム教、上座仏教、チベット仏教など、宗教分布が大きく異なる。

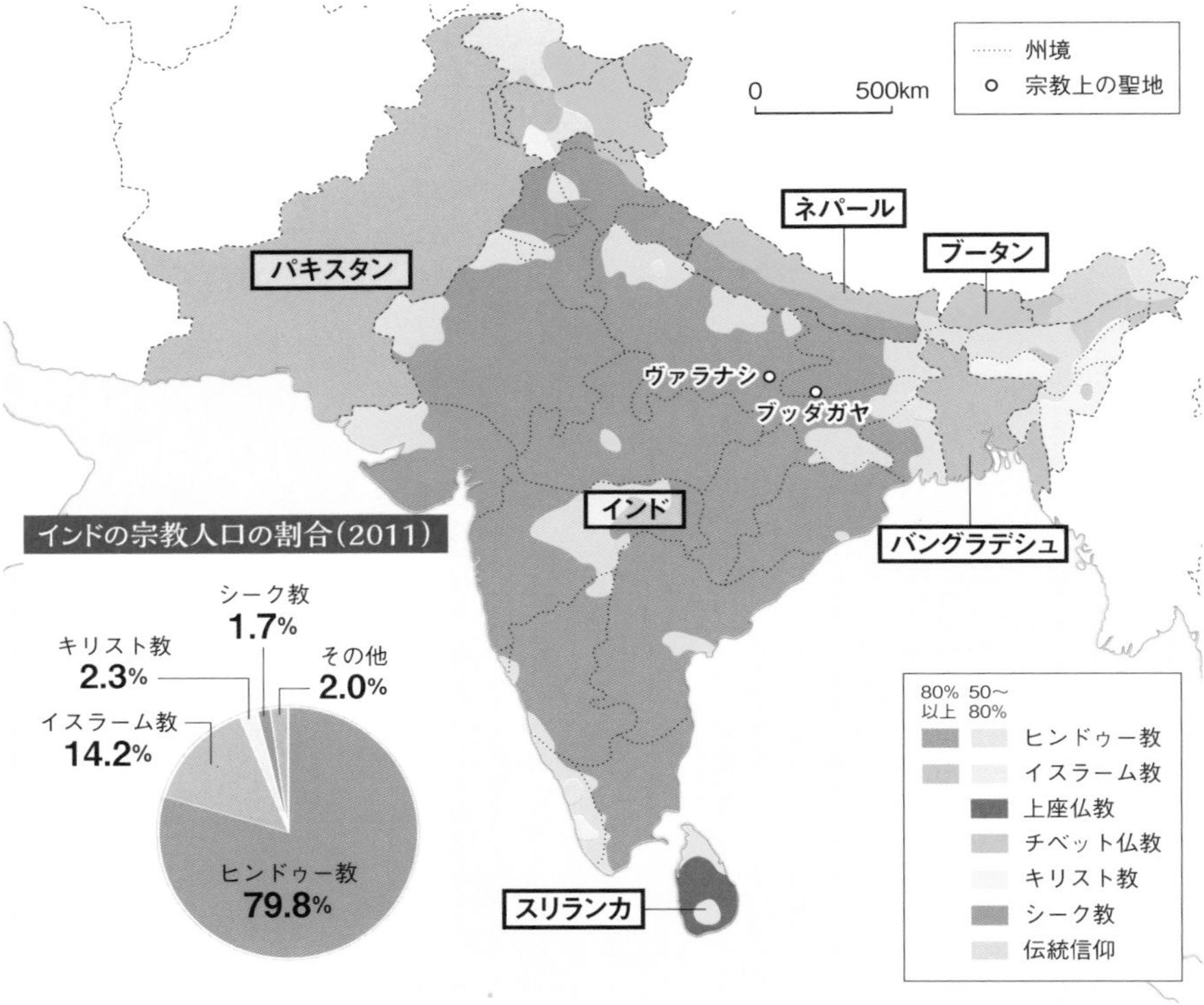
州境
宗教上の聖地
0
500km
ネパール
ブータン
パキスタン
ヴァラナシ
ブッダガヤ
インド
バングラデシュ
スリランカ
80% 以上
50〜80%
ヒンドゥー教
イスラーム教
上座仏教
チベット仏教
キリスト教
シーク教
伝統信仰
インドの宗教人口の割合(2011)
シーク教 1.7%
キリスト教 2.3%
その他 2.0%
イスラーム教 14.2%
ヒンドゥー教 79.8%

宗教分布は『新編 詳解地理B 改訂版』(二宮書店)の図をもとに作成
グラフはウェブサイト「THE WORLD FACT BOOK (2020)」に掲載されたデータをもとに作成

とイスラーム教徒の対立も、巧みに活用した。例えばイギリスがインドを植民地支配していた20世紀初頭、ベンガル地方で独立・自治を求める運動が激化した。するとイギリスはベンガルを分割令によって東西に分割し、イスラーム教徒が多数を占める東ベンガルを優遇する政策を取った。これにより人々の意識を宗教対立へと向けさせ、イギリスに対する不満の目をそらせようとしたのだ。

かつてのインドでは、ヒンドゥー教徒とイスラーム教徒が共存を図ってきた。だがイギリスの分割統治の影響で、次第に両者の溝は埋めがたいものとなっていった。

1947年、インドは念願の独立を果たす。だがそれはヒンドゥー教徒が中心のインドと、イスラーム教徒が中心のパキスタンとの分離独立という苦いかたちになった。

用語解説　**「印パ戦争」**

これまでに3度起こり、第一次(1947年)と第二次(1965年)はカシミール地方の帰属問題で、第三次(1971年)はバングラデシュの独立問題で勃発した。

中国も南アジアの不安定要因

インドとパキスタンが独立を宣言すると、ヒンドゥー教徒とイスラーム教徒は、自分たちが住むべき国へと大移動を開始した。その際に両教徒間で衝突が起こり、一説に100万人以上の死者が出たとされる。

さらにはインドとパキスタンの国境沿いにあるカシミール地方の帰属をめぐって、第一次印パ戦争が勃発。この戦争は、カシミール地方では住民の8割がイスラーム教徒であったにもかかわらず、ヒンドゥー教徒の藩主がインドへの帰属を決定したために混乱が生じ、そこに印パが介入したために起こった。

一方で1950年代半ば以降、インドと中国の関係も緊迫化してきた(→P136)。するとパキスタンは、アメリカと同盟関係を結びつつ、「敵の敵は味方」の論理で、中国にも接近。これに対してインドは、非同盟外交政策を掲げながらも、ソ連と緊密な関係を構築。そして2001年のアフガニスタン戦争以降は、アメリカに接近していった。

現在もインドと中国の対立、インドとパキスタンの対立は続いている。中国はパキスタンのみならず、バングラデシュやネパール、スリランカとの関係を強化し、インド包囲網を築こうとしている。一方**インドは、アメリカや日本、オーストラリアと結ぶことで、これに対抗する構図ができあがりつつある。**

一番の懸念材料は、この地域における重要なプレーヤーであるインド、パキスタン、中国のいずれもが核兵器を保有していることだ。偶発的な軍事衝突が核戦争に発展するリスクはゼロとは言えず、世界的にも不安定な地域の一つとなっている。

Pickup ブータン王国 Kingdom of Bhutan

インドを選択したシャングリラの国

ブータンは、人口約75万人ほどの小国である。インドと中国という対立する二つの大国に挟まれた地理的環境の中で、ブータンはインドに安全保障を頼っている。2017年、ブータンと中国が互いに自領だと主張するドクラム地域に中国軍が道路を建設しようとしたときには、インドが軍隊を現地に派遣した。ブータンは手つかずの大自然が残っていることからシャングリラ（理想郷）と呼ばれるが、周辺国との関係においてはけっしてシャングリラとはいえない。

ブータンの国王夫妻。2011年に初来日し、話題となった。

→ インドと中国の対立についてはP136参照

小国連合としてのASEAN成立の理由と今の課題とは

POINT

小国の集まりである東南アジアは、長年大国の都合に翻弄されてきた。だがASEANの発展により、状況に変化が生じている。

海のシルクロードとして繁栄

東南アジアには、東アジアの中国や南アジアのインドに該当するような地域大国は存在しない。人口や面積ではインドネシアが突出しているが、強い存在感を持って地域を主導する立場に立ってきたとはいえない。いわば東南アジアは、小国の集まりといえる。なぜだろうか。

東南アジアは、大きく大陸部と島《とう》嶼《しょ》部に分けられる。このうち大陸部は、何本もの険しい山脈が南北に走っており、地域を細かく分けている。また島嶼部は、文字通り海が地域を切断している。地形が複雑すぎるために、巨大な国家を形成するには不利な地理的環境だった。

一方、世界地図の中での東南アジアの地理的位置を見ると、古代から文明が発展していたインドや中東と、中国との中間点に位置している。そのため**島嶼部や大陸の沿岸部は、東西をつなぐ「海のシルクロード」として栄えていた。モンスーン（季節風）を利用した帆船が海を行き交い、主要な港には港市国家が成立した。**13世紀以降、交易の主役を担っていたのはイスラーム商人たちだった。東南アジアの島嶼部に、今もイスラーム教徒が多いのはそのためである。また東南アジアは、単なる交易の中継地ではなく、香辛料などの産品の供給地でもあった。

16世紀に入ると、その香辛料に注目した西欧列強による東南アジアへの進出が始まる。彼らはイスラーム商人と激しく争いながら、徐々に主導権を握っていった。

西欧列強の当初の狙いは、香辛料貿易を独占するために港を押さえることだったが、やがて土地の支配にも目が向いた。当時ヨーロッパでは、コーヒーや砂糖といった嗜好品の需要が高まっていた。これらの商品作物を栽培するには、広大な土地を必要としたからである。さらに産業革命以降は、工業製品に必要な天然資源の供給地としても重要になった。こうして**19世紀末までにタイを除いた東南アジアのほぼ全地域が、西欧列強の植民地支配下になった。**

用語解説　「海のシルクロード」

2〜16世紀に使用された、中国から中東をつなぐ海上の交易路。11世紀頃から中国の商人とイスラーム商人の交易が盛んに行われ、東西両文明を発展させる大きな役割を果たした。

東南アジアの資源と列強の支配

東南アジアは石油やガスの他に、すずやニッケルなど貴重な資源も豊富だった。そのため19世紀には、ほとんどの国がヨーロッパ諸国の植民地と化した。

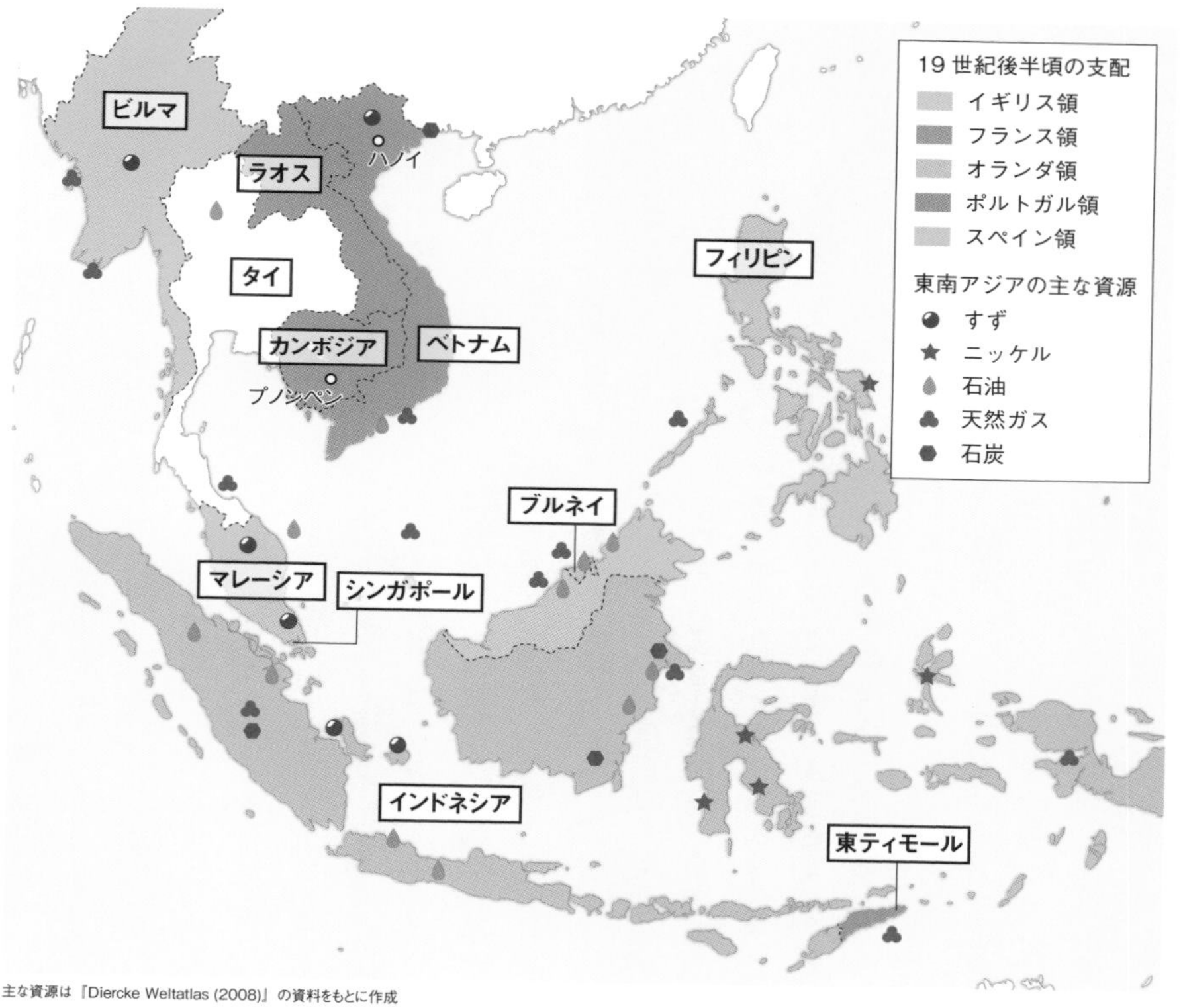
ビルマ
ラオス
ハノイ
タイ
カンボジア
ベトナム
プノンペン
フィリピン
ブルネイ
マレーシア
シンガポール
インドネシア
東ティモール
19世紀後半頃の支配
イギリス領
フランス領
オランダ領
ポルトガル領
スペイン領
東南アジアの主な資源
すず
ニッケル
石油
天然ガス
石炭

主な資源は『Diercke Weltatlas (2008)』の資料をもとに作成

ハンデを背負った中での独立

東南アジアは、第二次世界大戦時の日本軍による占領・統治を経て、戦後ようやく独立に向けて動き始める。だが独立国として出発するにあたって、二つの課題に直面した。

植民地時代、西欧列強は民族の居住地を考慮することなく、自分たちの都合で統治領域を確定した。**東南アジア諸国も、その統治領域を受け継ぐかたちで独立したため、必然的に多民族国家となった。そのため多くの国々で民族対立や分離独立運動が発生し**、国家と国民の統合に多大な努力が必要となった。

もう一つの課題は、**植民地時代に形成された単一の商品作物のみに頼るモノカルチャー経済から、いかに脱却するかだった。**中にはインドネシアやフィリピンのように、長期独裁政権がアメリカからの支援を受け

→ タイの非植民地化については**P30**参照
→ ヨーロッパの東南アジア進出については**P48**、**P64**参照

ながら工業化を推進することで、高い経済成長を実現した例もあった。だが十分な工業化を達成できず、停滞が続く国も多かった。

さらに東南アジアの中でも、**地政学的にリムランドに位置するベトナムは、シーパワーの自由主義勢力とランドパワーの社会主義勢力が、直接戦火を交える場となった。**1965年から始まったベトナム戦争では、社会主義政権の北ベトナムに対して、南ベトナムを支援したアメリカが54万人もの米兵を投入。これに北ベトナム勢はゲリラ戦で応じたため、戦線は泥沼化。戦争は1975年、南ベトナム政府の崩壊で終結したが、国土はすっかり荒廃した。

つまりこの時期までの東南アジアは、政情が不安定な国が多く、地域全体として経済発展を遂げていく環境が整っているとは言えなかった。

対立ではなく団結を選択

状況に変化が起きたのは、1980年代以降のことだ。多くの国が外国資本を積極的に導入しながら工業化を進める政策を採るようになり、外国企業も東南アジアを工場の進出先として注目するようになった。

また課題の一つであった国民統合も、少数民族の多様な文化や自治を許容する「ゆるやかな統合」を目指すかたちへと方針転換したことで、民族対立も一定程度収まってきた。

東南アジアでは冷戦期、当時西側に属していたタイやインドネシアなど5ヵ国によって、ASEAN（東南アジア諸国連合）が発足していた。冷戦が終わるとASEANは、かつては社会主義陣営に属しており、敵対していた国々を次々と加盟国に加えていった。

小国の集まりである東南アジアは、アメリカや中国の圧力に自国が飲み込まれてしまうことがないように、対決ではなく団結することで大国に対抗するという道を選択したのだ。こうして東南アジア諸国は、国内の安定とASEAN域内の安定を手に入れ、発展の素地を築いた。

ただし課題もある。**近年中国による南沙諸島への進出が、沿岸国の脅威となっている。だがこれに対するASEAN諸国の姿勢は一枚岩ではない。**インドネシアのように自国の海域を直接脅かされている国もあれば、カンボジアのように問題の当事国ではなく、中国から多大な経済援助を受けている国もあるからだ。さらにはミャンマーのみならず、タイでも軍が大きな権限を持ち、カンボジアでは独裁政権が成立するなど、民主化と逆行する動きが出ていることも懸念材料となっている。

用語解説　「ASEAN(東南アジア諸国連合)」

1967年にタイ・インドネシア・シンガポール・フィリピン・マレーシアの5ヵ国により設立され、現在は10ヵ国が加盟。経済・政治・安全保障などで連携している。

独立とASEAN加盟

戦後、東南アジア諸国は次々と独立し、現在は東ティモール以外の国がASEANに加盟。近年は中国の海洋進出の脅威にさらされている。

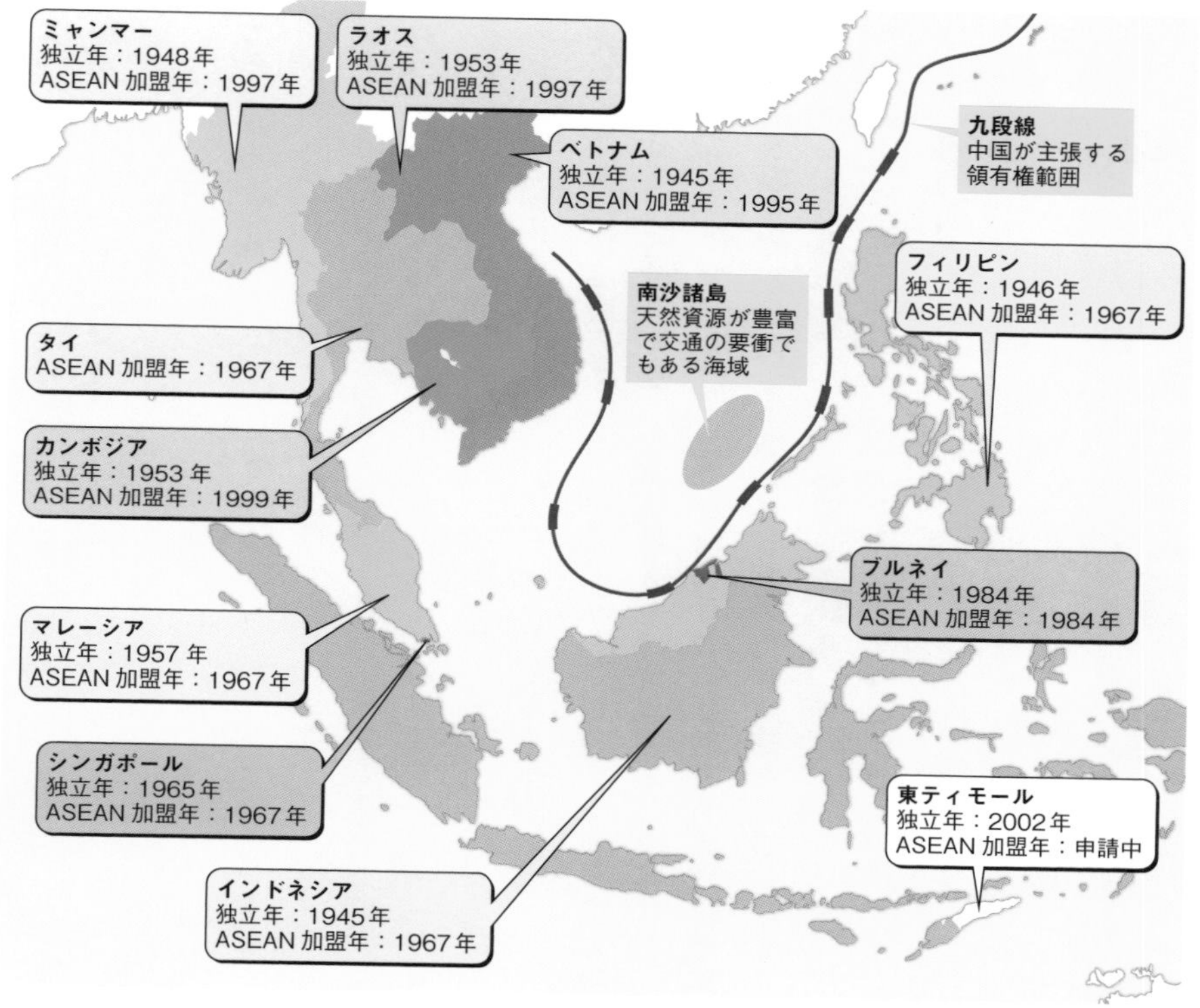

ミャンマー
独立年：1948年
ASEAN加盟年：1997年
ラオス
独立年：1953年
ASEAN加盟年：1997年
ベトナム
独立年：1945年
ASEAN加盟年：1995年
九段線
中国が主張する領有権範囲
南沙諸島
天然資源が豊富で交通の要衝でもある海域
フィリピン
独立年：1946年
ASEAN加盟年：1967年
タイ
ASEAN加盟年：1967年
カンボジア
独立年：1953年
ASEAN加盟年：1999年
ブルネイ
独立年：1984年
ASEAN加盟年：1984年
マレーシア
独立年：1957年
ASEAN加盟年：1967年
シンガポール
独立年：1965年
ASEAN加盟年：1967年
東ティモール
独立年：2002年
ASEAN加盟年：申請中
インドネシア
独立年：1945年
ASEAN加盟年：1967年

Pickup

マレーシア Malaysia

マレー系住民優先政策を採用

マレーシアはマレー系、中国系、インド系の住民から構成される多民族国家だ。かつてはマレー系と中国系が激しく対立した時代があった。中国系の多くはすず鉱山やゴム農園などで働き、比較的高収入を得ていたのに対して、マレー系は自給自足の稲作が中心だったため、民族間の経済格差が広がったことが要因だった。そこでマレーシア政府はマレー系の不満を抑えるため、国立大学への入学や公務員の採用などでマレー系を優先するブミプトラ政策を採用している。

首都クアラルンプールに立つ超高層ビル「ペトロナスツインタワー」

→ 中国の南シナ海進出についてはP138参照

AFRICA

アフリカが経済発展から取り残された理由とは

南北に長いことが不利に

アフリカ、とりわけサハラ砂漠以南のアフリカは、様々な地政学的なハンデを抱えており、それが政治の安定や経済発展を実現するうえで、常に足かせとなってきた。

アフリカ大陸の北部には、世界最大の面積を持つサハラ砂漠が、大陸を横断するかたちで横たわっている。このサハラ砂漠の北側と南側では、地理的環境が大きく異なる。

世界で初めて農耕が始まったのは、「肥沃な三日月地帯」と呼ばれるメソポタミアからエジプトにかけての一帯とされている。サハラ砂漠の北側に位置する北アフリカは、一部の地域が肥沃な三日月地帯と重なっており、他の地域も肥沃な三日月地帯と気候が似ている。そのため肥沃な三日月地帯で栽培化された小麦や大麦などの農作物が北アフリカ一帯に広がり、人々は豊かな生活を享受することができた。

一方、サハラ以南のアフリカは北アフリカとは気候が大きく異なり、また地域ごとに多様である。これはアフリカ大陸が、南北に長いことに起因している。

生物地理学者のジャレド・ダイアモンドは、農作物や家畜は東西に対しては伝播しやすいが、南北に対しては地域ごとに気候が異なるため、伝播が困難になると述べている。まさにサハラ以南のアフリカは、その困難に直面した。北アフリカで栽培化された農作物は、サハラ以南に到達することはできず、またアフリカ中南部のある地域で栽培化された農作物が、他の地域に広がることもなかった。そもそもサハラ以南のアフリカには、栽培化可能な植物が少なく、家畜化可能な動物にも恵まれていなかった。

さらにサハラ以南のアフリカは、他地域からの文化や技術の移入という点でも、不利な地理的環境にあった。何しろ**北はサハラ砂漠に阻まれ、西には大西洋、東にはインド洋が広がっている。どの大陸からも孤絶した環境にあったため、文化面でも世界から取り残されてしまった。**

POINT

部族の多様性を無視した人工的な国家が多いことが、アフリカ諸国の政治の安定と経済発展を妨げる要因となってきた。

人物解説 ジャレド＝ダイアモンド（1937〜）

アメリカの生物地理学者・ノンフィクション作家。著書に人類史の謎を最新の知見で解き明かした『銃・病原菌・鉄』や、文明が崩壊した原因を考察し、未来への警鐘を鳴らした『文明崩壊』などがある。

植民地時代のアフリカ

ヨーロッパ諸国は豊富な資源を得るために、競って土地を占領した。その結果、アフリカに住む部族の多様性を無視した領土分割が行われた。

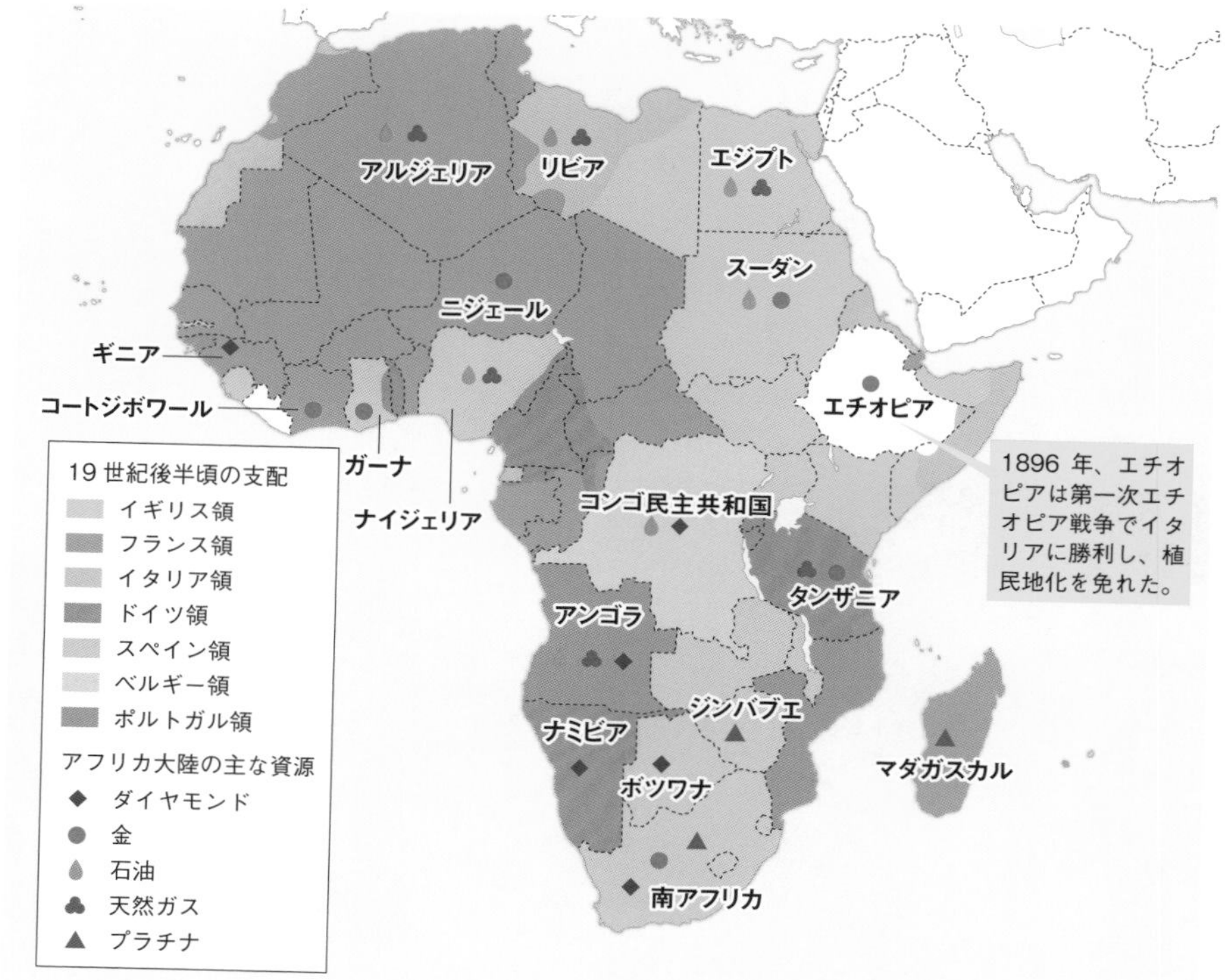

アルジェリア
リビア
エジプト
スーダン
ニジェール
ギニア
コートジボワール
エチオピア
ガーナ
ナイジェリア
1896 年、エチオピアは第一次エチオピア戦争でイタリアに勝利し、植民地化を免れた。
コンゴ民主共和国
タンザニア
アンゴラ
ジンバブエ
ナミビア
ボツワナ
マダガスカル
南アフリカ
19 世紀後半頃の支配
イギリス領
フランス領
イタリア領
ドイツ領
スペイン領
ベルギー領
ポルトガル領
アフリカ大陸の主な資源
ダイヤモンド
金
石油
天然ガス
プラチナ

主な資源は「MINERAL COMMODITY SUMMARIES」をもとに作成

「無主の地」とみなされる

サハラ以南のアフリカと、ヨーロッパ世界との接触が始まったのは、15世紀にポルトガルが西アフリカ航路を開拓し、アフリカ西岸に進出してからのことである。

アフリカは天然資源に恵まれた大陸であり、ポルトガル人たちが最初に目をつけたのも金だった。しかしやがて奴隷も有力な「商品」であることに彼らは気がついた。当初奴隷はポルトガルからヨーロッパ域内に輸出され、やがてアメリカ大陸の開発が本格化すると、プランテーションを支える労働力として同地にも送り出されるようになった。ポルトガルに続き、オランダやフランス、イギリスも奴隷貿易に加わった。

15世紀以降、奴隷にされたアフリカ人の数は、1000万人から数千万人とされる。サハラ以南のアフリ

→ アフリカ植民地における奴隷貿易についてはP60参照

カは、ただでさえ不利な地理的環境にあったうえに、奴隷貿易によって膨大な労働力を奪われたことで、さらに発展の機会を失った。

19世紀末、第二次産業革命が進展すると、今度は**ヨーロッパ列強はアフリカの豊富な天然資源に目を向けた。天然資源は列強が工業化を進めるうえで欠かせないものだからだ。**

そのためアフリカにおける列強間の植民地獲得競争が加速。1884年に列強各国により開催されたベルリン会議では、アフリカは「無主の地」とされ、先に占領した国が権利を主張できるとする「占有権」が確認された。

アフリカ大陸には、様々な風俗や習慣を持つ部族が暮らしている。しかしヨーロッパ列強は、部族の多様性を無視し自分たちの都合で領土を分割していった。

現在のアフリカの政治・経済状況

アフリカはかつてと比べれば政情が安定し、経済発展を遂げ始めている国が増えている。しかし国家間のバラツキが大きいのも事実だ。

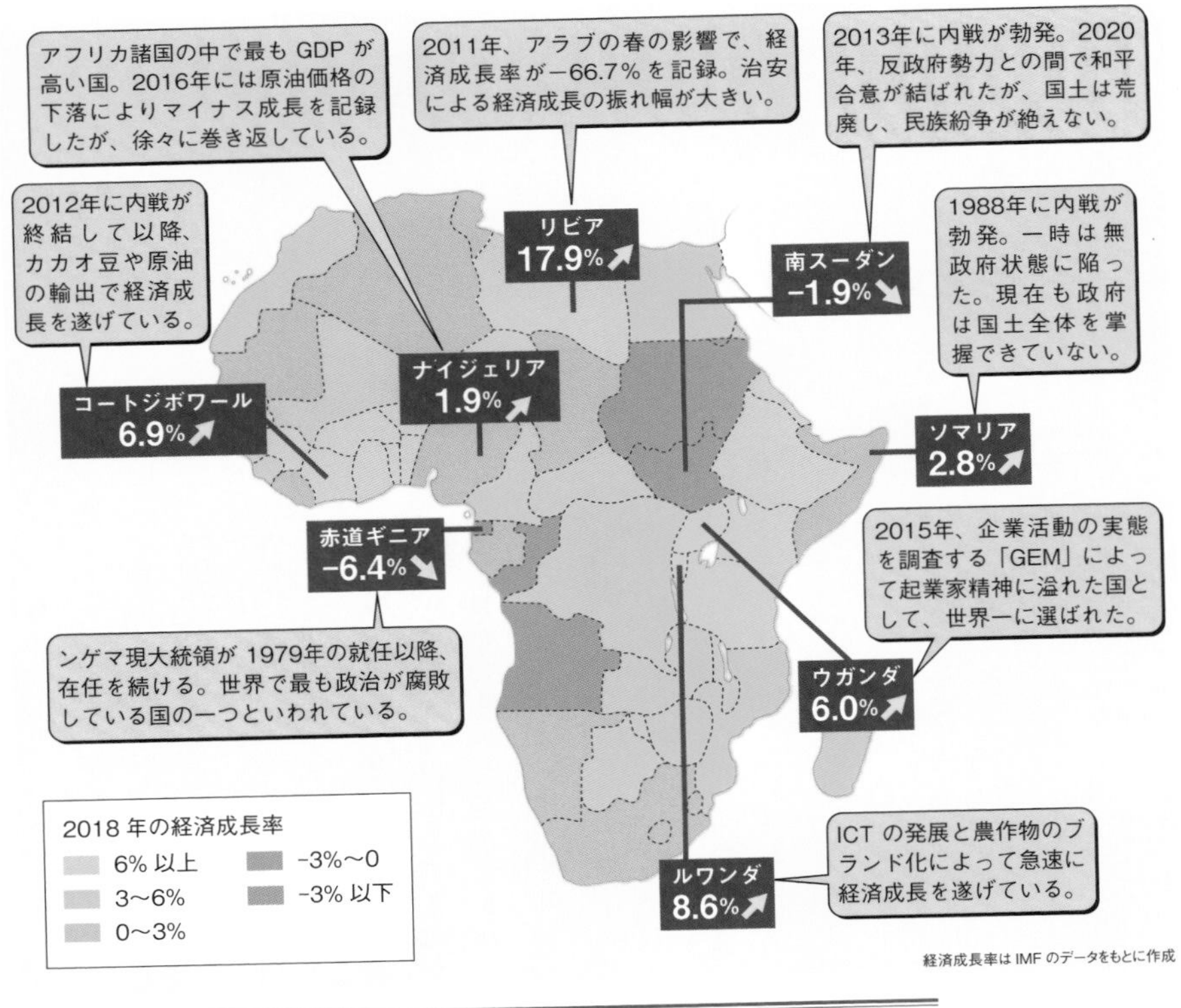

アフリカ諸国の中で最も GDP が高い国。2016年には原油価格の下落によりマイナス成長を記録したが、徐々に巻き返している。
2011年、アラブの春の影響で、経済成長率が−66.7％を記録。治安による経済成長の振れ幅が大きい。
2013年に内戦が勃発。2020年、反政府勢力との間で和平合意が結ばれたが、国土は荒廃し、民族紛争が絶えない。
2012年に内戦が終結して以降、カカオ豆や原油の輸出で経済成長を遂げている。
リビア 17.9%
南スーダン −1.9%
1988年に内戦が勃発。一時は無政府状態に陥った。現在も政府は国土全体を掌握できていない。
ナイジェリア 1.9%
コートジボワール 6.9%
ソマリア 2.8%
赤道ギニア −6.4%
2015年、企業活動の実態を調査する「GEM」によって起業家精神に溢れた国として、世界一に選ばれた。
ンゲマ現大統領が 1979年の就任以降、在任を続ける。世界で最も政治が腐敗している国の一つといわれている。
ウガンダ 6.0%
2018 年の経済成長率
6% 以上
3〜6%
0〜3%
−3%〜0
−3% 以下
ICT の発展と農作物のブランド化によって急速に経済成長を遂げている。
ルワンダ 8.6%

経済成長率は IMF のデータをもとに作成

用語解説 「アフリカ連合（AU）」

アフリカの政治的・経済的統合と紛争の解決のために、2002年に設置された世界最大級の機関。2017年にモロッコが加盟し、現在全55ヵ国が加盟している。

容易ではない民主化への道

アフリカ諸国は、１９５０年代から60年代にかけてようやく独立を果たし始めるが、各国間の国境はかつての列強の領土分割をそのまま引き継いだものだった。そのため国内に多様な部族を抱え込むことになり、それが国民国家の成立を困難にさせ、内戦の要因にもなった。

多くの国が独立当初こそ民主主義を標榜したが、やがて統治の難しさから、軍事政権が台頭。当時の冷戦構造の中で、米ソ両国は自陣営にアフリカの国々を引き込むために、これらの軍事政権を支援した。

冷戦が終結すると、先進国は今度はアフリカ諸国に対して、援助と引き換えに民主化を求め始めた。だがこれは容易ではなかった。多くの国が独裁政権から多党制へと移行していったが、アフリカでは政党が地域や部族を基盤として成立したため、政党間の対立が激化。内戦に発展するケースが多く見られたからだ。

ただし**21世紀に入ってからは、アフリカ連合（ＡＵ）が紛争の予防・解決を担う機関として機能し始めたこともあり、かつてと比べれば紛争は減少傾向にある。**また天然資源や商品作物を輸出することで、経済発展を遂げる国も現れ始めた。

しかし楽観はできない。アフリカでは近年、中国が各国に多額の貸付を行い始めている。債務国に対して、ガバナンスの改善等を求めない代わりに、利子等の融資の条件が厳しいのが中国の特徴だ。そのため中国の影響下にあるアジアの国々と同様に、アフリカ諸国も中国の「債務の罠」に陥る危険性がある。アフリカが本当に自立を果たせるかどうかは、これからが正念場である。

Pickup ウガンダ Republic of Uganda

内陸国のハンデに長年苦しむ

アフリカの中でも特に経済発展から取り残されていたのが、ウガンダなどの内陸国だった。イギリスの経済学者ポール・コリアーによれば、内陸国の経済は隣国に依存する。スイスが豊かなのは、自国の商品の輸送路をドイツなどに依存できるからだ。一方ウガンダでは、隣国のケニアは長年経済が低迷し、ルワンダやコンゴでは内戦が続いていたため、依存できる隣国がなかった。ただし近年はウガンダも隣国の政情の安定とともに、高い経済成長を遂げている。

ウガンダ最大の都市カンパラ

➡ 東西冷戦についてはP90参照

LATIN AMERICA

なぜ中南米諸国は政情が安定しないのか

先住民不在の独立運動

アメリカ大陸の中でも、北米のアメリカ合衆国は世界一の大国になり、カナダもG7に名を連ねている。これに対してメキシコ以南の中南米諸国は、発展から大きく取り残されてきた。現在も政情が不安定な国や、経済が迷走を続けている国も多い。その理由を知るためには、中南米の歴史を把握する必要がある。

アメリカ大陸は、15世紀末にスペインから航海の資金を与えられたコロンブスによって発見された。スペインは、アメリカ大陸の中でも中南米に矛先を向け、次々と植民地化していった。ただしブラジルについては、トルデシリャス条約に基づいて、ポルトガルの植民地となった。

中南米はその後約300年にわたり植民地時代が続くが、**19世紀初頭になると、一気に独立に向けて動き出す。フランスのナポレオンがスペインを制圧したことで、宗主国が混乱に陥ったことがきっかけだった。**1844年のドミニカ独立後、スペインに残された植民地は、プエルトリコとキューバだけになった。なおポルトガル領のブラジルも、1822年に独立を宣言した。

ただしこのとき**スペインからの独立運動の主役を担ったのは、中南米の先住民ではなく、クリオーリョと呼ばれる現地生まれのスペイン人だった。**彼らの中には大地主や実業家などの経済的な富裕層が多くいたが、政治的な権力は本国から派遣されたスペイン人が握っており、彼らには与えられていなかった。いわば独立運動は、クリオーリョが本国人から権力を奪うための戦いといえた。

一方先住民たちは、ヨーロッパから持ち込まれた天然痘などの感染症や、過酷な労働に従事させられたことによって、人口が激減していた。生き残った人たちも、クリオーリョより下層に置かれた。また労働力の確保のためにアフリカから連れて来られた黒人は、メスティーソ（白人と先住民の混血）や先住民よりさらに下層に置かれていた。この状況は独立したあとも変わらなかった。

POINT

植民地時代から続く特殊な社会構造と、大国アメリカの介入が、中南米諸国の民主主義の定着の妨げとなってきた。

用語解説　「トルデシリャス条約」

1494年、西経46度37分から東の地はポルトガル、西の地はスペインが支配することを取り決めた条約。締結後に西経46度37分より東でブラジルが見つかったため、ポルトガルが支配することとなった。

ラテンアメリカの独立

19世紀初頭、多くの国が独立を果たすが、経済格差などの問題を抱えたうえ、アメリカの干渉を受けるなど、政治は安定しなかった。

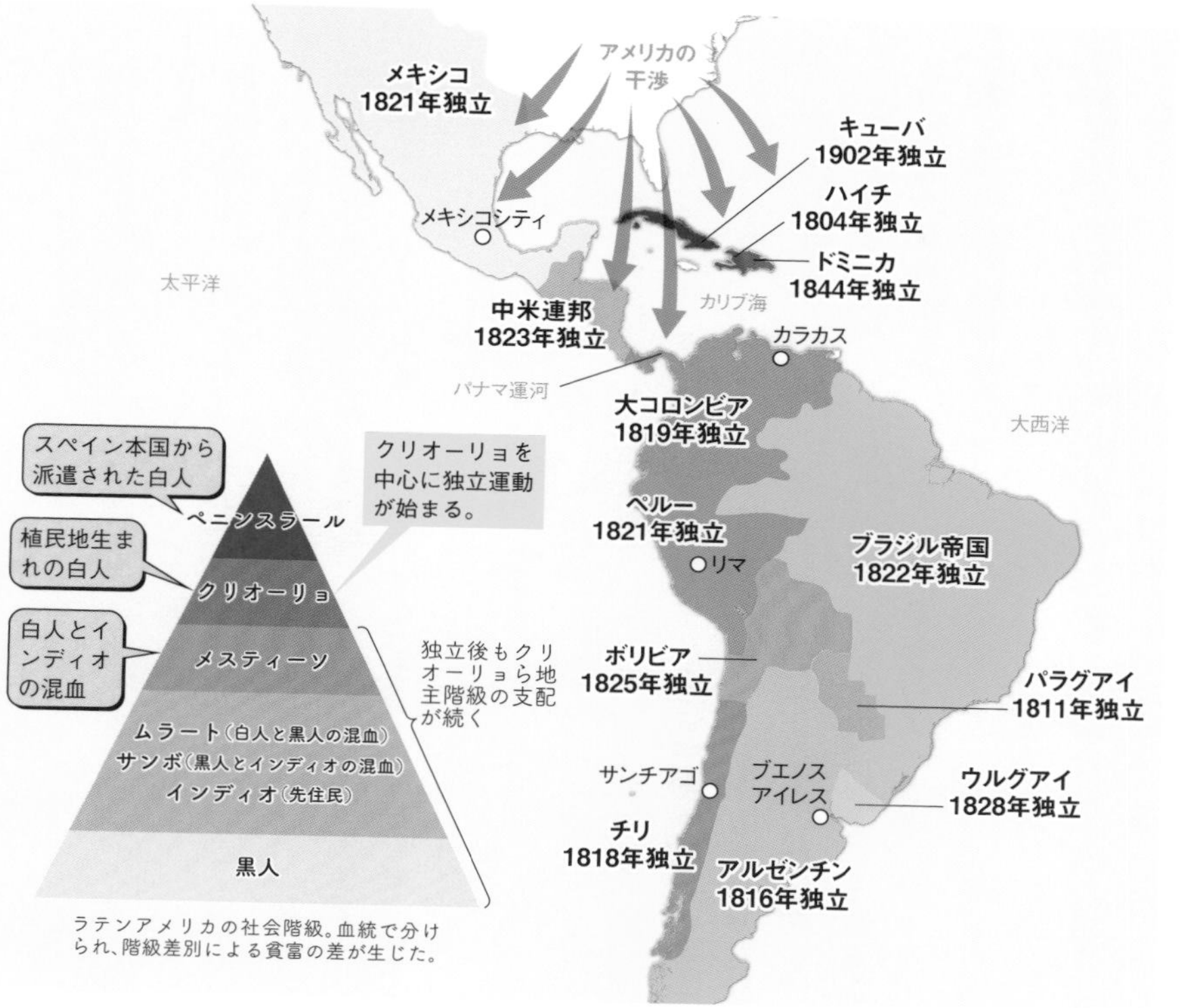

アメリカの干渉
メキシコ 1821年独立
メキシコシティ
キューバ 1902年独立
ハイチ 1804年独立
ドミニカ 1844年独立
太平洋
カリブ海
中米連邦 1823年独立
カラカス
パナマ運河
大コロンビア 1819年独立
大西洋
ペルー 1821年独立
リマ
ブラジル帝国 1822年独立
ボリビア 1825年独立
パラグアイ 1811年独立
サンチアゴ
ブエノスアイレス
ウルグアイ 1828年独立
チリ 1818年独立
アルゼンチン 1816年独立
スペイン本国から派遣された白人
ペニンスラール
植民地生まれの白人
クリオーリョ
クリオーリョを中心に独立運動が始まる。
白人とインディオの混血
メスティーソ
独立後もクリオーリョら地主階級の支配が続く
ムラート（白人と黒人の混血）
サンボ（黒人とインディオの混血）
インディオ（先住民）
黒人

ラテンアメリカの社会階級。血統で分けられ、階級差別による貧富の差が生じた。

富裕層と貧困層の二極化

中南米では植民地時代より、先住民を追い出した土地で、一部のクリオーリョたちが大農園を築き、鉱山を独占してきた。独立後も大農園の数は減らず、19世紀後半になるとむしろ増えていった。当時ヨーロッパでは人口増や産業化の進展により、食糧や資源の需要が高まっており、中南米にはその供給地としての役割が増していたからだ。

大輸出ブームを迎えて、中南米にはヨーロッパを中心に多くの人が移住してきて、大農園などで働き始めた。彼らは下層労働者として、貧しい生活を強いられた。これは都市部で働き始めた人たちも同様だった。

そのため**中南米では、激しい経済格差が発生した。例えば20世紀初頭のメキシコでは、富裕層が約1%、中間層が約8%なのに対して、下層**

→ スペインのアメリカ大陸侵略についてはP48参照

労働者が90%以上を占めていたとされる。そして大土地所有者である一部のクリオーリョたちは、経済のみならず政治も支配した。

こうした状況に、さすがに下層労働者たちも声を上げ始めた。そんな中でブラジルやアルゼンチンなどで登場したのが、ポピュリズム（大衆優遇策主義）の政治家だった。例えば１９４６年にアルゼンチンの大統領に就任したペロンは、従来の大土地所有者優遇の政策を改め、大幅な賃上げや医療・年金制度の充実など、あからさまな大衆優遇策を進めた。だがこの政策は財政破綻を招き、結局ペロンは亡命を余儀なくされた。

このように**中間層が薄いことが、富裕層優遇か大衆迎合かの極端な政策を招く要因となり、中南米に安定した民主主義を根付かせるうえでの障害となってきた。**

再びポピュリズムが台頭

中南米の地政学的な不幸は、同じアメリカ大陸の中に、アメリカ合衆国という大国が現れたことだった。アメリカはモンロー主義を掲げて、ヨーロッパのアメリカ大陸への介入を排除したうえで、時には武力をちらつかせながら、中南米を自分たちの影響下に置こうとしてきた。

その姿勢は冷戦期に入っても変わらなかった。１９５９年のキューバ革命後、キューバが社会主義国化すると、**アメリカは中南米諸国への革命の波及を恐れ、軍事政権や独裁政権を支援。１９６０年代から70年代にかけて、メキシコなどの一部を除き、ほとんどの国が軍政となった。**

冷戦が終わると、今度はアメリカは一転民主化支援に転換。同時に経済の立て直しのために、新自由主義の導入を中南米諸国に求めた。新自由主義は、確かにインフレの抑制や経済成長をもたらしたが、一方でさらなる経済格差の拡大を招いた。

これに対する民衆の不満の高まりが、再びポピュリズム政治の台頭を招くことになる。**１９９０年代末から２０００年代初頭にかけて、左派政権が次々に誕生。公共料金の大幅値下げなどのばらまき政治を実行するが、やはり財政破綻を招くことになり、近年は右派の巻き返しが顕著になっている。**つまりかつてと同じ光景が繰り返されているのである。

中南米の中でもとりわけ南米大陸は、欧州市場や成長著しいアジア市場から距離的に遠いなど、地理的なハンデも抱えている。ただし政治と経済を安定させるための一番の課題は、地理的ハンデよりも、バランスのとれた民主主義を定着できていないことにある。

人物解説　**フアン＝ペロン**（1895～1974）

1946～55年、1973～74年のアルゼンチン大統領。ポピュリズム的政治を展開し「ペロニスタ」と呼ばれる熱狂的な支持者を生んだ。一方で、反対派を投獄するなど独裁的な一面もあった。

南米の政治情勢

冷戦期のアメリカは、中南米の独裁政権や軍事政権を支援した。そのため中南米の人々の間には反米感情が根強くあり、反米左派政党がいまだに強い力を持っている。

グアテマラ (2020)
キューバ (2018)
2019年、左翼の革命軍が闘争再開を宣言。
ホンジュラス (2014)
エルサルバドル (2019)
ニカラグア (2007)
コスタリカ (2018)
パナマ (2019)
ベネズエラ (2013)
2019年、反米左派の現マドゥロ大統領に対抗するため、野党のグアイド氏が暫定政権を名乗り、大統領が2人誕生する事態が起こっている。
コロンビア (2018)
2021年、中道右派政権が勝利。
エクアドル (2021)
ペルー (2021)
2019年、「ブラジルのトランプ」とも呼ばれるジャイル・ボルソナロが就任。
ブラジル (2019)
ボリビア (2020)
2021年、急進左派政権が勝利。
パラグアイ (2018)
チリ (2018)
アルゼンチン (2019)
2019年、左派政権が敗北。
ウルグアイ (2019)
2019年、左派政権が勝利。
左派政権
中道左派政権
中道右派政権
右派政権
( )内は現在の元首・大統領が就任した年

Pickup ウルグアイ東方共和国 Oriental Republic of Uruguay

緩衝地帯を設けるために建国された国

ウルグアイは、ブラジルとアルゼンチンとの間に挟まれた小国である。この地域では、ブラジルがポルトガル領、アルゼンチンがスペイン領だったときから、領有をめぐって激しい対立が繰り広げられてきた。そこでこの地域を両国の緩衝地帯にするために建国されたのが、ウルグアイだったのだ。「ブラジルとアルゼンチンがくしゃみをすると、ウルグアイは風邪を引く」と言われるほど両国の影響を強く受けながら、両国とのバランスの維持を重視した外交を展開している。

2011年、サッカーの南米選手権で15度目の優勝を果たしたウルグアイ。政治では強国に挟まれているが、サッカーではブラジルとアルゼンチンに並ぶ強豪だ。

→ キューバ危機についてはP156参照

OCEANIA

白人国家オーストラリアのアジア政策の行方

白豪主義により移民を制限

オセアニアには、二つの異なる国家群が存在している。一つは18世紀以降、主にイギリスから多くのヨーロッパ人が入植し、白人を中心とした国家となったオーストラリアとニュージーランド。もう一つは、過去には欧米列強の植民地となり、キリスト教への改宗を強制されるなど、様々な苦難を味わいながらも、先住民やアジアから渡ってきた民族が今も独自の文化を維持している太平洋の島嶼《とうしょ》部を領土とする小さな国々だ。

このうちオセアニアの中で政治面や経済面で圧倒的な存在感を有しているのは、言うまでもなくオーストラリアである。同国は、白人国家としてヨーロッパ諸国と様々な価値観を共有しながらも、地理的にはヨーロッパから遠く離れた場所にあることを特徴としている。

白人国家を維持するうえで脅威となってきたのは、隣接するエリアであるアジアだった。19世紀、ゴールドラッシュの到来とともに、**中国人を中心としたアジア系移民が増えてくると、白豪主義と呼ばれる移民制限政策により、アジア系移民の流入を防ごうとした。**また20世紀前半に日本の軍事力が南太平洋の安全を脅かすようになると、宗主国だったイギリスのみならず、アメリカとも関係を深め、日本に対抗した。

オーストラリアへの移民の変化

多文化主義を進めたことにより、1970年代以降アジア系の移民が増加している。

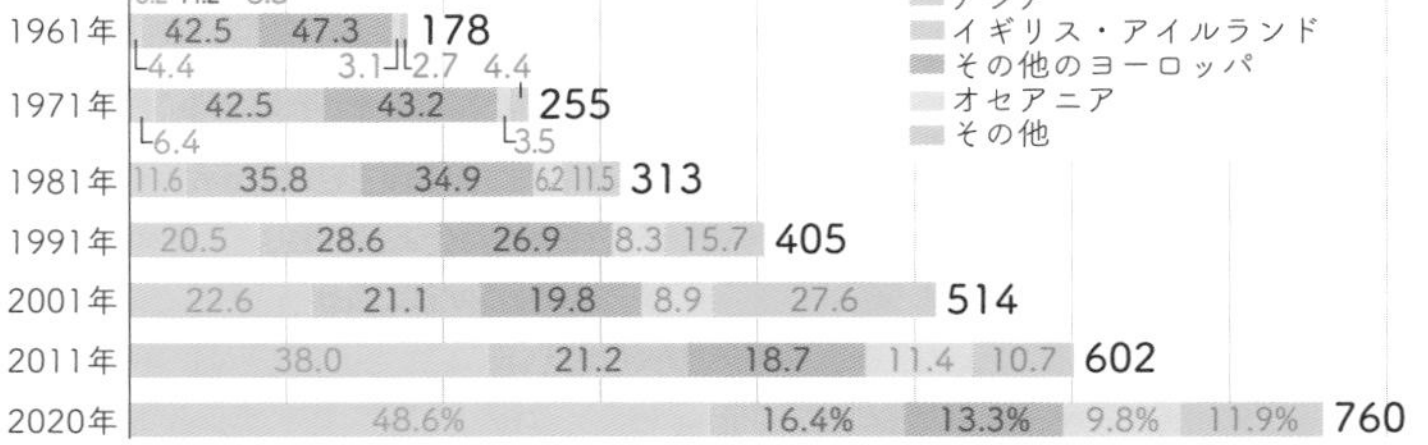

（万人）
0
100
200
300
400
500
600
700
800
1947年
73.4
2.7
3.2
14.2
6.5
74
1961年
42.5
47.3
4.4
3.1
2.7
178
1971年
42.5
43.2
4.4
6.4
3.5
255
1981年
11.6
35.8
34.9
6.2
11.5
313
1991年
20.5
28.6
26.9
8.3
15.7
405
2001年
22.6
21.1
19.8
8.9
27.6
514
2011年
38.0
21.2
18.7
11.4
10.7
602
2020年
48.6%
16.4%
13.3%
9.8%
11.9%
760
アジア
イギリス・アイルランド
その他のヨーロッパ
オセアニア
その他

Australian Bureau of Statistics のデータをもとに作成

POINT

1970年代に欧米重視からアジア重視へと舵を切ったオーストラリアは、中国の台頭により、また新たな局面を迎えている。

用語解説　「FTA(自由貿易協定)」

経済関係の円滑化や発展のため、2ヵ国以上の国・地域の間で、関税など貿易の制限を撤廃・削減する協定。現在世界で300近くのFTAが存在する。

遠くの欧米より近くのアジア

こうした欧米重視の政治・経済政策は、もう一つの白人国家であるニュージーランドも同様だった。オーストラリアもニュージーランドも英連邦王国の一員であることから、特にイギリスとの結びつきが強かった。

しかし1973年にイギリスがEC（欧州共同体）に加盟し、ヨーロッパ諸国との経済連携の強化に力を入れ始めると、両国とも対英依存を見直さざるを得なくなった。

そこで彼らが目を向けたのが、これまでは脅威と見なしてきたアジアだった。当時のアジアは、日本を中心に経済発展が進み、市場としての魅力も増していた。地理的にも、遠くの欧米を相手に貿易するより、近くのアジア諸国を選んだほうが経済合理性に適っていた。こうして、両国は欧米重視からアジア重視へと大きく転換していった。

ただし近年、オセアニアは再びアジアの脅威にさらされつつある。中国が経済支援をちらつかせながら、オセアニアの島嶼国との関係を強化。中国がここに軍事拠点を築くことなどが懸念されているからだ。小さな島国は中国に近づくべきか、アメリカに近づくべきかで判断を迫られている状態だ。

そんな中で**オーストラリアは中国に対する警戒心を露わにしており、日本、アメリカ、インドとともにQuad（日米豪印戦略対話）を形成することで中国に対抗しようとしている。**一方ニュージーランドは、アメリカと同盟関係を結びつつも、中国とのFTA（自由貿易協定）にも署名するなど、独自の外交路線を展開しようとしている。

中国と国交を結ぶオセアニアの島嶼国

台湾との結びつきを絶って、経済力を強めている中国との国交を結ぶ国が増えている。

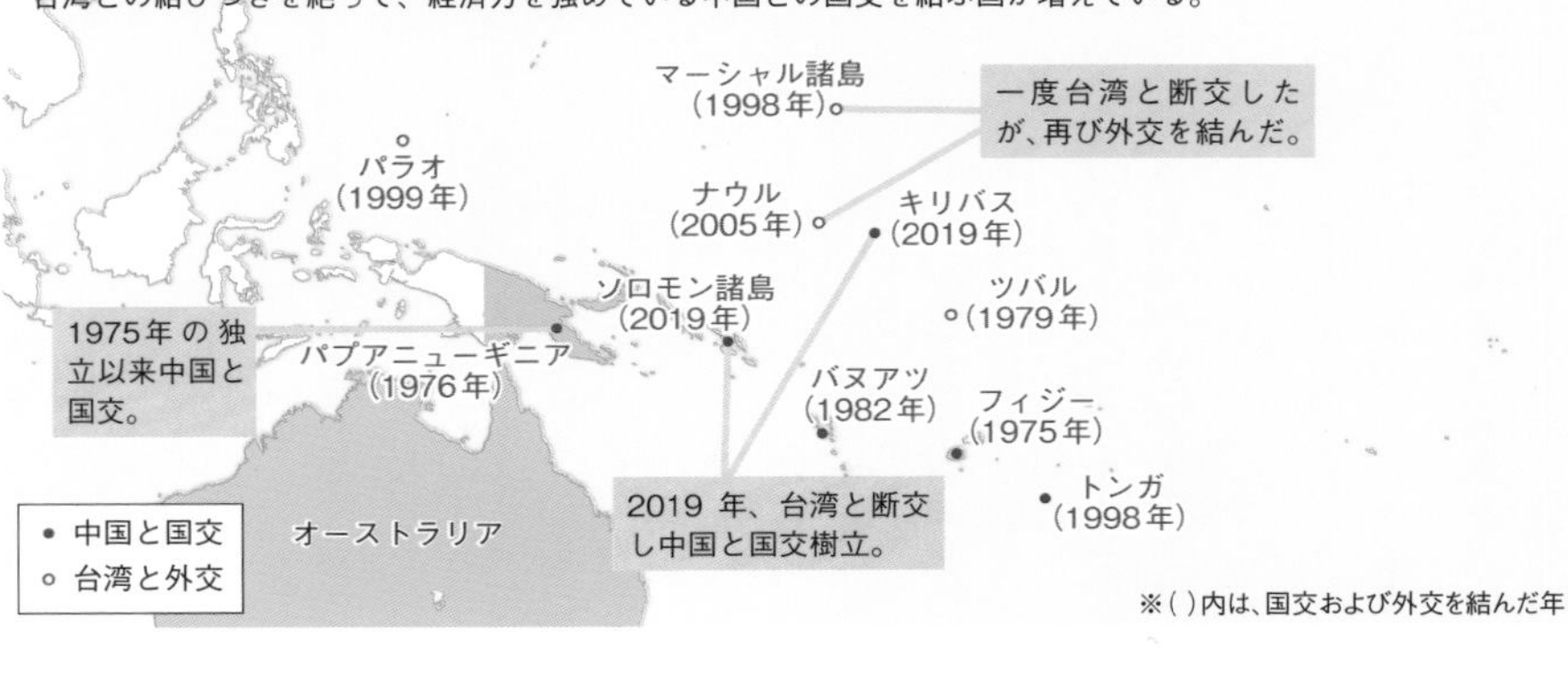
マーシャル諸島
(1998年)
一度台湾と断交したが、再び外交を結んだ。
パラオ
(1999年)
ナウル
(2005年)
キリバス
(2019年)
ソロモン諸島
(2019年)
ツバル
(1979年)
1975年の独立以来中国と国交。
パプアニューギニア
(1976年)
バヌアツ
(1982年)
フィジー
(1975年)
トンガ
(1998年)
2019年、台湾と断交し中国と国交樹立。
オーストラリア
● 中国と国交
○ 台湾と外交

※( )内は、国交および外交を結んだ年

→ Quadについては**P116**参照

まとめにかえて――

地政学ブームの行方と地政学の限界

長谷川敦

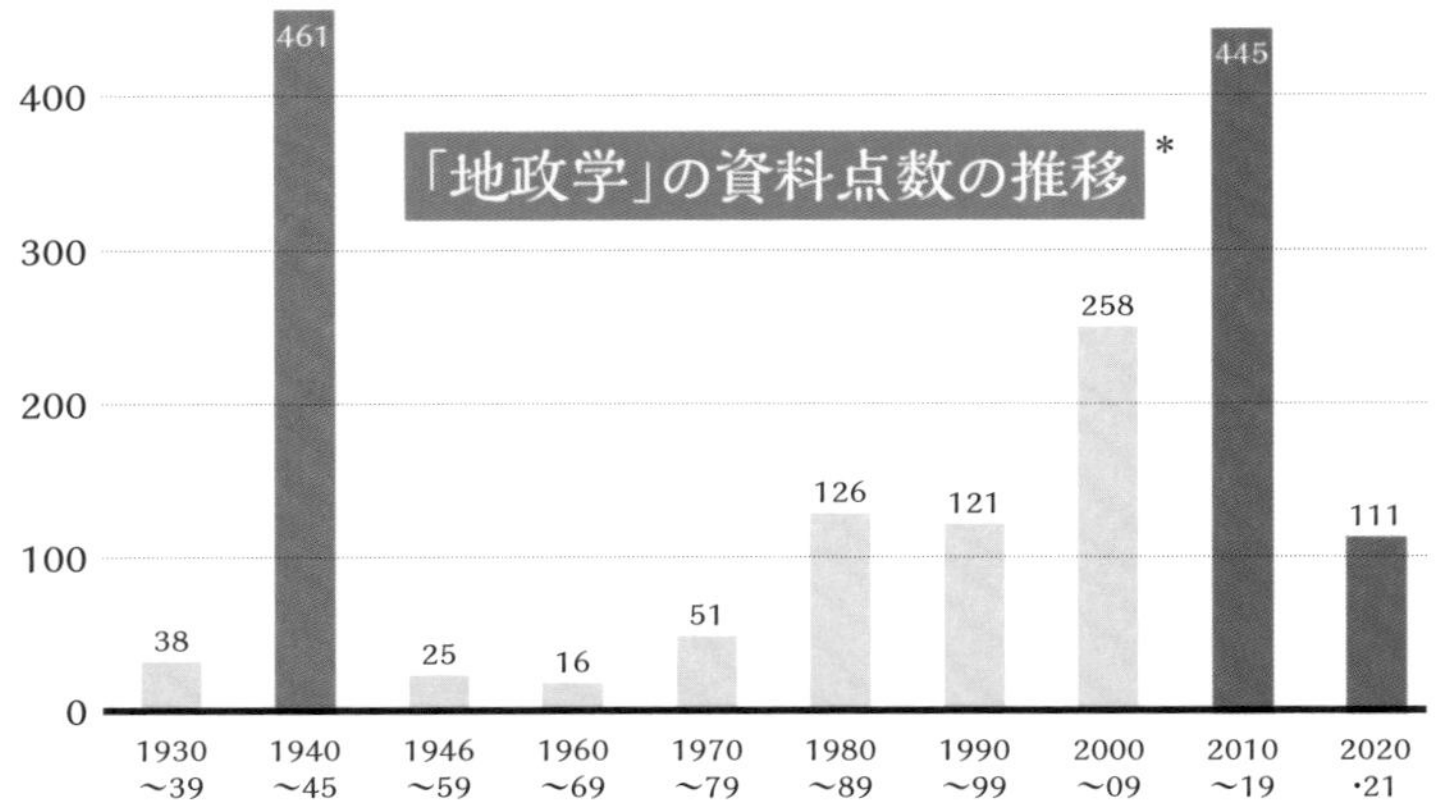
「地政学」の資料点数の推移*
400
300
200
100
0
38
461
25
16
51
126
121
258
445
111
1930～39
1940～45
1946～59
1960～69
1970～79
1980～89
1990～99
2000～09
2010～19
2020・21

第二次地政学ブームのさなかにある日本

国立国会図書館サーチで、「地政学」というタイトルのついた書籍の刊行点数を調べてみると*、現在日本では地政学は、第二のブームを迎えていることが分かる。

上図のように、第一のブームが起きたのは1940年代前半、つまり太平洋戦争のさなかだ。当時の日本の地政学はドイツ系地政学の理論に基づいた研究が中心であり、大東亜共栄圏の構想もその影響を色濃く受けたものであるとされる。

ところが戦後になると、地政学に関する書籍の刊行点数は激減する。その要因として、戦後の日本では地政学は、日本を破滅的な戦争に導いた学問として忌避されたことがあげられる。また冷戦期の日本は、防衛面については多くをアメリカに委ねており、そのぶん内政、とりわけ経済政策に専念することができた。乱暴な言い方をすれば、当時の日本にとって外交とは、対アメリカとの関係のことを指した。地政学が主要な関心になり得るはずがなかった。

1980年代末から90年代初頭にかけて、世界では冷戦構造が崩壊し、激動の時代を迎えた。しかし日本における地政学の刊行点数には、大きな変化は見られなかった。冷戦の終結も、日本人が国際情勢を地政学に基づいて分析するという契機に

＊国立国会図書館サーチ（https://iss.ndl.go.jp）の検索の「キーワード」欄に「地政学」と記入して検索、年代別に検索結果のタイトル数をカウントした。なお、検索結果には「地政学」という言葉が章タイトルに使われている資料も含まれている。

結びつきを強める中国の習近平とロシアのプーチン。

北朝鮮の核実験実施を伝える街頭テレビ（2016年）。

はなり得なかったということだ。

状況に変化が生じたのは、２０００年代半ば頃のことだ。刊行点数が増え始め、10年代後半以降はさらに増加している。つまり現在は、太平洋戦争中の第一次ブーム以来の第二次ブームの渦中にあるわけだ。

なぜ今の日本で地政学が必要なのか

２０００年代半ばより地政学ブームが続いているのは、隣国の韓国との関係悪化や、北朝鮮情勢の緊迫化など、多くの日本人にとって国際問題が他人事ではいられなくなったからだろう。

中でも現在、多くの人が強い関心を抱いているのが、近年の中国の帝国主義的な行動についてだ。「一帯一路」政策にしても、第一列島線や第二列島線、九段線を定めたうえでの海洋進出にしても、中国の行動はきわめて地政学的だ。

一方で戦後長らく国際社会をリードしてきた主要先進7ヵ国（G7＝アメリカ、カナダ、日本、イギリス、フランス、ドイツ、イタリア）は、そのプレゼンスを次第に失いつつある。世界経済の中でG7が占める割合は、１９８７年には約7割だったが、現在は約4割にまで減じている。アメリカは覇権国の座をいまだに保ってはいるものの、中国に猛追されており、GDPについては２０３０年頃に中国にトップを奪われるという予測も出ている。

問題を困難にさせているのは、主要先進国と呼ばれてきた国々と中国との間で、国際社会のあり方についての価値観を共有できていないことだ。主要先進国はこれまで、自由や民主主義、人権などの理念を世界に

2021年、イギリスのコーンウォールで開催されたG7でも気候変動対策が議論された。

「世界の警察官ではない」と宣言したオバマ元大統領(2013年)。

浸透させることで、国際社会の安定を図ることを目指してきた。一方中国は、例えば途上国に支援を行う際にも、主要先進国とは違って、民主化の進行やガバナンスの改善等を求めることなく融資を実施している。途上国としては、体制を変革することなく資金を調達できるのであればそれが一番である。中国の台頭も要因の一つとなり、現在世界では民主化の動きは退潮傾向にある。

こういった中国の振る舞いに対して、アメリカのバイデン政権は強い警戒感を抱き、価値観を共有する国々を巻き込んで中国包囲網を敷こうとしているが、中国も一歩も引く構えを見せていない。

いわば世界は、今後誰が国際社会の主導権を握るかをめぐって混沌とした状況にあるといえる。またアメリカや他の主要先進国のプレゼンスが低下してきている中では、日本もかつてのようにアメリカにおんぶに抱っこというわけにはいかなくなった。こうしたことも、日本で地政学が求められるようになった大きな理由であると考えられる。

地政学的な視点では解決できない問題もある

地政学は、それぞれの国が置かれている地理的環境に注目して国家間の関係を分析したり、外交戦略や軍事戦略に活かしたりしようとする学問である。現在のように、国家と国家が国際社会における主導権や国益をめぐって激しく対立している時期ほど、地政学的な思考が必要となる。

ただし一方で現代の世界では、地政学的な発想だけでは解決が困難な問題も山積している。その代表格は気候変動問題であり、新型コロナウ

世界中で新型コロナウイルスのワクチン接種が進む。

緊急事態宣言が出され閑散とする東京・銀座（2020年4月）。

イルス感染症対策だろう。

　工業化以降、世界の平均気温は約1度上昇しており、今も上昇を続けている。2015年に採択されたパリ協定では、その上昇を1・5度までに抑えることが盛り込まれた。もし2度まで上昇した場合、地球は私たちが住めない星になることが確実視されているからだ。ただし1・5度までに抑えるという目標すら、きわめてハードルが高いものである。

　その意味で、トランプ政権時にパリ協定から離脱していたアメリカが、バイデン政権になって復帰したことは歓迎すべきことだろう。バイデン政権は中国に対しても、人権問題や経済問題では強硬な態度を取りながら、気候変動問題については協力体制を築く姿勢を示している。

　また2020年以来世界を襲っている新型コロナウイルス感染症も、本来は世界が一つになって対処すべき問題である。だが現実に起きたのは、主要国がワクチンの開発中から争奪戦を繰り広げる「ワクチン・ナショナリズム」と言われる現象だった。WHO（世界保健機関）は、ワクチンを先進国と途上国に公平に届ける仕組みとして「COVAX（コバックス）・ファシリティ」を設けたが、実際には途上国の人々への接種は後回しにされた。またアメリカやロシアは、COVAXへの参加自体を見送った（その後アメリカは、バイデン政権になってからCOVAXへの参加を表明）。

　世界には、自国の国益のみを追求しているだけでは解決できない問題がある。私たちには地政学的な視点で世界を見つつも、一方で地政学よりも巨視的な視点で世界のあり方を考えていくことが求められている。

地政学用語・人名・地名さくいん

【た】

【な】

【は】

主要参考文献

パスカル・ボニファス『現代地政学 国際関係地図』（ディスカヴァ・トゥエンティワン）／パスカル・ボニファス『最新世界情勢地図』（ディスカヴァ・トゥエンティワン）／バティスト・コルナバス『地政学世界地図』（東京書籍）／茂木誠監修『マンガでわかる地政学』（池田書店）／奥山真司監修『サクッとわかるビジネス教養 地政学』（新星出版社）／北岡伸一・細谷雄一『新しい地政学』（東洋経済新報社）／神野正史監修『教養として知っておきたい地政学』（ナツメ社）／神野正史『地政学でよくわかる！世界の紛争・戦争・経済史』（コスミック出版）／秋元千明『戦略の地政学』（ウェッジ）／麻田貞雄編・訳『マハン海上権力論集』（講談社学術文庫）／石坂晋哉、宇根義己、舟橋健太編『ようこそ南アジア世界へ（シリーズ地域研究のすすめ）（昭和堂）』／ロバート・D・カプラン『地政学の逆襲』（朝日新聞出版）／コリン・グレイ、ジェフリー・スローン編・著『進化する地政学』（五月書房）／庄司潤一郎、石津朋之編・著『地政学原論』（日本経済新聞出版）／ニコラス・スパイクマン『平和の地政学』（芙蓉書房出版）／竹田いさみ『海の地政学』（中公新書）／T・マーシャル『恐怖の地政学』（さくら舎）／ H・J・マッキンダー『マッキンダーの地政学』（原書房）／祝田秀全『銀の世界史』（ちくま新書）／祝田秀全監修・長谷川敦『日本と世界の今がわかる さかのぼり現代史』（朝日新聞出版）／岩崎育夫『入門 東南アジア近現代史』（講談社現代新書）／小林泉、加藤めぐみ、石川栄吉、越智道雄、百々佑利子監修『【新版】オセアニアを知る事典』（平凡社）／益田義郎『図説大航海時代』（河出書房新社）／益田義郎『物語ラテン・アメリカの歴史』（中公新書）／宮本正興、松田素二『新書アフリカ史 改訂新版』（講談社現代新書）／森田安一『物語スイスの歴史』（中公新書）／ラテンアメリカ文化事典編集委員会編『ラテンアメリカ文化事典』（丸善出版）／ J・M・ロバーツ『図説世界の歴史9』（創元社）／J・M・ロバーツ『図説世界の歴史10』（創元社）／ポール・コリアー『最底辺の10億人』（日経BP社）／篠田英朗『国際紛争を読み解く五つの視座』（講談社選書メチエ）／ジャレド・ダイアモンド『銃・病原菌・鉄』（草思社文庫）／玉木俊明『海洋帝国興隆史』（講談社選書メチエ）／田家康『気候文明史』（日経ビジネス人文庫）／根本敬『物語ビルマの歴史』（中公新書）／細谷雄一『国際秩序』（中公新書）／『なるほど地図帳 世界2021』（昭文社）／『アカデミア世界史』（浜島書店）／『新詳地理資料 COMPLETE 2019』（帝国書院）／『新世界史 改訂版 世B313』（山川出版社）／『最新世界史図説 タペストリー 十六訂版』（帝国書院）／『今がわかる時代がわかる 世界地図 2021年版』（成美堂出版）／『ニューステージ世界史詳覧』（浜島書店）／『新編詳解地理B改訂版』（二宮書店）

監　修　祝田秀全《いわたしゅうぜん》

東京出身。歴史学・映像文化論専攻。著書に『銀の世界史』（ちくま新書）、『東大生が身に着けている教養としての世界史』（河出書房新社）、『近代建築で読み解く日本』（祥伝社新書）、『2時間でおさらいできる世界史』（だいわ文庫）、『知識ゼロからの戦争史入門』（幻冬舎）、『ワケあって滅亡した帝国・王国』（KAWADE 夢文庫）ほか多数。古典落語鑑賞と戦後日本社会のヴォーグ研究を趣味とするライカ小僧。

著　者　長谷川《はせがわ》 敦《あつし》

1967年、広島県生まれ。編集プロダクション勤務を経て、フリーランスライターに。歴史、時事、社会、ビジネス、教育などの分野においてさまざまな雑誌、ウェブ媒体に執筆。ブックライターとして数多くの単行本の執筆に関わる。著書に『日本と世界の今がわかる さかのぼり現代史』（朝日新聞出版）。

編　集　かみゆ歴史編集部（滝沢弘康、小関裕香子、深草あかね）

「歴史はエンターテイメント」をモットーに、雑誌・ウェブから専門書までの編集制作を手がける歴史コンテンツメーカー。扱うジャンルは日本史、世界史、近現代史、宗教・神話、アートなど幅広い。世界史や地政学関連の主な編集制作物に『日本と世界の今がわかる さかのぼり現代史』『エリア別だから流れがつながる 世界史』（ともに朝日新聞出版）、『教養として知っておきたい地政学』（ナツメ社）、『地理と地形でよみとく世界史の疑問55』（宝島社新書）など。

ブックデザイン	TYPEFACE（CD.渡邊民人、D.清水真理子）
DTP	株式会社WADE
校　正	聚珍社、木串かつ子
写真協力	朝日新聞フォトアーカイブ／共同通信社／タス／BELGA／getty images／PIXTA／PPS通信社／Underwood Archives/Universal Images Group ＊ロイター＝共同：107,126,160,174,192,213,218

世界史《せかいし》と時事《じじ》ニュースが同時《どうじ》にわかる
新《しん》 地政学《ちせいがく》

2021年8月30日　第1刷発行
2023年11月20日　第6刷発行

編　著　朝日新聞出版
発行者　片桐 圭子
発行所　朝日新聞出版
〒104-8011 東京都中央区築地5-3-2
（お問い合わせ）infojitsuyo@asahi.com
印刷所　大日本印刷株式会社

Published in Japan by Asahi Shimbun Publications Inc.
ISBN978-4-02-334034-3

本書は2021年7月末時点での情報を掲載しております